성보의 풍수지리

관혼상제 교과서
(冠婚喪祭 敎科書)

晟甫 安鐘善 著

관혼상제 교과서

인 쇄 일 : 2017년 6월 9일
발 행 일 : 2017년 6월 13일
저　　자 : 안종선
발 행 처 : 도서출판 산마을
신고번호 : 제2014-000072호
주　　소 : 서울시 금천구 시흥대로123길
전　　화 : (02) 866-9410
팩　　스 : (02) 855-9411
이 메 일 : maeul9999@hanmail.net

성보의 풍수지리

관혼상제

(冠婚喪祭 교과서)

晟甫 安鐘善 著

들어가며

　우리 민족에게는 다른 민족과 달리 독특한 문화(文化)가 있다. 어느 민족이든 다른 민족과 구별되는 풍속(風俗)과 문화)가 있기 마련이다. 우리 민족에도 누천년(累千年)을 이어오며 정착된 예법이 있다. 이는 하루아침에 이룩된 것이 아니며 때로는 여러 민족, 혹은 여러 만물과 여러 문화를 받아들여 변모하거나 새로이 정착되기도 한다.

　우리민족은 예부터 동방예의지국(東方禮義之國)이라 하였으니 예(禮)를 숭상했음을 알 수 있다. 그러나 산업의 발달과 사고의 변화가 이어진 지난 몇 십 년 동안의 우리의 예법과 문화는 급격한 변화를 맞이하였다. 우리 고유의 가치관과 서구의 가치관이 혼합되거나 충돌하였고 혼돈과 쇠퇴의 과정이 있는가 하면 발전과 융합의 과정을 통해 사라지거나 약화되고 변질된 것도 부지기수(不知其數)다.

　어떤 변화가 있더라도 예의 본질은 변하지 않는다. 우리 가슴속 면면히 흐르듯 근본 사상인 효와 예의 정신은 변함이 없다. 우리가 살고 있는 현대 사회는 다변화(多變化)되고 정신보다 경제가 우선인 사회로 변하고 있으며 다양한 인종과 민족이 어울려 다차원의 세계로 변해가고 있다. 과거의 충효사상(忠孝思想)과 효경사상(孝敬思想)이 변한 듯

하지만 아직도 나라를 지키는 사상은 남아있고 어른을 공경하고 부모에게 효도하는 사상은 변하지 말아야 할 덕목이다.

우리민족을 동방예의지국이라 부를 만큼 예의가 지켜지고 있었다. 삼강오륜(三綱五倫)이라 부르는 덕목이며 화랑도정신(花郎徒情神), 혹은 호국불교(護國佛敎)와 같이 우리의 삶 저변에는 우리의 조상들이 지켜온 덕목이 핏줄을 따라 흐르고 있다. 이 모든 사상과 문화의 근본은 바로 효의 정신에서 비롯되는 것이다.

근대 200여년이 넘도록 우리의 문화 속에 녹아있는 관혼상제례(冠婚喪祭禮)는 조선조 숙종 때의 학자인 이재(李縡)선생이 집대성한≪사례편람(四禮便覽)≫에 바탕을 두었다. 이제 역사의 뿌리를 찾아 이해하고 실행이 어렵다 하더라도 그 개념을 정립하여 의미를 되새길 필요가 있다.

잊혀 가는 전통적이며 문화적인 우리의 풍습을 계승하고 발전시키며 그 정신을 이어 후대에 물려주고 우리의 정신을 고양시켜야 할 의무가 있다. 서구화와 핵가족화, 1인 가구의 증가, 제례의식의 간소화와 사라지는 현상, 예법은 점차 실종되고 있으며 뿌리조차 파악할 수 없는 법들이 넘치고 있다. 우리만의 독특하고도 정성스러운 예법(禮法)을 계승발전(繼承發展)하여 후손에게 물려주어야 할 책임도 있다.

동방예의지국의 후손으로서 변질되고 변해가는 문화를 이해하고 그 변함의 물결 속에서도 우리의 것을 지키려는 노력이 필요하다. 무작정 따라 하기가 아니라 이해하고 전진하며 그 의미를 되새길 필요가 있다.

누구나 아는 것이나 누구도 자세히 알지 못하는 우리의 관혼상제례를 정리하고 배움의 장으로 끄집어 낼 필요가 있었다. 우리의 전통을 인식하고 현대의 물결 속에서도 적용하여 사용하거나 인식하기 위한 시간이 필요하고 자료가 필요하였다. 이 글이 생활의 길잡이가 되도록 하고자 여러 자료를 모으고 다시 각색하고 윤문하여 묶게 되었다. 이 책이 생활의 길잡이가 되고 우리 문화를 이해하는데 도움이 될 것이라 믿어 의심치 않는다.

지난 세기 우리의 풍속과 중국에서 전래된 의식을 합해 만들어진 가례(家禮)를 찾아 그 의미를 되새기고 방법을 찾아 정리하였다. 이미 시중에는 이와 유사하거나 잘 만들어진 관혼상제의 서적이 있다. 크게 다르지 않지만 가르치는 목적으로 만들어 ≪교과서≫라 이름을 붙여 보았다.

이 책은 예법을 가르치는 목적보다 우리의 것에 어떤 의미가 있는지 파악하고 그것을 인식하여 가르치고 배우기 위해 만들어진 것이다. 뛰어남도 없고 새로울 것이 없다고 할 수 있으나 그 격을 가르치고 배우기에는 부족하지 않도록 노력하였다.

우리는 이제 지난날의 각종 예법을 배우고 익히며 착안하여 올바른 이해 속에 의미를 되새기고 간소한 예를 취하더라도 소홀함이 없어야 한다. 우리고유의 미풍양속(美風良俗)이 의미를 가지며 많은 사람에게 도움이 되기를 바라는 마음이다.

2016년의 가을자락에 서서

轟轟軒 晟甫 安鍾善

차례

제1부.

관례

冠禮

제1장

관례(冠禮)

아주 오래 전부터 우리 민족의 전통적인 풍습 가운데 예법은 크게 4가지로 이루어져 있었다. 흔히 관혼상제(冠婚喪祭)라 하여 이를 사례(四禮)라 불렀다. 이 사례 중 관례는 가장 이른 시기에 해당하는 것으로 지금의 성년식에 해당하며 성년례(成年禮)라고도 한다.

관례를 치러야만 비로소 지역 사회의 일원이 된다. 성인(成人)으로 대접 받으며 각종 마을 행사나 국가적 행사, 혹은 남자로서 행하여야 할 각종 의무와 권리를 누릴 수 있다. 결혼도 관례를 치른 후에만 가능하였다.

지금은 사라진 행사, 행위, 예법이라고 하지만 오늘날 행하여지는 성년식에 그 의미가 남아있어 없어지거나 퇴색된 것은 아니다. 어느 나라, 어느 민족, 어느 국가도 비슷한 형식은 아니지만 남아를 사회의 일원으로 받아들이는 의식으로 성년식(成年式), 혹은 성년례(成年禮)가 있었다. 관례는 남아를 지역사회의 일원으로 인정하고 받아들이는 일종의 의식이라고 볼 수도 있다.

지금은 볼 수 없지만 관례는 금세기 끝자락까지 오래도록 남아있었다. 한국전쟁(韓國戰爭) 당시에도 관례를 하였다는 이야기를 들을 수 있고 70세 이상의 노인들 중에는 실제 관례를 한 사람도 남아 있다. 이 같은 사실로 우리 사회에 관례가 제법 오래도록 남아있었고 그 증거는 아직도 많이 남아있다.

조금 더 깊이 파고들면 관례는 《예서(禮書)》를 따르는 것으로 보이나 지방이나, 가정 환경, 또는 당시의 상황에 따라 변형되거나 약식으로 치러진 경우도 있는 듯하다. 그럼에도 불구하고 완벽한 틀은 아니지만 어느 정도의 일정한 틀은 유지한 것으로 보인다.

《예서》를 바탕으로 분석하고 상고하면 그 바탕과 흐름을 알 수 있다.

"15세가 되어 관례를 올렸으며, 아버지가 친한 친구를 빈객으로 맞이하였다. 빈객은 사랑방에서 관례자의 머리를 빗겨 올리고 상투를 틀어 올려 주고 모자를 씌워 준 뒤, 자를 불러 주었다. 관례자는 이어, 손님을 대접하는 잔치를 하고, 이웃 어른들에게 인사를 다녔다."

관례는 어린 아이가 성장하여 비로소 성인이 되었음을 알리는 통과의식이며 사회의 일원이 되는 통합적인 의식이다. 관례를 치름으로써 사회 구성원으로 인정받아 권위와 의무를 동시에 가지게 되는데 일가친척과 지역의 동네 어른들을 모시고 진행하는 것으로 조상의 신위에 절을 하는 것으로 시작한다.

관례를 치르는 시작은 남자는 상투를 짜고 여자는 쪽을 찐다. 일반적인 경우 관례가 혼례와 독립되어 행하여지기도 하지만 보통의 경우에는 결혼 전에 하는 예식으로 많이 행하여졌다. 관례의 형태로는 남자의 집에서 사주단자(四柱單子)를 여자의 집에 보낸 뒤, 좋은 날을 정하여 머리를 올리는 성격의 것이었다. 이때는 아버지가 머리를 빗겨 상투를 틀고 모자를 씌워 주었다. 이 같은 관례는 일반적으로 15~20세 때 행하는 것이 원칙이나 부모가 기년(朞年) 이상의 상복(喪服)이 없어야 행할 수 있었다.

부친이 상투를 짜주면 부모에게 절을 하고 이웃 어른들에게도 인사를 하였다. 흔히 관례는 표면적으로 성년식의 의미가 있는 것처럼 보이지만 실제로 행하여지는 관례는 대부분의 경우 혼례 절차 속에 포함되어 있었다. 따라서 관례는 혼인을 할 수 있는 나이, 혹은 여건을 보여주는 행위의 하나로 인식될 수도 있으며 결혼할 수 있는 준비가 되었음을 나타내는 의식이기도 하다.

일반적으로 관례는 남자에게 해당되는 통과의례 같은 것이었으므로 남자의 공간인 사랑방에서 행하는 것이 일반적이었을 것이다. 다만 당시의 사회상에 따른 규율과 조선 시대를 통할하여 정착하고 사회규범(社會規範)이 된 주자학(朱子學)의 예법을 따랐던 엄격한 사대부 집안에서는 ≪예서≫의 절차에 따라서 관례를 행한 것으로 짐작할 수 있다.

관례 속에는 계례(筓禮)의 절차도 포함된다. 즉 관례라고 하면 남자에게 행하여진 것이고 계례는 여자에게 행해지는 것인데, 여자 나이가 15세가 되어 비녀를 꽂는 것을 계(筓)라 하니 협의의 의미로만 판단하면 계례란 비녀를 꽂아 성인이 되었음을 나타내는 의식이다. 이후 혼인 뒤 시집에 가서 사당에 고하고 비로소 합발(合髮)로 성인이 된다.

관례는 남자에게 해당하는 의식으로 상투를 틀어 갓을 씌우는 행위와 의례를 중심으로 한 여러 가지 절차의 한 가

지다. 남자는 관례, 여자는 계례(笄禮)를 행해야만 지역사
회에서는 물론이고 양반과 귀족처럼 사회 계층의 구조를 지
닌 사회에서 계보(系譜)와 가문이 중시되는 문벌 중심 사회
에서도 사회적 지위를 보장받아 사회적인 활동을 할 수 있
었던 것으로 보인다. 관례나 계례를 올리지 못한 경우, 남자
는 갓을 쓰지 못하고 아무리 나이가 많더라도 언사(言辭)에
있어서 관례를 올린 모든 사람에게 하대를 받았다.

관례가 언제부터 시작된 것이고 어떠한 과정을 거치며,
어떠한 역사적 요인으로 자리를 잡은 것인지 정확하게는
알려진 것이 없는 듯하다. 하지만 약간의 자료와 사회상으
로 보아 조선 시대에 중요한 위치를 차지하고 있던 관례의
식은 ≪가례(家禮)≫의 유입과 더불어 우리나라에 정착한
것으로 보인다.

조선 시대의 예법에 중요한 영향을 미친 ≪가례(家禮)≫
는 송나라의 학자 주희(朱熹)가 가정에서 사용하는 예절을
모아 엮은 책으로 조선 시대에 국가와 사대부가(士大夫家)
의 예법과 생활의 척도를 제공하는 근간이 되어 왔다. 당시
고려와 조선을 이어오는 우리의 역사와 풍속과 관념이 중
국과 다르지만 당시 한문생활권(漢文生活圈)에 있었고 중
국과는 뗄 수 없는 문화적 종속관계가 있었으므로 사대부
가문의 명예를 유지하는 방향으로 학습하고 발달하여 ≪가
례≫에 따르지 않는 처신과 행우, 예절은 인간의 도리가 아
닌 것으로 정의되고 사대부를 중심으로 따르니 조선의 여
러 예법이 이에 종(從)하기에 이르렀다.

관례는 현대의 성년식에 해당되는 의식으로 아이라는 신분에서 어른으로 자라나고 자리 잡는 의식이며 사회의 일원으로 통합되는 과정이다. 단지 어느 나라나 지배계급이나 피지배계급, 혹은 권력과 지배의 계층에 따라 그 경우나 생활 방식, 혹은 예법이 다르듯 구분이나 그 격이 달랐으므로 규정되었거나 일반화된 격식이 있었다 하더라도 지배계급인 양반과 피지배계급인 평민의 관례는 그 격이 달랐을 것이다.

일반적으로 사대부 가문에서는 20세에 행하는 것이 통례이나 천자(天子)나 제후(諸侯)의 경우에는 12세에 행하여야 한다는 설도 있다. 중국의 예법이 유입되기는 했지만 세월의 변화와 예법의 변화, 혹은 이 땅의 풍속에 부합되며 그 변화가 오기에 이르렀으니 사대부 가문이나 일반 백성, 혹은 왕공(王公)을 가리지 않고 혼례를 치르기에 앞서 행하는 의식으로 변했다.

관례는 여러 절차가 있고 의식이 있어, 일반적으로 삼가례(三加禮)라 부르는데, 세 차례에 걸쳐 복식을 갈아입음으로써 어린 아이에서 어른으로 변화하는 과정을 겪는다. 첫 번째로 옷을 갈아입는 의식을 초가례(初加禮), 두 번째 개복(改服)의식을 재가례(再加禮), 세 번째 의식을 삼가례(三加禮)라 한다. ≪국조오례의(國朝五禮儀)≫, ≪춘관통고(春官通考)≫, ≪문헌비고(文獻備考)≫에서 기록으로 살펴 볼 수 있듯 왕족의 경우에도 철저한 기준에 의해 삼가례가 신행되었다.

조선이라는 국가는 철저한 계급 사회였고 남아있는 대부분의 역사는 지배 계급이었던 왕족과 귀족에 관한 것이니 대표적인 삼가례는 왕가의 모습과 사대부의 모습에서 찾아볼 수가 있다. 대표적인 지배자의 가문인 왕가(王家)에서 왕세자(王世子)가 삼가례를 지낼 때에는 백성인 일반인이나 사대부와도 현격한 차이가 있는데 이는 일반적인 것은 아니다. 왕자의 신분으로 관례를 올릴 때는 초가례에서 곤룡포(袞龍袍)를 입고 익선관(翼善冠)을 쓰며 이후 재가례와 삼가례에서는 왕세자라는 신분에 어울리는 복식으로 갈아입는다.

　　사대부 가문의 초가례에서는 상투를 지었으므로 관(冠)을 쓰고 심의(深衣)를 입으며, 재가례는 조삼(皂衫)을 입고 혁대를 두르고 신발(鞋)을 신는다. 삼가례는 복두(幞頭)를 쓰고 공복(公服)을 입고, 혁대를 두르고 신발(靴)을 신고, 홀(笏)을 잡는 절차를 가진다. 절차상 이는 《예서》를 따르고 있으나 실제적인 의식에서 대부분의 경우 예서보다 간소하게 행하였다.

　　이와 같은 관례의 풍습이 조선 시대에만 진행된 것은 아니다. 당시의 문물이 많이 소실되고 보존에 문제가 있어 기록이 온전히 남아있는 것으로 보이지 않지만 이 땅에 《가례》가 유입되기 이전인 고려시대에도 관례의 기록이 나타나는 것으로 보아 이전에 중국의 문물이 들어와 정착했거나 이 땅 고유의 가례가 있었을 것으로 살필 수도 있다. 고려의 가례에 대한 것으로는 《고려사(高麗史)》에 기록되기를 광종, 예종, 의종 때에 왕태자의 관례를 행한 것이 기록에 남아있다. 이로써 고려왕실(高麗王室)에서도 유교식 관례를 행한 것을 알 수 있는 기록이다.

조선 시대에는 사대부 집안에서 일정한 나이가 들면 당연시 되듯 《예서》에 따라 관례를 행하였지만, 관례를 치러야 하는 대상은 나이만큼이나 학문도 중시되었는데 이는 인간의 도리를 안다는 측면에서 매우 중요했다. 관례에 대한 내용에서 《효경(孝經)》, 《논어(論語》가 거론된 것으로 보아 학문을 익히고 예의를 어느 정도는 알 나이가 되었거나, 인간의 도리에 대하여 논해진 학문을 익힌 후에야 관례를 치른 것으로 보인다.

옛날의 지역 사회에서는 관례를 혼례(婚禮)보다 더 중요하게 여기고 반드시 치러야 했으니 이는 사회 구성적 요소가 강하다는 것을 의미하고 있으며, 미혼이라도 관례를 마치면 성인(成人)으로 대접받고 사회의 일원으로서 대접 받고 지위가 자리 잡혔음을 알 수 있다.

1. 관례의 절차

혼례보다, 혹은 혼례만큼이나 중하게 다루어진 것이 관례였으므로 《예서》에 따른다고는 하여도 나름의 절차와 그 준비는 철저했던 것으로 보인다. 관례는 음력 정월 중에 길일(吉日)을 잡고 관례를 치를 자는 관례일 3일 전에 조상을 모신 사당(祠堂)에 상을 차리고 조상에 고(告)하여 가문에 새로운 성인으로서 구성원이 있음을 확인한다.

집안의 주인은 친구 중에 덕망 있으며 배움이 있고 예(禮)를 잘 아는 이를 택해 미리 전언하고 동의를 구하는 과정을 거쳐 빈(賓)이 되어 줄 것을 청하여 관례일 전날부터 집으로 와 유숙(留宿)하도록 한다. 이 빈은 친구일 경우보다는 스승이나 덕망 있는 주위 사람들일 가능성이 많다. 관례 당일에 관례를 치를 사람, 관례를 돕는 사람인 찬(贊)을 대동하고 삼가례를 치르는데 많은 손님들을 초대한다.

삼가례가 끝나면 초례(醮禮)가 이어진다. 초례는 술을 마시는 의례다. 초례(醮禮)를 마치면 미리 청했던 빈이 관례를 받은 사람에게 자(字)를 지어 준다. 즉 조선 시대에는 어른이 되었다는 의식으로 술을 마시고 자(字)를 사용했다는 것을 알 수 있다. 예식이 끝나면 관례를 주관한 사람이 관례를 올린 사람을 데리고 사당에 나아가 어른이 되었음을 고하고 부모와 존장(尊長), 주변 사람들에게 인사를 하고 빈에게 예를 행한다.

○ 관례의 방법

1) 시기(時期) : 15세부터 20세 사이에 정월달 중에서 날을 정해 행한다.

2) 계빈(戒賓) : 본받을 만한 어른을 큰손님〔賓, 主禮〕으로 모신다.

3) 고우사당(告于祠堂) : 3일전에 조상의 위패(位牌)를 모신 사당에 아뢴다.

4) 진설(陳設) : 관례를 행할 장소를 정하고 기구를 배설(配設)한다.

5) 시가(始加) : 머리를 올려 상투를 틀고, 어른의 평상복을 입힌 다음 머리에 관을 씌우고, 어린 마음을 버리고 어른스러워질 것을 당부하는 축사(祝辭)를 한다.

6) 재가(再加) : 어른의 출입복을 입히고, 머리에 모자를 씌운 다음 모든 언동(言動)을 어른답게 할 것을 당부하는 축사를 한다.

7) 삼가(三加) : 어른의 예복을 입히고, 머리에 유건(儒巾)을 씌운 다음 어른으로서의 책무를 다할 것을 당부하는 축사를 한다.

8) 초례(醮禮) : 술을 내려 천지신명에게 어른으로서 서약을 하고, 술 마시는 예절을 가르친다.

9) 관자(冠字) : 이름을 존중하는 의미에서 항시 부를 수 있는 별명(字)을 지어 준다.

10) 현우존장(見于尊長) : 어른으로서 웃어른에게 뵙고 인사를 올린다.

2. 택일(擇日)

남자의 나이가 15세를 넘겨야 기본 법도인 예(禮)를 알 정도로 성숙한 것으로 보았기에 ≪가례≫, ≪사례편람≫에는 15세에서 20세 사이에 관례를 행하는 것으로 기록하고 있다. 단 부모가 기년(朞年)이상의 상중(喪中)은 아니어야 한다고 기록되었으니 조부모(祖父母)나 백숙부(伯叔父)의 상은 기년상(朞年喪)에 해당하니 가까운 친족의 상중에는 관례를 행할 수 없었다. 대공복(大功服)을 입어야 하는 상을 당해서 장사를 지내지 않은 경우라면 관례를 할 수 없다. 대공복은 대공친의 죽음에 입는 옷인데 종형제자매(從兄弟姊妹), 중자부(衆子婦), 맏손자 외의 여러 손자를 의미하는 중손(衆孫), 중손녀(衆孫女), 질부(姪婦) 및 남편의 조부모(祖父母), 백숙부모(伯叔父母), 질부(姪婦) 등의 친족이 대공친에 해당한다. 넓은 범위를 살피고 있으므로 때로는 관례가 늦어지는 경우도 있었다.

택일(擇日)에 대하여는 좋은 날짜를 가려서 예를 행하는 것으로 기록되고 있다. 고려 말이나 조선 초기까지는 택일에 대해 정확하게 알 수 없다. 하지만 조선 중기를 넘어서며 1636년(인조 14) 성여훈(成如櫄)이 중국에서 도입하여 간행한 ≪천기대요(天機大要)≫에 따라 택일을 하였을 것으로 보인다. 일반적으로 여의치 않으면 정월에서 날을 정하라고 되어 있으므로 택일을 하고 때를 놓치면 4월이나 7월 초하루에 하도록 되어 있다. 이는 각기 정월은 그 한해의 시작을 의미하는 달이고 4월이나 7월도 각기 여름과 가을로 접어드는 새로운 계절의 시작을 의미하고 있으며 이는 관을 쓰는 것이 인도(人道)의 출발이기 때문이라는 것이다.

3. 관례 준비

관례일로 택일하여 지정된 사흘 전에 주인은 조상을 모시는 사당에 관례를 올리겠음을 고하고 축문(祝文)을 읽는다. 관례일 전에 관례에서 의식을 주관하는 빈객을 청하는데 ≪예서≫에는 종손(宗孫)의 친구 가운데 어질고 예법을 잘 아는 사람을 골라 빈객으로 삼으라 하였다. 관례일 하루 전에 대청의 동북 쪽에 휘장을 쳐 장소를 정한다.

관례일에는 진설(陳設)을 하고 서둘러 아침 일찍 관복(冠服)을 꺼내어 준비를 하고 주인부터 차례대로 서서 빈객을 기다린다. 빈객이 찬자(贊者)와 함께 도착하면 주인은 그를 맞이하여 방으로 안내한다.

4. 시가례 (始加禮)

예를 시작하니 그 첫 과정이 시가례(始加禮)이다. 빈객이 관례를 할 사람에게 가볍게 읍(揖)을 하면 관례를 할 사람이 앞으로 나와 꿇어앉는다. 관례를 할 자는 쌍상투인 쌍계(雙紒)를 하고 결과복(缺契服)이라고도 불리는 예복인 사규삼(四揆衫)을 입고 속칭 행전(行纏)이라고도 부르거나 늑백(勒帛)이라고 불리는 띠를 두르고, 채리(彩履)라고 불리는 무늬 있는 신을 신은 상태이다.

시중을 돕는 찬자가 관례를 하는 자의 머리를 빗겨 상투를 틀고 망건(網巾)을 씌우면 주례가 유생(儒生)들이 평소에 쓰던 검은 색의 베로 만든 치포관(緇布冠-달리 치관-緇

冠)을 들고 나와 관례를 행하는 자 앞에서 축사를 읽은 뒤,

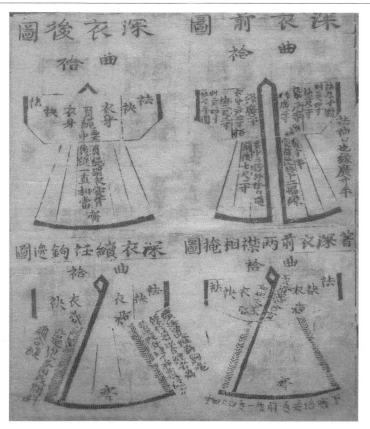

심의(深衣, 상례보(喪禮補))
백세포(白細布)로 만들며 깃, 소맷부리 등 옷의 가장자리에 검은 비단으로 선(襈)을 두른다. 대부분의 포(袍)와는 달리 의(衣)와 상(裳)이 따로 재단되어 연결되며, 12폭의 상이 몸을 휩싸게 되어 있어 심원한 느낌을 준다. 그러므로 심의라는 말도 이런 뜻에서 유래된 것으로 여겨진다. 복건(幅巾), 대대(大帶), 흑리(黑履)와 함께 착용한다. 상례에도 사용된다.

치관을 씌우고 계(笄)를 꽂고 건(巾)을 씌운다. 이어 찬자가

관례자에게 띠를 둘러주면 관례자는 방으로 들어가 사규삼을 벗고 심의(深衣)를 입으며, 큰 띠를 두른 다음 그 위에 실로 된 흰 띠인 수(修)를 더하고 검은 신을 신고 방에서 나와 남쪽을 보고 앉는다.

○ 축사

> 좋은 날, 아름다운 날을 맞이하여 오늘 처음으로 어른의 옷을 입히노니 이제 너는 어린 마음을 버리고 어른의 덕을 이행하여 잘 따르면 앞날에 상서로움만 가득하여 큰 복을 받으리라

5. 재가례(再加禮)

시가례에 이어지는 두 번째 가례에 속한다. 시가례를 마친 자가 정해진 곳에 나와 앉아 있으면 빈객이 관례를 받는 자의 앞으로 나아가 축사를 한다.

찬자는 치포관을 벗기고 빈객이 다가가 초립(草笠)을 씌운다. 이어 관례를 받는 자는 방으로 다시 들어가 심의를 벗고 검은 색깔의 난삼(襴衫)인 조삼(皂衫)과 혁대를 두르고 혜(鞋)를 신고 나온다.

○ 축사

> 좋은 해 아름다운 날을 잡아 너에게 옷을 입히노니 형제가 하나같이 모두 살아 그 덕을 이루면 수염이 노랗게 세고 얼굴이 쭈글쭈글해 질 때까지 끝없이 이어지는 하늘의 경복을 누릴 것이니라.

난삼(한국복식사연구, 유희경, 이화여자대학교출판부, 1980)
생원(生員), 진사(進士)에 합격된 때에 입던 예복으로 녹색이나 검은빛의 깃을 둥글게 만든 공복(公服)에 각기 같은 빛의 선을 둘렀음, 상례에도 사용한다.

6. 삼가례(三加禮)

관례를 하는 자가 정해진 자리에 다시 나아가 꿇어앉아 있으면, 빈객이 다시 나아가 관례를 받는 자의 앞에서 축사를 한다. 찬자가 다가가 초립을 벗기면 빈객이 다가가 관모(冠帽)의 하나로 모부(帽部)가 2단으로 턱이 져 앞턱이 낮으며 모두(帽頭)는 평평하고 네모지게 만들어 좌우에 각(角, 脚)을 부착한 복두(幞頭)를 씌워 준다. 관례를 받는 자는 다시 방으로 들어가 조삼을 벗고 난삼을 입으며, 혁대를 두르고 신을 신고 나온다.

7. 초례 (醮禮)

술을 마시는 의례로 관례를 받는 자가 정해진 자리에 남향(南向)을 하고 앉으면 빈객이 앞에 나아가 축사를 한다. 관례를 하는 자가 두 번 절하고 술잔을 받으면 빈객이 답례를 한다. 관례를 하는 자가 상 앞으로 다시 나아가 잔을 상위에 놓았다가 다시 들고 물러나 맛을 본 다음, 찬자에게 주고 빈객에게 두 번 절하면 빈객이 답례한다.

8. 자관자례 (字冠者禮)

관례를 받은 자에게 자(字)를 지어 주는 의례이니 학문이 바탕이 되어야 하겠다. 빈객과 관례를 하는 사람이 마당으로 내려가 빈객이 관례를 하는 자에게 자(字)를 지어주고, 자를 불러주며 축사를 한다. 관례를 하는 자가 간단한 답사를 하고 절을 하는데 빈객은 절을 받되 답례는 하지 않는다.

이와 같은 과정으로 모든 관례가 이루어진다. 일반적으로 혼례 전에 이루어지는 경우가 많으니 이는 혼례를 올리기 전에 어른이 되었음을 상징하는 의미로도 보인다.

《예서》에 의하면, 관례가 모두 끝나면 주인이 관례를 한 자를 데리고 사당에 가서 조상에게 알리고 고사(告辭)를 읽게 되는데, 이때 관례를 한 자는 두 번 절한다. 이후 관례를 한 자는 모여든 친척들과 빈객에게 두 번 절한 뒤에야 모든 의식을 끝낸다. 이후 밖으로 나와 자신의 선생과 아버지의 친구들을 찾아다니며 절을 한다. 아울러 마을 공동체의 일원이 되었으니 마을 어른들에게도 절을 하는 것은 당연하다.

9. 관례의 의미

관례는 한 마을, 하나의 공동체에서 통과의례로 살필 수 있다. 관례를 통해 미성숙에서 성숙의 인식으로 바뀌며 어른의 풍모를 인정받게 된다. 따라서 이전과는 달리 공동체에서 역할을 맡게 되며 참여와 자신의 의견을 당당하게 이야기 할 수 있게 되었다.

관례에서 눈에 보이는 것은 빈객이 집전하고 주인은 주된 임무에 빠져 있는 것이며 빈객이 새로운 이름인 자를 지어준다는 것이다. 이는 새로운 이름이 주어짐으로써 사회성이라는 점에 비추어 새로운 시작이라는 것이고 새로운 역할이라는 의미를 파악할 수 있다.

최초의 관례는 어떤 의미였는지 기록도 부족하고 식순도 명확하지 않다. 그러나 조선 시대에 들어 관례는 혼례의 전 단계에 해당하는 역할과 지위가 주어진다. 이는 고려시대부터 시작된 것이 아닌가 하는 의구심을 들게 하는데 각 학자들에 따라 연구의 가치가 있다. 몽고로부터 핍박을 받아 여자를 바쳐야 하는 상황에서 조혼(早婚)의 풍습이 생겨났고 이 흐름은 조선 시대에 이어진다. 10세가 넘으면 혼례를 서두르는 조혼의 풍속 속에서 관례는 조선 후기 이후 혼례 과정에 흡수되었고 일제의 단발령(斷髮令)에 흔적이 사라지고 말았다.

10. 관례의 흔적들

옛날에는 20세에 관례를 하였는데 성인의 예(禮)를 책임지우기 위해서였다. 대개 장차 자식 된 자, 아우 된 자, 신하 된 자, 젊은 자로서의 행동을 그 사람에게 책임지우는 것이기 때문에, 그 의식은 중요하게 여기지 않을 수 없다. 근세 이래로 인정이 경박해져서 10세가 지났는데도 총각(總角, 머리를 뿔처럼 두 갈래로 나누어 묶는 것)을 한 자가 적으니, 저 네 경우의 행동을 책임지게 해 본들, 어찌 알겠는가? 왕왕 어려서부터 장성하기까지 한결같이 어리석은 자가 있는데, 이는 성인(成人)의 도리를 모르기 때문이다. 지금 갑자기 고치지는 못하더라도, 우선 15세 이상부터 ≪효경(孝經)≫과 ≪논어(論語)≫에 능통하여 조금이나마 예의를 알게 된 다음에 관례를 행한다면, 그 또한 괜찮을 것이다.
  - 사마온공

○ 관례(冠禮)와 계례(笄禮)로 달라지는 것
관례와 계례를 하면 이제 어린이가 아니고 어른이기 때문에 대접이 달라진다.

1) 말씨

전에는 낮춤 말씨인 '해라'를 쓰던 것을 보통말씨인 '하게'로 높여서 말한다.

2) 이름

이름이 없거나 있어도 함부로 부르던 것을 관례와 계례 때 지은 자(字)나 당호(堂號)로 부르게 된다.

3) 절

전에는 어른에게 절하면 어른이 앉아서 받았지만 관례를 마치면 어른의 대우를 하여 답배를 하게 된다.

제2장

계례(笄禮)

여자가 치르는 계례(笄禮)는 남자의 관례에 해당하는 의식으로, 관례가 독립된 의식임에도 불구하고 혼례의 절차 속으로 흡수된 면이 있으며, 일면 혼례의 한 부분이나 혼례 전에 치러지는 의식이 된 것처럼 계례도 독립된 의식의 성격을 지니고 있던 것이지만 혼례 전에 치러진 경우가 많다.

계례도 관례의 경우와 같이 고려시대부터 비롯된 것으로 보인다. 계례란 혼례가 이루어지기 전에 여자가 쪽을 찌어 올리고 비녀를 꽂는 여자의 의례로 인식되고 있으며, 여자가 아이에서 자라나 성인이 되었음을 뜻하며, 오래도록 혼례 속에 흡수되어 실행되었다.

관례는 남자아이가 성인이 되었음을 알리는 행사이며 그 증거로 머리를 빗어 올려 상투를 틀고 관모를 쓰는 의식이라면, 계례는 여자아이가 성인이 되었음을 증명하는 의례로 쪽을 지고 비녀를 꼽는 의식이다. 계례의 계(笄)는 비녀를 의미하는 글자이다. 즉 비녀를 꼽는 의식이라는 단어이다. 이는 성인이 되었음을 뜻하는 의례로 여자가 비녀를 꼽아야 성인이라는 의미를 가진다. 《사례편람》에 따르면 여자가 혼인을 정하면 계례를 행한다 하였고, 혼인을 정하지 않았어도 여자가 15세가 되면 계례를 행한다고 하였다. 즉 15세 미만이라면 혼인을 위해 계례를 행한다는 의미가 들어 있는 말이고 혼인을 하기 위해서는 반드시 계례의 절차가 선행되어야 한다는 것을 말하고 있다.

계례는 관례와 크게 다르지 않지만 관례에서 삼가례라 하여 세 번에 걸쳐 옷을 갈아입는 의례와 달리 가례(加禮)는 1차로서 끝낸다. 관례는 주인이 주관하고 빈을 모셔서 행사를 진행하는 것처럼 계례에서도 아버지가 아닌 어머니가 중심이 되는데 이는 남자는 남자의 법으로, 여자는 여자의 법으로 진행됨을 의미하는 것이다. 이것이 고려 후기와 조선 전기간을 관통한 내외법(內外法)의 적용으로 보인다. 관례에서 빈을 청하듯 계례에서도 친척 중에서 어질고 예법을 아는 부인을 주례로 삼아 사흘 전에 청한다.

계례를 치르는 장소에도 제한이 있었다. 종자(宗子)의 주부(主婦)이면 중당(中堂)에서 행하고, 종자는 아닌데 종자와 함께 살고 있으면 사실(私室)에서 행하고, 종자와 함께 살지 않으면 앞의 의례대로 행한다.

식이 진행되기 전에 의복으로 소매 없는 웃옷인 배자(背子)를 준비한다. 배자는 빛깔이 있는 비단을 이용하여 만드는 데 그 길이는 길어서 치마의 길이와 같다. 계례를 치르는 당일이 되면 날이 밝는 대로 의복을 준비하고 차례대로 서서 기다리고 있다가, 주례가 도착하면 주부가 나아가 맞아들인다. 이 의식 역시 관례와 크게 다르지 않는 방식으로 진행되니 남녀의 차이 뿐이다.

계례를 받는 여자는 머리를 땋아 내린 채 삼자(衫子), 즉 당의(唐衣)를 입고 서서 기다리고 있다가 주례가 계례를 받는 여자에게 절차에 따라 땋았던 머리를 풀고 빗겨 합발(合髮)하여 계(髻:쪽)를 만든 이후 쪽에 비녀를 꽂아준다.

고례(古禮)는 여기에 더하여 쪽진 머리를 다시 댕기로 싸 화관을 씌운 뒤 비녀를 꽂는다.

의식을 마치면 방으로 들어가서 이미 준비해 두었던 배자(背子)를 입는다. 이어 간단한 예를 올리고, 주례가 계례를 받는 여자에게 자(字)를 지어준다. 따라서 자(字)는 반드시 양반들의 남자에게 해당되는 것이 아니라 대부분의 양반 여자들에게도 해당되는 별칭인 것이다. 때로는 이를 자(字)라 하지 않고 당호(堂號)라 한다.

주인은 계례를 받는 여자를 데리고 사당에 가서 조상에게 어른이 되었음을 고한 다음 손님을 대접하는 잔치를 베푼다. 계례가 끝나더라도 아직 혼인(婚人)을 정하지 않아 집에 있어야 할 경우에는 계를 하지 않고 땋은 머리로 되돌아간다.

이와 같은 획일화되고 정례화 된 절차는 이후 시간이 흐르며 퇴색되고 변화되어 간혹 지켜지지 않은 것으로 보이나, 고려 말 조선 초기에 해당되는 시기에 계례를 처음 행하고 받아들여졌으며 우리의 풍습에 적용되었을 때는 혼례 이전에 긴 시간을 두고 이어져 온 풍습이었을 것이다.

≪예서(禮書)≫에는 계례의 절차와 적용에 대해 매우 상세하게 기록되어 있으나 완벽하게 적용하였는지는 사실 파악이 힘들고 실제 어느 가문에서 어느 정도 깊숙하게 실행되었는지 알 수 없다. 그나마 알려지고 일부 알 수 있는 것은 양반 가문에 계례가 있었다 하더라도 남자들이 행하는 관례만큼 보편화 되지는 않았을 것이며, 일반적으로 독립

적으로 행하여진 관례와는 달리 계례는 독립적인 의식에서 벗어나 일찍부터 혼례 속에 흡수되어 실행되고 있었다.

과거의 혼례는 신랑 집에서 치러지는 것이 아니라 대례가 신부 집에서 행하여진다. 그래서 신랑이 혼인하는 것을 "장가 간다"라고 한 것이다. 만약 신랑의 집에서 혼례를 치렀다면 장가를 가는 것이 아니라 장가들었거나 장가를 행한 것이라 해야 할 것이나 지금도 장가는 간다라고 한다.

계례는 혼례에 흡수되었는데 신랑이 말을 타고 마을을 지나 대례를 치를 신부 집의 앞마당에 들어서는 것을 목격한 다음에야 계례가 시작된다. 즉 계례는 철저하게 혼례에 맞추어지도록 변화, 변형되었다.

신랑이 나타나면 신부의 머리를 빗기기 시작하여, 서둘러 쪽을 틀고 비녀를 꽂는다. 계례란 비녀를 곱는 것이니 머리를 틀고 쪽을 지어 비녀를 꼽는 것만으로 계례는 행한 것이 된다. 보통 당시의 처자들은 머리를 길게 땋아 길렀으므로 정성스럽게 머리를 빗어 머리를 땋고, 틀어 올리고, 쪽을 트는 시간이 단시간에 끝나는 일이 아니라 매우 오래 걸리기 마련이었다. 신랑은 마당에 들어서서 먼저 전안지례(奠雁之禮)를 행하고 신부와 마주 서야 하는 대례상 앞에 서서 적어도 반시간 가량을 기다리는 고된 시간이 기다리고 있었다. 예를 들어 꼬마신랑은 이 시간을 이기지 못하고 잠들거나 맛있는 것을 달라 투정했다는 우스갯소리도 있다.

대례가 끝난 뒤에도 신부는 족두리와 댕기, 그리고 원삼을 그대로 입고 있다가 신방(新房)에서 신랑이 벗겨주어야 한다. 즉, 계례로써 처음 머리를 올리며 신랑을 보게 되고, 신랑이 그것을 풀어주는 것이 전통사회에서의 관습이었다.

1. 계례의 절차

계례는 관례의 절차와 크게 차이가 나지 않지만 남자들이 행하는 관례의 삼가에 해당하는 절차가 없으며 한 번의 예로서 모두 정리되는 바, 화관을 씌우고 비녀를 꽂는다. 계례는 의식이 간단하기 때문에 집례의 홀기 없이 행하기도 한다.

1) 시기(時期)

대개 15세 되는 해의 정월에 날을 정해 행한다.

2) 계빈(戒賓)

집안 안어른(婦人)중에서 예절을 잘 아는 어른을 큰손님으로 모신다.

3) 고우사당(告于祠堂)

3일 전에 조상의 위패를 모신 사당에 아뢴다.

4) 진설(陳設)

계례를 행할 장소를 정하고 기구를 배설한다.

5) 합발(合髮)

머리를 올려 쪽을 찐다.

6) 가례(加禮)

비녀를 꽂고 어른의 옷을 입힌 다음 어른스러워지기를

당부하는 축사를 한다.

7) 초례(醮禮)

술을 내려 천지신명에게 어른으로서 서약을 하게 하고, 술마시는 예절을 가르친다.

8) 계자(筓字)

이름을 존중하는 의미에서 항시 부르는 별명(堂號)을 지어 준다.

9) 현우존장(見于尊長)

어른으로서 웃어른에게 뵙고 인사를 올린다.

2. 서립

예식의 주관자이기 때문에 주부(主婦)라고 하는데 가정의 여자 어른이다. 주부 이하 모든 참례자는 예복을 입고 차례대로 선다. 주부는 동쪽에서 서향하여 선다. 가문에서나 친척 중에서 예법을 아는 어른을 모셔오는데 빈이라 하고, 빈은 서쪽에서 동향하여 선다. 계례를 치를 여자는 어른의 의복을 입고 방안에서 남향하여 선다.

3. 가관계례

화관(花冠)을 씌우고 비녀를 꽂는 의식이다. 계례를 치를 여자는 방문 밖으로 나와 계례석에서 남향하여 꿇어앉는다. 시자도 계자를 향하여 꿇어앉아 계자의 머리를 빗질

하고 댕기로 묶어 쪽을 짓는다. 빈이 손을 씻고 계자 앞에 북향하여 선다. 시자가 화관과 비녀를 빈에게 주면 빈이 화관과 비녀를 받아들고 북향하여 축사를 한 다음 빈이 꿇어 앉아 화관을 씌우고 비녀를 꽂아 준다. 계례를 치를 여자는 일어나 방으로 들어가서 저고리 위에 배자(소매 없는 덧옷)를 입는다.

○ 가관계축사(加冠筓祝辭)

> 좋은 달 좋은 날에 비로소 어른의 원복을 입히나니 너는 이제 어린 뜻을 버리고 어른의 덕성을 이루어 장수하면서 큰 복을 받게 하라.

4. 초례

술 마시는 예법을 가르치는 의식이다. 이는 관례와 크게 다르지 않은 것으로 계례를 치를 여자는 방문 밖으로 나와 초례석에서 남향하여 서며 빈은 계자 앞으로 가서 시자로부터 잔반을 받아 들고 북향하여 축사를 한다.

계례를 치를 여자는 사배(四拜)하고 잔반(盞班)을 받고 빈이 답배한다.

계례를 치를 여자는 잔반의 술을 조금씩 세 번 모사기에 지운 후 술을 조금 마시고 일어난다. 이에 대하여 계자는 사배한다.

5. 자례(字禮)

자를 지어 주는 의식이다. 이것으로 양반가에서는 여자도 자(字)를 사용했음을 알 수 있다. 빈은 동향하여 서고, 계자는 남향하여 선다. 빈은 자를 내리는 축사를 하고 계례를 치를 여자는 사배하면 되는데 관례와 마찬가지로 빈은 답배하지 않는다.

6. 예필

계례의 의식을 마친다. 계례를 마치면 계자는 주인과 같이 사당을 뵙는다. 주과포를 차리고 주인이 고유한다.

○ 고유 순서
주인분향재배-주인뇌주재배-참신재배-헌작-정저-고유-주인재배-계자재배-하저-사신재배

○ 고유 고사
"성보의 장녀 효슬이 금일 계례를 마치고 감히 뵙습니다."
(성보지장녀효슬 금일계필감현
晟甫之長女孝瑟 今日笄畢敢見)
만약 '성보'가 장손이 아니고 차손이면 장손인 갑선(甲善)이 고유하고 '성보의 장녀'를 '갑선의 동생의 딸'로 고친다.

제3장

현대의
성년례

세상이 많이 바뀌었다 한다. 관례와 계례도 대부분 사라지고 명맥을 잇기 어려워질 정도이지만 그나마 의식적이거나 그 관행적인 사상은 아직 남아 있다.

전통을 살리고 문화를 이어간다는 측면에서 전통 관례와 계례를 생활화하거나 변형된 상태라 해도 재현할 수 있으면 좋겠지만 이미 사라지고 번거로운 일이 되어 버렸으며 생활에서 사라진지 이미 오래니 새로이 꺼내어 재현하고 실천하기는 어려운 일이다.

비록 관례나 계례는 사라지고 없으며 어느 곳에서도 행하여지고 있지 않지만 그 의념과 의식(意識), 그 사상만은 이어지고 있다. 관례와 계례는 성년의 의식이고 사회 구성원의 개념을 정립하고 있으므로 우리 사회에서 성년의식은 꼭 필요하다고 할 수 있다.

현재에는 매년 5월 16일을 성년의 날로 정하고 있으며 만 스무 살이 된 청소년들에게 성년식을 거행하여주고 있다. 성년식은 한 사회의 소속감을 주고 성인으로 인정하여 권리와 책임을 부여하는 의식이기도 하다.

이제 옛날의 관례와 계례의 절차를 참고하여 개선하고 현실에 적합한 성년례를 행하는 것으로 자라나고 사회에 진입하는 청소년들에게 성인이 되었음을 인식시키고 사회의 구성원으로서 책임과 의무를 인식시켜야 할 것이다.

일반적 성년식 절차는 다음과 같은 식순에 따르면 될 것이다. 성년례는 개별 성년례와 집단 성년례가 있다. 전통적인 관례를 혼합한 성년례를 생각해 볼 수도 있다.

1. 개별 성년례

1) 개 식
2) 성년자 배례
3) 축 사
4) 성년선서 및 서명
5) 성년선언 및 서명
6) 초례 및 주례의 훈화
7) 성년자 배례
8) 폐 식

2. 집단 성년례

1) 개식 선언
2) 주례 등단
3) 성년자 입장
4) 성년자 경례
5) 성년 서약
6) 성년 선언
7) 음주례
8) 자례
9) 주례 수훈
10) 성년자 인사
11) 폐식

3. 전통적인 관례를 혼합한 성년례

성년식은 많은 의미가 있다. 건전가정의례준칙의 제2장 성년례, 제5조에 따르면 성년례는 만 19세가 되는 때부터 할 수 있으며 국가기관, 지방자치단체, 공공기관, 단체, 기업체 등이 성년예식을 거행할 때에는 엄숙하고 간소하게 하여야 한다고 기록되어 있다.

```
1) 개 식
2) 국민의례
3) 성년자 호명
4) 성년자 경례
5) 주례의 훈화(訓話)
6) 성년선서 및 서명
7) 성년선언 및 서명
8) 초대 손님의 축사 및 답사
9) 성년자의 초대 손님에 대한 경례
10) 폐 식
```

한국청소년단체협의회에서 말하는 공법상의 성인의 효과는 다음과 같은 것들이 있다.

1) 선거권의 취득(헌법 24조),

2) 자격의 취득(변리사법 3조, 공인회계사법 2조, 변호사법 3조 등)

3) 흡연·음주 금지 등의 제한(미성년자보호법 2조(주: 청소년보호법)이 해제된다.

4) 사법상으로는 완전한 행위능력자가 되며

5) 친권자의 동의 없이 혼인할 수 있고(민법 808조),

6) 양자를 할 수 있는(866조) 등 다양하다.

4. 성년선서

성년선서

저는 이제 성년이 됨에 있어서 오늘을 있게 하신 조상님과 부모님의 은혜에 감사하고 자손의 도리를 다할 것과 국가와 사회의 주인으로서 정당한 권리에 참여하고 신성한 의무에 충실하여 성년으로서의 본분을 다할 것을 엄숙히 선서합니다.

년   월   일

성년자   0 0 0 (서명 또는 인)

○ 현대의 성년례(진행 시나리오)

성년선언

성년자 0 0 0
생년월일   년   월   일

그대는 이제 성년이 됨에 있어서 자손으로서 도리를 다하고 국가와 사회의 주인으로서 정당한 권리와 신성한 의무에 충실할 것을 다짐하고 서명하였으므로 성년이 되었음을 엄숙하게 선언합니다.

년   월   일

주례   0 0 0 (서명 또는 인)

1) 먼저 성년식을 거행하기 전에 관례에 대한 의미와 목적에 대하여 알아보자.

2) 오늘날의 성년식은 우리 전통예법인 사례(四禮), 즉 관혼상제(冠婚喪祭) 중 첫 번째인 관례에 해당하는 통과의례의 하나이다.

3) 세계의 여러 민족은 나름대로 자국의 전통문화를 계승하기 위한 차원에서 이와 같은 성년의식을 거행하고 있

다. 물론 그 형식과 내용은 다르지만 이러한 의식의 목적은 같은 것이다.

① 사람이 태어나 육체적으로 성숙하면, 부모의 보호를 벗어나게 되며, 이때부터는 당당한 사회의 구성원으로서 성인의 몫을 해야 되고, 또 요구 받게 된다.

② 즉, 육체적으로 성숙한 단계에서 일정한 의식을 통하여 그것을 확인시켜주고, 겉으로 나타나는 변화를 주어서, 어린 아이와 구별하여 주고, 언어와 행동의 규범도 달리 하도록 하며, 또한 그렇게 대접한다.

③ 이러한 외적인 변화를 엄숙한 의식을 통하여 가함으로써 내면의 의식을 동시에 변화시킬 수 있는 동기를 부여하고, 사회구성원으로서의 몫을 해내도록 재촉하는 것이다.

4) 그러면 이러한 의미를 갖는 우리의 전통 성년식인 관례는 어떻게 행하여 졌는가 살펴 보자. 우리나라는 고대(古代)로부터 성년의식이 있어 왔으며, 유교문화의 도입에서 관례(冠禮)로 정형화한 것이다.

① 즉 남자는 20세, 여자는 15세가 되면 좋은날을 택하여 음식과 술을 장만하고, 온 마을 사람을 초대하여 덕망 있는 분을 주례로 모셔서 관례를 행하여 왔다.

② 엄격하게 구별하면, 남자가 치르는 의식을 관례라 하고, 여자가 치르는 의식을 계례(笄禮)라고 하나 통틀어 관례라고 한다.

③ 남자는 머리에 관을 씌우고, 옷은 어른의 복식을 하게 하고, 비로소 술을 마시게 하며, 부르기 쉬운 이름 즉, 자

(字)를 지어 주며, 이때부터는 말도 존댓말을 써서 "하시게"라고 대접한다.

④ 여자는 머리를 올려 비녀를 꽂아 주며, 역시 복식을 달리하고 당호(堂號)를 지어 내려 준다.

5) 이러한 외형적인 변화를 주고, 여러 사람이 참석한 자리에서 어른으로 인정하는 행사를 갖고 행동과 생각의 변화를 요구하는 것이다.

6) 관례는 전통예법의 원형을 빠짐없이 적용한 것은 아니다. 관례의 전통이 서구 문화의 도래와 외침의 영향으로 일시 단절되어 왔다.

7) 오늘 000도 00시 00회관, 이곳에서 관례를 갖게 된 것은 해마다, 씩씩하게 자라나는 어른을 향한, 젊은이들에게 가정과 이웃과 사회, 국가가 다 같이 참여하여 엄숙한 자리를 마련하고 이러한 전통 관례의 참된 뜻의 이해를 통하여 외적인 변화를 주고, 내적인 성숙과 정신적인 의식의 전환을 가져오도록 하는 하나의 획기적인 전환의 장을 마련하여야 된다고 생각하고 있기 때문이다.

① 원래 관례와 계례는 각각 행하여 진다. 그러나 오늘은 한 자리에서 동시에 거행되기 때문에 관자의 주례와 계자의 계자빈이 나란히 계시며, 축사 등은 번잡을 피하여 주례께서 행하게 된다.

② 또한, 참가하신 단 아래의 모든 관자와 계자는 단상의 관자와 계자와 같이 의식을 거행하는 것이니 모두 일어서서 의식이 끝날 때까지 집례인 제가 안내 하는 대로 예를

갖추어야 한다.

- 그러면 지금부터 전통관례를 거행하겠습니다.

- 주례, 집례, 집사, 행사자 관세를 하세요.

- 관자와 계자는 부모님을 모시고 입장하시오.

- 주례 선생님과 계자빈께서 입장하시겠습니다. 주례를 도울 찬자, 진행을 도울 집사, 시자는 다 같이 입장하여 주세요.

- 주례선생님과 계자빈 소개 말씀을 올리겠습니다.

- 오늘 이 관례를 주관하실 주례선생님은 현재 00에 계시는 000입니다. 그리고 계자빈께서는 000으로 계시는 000이십니다. 박수로 환영하여 주시면 감사하겠습니다.

- 관자와 계자의 부모님과 주례선생님(계빈)과의 상견례가 있겠습니다.

- 관자와 계자의 부모님께서는 한 번 절하여 주례와 계자빈께 예를 올리세요.

- 주례와 계자빈께서도 한 번 절하여 답례를 드리겠습니다.

- 모두 정하여진 자리로 입시하여 주시기 바랍니다(부모 퇴장, 주례 정면에서 관자와 계자의 맞은편으로).

- 관자와 계자는 주례선생님과 계자빈께 두 번 절하여 예를 올리겠습니다.

- 참석하신 관자와 계자 여러분도 다같이 예를 올리겠습니다.

- 먼저 관자와 계자는 두 번 절을 하시오.

- 오늘 성년이 되시는 여러분!

일동 배례, 바로, 배례, 바로.

- 주례와 계자빈께서도 한 번 절하여 답례하세요.

- 가관례(加冠禮)를 거행하겠습니다.

가관례란 세 번 관과 옷을 다른 것으로 단장을 하기 때문에 삼가례(三加禮)라고도 합니다.

- 시가례(始加禮)를 거행하겠습니다. 시가례는 첫 번째 절차로 초가례라고도 하는데, 상투를 올려 유건을 씌우고 어른의 평상복을 입혀서 첫 번째 변화를 주는 것입니다.

- 관자와 계자는 주례와 계자빈 앞으로 나가서 자리에 앉으세요.

- 찬자와 시자는 빗을 가지고 관자와 계자 옆으로 나가세요. 머리를 빗겨 주세요.

- 집사는 복두를 시자는 비녀를 받들고 주례와 계자빈은 앞으로 나가세요.

- 주례께서는 유건을 들고 첫 번째 축사를 하여 주십시오.

- 주례께서는 유건을 씌우고 관자에게 읍하세요.

- 재가례를 거행하겠습니다. 이는 두 번째 절차로서 어른의 출입복을 입히고, 갓을 씌우는 것입니다.

- 찬자는 출입복과 갓을 가지고 관자의 유건과 평상복을 벗기세요.

- 찬자는 관자에게 출입복을 입히시오.

- 주례께서는 갓을 잡고 두 번째 축사를 하여 주십시오.

- 주례께서는 갓을 씌워 주시고 읍하시오.

- 삼가례(三加禮)를 거행하겠습니다. 세 번째 절차로 어

른의 예복을 입히고 사모와 관복을 입히는 것입니다.

 - 찬자는 예복을 가지고 가서 관자의 출입복과 갓을 벗기시오.

 - 찬자는 관자에게 예복을 입히시오.

 - 주례께서는 사모를 잡고, 세 번째 축사를 하여 주십시오.

 - 주례는 관자에게 읍하시오.

※ 이제 가관례를 마치고 초례의식을 거행하겠습니다.

※ 집사는 초례상을 준비하여 주십시오.

 - 초례(醮禮)

 - 관자와 계자는 초례상 앞에 앉으세요.

 - 찬자는 관자의 술잔에 술을 따라 주시고, 계자의 찻잔에도 차를 따라 주세요.

 - 주례께서는 초례 축사를 하여 주세요.

 - 관자와 계자는 두 번 절하고 대답하세요.

   ① 참자가 일동 배례, 바로

   ② 일동 대답하세요.

 - 주례는 술잔을 관자에게, 계자빈은 계자에게 찻잔을 건네주세요.

 - 관자와 계자는 술과 차를 조금씩 세 번 나누어 마시고, 잔을 찬자에게 건네주시오.

 - 주례와 계자빈께서는 한 번 절하여 답배하세요.

 - 집사는 초례상을 치워 주세요.

 - 명자례(命字禮) 순서로서 주례께서 항상 쉽게 부를 수 있고, 관자와 계자의 마음가짐과 행동에 늘 생각하게 하는

좋은 뜻이 담긴 字를 내려 주시겠습니다.

  - 주례께서는 字를 읽어 주십시오.

  - 관자와 계자는 두 번 절하고 대답하세요.

  ① 일동 배례, 바로

  ② 일동 대답하세요.

  - 성년선언(成年宣言)

  - 이제 주례께서 성년선언을 하시겠습니다.

  - 관자와 계자는 주례와 계자빈께 두 번 절하세요.

  - 일동 배례, 바로

  - 이것으로서 관례의식을 마치고 끝으로 오늘 성년이 되신 모든 참가자들께서는 이 자리를 지켜보시고, 축복하여 주신 내빈 여러분께 큰 인사를 올리도록 하겠습니다.

  - 모든 참가자들은 내빈을 향하여 돌아서십시오.

  - 일동 내빈께 배례, 바로,

  - 이상으로 제 00회 성년례를 마치겠습니다. 오늘 성인이 된 여러분의 앞날에 서광이 함께 하시기를 바랍니다.

  - 이어 성년 축하 공연이 있겠습니다.

  대단히 감사합니다.

제2부.
혼례
婚禮

제1장

연애(戀愛)와
중매(仲媒)

　혼인(婚姻)이란 남녀간의 결합을 통해 가정을 꾸리는 일
정한 과정으로 일정한 사회적 규정의 제약 속에 의식으로
서 행해진다. 혼인이라는 것은 사회적으로 승인된 남편과
아내의 결합이며, 이 남편과 아내의 자격, 역할에 대해서는
각 사회에서 독자적인 의미 부여가 이루어지고 있다. 혼인
이란 어느 사회나 공인된 것이며 각각의 사회와 국가, 민족
은 그들 사회의 문화 속에 혼인이 포함된다. 이러한 문화
속에는 공인(公認)이라는 터부가 존재하고 금기시 되는 것
이 있어 규정, 규약의 성격을 지닌다.

　지구촌 곳곳에는 각종 형태의 규정과 규약이 있으며 공
통적으로 발견되는 혼례의 규정으로는 근친간(觀親間)의
금혼(禁婚)이 있다. 물론 미개방(未開方) 되었거나 미개발
된 아프리카를 비롯한 몇몇 부족들이나 국가, 혹은 알려지
지 않은 소수민족에서는 아직도 근친혼(近親婚)이 성행하
고 있으며, 과거의 역사에서 각 지역이나 각 부족, 각 나라
를 지배했던 왕족처럼 지배 세력에서는 금혼의 풍속이 있
었다고는 하나, 지금은 대부분 사라진 혼습(婚習)이다. 오
랜 역사의 뒤안길에 살펴보면 근친혼이 금혼이 된 역사도
그리 길지 않으며 중세를 대별하듯 오래도록 지배자와 가
진 자의 혼례에서 근친혼은 매우 높은 비중을 차지한다. 근
친간의 금혼이 언제부터 출현하였고 다시 언제부터 자리를
잡았는지, 발생 원인은 분명하지 않으나 금혼은 현재까지
도 여러 나라, 여러 민족에서 행해지고 있으며 대상을 규정

하는 방식은 민족과 문화마다 다르다.

우리나라에서도 민법에 의거하여 금혼의 범위를 정하고 있다.

1) 8촌 이내의 혈족(친양자의 입양 전 혈족을 포함한다)

2) 6촌 이내 혈족의 배우자, 배우자의 6촌 이내 혈족, 배우자의 4촌 이내 혈족의 배우자인 인척이거나 이러한 인척이었던 자

3) 6촌 이내 양부모계(養父母系)의 혈족이었던 자와 4촌 이내 양부모계의 인척이었던 자로 되어 있다(민법 제4편 친족 제3장 혼인 제2절 혼인의 성립 제809조〔근친혼 등의 금지〕).

우리나라 혼인제도(婚人制度)를 파악하는 가장 오래된 문헌은 ≪삼국지(三國志)≫의 '위서 동이전(魏書東夷傳)'에 기술 내용이다. 이를 토대로 살피면 우리 민족의 역사에서 뿌리에 해당하는 삼국시대(三國時代) 이전부터 일부일처제(一夫一妻制)가 가족 구성의 근간으로 보이며 모처부처제(母處父處制) 거주규정이 있었고 한때 우리나라의 가부장적(家父長的)이고 남아선호사상(男兒選好思想)을 보여주던 것과는 달리 아들과 딸은 대등한 조건과 직위로서 혼인하였다.

문헌상으로는 확인하기 어려우나 오래도록 유지된 것으로 보이는 이 땅 고유의 혼인제도와 그 습성, 혹은 관습(慣

習)은 골격이 변하지 않은 모습으로 삼국시대에도 계승되었으나 사유재산(私有財産)과 신분제(身分制)의 발달이 이루어지며 양반과 귀족사회, 혹은 지배계급과 피지배계급의 구별이 명확해지면서 귀족사회를 중심으로 일부다처제(一夫多妻制)가 나타난 것으로 보인다.

고려(高麗)도 크게 다르지 않아 삼국시대와 다름없는 혼인 제도를 유지하였으며 근친혼(近親婚) 및 모처부처제(母處夫妻制)의 거주규정이 변하지 않았다. 고려 중기로 넘어서며 원나라의 침략 이후 몰고 온 공녀제도(貢女制度)의 영향으로 조혼풍속(早婚風俗)이 생겨났고, 고려 말에 주자학(朱子學)이 도입되고 명률(明律)의 보급으로 인해 동성동본불혼제도(同姓同本不婚制度)가 도입되었다.

조선 초기에 당시 귀족들에게서 성행하던 일부다처제(一夫多妻制)가 문제가 되어 모든 아내를 처(處)로 보던 시각을 달리하여 각기 그 격을 나누어 처첩(妻妾)을 구별하였으며 본처의 자식과 첩의 자식을 가려 서얼(庶孽)을 차별하는 제도가 시행되기에 이르렀다.

거주에 관련된 규정 문제는 조선 초기부터 논란의 대상이었고, 조선 중기에 이르자 더욱 큰 시비와 갈등을 일으켰다. 당시 중국을 따르고자 하였던 조정(朝廷)의 노력과 시도는 받아들여지지 않았을 뿐 아니라 혼란을 가중시켰으며 절충안이 도입되어 변화와 모색이라는 여러 과정을 거치는 동안 가부장권(家父長權)이 강화되었고 몽골의 침략으로 촉발된 기현상이 조혼(早婚)을 불러왔고 이후 가문의 명예를 중시하는 풍조가 만연되어 중매혼(仲媒混)이 혼인의 큰 시작점이 되었다.

우리가 흔히 알고 있는 전통혼례(傳統婚禮)의 형태는 그 역사가 아주 먼 것은 아니어서 대부분 조선(朝鮮) 전기(前期) 이전의 모습은 사라져 볼 수 없게 되었다. 우리가 흔히 말하는 전통 혼례라는 것은 조선 중기 이후에 확립되고 정립된 것으로 명나라의 풍습에 이전의 여러 풍습, 그리고 몽골의 풍습도 습합되어진 측면이 적지 않다. 그러던 혼인 풍습과 제도는 일제 강점기(日帝强占期)와 광복(光復), 그리고 한국전쟁(韓國戰爭)과 급격하게 불어온 산업화(産業化)를 거치며 서구의 제도를 받아들이고 강하게 유입된 사상으로 찰나지간의 변화가 일어난다.

즉, 중매혼이 대부분이었던 종래의 혼인 형태는 물론이고 봉사혼(奉仕婚), 구매혼(購買婚), 솔서혼(率婿婚)과 같이 전래되고 이어져 오던 혼인 형태가 점차 사라지고 조혼과 반대개념인 만혼(晚婚), 연애혼(戀愛婚)이 주류를 차지하고 일부다처제가 사라지고 있다.

오래도록 이 사회는 가부장권에 근간을 두고 놓여 있었다. 그러한 상징으로 부계혈연중심(父系血緣中心)의 가족 구성과 혼인이 이루어졌는데 가부장제의 근간이었던 호주제(戶主制)와 동성동본불혼제(同姓同本不婚制)는 어느 순간 볼 수 없게 폐지의 과정을 거쳤고 현재는 서구식 혼인관에 입각한 혼인이 이루어지고 있는 실정이다.

최근에는 이혼 및 재혼의 증가, 남녀 나이 차이의 역전,

재혼과 초혼의 결합과 같은 다양한 혼인 형태가 나타나고 있으며 단독 가구 및 무자녀 부부가족, 동거, 계약 결혼과 같은 결혼의 형태나 그와 유사한 혼인 유형이 나타나고 있다. 2015년 현재는 가족관계증명서(家族關係證明書)와 같은 형태로 가족의 형태를 증명할 수 있는 방법도 있으며 다문화가족(多文化家族), 국제결혼(國際結婚)도 증가, 혹은 확대일로(擴大一路)에 있다.

1. 연애(戀愛)

우리는 흔히 배필(配匹)이라거나 아내와 그 짝을 의미하는 배우자라는 말을 한다. 여기서 배필이라는 말은 바로 아내이고 남편을 의미하는 말이 될 가능성이 매우 높다. 남편이나 아내로서 의미를 가질 때 배필이란 하늘이 정해 준 짝이라는 의미이고 태어날 때부터 이미 정해진 짝이라는 의미가 있으며 천생연분(天生緣分)이라는 의미를 내포하고 있다.

연애(戀愛)란 명사이며 그 뜻은 근본적으로 남녀가 서로 그리워하고 사랑한다는 의미이고 연애를 한다는 것은 남녀가 사랑하는 사이라는 의미를 가진다. 연애가 반드시 혼인으로 이어지거나 결혼의 조건이라는 것은 아니지만 혼인의 전단계라는 것은 분명하다.

흔히 조선 시대(朝鮮時代)라고 하면 지극히 가부장적이

며 양반의 기득권을 생각하기 쉽지만 조선 시대 이전에는 재산의 분배도 공정했으며 남녀의 지위도 동일했고 자유혼(自由婚)도 적지 않았던 것으로 보인다. ≪삼국지≫ '위지 동이전'에 기록된 고구려(高句麗)의 풍속에 "백성들이 노래와 춤을 즐기며 나라 안의 마을에서는 남자와 여자가 밤이 늦도록 함께 모여 노래하고 논다"라고 기록되어 있거나 "고구려의 혼인은 남자와 여자가 서로 좋아하는 사이에서 이루어진다"고 기록하고 있는 것으로 보아 조선 시대 이전에는 혼인이 남녀가 자유로운 가운데 행해진 것으로 보인다. 그러나 조선 시대 이후는 가문의 결합이 보다 중요해진 것으로 보인다.

또한, 신라시대(新羅時代)의 설화 중에는 남녀 간의 연애에 관한 것이 많이 있다. 신라 제26대 진평왕(眞平王)의 공주이며, 백제 제30대 무왕(武王)의 비(妃)인 선화공주(善花公主)와 무왕의 밀담을 말하는 맛둥방의 이야기도 이러한 자유로운 연애라는 기초 위에서 성립된 것으로 보인다. 바보온달과 평강공주의 이야기에서 보이듯 왕자와 공주도 어느 정도 자유연애(自由戀愛)가 이루어진 것은 아닌가 의심해볼 수도 있다. 이러한 당시의 사회 분위기에서는 남녀 사이에 연애할 기회가 많았고 자유혼이 성행하였으리라 짐작된다.

우리 사회가 그렇듯, 또는 서구사회가 그러하듯 근대 이전 시대의 혼인이라는 제도는 친족간(親族間)의 결합이었음을 역사가 보여주고 있다. 근대 이전, 많은 국가는 씨족

국가(氏族國家)나 성읍국가(城邑國家)에 가까웠으며 그들은 자신의 영역을 지키고 재산을 보호하고자 주변 왕족끼리의 혼인을 하거나 친족 간의 혼인을 통해 혈통을 유지하고 재산을 보호하고자 하였다.

서구 산업사회(西歐産業社會) 이전의 개념에서 배우자라고 하는 범위는 극히 제한적이었는데 사회적 신분을 의미하는 가문의 범위를 벗어나기 힘들고 가문의 재산을 지키고 유지하려는 노력이 있었으므로 혼인의 범위는 태어나는 그 순간부터 이미 일정한 범위에 국한되어 있었다. 어느 사회, 어느 계층도 이러한 제약과 방식을 벗어나기 힘들었고 통혼(通婚)이라는 규정은 친족과 지역 공동체의 틀과 범위, 목적성에 조정되었다.

동양과 서양을 막론하고 왕족과 지배계급의 혼인과 결혼 풍습에서 보여주듯 혼인이 사랑으로 이루어지고 사랑으로 결실되기에는 무리가 따르고 한계가 있었다. 즉 서양사(西洋史)에서 프랑스나 영국의 왕족들이 보여주는 바 있듯이 혼인이란 일정 범위에 가문의 정치적 영향력을 확대하고 경제적인 부분에서 서로 도움을 주거나 확대 연합하고 번영 및 안정을 도모하는 것이 일차적 목적이며 각 국가의 수장들은 서로 연합하여 기득권을 유지하고 협력의 의미를 가지고 있었기에 혼인은 지극히 계획적이고 제한적이었다. 물론 지배계급 뿐 아니라 피지배 계급의 경우에도 혼인이라는 제도를 통해 노동력을 만들어내고 상속자(相續者)를 출산하는데 큰 목적을 부여하였다.

과거의 혼인에서 당사자의 의견이나 결정권은 매우 제한될 뿐 아니라 심한 경우에는 배제되거나 반영이 되지 않았으며 혼인을 위한 배우자 선택 단계에서 개인의 독립성과 주체성은 훼손되거나 받아들여지지 않았다. 그러나 산업사회 이후, 기존에서 보여주던 부모나 친족 집단의 영향력은 약해지고 희미해졌으며 혼인 당사자의 권리와 주장이 혼인의 요인 중 가장 중요하게 작용하고 당사자의 결정이 대단히 강화되었다. 그러나 아직도 경영(經營), 정치(政治), 법조(法條), 군부(軍部) 등과 같이 권력을 지니고 있거나 사회 지도층에 자리한 가문들 중에서는 다양한 목적으로 당사자보다 가족집단(家族集團)의 의견을 중시하는 혼인이 이루어지고 있다.

　　일반적으로 혼인이라는 것이 사랑하는 사람을 배우자라는 이름으로 곁에 두고 싶어 이루어지는 그림처럼 각인되지만, 사회가 다양하고 삶의 목적이 다양한 것처럼 배우자 선택에 있어 순진무구(純眞無垢)한 사랑이나 넘치는 매력과도 같이 개인적이며 순수함이라는 요인에 의해서만 결정되지는 않는다. 표면적으로 드러나는 낭만적 사랑에는 나름의 목적성이 부합되기도 하고 은밀하게 거역할 수 없는 사회적 규범과 결합되기도 한다.

　　현대를 살아가는 우리 사회에서의 일반적인 배우자 선택 및 혼인으로 가는 전단계(全段階)에서 혼인을 목적으로 모임이 이루어지며 아울러 남녀의 교제가 이루어지는 만남을 배경으로 하면 중매혼(仲媒婚), 연애혼(戀愛婚), 절충혼

(折衷婚)이 있다. 물론 젊은 사람들이 말하는 소개팅이나 미팅은 나름 신선하고 달라 보이나 결국 연애혼이나 중매혼의 형태로 나타날 수밖에 없다.

사실 중매혼이나 연애혼의 경우에도 구분과 구별이 난해하여 모호하다고 할 수 있다. 우리 사회의 일반적인 통념에서 혼인을 전제로 누군가의 소개로 처음 보는 사람끼리의 만남이 이루어지면 중매혼이라 한다. 누구의 소개인가와 관계없이 개인적으로 만나거나 서로의 인연으로 둘이 만나 일정 기간 사귐을 지속한 이후에 그들 스스로 나름의 뗄래야 뗄 수 없는, 극단적으로 예단하여 같이 살아도 좋으리라는 "특별한 감정을 느껴" 결국 혼인에 이르게 되면 연애혼이라고 규정한다. 하지만 그 시작을 살펴 관계의 흐름이 연애혼인지, 중매혼인지를 명확히 구분하기 어렵다. 사실 대부분 연애혼이라고 부르던지 중매혼이라고 부르던지 두 가지의 기능이나 상황이 단독적으로 흐르거나 혹은 한 가지의 유형으로 이어지지 않고 두 가지의 요소가 혼합되어 있는 경우가 많은데 이 경우를 일러 "연애 반 중매 반"이라 표현하니 대부분은 이러한 형태에 해당할 가능성이 높다.

사회의 다변화는 과거의 중매혼을 요구하는 시대와는 다른 양상으로 남녀를 만나게 하고 있다. 사회적 성숙도와 과거와 달리 남녀가 함께 근무하는 직장의 존재는 남녀를 불문하고 어울림을 만들고 있으며 여러 가지 모임들, 예를 들면 동창회, 회사의 회식, 미팅, 소개팅, 동아리 활동, 밴드의 모임, 블로그, 인터넷 카페, 인터넷으로 모인 행사를 통한 활동 등으로 남녀의 만남의 장은 늘어나고 있으며 보다 분명한 것은 전 시대에 비교하여 중매혼의 비율은 빠르게 감소하는 대신 그들 나름의 사귐으로 이루어지는 연애혼의 비율은 가파른 증가 추세를 보이고 있다. 더불어 사회의 다변화와 만혼, 사회적 성공적 추구, 사회적 성공을 추구하는 심리 등과 같은 다양한 이유와 사회적 현상 때문에 혼인의 불발이나 혼인을 미루고, 혼인을 하지 않는 결혼 적령기의 세대도 대폭 증가하고 있다.

2. 중매

우리 사회의 결혼에서 중매는 매우 중요한 결혼의 수단 내지는 방법이 된다. 아울러 오랜 역사를 가지고 있는 전형성이 있는 혼인 전 단계이기도 하고 현대 사회에서 중매를 그 아이템으로 하는 사업도 적지 않다. 우리 사회에서 오래 전부터 혼인은 당사자만의 문제가 아니라 가족의 문제였으므로 중매는 가문끼리의 융화를 의미하기도 하고 천리중매(千里仲媒)니, 천리혼약(千里婚約)이니 하는 말처럼 성격적으로 연애가 어려운 대상에게는 최상의 만남을 제공하는 방법이었다.

우리 사회의 혼인에서 배우자를 선택할 때 결혼하고자 하는 혼인 당사자가 주체가 되는 자유혼과 혼인을 결정하는 과정을 부모가 주관하는 혼인이 있다. 물론 부모와 당사자가 모두 호응이 있어야 순탄한 결정이 이루어지지만 그 결혼 대상을 연결하고 소개시켜 결정에 이르도록 도와주는 사람이 있으니 이를 중매인 또는 흔히 매파(媒婆)라고 하며, 이들은 결혼을 원하는 각각의 대상들에게 어울리는 대상을 소개시키고 연결시켜 혼인에 이르도록 도와주는데, 이렇게 이루어진 혼인을 중매혼이라 한다.

중매혼은 한국 전통 사회의 지배적인 혼인방식으로 간주되고 있지만, 그 혼인 방식이 우리 혼인 방식의 뿌리라고는 볼 수 없다. 중매혼이 한국 전통 사회의 지배적인 혼인방식이 된 것은 고려시대의 조혼풍속(早婚風習)과 밀접한 관련이 있다. 우리나라에 조혼 풍속이 언제부터 시작되었는지 정확하게 알 수 없으나 고려 말경 고려가 원나라의 지배하에 놓이면서 이 풍속이 강화되었다는 것은 분명해 보인다.

몽골에 뿌리를 둔 원나라는 중국을 통일하였으며 서역(西域)을 정벌하고 멀리 유럽까지 진출하며 동쪽으로는 당시 고려와 일본(日本)을 점령하고 지배하고자 하였다. 강화도(江華島)로 궁궐을 옮기고 오랜 항쟁이 있었지만 고려는 결국 원나라의 발아래 무릎을 꿇어야 했으며 원나라의 압박과 조공(租貢), 지배에 시달려야 했다. 원나라의 강요에 따라 공녀정책(貢女政策)이 시행되자 지배력을 가진 귀족은 물론이고 백성들까지도 몽골에 딸을 빼앗기지 않기 위한 방편으로 딸의 나이가 10세 안팎일 때 혼인을 시키고 이를 관청에 신고하는 일이 많았다.

일부 귀족들은 권력을 잡고 나아가 몽골에 아부하여 권

세를 쥐고자 자신의 딸을 공녀(貢女)로 보내어 원나라 황실의 후궁(後宮)이 되도록 하고 위세를 떨치거나 조선에서 나름 세도를 하기도 하였으나 대부분의 귀족들이나 백성은 원나라에 딸이 조공으로 끌려갈 것을 두려워하였고 좋은 규수(閨秀)를 놓치거나 몽고인에게 빼앗기면 혼인에도 차질이 생겨 양반가는 물론 백성들의 삶에도 조혼 풍습이 생겨났다. 나이가 어린 남녀 간의 혼인은 당사자들의 의견보다는 부모의 의사에 따라 결정되게 마련이다. 따라서 조혼 풍속의 성행은 중매혼이 널리 행해졌다는 것을 뜻하기도 한다.

조선 시대에서는 조공이 사라지고 원나라의 힘이 사라지자 만연하고 있는 조혼의 폐단을 없애기 위해 여러 차례에 걸쳐 조혼을 금지하는 규제조치가 내려졌으나 표면적으로는 사라진 듯 보여도 실제로는 조혼 풍속이 여전히 성행하였다. 그 이유는 가계의 계승을 중시하는 유교(儒敎)의 영향이 크게 작용한 것으로 볼 수 있다. 즉, 당시의 양반들은 가문을 계승하고 조상의 제사를 받들 수 있는 손자를 빨리 얻어서 가족의 안정을 도모하고자 하여 자손의 혼인을 서둘렀다.

조선 시대 전반기를 뚫었던 중매혼이 조선 시대의 지배적인 혼인방식이 된 데에는 이러한 조혼 풍속의 성행뿐 아니라 남녀간의 엄격한 사회적 격리, 혹은 여성들의 사회적 활동 금지와 여성들을 집안에 가두는 풍습이 크게 작용했다. 아울러 혼인은 개인들 간의 결합이라기보다는 가족간의 결합이라고 생각하는 전통적 가치관과 관련된다고 볼 수 있다. 특히 조선 사회의 혼례는 주자(朱子)의 ≪가례(家禮)≫에 따라 이루어졌는데 사례(四禮)라는 것이 있어 의혼(議婚), 납채(納采), 납폐(納幣), 친영(親迎)의 단계로 진행되어 대부분의 혼인에 통용되어 왔으며 의혼(議婚)의 경우 반드시 중매인을 세우도록 되어 있었다.

혼인 과정에서 중매인은 매우 중요한 역할을 하여 알만한 가문끼리 서로 통혼하고자 하여도 가주나 주인이 직접 가부를 결정하거나 통혼하지 않고 일부러 매파를 만들어 보내어 서신수발(書信受發)이라도 시켰다는 이야기가 있다. 더불어 조선 사회에서 중매인이 없는 혼인은 몰상식으로 통하였고 예의가 없는 행위여서 세인의 비난을 들었다. 따라서 없는 중매도 만들어 세우니 중매를 직업으로 삼은 사람도 있어 세칭 중파(仲婆), 매파(媒婆)가 있었다. 매파가 없는 경우는 일부러 매파를 들여 통혼하는데 대부분의 경우에 두 집안의 사정을 잘 알고 있는 일가친척이나 친구, 지인(知人)이 그 역할을 수행하였다.

조선 시대의 중매는 지금의 자유로운 소통과 달리 곧 혼인을 할 수 있는 가장 훌륭한 소통이었다. 조선의 반가(班家)에는 내외법(內外法)이 엄격하였다. 조선 시대 양반의 부녀자에게는 내외법이 적용되어 안채의 안방과 건넌방의 딸 방에는 누구라도 함부로 출입을 할 수 없었다.

시집을 온 부녀자에게는 남편부모, 친제(親弟), 자매, 친백숙구고(親伯叔舅姑)를 제외하고는 상호왕래(相互往來)

는 물론 안채에 누구라도 함부로 출입을 할 수 없었다. 심지어 딸을 보러온 친정아버지도 함부로 딸을 만날 수 없는 법이 있었다.

조선 시대의 반가에서는 흔히 안채, 사랑채, 행랑채로 부르는 것처럼 내옥(內屋)과 외옥(外屋)의 구분이 있고 남자는 엄격하게 안채, 즉 내옥의 출입이 제한되는바, 심지어는 친정아버지라도 딸을 만나기 위해 내옥에 함부로 출입할 수 없어 딸이 안채의 마당을 가로질러 나오기를 기다리거나 사랑채와 안내로 연결되는 공간에서 만나고 이야기를 나누어야 했다. 더불어 장옷으로 얼굴을 가리지 않고는 부녀자가 대문 밖을 나서서 함부로 외출하지 못하는 것 같이 내외법이 엄격하였다. 이처럼 엄격한 법의 테두리가 있어 혼기(婚期)가 찼다 하더라도 남녀의 자유로운 교제는 어렵고 꿈도 꿀 수 없는 것이며 혼기 찬 여자가 있음을 밖으로 알려야 하기에 중매인의 역할은 매우 중요하였다.

중매인의 역할 중에 가장 중요한 것이 간선(間選)인데 이를 왕가에서는 간택(揀擇)이라 하였다. 간선은 선을 본다는 의미이고 미리 본다는 의미를 지닌 말이다. 아울러 선택하기 위해 본다는 의미도 있다. 중매인은 양쪽 집안을 왕래하면서 대상을 간선하는데 남녀를 살펴 어울리는 집안을 연결시키고자 양가의 부모들을 설득한다. 간선이란 매우 중요한 행위로 양가의 문벌(門閥)을 파악하고 가풍(家風)의 흐름은 물론이고 재산도 살피며 심지어 묘를 살펴 그 가문의 발흥(發興)도 살핀다고 했다. 아울러 가정의 다양한 사정은 물론 속사정을 파악하고 배우자감을 살펴 인물됨을 보고 행동을 살피며 용모를 판단하고 재능과 성정(性情)을 파악한다.

중매인의 역할은 일견 제한적일 수도 있다. 일반적으로 중매인을 통해 정보를 얻으나 결국은 양가의 부모가 자신이 가장 신뢰하는 사람을 과객(過客)으로 분장시켜 보내어 탐색하기도 한다. 과객으로 분장하는 사람은 대개 친척인 경우도 많은데 마을에서 혼인하고자 하는 가문의 소문부터 파악하기 시작하여 심한 경우는 그 가문의 조상 묘, 외가(外家)까지 세세하게 살핀다. 때로는 신랑의 가문에서 여자 근친 몇 명을 신부 집에 보내어 여자를 직접 살피거나 어머니가 살펴보고 신랑의 아버지가 결정하면 최종적인 결정이 가문의 주인인 아버지에게서 내려진다. 따라서 언제나 혼주는 그 가문의 주인이고 남자 어른이다. 지금 결혼식에 혼주(婚主)라고 쓰는 이유는 바로 이런 이유 때문이다.

신랑 될 사람의 아버지는 가장 중요한 의사결정자이다. 혼주가 될 아버지는 인근 근친(近親)들의 의견을 물어 상대 가문에 대한 소문을 살피며 각각의 의견을 들어 종합하고 마을이나 문중어른들의 의사를 참고하여 결정한다.

조선 시대의 경우도 그러하나 아직도 우리 사회에서 혼인이란 딸보다 아들의 혼사를 더욱 중요시한다. 조선 사회의 혼례를 중심으로 파악하면 장남의 혼례는 어느 경우보다 신중하게 처리하려고 했다. 장자 이하의 아들인 모든 중자(衆子)의 혼사는 어떤 면으로 보아도 장자의 혼사보다

경중이 약하다. 더구나 대종가(大宗家)의 종손(宗孫)인 경우에는 혼사가 가문의 가장 중요한 행사이며 때로 가문의 존폐가 걸리기도 하여 문중에서 회의를 열어 혼사를 결정하기도 한다.

조선 시대가 대표하는 중매혼에서는 당사자가 아니라 가장이 주혼자(主婚者)가 되므로 지금도 혼례에서 혼주(婚主)라는 용어가 남아있다. 이처럼 당사자의 의견은 고려되지 않고 거의 무시되었기 때문에 양반가의 부부관계가 파탄에 이르는 경우도 많았다고 한다. 하지만 양반 사회에서 내외법은 일견 부부의 애정도(愛情度)는 그다지 중요하지 않게 취급되거나 가족을 구성하고 가문을 이어가는 도구나 목적으로 구성되는 경우가 많았고 반가의 남자들은 담을 벗어나 성적유희(性的遊戲)를 즐기거나 성의 유희를 즐기는 것으로 해소하는 경우도 적지 않았다.

일제 강점기(日帝强占期)에 서구 유럽에서 불어온 남녀평등사상(男女平等思想)의 영향이 있어 자유혼(自由婚)이 도입되었고 이어 해방과 한국전쟁, 급속하게 치달린 산업화의 진전에서 한국의 가족, 친족 제도는 막대한 위기와 변화에 직면하니 결혼관과 배우자의 선택, 혼인의 방법도 상전벽해의 변화가 이루어졌다. 부모의 의사가 혼인을 결정하던 전통사회를 벗어나며 배우자 선택이 결혼 당사자들의 결정으로 변화되었다. 그렇다 해도 현대 사회의 한국 혼인 방식은 중매혼도 자유혼도 아닌 절충형이며 중매혼이 사라졌다고 단정할 수 없다.

제2장

약혼(約婚)

약혼(約婚)은 혼인의 약속이다. 약혼이란 당사자들이 장차 혼인의 관계에 들어갈 것을 약정하는 신분상의 계약이다. 일반적으로 약혼이란 실질적으로 일종의 살림을 차린 사실혼(事實婚)과 다르다. 즉 살림을 차리고 같이 살지만 혼인신고를 하지 않은 상태의 사실혼이 아니라 곧 혼인을 하겠다는 가족법 개념에서의 혼인 약속인 것이다. 흔히 정혼자(定婚子), 정혼한 사이처럼 정혼이라는 용어를 사용하기도 하는데 이는 양가의 주혼자(主婚者)들이 당사자의 혼인을 약정하는 것을 의미하므로 당사자에 의하여 이루어지는 신분적 합의인 약혼과는 다르다. 즉 정혼이라는 것은 당사자가 아닌 부모끼리 어느 정도의 시간이 지난 후에 결혼시키자라는 합의에 의해 이루어진 대상이라는 것이다.

약혼의 법률은 매우 간단하지만 달리 복잡하기도 하다. 약혼은 오로지 당사자의 합의로써 성립한다. 혼인이 가족 간의 결합이라는 의견이나 분위기가 있지만 약혼이란 법 개념에서 가족이란 없다. 약혼에 대리는 없으며 대체도 없고 본인의 의사만 존재한다.

약혼과 관련된 법률은 민법(民法)이며 2007년 12월 21일의 민법 개정에 따르면 남녀 모두 만18세가 된 경우에는 부모 또는 후견인의 동의를 얻어 약혼할 수 있도록 되었다(민법 제801조전단). 그러나 미성년자는 부모의 동의를 얻이야 하고(제801조전단, 제808조 1항), 부모가 모두 동의

권을 행사할 수 없을 때에는 후견인의 동의를 얻어야 한다(제801조, 제808조 1항). 금치산자는 부모 또는 후견인의 동의를 얻어야 한다(제802조, 제808조 2항). 미성년자나 금치산자에게 부모나 후견인이 없거나 동의할 수 없는 때에는 친족회의 동의를 얻어 약혼할 수 있다(제801조, 제802조, 제808조 3항). 당사자가 위와 같은 동의 없이 한 약혼이라도 무효는 아니며 당사자 또는 그 법정대리인이 약혼을 취소할 수 있는데 그친다고 해석된다(제817조 유추). 약혼의 체결방식에 대하여는 민법상 규정이 없으며 따라서 아무런 방식도 필요치 않는다. 또한 약혼은 강제이행을 청구하지 못하므로(제803조) 언제나 해제할 수 있다.

약혼은 결혼의 전 단계이고 약정(約定)이지만 법적 제제를 가지는 것이라고 보기는 어렵다. 단 그 상실이나 해제, 혹은 파혼에는 민형사상의 책임이 따른다. 약혼의 해제는 상대방에 대한 의사표시로써 한다. 다만 정당한 사유 없이 약혼이 해제된 경우에 당사자 일방은 과실 있는 상대방에 대하여 손해배상을 청구할 수 있다(제806조 1항). 손해배상의 범위는 재산상의 손해 이외에 정신상의 고통도 포함된다(제806조 2항). 정신상의 고통에 대한 배상청구권은 양도 또는 승계하지 못한다. 다만 당사자 사이에 이미 그 배상에 관한 계약이 성립되거나 심판을 청구한 후에는 일반재산권(一般財産權)과 구별될 이유가 없으므로 타인에게 양도 또는 승계할 수 있다(제806조 3항).

일반적으로 약혼은 특별한 형식을 거칠 필요 없이 장차

혼인을 체결하려는 당사자 사이에 합의가 있으면 성립하는데 비하여, 사실혼은 주관적으로는 혼인의 의사가 있고, 또 객관적으로는 사회통념상 가족질서의 면에서 부부공동생활을 인정할 만한 실체가 있는 경우에 성립한다(대법원 1998. 12. 8 선고 98므961).

가정의례준칙(家庭儀禮準則)에 따라 약혼을 하는 경우에는 호적등본(戶籍騰本)과 건강진단서(健康診斷書)를 첨부하고 약혼서를 교환함으로써 약혼이 성립된다. 과거에는 건강진단서를 첨부하는 경우가 적었지만 현대 사회에서 약혼은 배우자의 건강도 살펴보는 경우가 많으므로 첨부하는 경우가 많이 늘었다.

약혼식이란 어른들을 모시고 길일을 택해 두 사람의 정혼을 알리는 것으로 대부분 신부 집이나, 신부의 주최의도로 진행되고 구식 예법으로는 신랑이 사주단자(四柱單子)를 보내지만, 요즈음 사주단자는 결혼식에 보내고 약혼식은 일가친척을 소개하고 선물을 교환하는 정도에서 마무리된다.

1. 종교식 약혼

1) 기독교식 약혼

두 사람의 애정에 의해 성립되며 반드시 신의 축복을 받는 것이어야 한다고 믿는다. 신랑신부 모두 크리스천이어야만이 교회에서 결혼식을 할 수 있다. 다른 형태의 결혼식에서와 마찬가지로 기독교식 결혼식에서도 중매인 부부가 시중을 들어주지만 중매인이 신자가 아닌 경우에는 따로 신자인 증인을 세우며 중매인은 피로연 때만 그 역할을 수행한다.

목사가 주례사 겸 진행하는 사회자가 되어 식을 진행하고, 각각 다른 교파가 있으며 순서가 다르기도 하다. 간단한 약식은 다음과 같다.

```
개회인사 ------------------------ 맡은 이
입 장 ------------------------ 양가부모와 약혼자
가 족 소 개 ---------------- ----- 맡은 이
개 회 사 ------------------------ 주 례 자
선 물 공 개 ------------------------ 약 혼 자
케 이크 자르기 ------------------------ 약 혼 자
식 사 기 도 ------------------------ 주 례 자
식 사 ------------------------ 다 같 이
축 하 시간 ---------------- 음악과 댄스
찬 송 ----------00장 ---------- 다 같 이
말씀 ------------------------ 주 례 자
약혼자를 위한 축복 기 도 ------------ 주 례 자
폐회인사 ------------------------ 맡은 자
```

같은 맥락이지만 약간의 다른 방식도 있다.

(1) 개식사

약혼식을 알린다. 간단한 성경구절을 인용하기도 하며 약속의 중요함을 양가에 인식시킨다. 이때 신랑과 신부를

중앙에 위치시킨다.

(2) 기도

결혼을 할 것이며, 결혼에 이르도록 하느님의 은총을 바라고 하느님의 뜻 가운데서 살 수 있도록 보호해 주실 것을 기도한다.

(3) 문답

성경책 위에 손을 올려놓고 약속을 한다.

(4) 신물(信物)

약속의 물건이다. 곧 결혼을 할 것이기에 약속으로 하는 신물은 가벼운 것이 좋다. 주례인 목사가 두 사람으로부터 신물을 일단 받아 모두에게 공개하는 순서를 가지고 이어서 신랑이 신부에게, 신부가 신랑에게 예물을 준다.

(5) 주례사

매우 중요한 의미의 말을 하는 시간이다. 하나님의 뜻 가운데 하나님을 믿고 하나님의 자녀로서 살라는 부탁의 말을 하는 시간이다. 약혼은 신성한 것이며 의식도 신성한 것이다. 순결한 교제를 해 달라고 의미를 부여 한다.

(6) 찬송

찬송하는 노래, 찬송을 생략할 때도 있다.

(7) 폐식사

폐식의 말을 하고 좋은 덕담으로 진행하며, 폐식 후에는 여흥과 식사가 있을 수 있으나 임의대로 행하고 이후의 사회는 신랑의 친구가 진행한다.

2) 천주교식 약혼

천주교식 약혼은 ≪한국 카톨릭지도서≫에 다음과 같이 기술하고 있다. 〈약혼은 혼배를 하자는 계약이다. 약혼은 문서로 하고 당사자의 서명날인과 본당 신부나 감독. 또는 두 증인의 서명날인이 있어야한다.〉

천주교식 약혼은 문서로 하는데 당사자의 서명 날인이 있어야 하고 본당 신부나 두 명의 증인이 있어 서명 날인이 있어야 한다. 당사자들이 서약서를 작성하지 못하거나 문서를 쓸 줄 모르면, 혹은 문서를 쓰지 못할 상황이라면 증인이 그러한 사유를 기록하고 서명 날인을 한다. 약혼자는 교리에 따라 육체관계를 할 수 없으며 집에서 동거하는 것을 절대 금하고 있다.

3) 불교식 약혼

우리나라는 불교가 대중성을 지니고 있고 오랜 역사를 지니고 있지만 약혼에 관해서는 특별하게 불교식이라고 하는 예법은 존재하지 않는다. 단 약혼 과정에서 일정 순서에 존경하는 스님을 초청하여 좋은 말씀을 가름하기도 하며, 때로는 스님에게 직접 약혼 행사 집전을 일임토록 하기도 한다. 스님의 주관 하에서 의식을 거행할 수 있으며 때에 따라서는 현대식 약혼 방식에 따라 하기도 한다.

4) 천도교식 약혼

당사자와 가족 일동이 청수(淸水)를 봉전(奉奠)하고 종의 기도를 한 뒤, 조혼자(主婚者) 쌍방의 약혼서를 교환한다.

2. 약혼의 절차

1) 약혼식의 유래

과거에는 혼인을 하고자 하면 육례(六禮)라고 하는 복잡한 절차를 거쳐야 했다. 이는 신랑 집에서 신부의 집으로 사주(四柱)를 보내는 것으로, 화선지에 신랑의 생년월일을 적어 치맛감 한두 벌과 함께 신부 집에 가져가게 보내는 것으로 시작된다. 지금은 함(函)으로 보내지만 과거에는 달리 사주단자(四柱單子)를 보내었다.

사주가 도착하면 신부 집에서는 깨끗한 상에 사주를 받아 놓은 다음 축하를 베풀었는데 이것이 현대에 와서 약혼식이 되었다고 전한다. 그러나 지금도 함을 파는 행위가 있어 나누어지거나 복합된 의식이라 볼 수 있다.

2) 약혼식이 가지는 법률적 의미

약혼은 법적 구속력이 약하다. 현행법(現行法)에서 약혼은 법적 효력의 측면이 아니라 장차 혼인을 하겠다고 하는 약속으로 인정하고 있으므로 일종의 계약(契約)으로 본다.

약혼식도 하는 경우가 있거나 그렇지 못한다고 해도 법적 구속력이 있는 것은 아니다. 그러나 양가 중 어느 한쪽이 피치 못할 이유나 충분한 사유를 들어 파혼(破婚)을 제기할 경우에는 그 파혼이 성립되며, 상대에게 파혼의 책임이 없이 일방적 이유를 제기하였거나 타당성이 부족하면 상대방에게 적절한 손해보상을 해주어야 한다.

3) 약혼식 장소

달리 정해진 장소는 없으나 종교적인 경우에는 종교적인 장소에서 진행하기도 한다. 최근에는 조용한 식당, 야외와 같은 곳에서 진행하기도 한다. 약혼식장이 따로 존재하기도 하다. 약혼식은 가족이 모이는 상견례의 자리가 되기도 하고 정해진 형식이 없는 만큼 가능한 조용하고 합리적인 장소를 선택하는 것이 좋다. 규모나 가격보다는 정겹고 밝은 분위기에서 결혼을 약속하는 예비 신랑, 신부에게 진심으로 격려를 보낼 수 있는 장소면 충분하다.

4) 약혼식 순서

1. 개식사
2. 당사자의 약력 소개
3. 예물 교환
4. 약혼서 교환
5. 당사자 인사
6. 가족 소개
7. 약혼선언
8. 회식

결혼식과 비슷한 순서이지만 약간의 절차는 다를 수 있

다. 처음에는 예비신랑과 신부가 인사를 한 뒤 가족들도 함께 소개를 해주면 된다.

5) 약혼 서약

가족, 친한 지인들 앞에서 부부가 되겠다는 약혼 서약서를 읽는다. 요즘에는 주민등록등본이나 건강진단서를 서로 교환하기도 한다.

6) 약혼서(約婚書)

약혼은 결혼의 약속이므로 정혼을 의미하고 혼인한 것이나 다름없다. 가정의례준칙 제5조에는 약혼에 대한 내용이 상세하게 기술되어 있다.

"약혼을 할 때에는 약혼 당사자와 부모 등 직계가족만 참석하여 양쪽 집의 상견례를 하고 혼인에 관한 모든 사항을 협의하되 약혼식은 따로 하지 아니한다. 약혼 당사자는 다음의 서류를 첨부하여 약혼서를 교환한다. 당사자의 건강진단서, 〔가족관계의 등록 등에 관한 법률〕의 증명서 일부 또는 전부."

약혼은 혼인을 위환 당사자끼리의 약속이다. 약혼식은 물질적인 것에 치우치지 않고 실질적인 서약이 중요하다. 때로는 건강진단서나 〔가족관계의 등록 등에 관한 법률〕의 증명서 일부 또는 전부를 교환하기 쑥스러울 수 있다. 그러나 혼인이란 일생의 중요한 결정이고 확인은 불행한 결혼을 막는 근거와 그 바탕이 될 수 있다. 냉정이 생각하고 파악하는 것이 매우 중요하다.

약 혼 서

구분	남	여
성명		
주민등록번호		
생년월일		
주소		

위 두 사람은 다음과 같이 혼인할 것을 약속한다.

1. 혼인 예정일
2. 그 밖의 조건

년   월   일

약혼자
(남) 0 0 0 (서명 또는 인)
(여) 0 0 0 (서명 또는 인)
입회인
(남자측): 주소
성명 0 0 0 (서명 또는 인)
성명 0 0 0 (서명 또는 인)

※ 첨부
1. 건강진단서 1부
2. [가족관계의 등록 등에 관한 법률] 제15조제1항 각 호의 증명서 일부/전부(당사자의 합의에 따라 필요한 경우에만 첨부한다)
※ [민법] 제808조에 따른 동의를 받아야 하는 경우에는 입회인을 그 동의권자로 한다.

약혼 후 결격 사유나 혼인을 치르기 어려운 결정적인 이유가 드러나면 파혼(破婚)을 하게 되는데 제3자를 통하여 통보하며 잘 납득시켜야 하고 원만한 해결이 이루어지도록 최선을 다 하여야 한다. 상대의 중대과실로 파혼한 경우에는 민법 제806조 1항의 해제 사유에 따라 손해배상을 청구할 수 있다.

(1) 약혼 후 자격정지 이상의 형을 선고 받았을 때

(2) 약혼 후 금치산(禁治産), 또는 한정치산(限定治産)의 선고를 받았을 때

(3) 성병, 나병 등 불치의 병에 걸렸을 때

(4) 약혼 후 타인과 약혼, 혼인 또는 간음한 때

(5) 약혼 후 2년 이상 그 생사가 불명일 때

(6) 정당한 사유 없이 혼인을 거절하거나 그 시기를 지연시킬 때

(7) 그 밖의 중대한 사유가 있을 때(임신 불능은 약혼 해제의 사유가 되지 않음)

7) 약혼선물

약혼에는 선물 교환의 식순이 있는 것이 보통이다. 약혼선물이란 혼인을 약속한 사람들에게 첫 선물이라는 중요한 의미가 있다. 가격이 중요한 것이 아니고 의미가 중요한 것이기는 하지만 현대적인 추세는 남자에게 시계, 만년필, 넥타이 핀을 많이 사용하고 여자에게는 반지를 주로 사용한다. 때로 혼인에 사용할 반지를 서로 교환하기도 한다.

약혼반지가 주류이고 보니 탄생석도 중요하게 다루어진다. 즉 단순한 반지를 이용하기도 하지만 탄생석을 세팅하

는 경우가 많은데 유럽의 풍습이 전래된 것으로 여성이 태어난 달을 의미하는 탄생석을 지니면 행운이 있다는 의미를 지니고 있다.

	탄생월	탄생석	의미
미국	1월	석류석(가닛)	아름다운 우애, 정조, 충실
	2월	자수정(애미디스트)	애정, 성실, 평화
	3월	혈석(블러드스톤)·애쿼머린	정열, 용감, 총명
	4월	다이아몬드	영원한 행복, 변함없는 마음
	5월	에메랄드	매력, 행복
	6월	진주·월장석(문스톤)·알렉산드라이트	건강, 장수
	7월	루비	질투, 의심을 모르는 순정, 정열
	8월	빨간 무늬가 든 마노·감람석	화합, 부부의 행복
	9월	사파이어	청순, 덕망
	10월	오팔·전기석(토르말린)	온화, 인내
	11월	토파즈	사랑, 행복
	12월	터키석·지르콘	성공, 행운
영국	1월	석류석(암적색)	
	2월	자수정	
	3월	아쿼머린(엷은 청색)·혈석	
	4월	다이아몬드·수정	
	5월	에메랄드·녹옥수(綠玉髓)	
	6월	진주·월장석	
	7월	루비(빨간색)·빨간 마노·무늬가 든 마노	
	8월	감람석(엷은 초록색)·빨간 무늬가 든 마노	
	9월	사파이어(짙은 청색)·라피스 라줄리	
	10월	오팔	
	11월	토파즈	
	12월	터키석(하늘색)	

우리나라에서는 약혼반지 뒤에 두 사람의 머릿글자와 약혼일을 새기기도 한다.

8) 택일과 청첩
(1) 택일

혼례의 절차는 이상적인 혼례를 말하는 ≪예서≫에서의 것과 실제의 관행으로 나눌 수 있으며, 전자는 의혼(議婚), 납채(納采), 납폐(納幣), 친영(親迎) 순으로 진행되고 후자는 의혼(議婚), 대례(大禮), 후례(後禮)로 나누어진다.

달리 택길(擇吉)이라고도 한다. 혼례의 과정에서 택일이라 함은 혼례식을 올릴 날짜를 정하는 것을 말한다. 신랑과 신부 양가에서 의혼(議婚)을 거쳐 혼인할 것을 결정하면 길일(吉日)을 택하여 신랑 집에서 신부 집으로 사주(四柱)를 보낸다. 약혼식 과정이나 신랑 집에서 사주가 보내지면 신부 집에서 택일하는 것이 일반적이다.

신부 집에서는 택일을 하여 신랑 집에 알리는 것이 일반적인 관례이지만 때로 신랑 측에서 택일하여 신부 집으로 보내는 경우도 있으며 또 양가에서 합의하여 택일하기도 한다. 혹 어떤 가문이나 혹자는 육례의 과정 중에 다른 것과 달리 택일만은 신부의 집에서 하는 것이라고 주장하는 경우도 의미가 있는데, 일정한 주기를 가지고 돌아오는 여자의 경도일(經度日)을 피해야 하기 때문이라고 한다. 즉, 혼인 후에 합방이 이루어지는데 여자의 몸에 경도가 있으면 원활한 합방이 이루어지지 않으므로 여자의 집에서 이 경도일을 피하는 것이라 한다. 이 택일을 달리 연길(涓吉)이라고 말하기도 하며, 우리말로는 '날받이'라고도 하는데 일반적으로 ≪천기대요(天機大要)≫에 의한다.

택일은 ≪천기대요(天機大要)≫를 바탕으로 한다. 택일 방법은 오행과 명리학(命理學)이나 풍수지리학(風水地理學)을 통해 택일법에 대해 아는 사람에게 부탁하여 신랑, 신부의 나이와 사주에 따라 생기복덕(生氣福德)을 가려서 '살'을 제하고 좋은 날을 택한다. 이 방법에는 황도법(黃道法)과 제극법(除剋法)이 적용되고 일반적으로는 오합일(五合日)이 좋은 길일이 된다.

이와 같은 법칙에 따르면 길일을 택하기에는 쉽지 않지만 고래의 방법에 따라 안정되고 기준에 명확한 날을 가릴 수 있다. 심지어 혼주(婚主)의 사주까지 따진다면 합당한 날은 1년에 며칠 밖에는 택일이 어렵다. 심지어는 나이에 따라 결혼하기에 좋은 날이 나오지 않는 경우도 있다. 따라서 예부터 혼례는 인륜지대사(人倫之大事)이기에 시간을 가지고 추진하였다. 아울러 여러 가지 제약 조건이 있었는데 양가의 부모가 혼인한 달, 두 집안이 불길하였던 날, 조상의 제삿날, 또는 농번기(農繁期), 삼재(三災), 단오나 칠석 등을 피하여 택일하기도 한다.

최근, 오늘날에는 택일의 방법이나 적용도 많이 변화하였다. 과거 ≪천기대요(天機大要)≫를 바탕으로 택일하였지만 현대에는 이러한 기법이나 학문이 있다는 것도 아는 이가 적어진 상태이고 택일을 하는 사람도 무시하는 경향이 있는데 이는 현대 사회의 특징인 것처럼 보이기도 한다. 따라서 휴무일(休務日)에 해당하는 토요일(土曜日)이나 일요일(日曜日)에 택일하는 것이 우선으로 적용되는데 이는 올바른 택일이라 볼 수 없다.

심지어 ≪천기대요(天機大要)≫와 같은 학문을 알지 못하거나 학문적으로 미성숙한 상태로 택일을 하는 경우도 있다. 택일에 대하여 알지 못하고 마구잡이식으로 택일하는 경우도 적지 않다. 또한 오늘날에는 이를 미신이라거나 복잡하고 고리타분하다 여기는 사람도 적지 않으며 현대사회에서의 택일은 당사자의 의견이 존중되고 휴일이나 계절을 고려하고 양가의 사정, 예식장 문제, 신부의 생리주기, 손님이 참석하기 용이한 날, 토요일이나 일요일, 신랑신부의 혼수 준비와 입택(入宅) 문제 등을 고려하여 양가가 합의하는 경향이다.

에로부터 택일에는 일정한 형식이 있었는데 택일서식(擇日書式)을 보내는 것도 그 하나다. 택일서식은 넓은 백지에 '奠雁 某年幾月幾日某時(전안 모년모월모일모시)'라 적고 그 옆에 납폐시일(納幣時日)을 기입한다.

택일서식에는 전안(奠雁)이 먼저 쓰이고 납폐가 나중에 쓰이나 이는 전안이 중요하고 납폐가 중요하거나 순서가 아니다. 순서적으로 보면 납폐가 먼저이고 전안이 나중이지만 전안이 바로 혼례일을 말하는 것이니 앞에 쓴 것이다.

택일서식에서 전안(奠雁)이란 신랑이 나무로 만들어진

기러기, 즉 목안(木雁)을 가지고 가서 상 위에 놓고 절을 하는 예로, 이 의식을 거행할 시일을 적은 것이 택일이다. 즉 이 날이 바로 혼례일이다. 납폐는 함(函)을 말하는 것으로, 다시 말하면 함을 지고 신부 집에 들어가는 날이며 해당하는 시간이다. 함이 신부 집에 들어오는 시간이 택일지(擇日紙)에 기입되어 있지만, 흔히 납폐는 봉투에 〈奠雁何年何月何日納幣隨時先行(전안하년하월하일납폐수시선행)〉이라고 쓰듯 수시선행이라 적어 전안 전의 적절한 시간에 보내라는 뜻을 표시한다.

택일서식을 적으면 봉투 안에 넣는다. 이 택일지를 봉투에 넣고 겉봉투 앞면에 연길(涓吉), 또는 택일단자(擇日單子)라 쓰고, 뒷면에는 근봉(謹封)이라 적어 사성(四星) 때와 같이 청, 홍보에 싸서 하인이나 중매인을 통하여 보낸다. 이처럼 사주단자를 보내는 과정을 '납채'라 한다.

사주단자를 받은 신부 집에서 허혼서(許婚書)를 동봉하여 택일단자를 신랑 집에 보내는 과정을 '연길'이라 한다. 신랑 집에서 신부 집에 사주를 보낼 때 청혼서를 동봉하였을 경우, 신부 집에서 신랑 집에 택일을 보낼 때 청혼서의 답례로 허혼서를 동봉하기도 한다. 허혼서는 신부 집 주례자의 명의로 신랑 집의 주례자에게 보내는 서한으로, 겸손되게 여식을 보내어 사돈관계를 맺게 되어 집안의 광영임을 표현한다. 신식혼례에서는 택일을 구두로 전하고 택일단자를 보내지 않는 경우가 많다.

청기서(請期書)라고도 하는 허혼서(許婚書)는 택일단자

(擇日單字)와 함께 연길의 과정에 속한다. 청기는 신랑 측에서 보낸 청혼서와 사주단자를 받은 신부 측에서 살피고 다시 보내는 답장이다. 신부 집에서 보낸 택일단자와 허혼서를 받은 신랑 집에서는 혼서지와 함께 비단과 패물 등의 폐백을 신부 집에 보낸다.

(2) 청첩(請牒)

청첩이란 사람을 초청하는 것이다. 청첩장(請牒狀)은 결혼 따위의 좋은 일에 남을 초청하는 글을 적은 것으로 결혼식, 돌잔치 등 좋은 일이 있을 때 알리는 글이다. 청첩장은 돌리지 않으면 섭섭하게 여기거나 반드시 찾아와야 할 사람에게 돌리는 일종의 통문(通文)에 해당한다. 청첩장에는 행사 목적을 드러내는 제목, 행사에 관한 인사말, 초대 내용을 구체적으로 제시하는 내용, 행사가 열리는 시간과 장소, 행사가 열릴 장소를 찾아오기 쉽게 제시하는 약도 등이 들어가야 한다.

청첩장을 보내야 하는 범위의 제한이나 요건은 없다. 그러나 친척과 평소 친분이 두텁거나 직장 상사, 동료, 혹은 은사와 동창, 모임의 회원들을 중심으로 보내는 것이 보통이다. 청첩의 예에서 웃어른은 찾아뵙는 것이 올바르나 최근에는 통신의 발달로 모바일에 문자로 찍어 보내거나 사진을 찍어 발송하는 경우도 종종 있다. 최근 청첩장은 매우 다양하고 유려해졌다. 중요한 것은 알릴 것을 빠뜨려서는 안된다는 것이다.

결혼을 위한 청첩장이라면 늦어도 결혼 일주일 이전에는

충분한 시간을 가지고 도착하여야 한다. 최근에는 휴일과 토요일 위주로 결혼하는 경향이 많고 사회의 변화로 금요일부터 여행을 떠나거나 행사가 많이 진행되고 있으므로 1달의 여유를 두고 청첩을 하는 현상이 나타나고 있다.

우편으로 보내는 경우 친구나 동료에게는 자신의 이름으로 하지만 친척 어른이나 연장자에게는 부친의 이름을 쓰거나 부친과 자신의 이름을 병기해 보낸다. 부부를 초대한다면 부친과 자신의 이름을 연명(連名)하는 것이 예의이고 최근에는 친한 사람에게는 통신을 이용하여 문자만 보내는 경우도 있다.

삼가 아룁니다.

000씨 장남 00군
000씨 삼녀 00양

풀빛같은 첫 만남!
풋풋한 느낌에 끌렸고
때론 밀고 때론 당기며
둘은 단단히 묶였습니다.
서로를 생각하는 마음이 달콤 쌉사름하게 익어갈 무렵
저희는 매일 밤 함께 별을 세기로 했습니다.
부디 오셔서 앞길을 밝혀주시기를 바라옵니다.

때, 0월 0일 0시 00분
곳, 서울 종로 000 호텔 예식장

청첩인 000

000 귀하

---

9) 혼수준비

혼인이 결정되면 혼수(婚需)를 준비해야 한다. 과거와 다른 품목이 많이 추가되고 혼수 준비도 규모가 달라졌지만 근본적으로 혼수는 살아가며 필요한 것들을 준비하는 과정이다. 혼수 품목의 결정 요인으로는 본인 해당 사회의 사회적 지위, 생계 방법, 생계 수단, 경제력, 사회적 인식, 혼인 후의 주거 등이 영향을 미친다. 결혼을 하고자 하는 사람의 사회성과 구성원, 혹은 사회적 지위에 따라 혼수내용이 달라지며, 처가거주제(妻家居住制), 시가거주제(媤家居住制), 신거주제(新居住制)에 따라 혼수의 준비 품목이 많아지거나 달라지며 최근에는 사회의 소속에 따른 분위기와 경제력에 따라 혼수내용이 달라진다.

처가거주제와 시가거주제는 모든 것이 마련되어 있는 상태의 가족 집단에 혼인한 남녀가 흡수, 또는 들어가 자리잡는 형식이므로 근본적으로 주거 기준이 명확하여 혼수품이나 준비 물품의 내용이 확연하지만 새살림을 내야 하는 신거주제는 새로운 살림을 기준으로 삼아야 하기에 혼수내용이 달라지고 삶에 필요한 모든 것을 준비해야 하므로 경제적 규모도 커진다. 시대적인 변화가 있음에도 전통성을 유지하는 필수적 혼수품은 소속된 사회나, 문화, 정통성이라는 측면에서 상징적 의미를 부여하는데 이불과 장롱이 그러한 것이다.

이 땅의 사람들은 처가거주제를 기본으로 하였다. 즉 신랑의 집이 아니라 우선적으로 신부의 집에서 기거하였는데

"장가 간다"는 말이 의미를 가진다. 진수(陳壽)의 ≪삼국지(三國志)≫에 속한 '고구려전,에 기록되기를 〔저녁에 사위가 집 밖에 와 딸과 함께 자도록 간청하면, 장인, 장모가 집 뒤에 지은 사위집으로 안내하여 딸과 함께 자도록 하는데, 사위는 이때 돈과 비단을 제공한다. 그리고 아이들이 자라면 비로소 사위는 처자를 데리고 자기의 집으로 돌아간다〕는 기록이 있다. 이로써 혼인이 이루어지면 일정 기간 신랑은 처가에서 살았음을 알 수 있는데 당시는 농경국가(農耕國家)로 농사를 지어야 했으므로 여자를 데려가기 위해 노동력을 제공했을 것이라는 추론도 가능하다.

혼례에서 나타나는 돈과 비단은 혼수로 제공되는 것이며 이러한 물품은 일종의 처가에 제공하는 재산이기도 하지만 신부의 집에서 일정 기간 거주하는 동안 사용하기 위한 것이나 처가 재산이나 물건을 사용하기에 대가의 의미도 포함되어 있는 것으로 보인다.

신라와 백제의 경우에도 혼수 관련 자료를 찾기 힘드나 혼수는 비슷하였을 것이다. 고려 말에 들면 외국에서 수입한 비단과 금, 은, 주옥을 혼수로 장만하는 사치스러운 풍조가 나타난다. 조선 시대에는 혼례시 혼수가 매우 중요해지는데 ≪조선왕조실록≫에 따르면 양반의 딸로서 집안이 가난하여 혼수를 마련하지 못해 혼기를 놓치면 관에서 비용을 지원하기도 하였다. 15세기 후반 사회가 안정되면서 혼수사치가 확산되고 17세기 이후에는 중인과 상인에게도 혼수사치가 드러난다. 농촌에서는 혼수로서 토지가 중요한 몫을 차지했다. 옷감, 옷, 옷장, 요, 이불, 땅문서, 씨앗종자 등이 혼수품목으로 사용되고 조선후기는 땅문서, 몸종, 노비가 혼수품목에 포함되었다.

항목	브랜드	모델명	예상가격	실가격	구입처	기타
솜이불						
요						
차렵이불						
누비이불						
베개						
담요						
방속						
쿠션						
침대						
침대커버						
침대패드						
침대이불						
여름이불						
손님이불						

조선 시대에 굳어진 혼수 관행은 현대사회까지 이어져 현대사회는 시가거주제에서 살림을 나는 신거주제로 주거가 변하고 있지만 달라짐 없이 신부가 혼수를 장만하며 옷감이나 이불의 비중은 줄고 가구와 가전제품(家電製品)이 중시되는 양상이다. 때로 혼수를 둘러싸고 갈등이 노출되는가 하면 파혼이 일어나기도 하고 사회적 물의가 일고 혼수 문제로 결혼 후에도 이혼에 이르기도 한다.

혼수를 준비할 때는 혼수 체크리스트가 필요하다. 마구잡이라고 할 정도로 계획 없이 혼수를 마련할 것이 아니라 고려해야 할 사항이나 반드시 필요한 사항, 결혼 당사자 이외에 살필 것을 점검하고자 작성하는 표 형식의 문서로서 구매할 품목의 상표와 가격, 구입처를 상세히 기재한다. 혼수 체크리스트를 통해 낭비를 줄이며 혼수 항목을 한눈에 파악하여 합리적 구매를 할 수 있다.

혼수준비는 대부분 신부 쪽에서 마련하는데 잘하려면 끝이 없어 참으로 고민스럽다. 분수에 어울리는 준비를 하고 필요하면 나중에 다시 연구를 하고 살펴본 다음 또 구입할 수 있도록 하는 것도 좋다. 준비사항을 대충 살펴보면 옷과 침구, 가구와 부엌용품, 전자제품, 농, 시댁에 드리는 예단 등이다. 각각의 체크리스트가 필요하다.

10) 함(函)

일반적으로 혼례에 앞서 사용되는 함(函)은 혼인이 이루어지기 전 신랑 측에서 채단(綵緞)과 혼서지를 넣어서 신부 측에 보내는 나무 궤짝을 말하는데 지금의 변화된 혼례에서도 사용되고 있으며 그 의미도 크게 퇴색되지 않는다. 이 함은 사각형의 작은 규모를 지닌 함으로 이루어지고 간단한 구조로 뚜껑이 있는 형식으로 만들어져 혼례를 마치면 중요한 물품을 보관하는 데 사용되었다. 현대혼례에서는 튼튼하고 치장이 화려한 것이 많은데 과거에는 나무상자 정도의 간소하고 두드러지이 없는 민자 모양의 함이었다. 이 상자는 나중에 패물함으로 이용된다.

현대의 혼례에서 보듯 전통의 혼례 방식에서 이어져 내려오는 것이다. 전통적인 혼례 절차 중 하나인 납폐가 지금까지 이렇게 이어진 것으로 일반적인 개념에서 살펴보면 결혼 1주일 정도 앞두고 혼인이 성사된 것에 대해 신랑 측이 신부 집으로 보내는 감사의 표시를 말한다. 물론 하루 전에 신부 집으로 보내어지기도 하는데 과거에 만들어진 형식의 함 상자 말고도 요즘에는 신혼여행 때문인지 여행 가방으로 대체하기도 한다. 예전에는 오동나무, 소나무, 자개함, 원꽃, 나비 등 수를 놓은 나무함, 한지함 등을 주로 이용하고 식이 끝난 후에는 아녀자의 의류, 패물 등을 넣어두는 용도로 사용하였다. 함은 일반적으로 결혼 전 1-2주 전에 보내는 것이지만 신랑과 신부의 상황을 고려하여 정하는 것이 보통이고 과거에는 신랑친구들이 모여 함진아비를 신랑친구 중 첫 아이가 아들인 사람이 맡았으나 요즘은 간소화 돼서 신랑이 직접매고 들어가기도 한다.

과거의 풍습을 이었으나 내용물은 매우 달라진 경우도 있다. 함속에는 오방주머니를 담는데 각각의 주머니 안에는 행운을 기원하는 내용물을 홀수로 담는다. 초록색은 부부의 좋은 앞날을 기원하는 향나무를, 노란색은 좋은 성품의 며느리를 기원하는 백태를, 분홍색은 가문의 영광과 자손의 번창을 기원하는 목화씨를, 파란색은 백년해로를 기원하는 찹쌀을, 붉은색은 잡귀와 부정을 막아주는 팥을 넣는다.

또한 함을 보낼 때는 팥고물을 골고루 넣은 시루떡을 쪘는데, 떡이 다 쪄지면 떡을 함과 같이 가지고 간다. 그러나 현대에는 떡을 찌기는 보다는 바뀐 시대의 흐름에 따라 떡집을 이용하기도 한다.

예나 지금이나 함에는 혼서지가 들어간다. 혼서지의 내용은 과거와 현대가 다를 수 있는데 예쁘게 키운 귀하고 소중한 딸을 보내줘서 감사하다는 내용을 신랑의 아버지 이름으로 쓴다. 때로는 집안에서 제일 높은 남자어른이 직접 쓰고 이름을 기명하는 경우도 있는데 이로서 시부모님의 정성을 엿볼 수 있다.

함 주머니에는 원앙 한 쌍도 들어간다. 원앙은 암수 한 쌍을 청홍보자기에 싸서 넣는데 과거에는 함에 들어가지 않았지만 현대는 많이 사용한다. 원앙을 넣는 것은 부부의 정과 금슬화락(琴瑟和樂)을 기원하는 것으로 원앙은 한 평생 동안 수컷원앙은 암컷원앙을 지키기 위해서 그 주변을 떠나지 않는 습성 때문에 원앙을 넣는다. 앞날을 환하게 비추라는 의미로 손거울을 넣는 경우도 늘어나고 있다.

함이 오면 밖이 시끄러워지다. 과거는 동구 밖에서부터 말이 함진아비를 끌고 들어오며 소리를 지르고 사람들에게 혼사가 있음을 알려 마을의 큰 행사였는데, 소리가 들리면 신부는 노랑저고리와 분홍치마로 만든 새색시 한복을 입고, 신부의 부모님도 마찬가지로 한복을 입고 기다린다. 신부 집에 도착한 신랑은 떡과 함께 함을 시루 위에 올려놓고

함을 메고 온 사람과 서로 인사를 하고 난 뒤에 신부의 아
버지가함에서 혼서지를 꺼내 보고, 신랑과 그 친구들을 방
으로 들인다.

제3장

결혼식(結婚式)

　결혼식이란 가족, 친지, 혹은 제3자가 지켜보는 가운데 남녀가 부부관계를 맺는 서약을 하는 의식이라고 할 수 있다. 한국사회에서 치러지는 현대의 결혼식은 민사계약의 하나로 이해할 수 있으며 행위는 전통적인 풍습과 관습, 종교적 의식에 기인하고 수반하여 치러지는 경우가 많다. 한국의 현대사회에서 행해지는 결혼식의 형태는 신식 결혼과 재래식 결혼의 2가지가 있지만 신식 결혼이 주가 되고 있으며 과거식인 재래식 결혼은 이미 그 형태를 찾아보기 힘들어졌다. 때로는 신식 결혼 과정에 과거의 결혼 의식이나 방식이 녹아있음을 살필 수 있다. 신식 결혼도 그리스도교식, 불교식이라고 하지만 대부분은 일반적인 신식 결혼을 하고 있다.

　현대식 결혼은 대부분 결혼식장에서 치러지고 간혹 교회당, 성당, 절, 각종 회관이나 다양한 시설 같은 공공 건축물, 호텔 등에서 치러진다. 과거의 지루하고 긴 결혼식과 달리 지금은 대단히 간소해져 결혼식을 마치고, 폐백 정도만이 이어진다.

1. 결혼식순

　모든 행사에는 식순이 있다. 흔히 신식 결혼이라 말하지만 이미 우리 사회에 굳어져 버린 현대식 결혼의 식신은 대동소이하여 사회자와 주례의 진행으로 이루어지고 있다.

```
결혼 식순

1. 개식
2. 주례소개
3. 신랑 입장
4. 신부 입장
5. 신랑 신부 맞절
6. 신랑 신부 서약
7. 예물 증정
8. 성혼 선언문 낭독
9. 주례사
10. 양가 대표 인사
11. 신랑 신부 내빈께 인사
12. 신랑 신부 퇴장
13. 폐식
```

1) 사회자

예식을 진행시키는 사람으로, 모든 의식에는 진행자가 있듯 결혼식에도 진행자로서 사회자가 있다. 일반적으로 사회자는 신랑의 친구 중에서 재치가 있고 예의바른 의식을 치르도록 이끌 수 있는 사람으로 정한다.

식의 진행에 착오가 없도록 준비하고 단정한 차림을 갖추어야 하고 지나치게 경망되거나 장난을 치면 때로 식이 경망스러워질 수 있으므로 주의 한다. 아울러 주례가 해야 할 범위를 넘어서지 않도록 해야 한다.

2) 주례(主禮)

주례는 은사, 지역의 어른, 때론 가문의 어른 등도 가능하다. 식이 시작되기 전에 사회자는 주례를 만나 뵙고 인사를 드리며 약력과 성함을 기억하거나 메모를 해 두어 차질 없이 진행하고 소개할 때 실수하지 않도록 준비를 해야 한 다.

지나치게 장황한 소개는 하객들을 피곤하게 하나 적절한 소개가 필요하다.

3) 촛불 점화

양가의 어머님들이 식단 위에 있는 초에 불을 붙인다. 신 랑의 어머니는 홍색(태양을 의미) 초에, 신부의 어머니는 청색(바다를 의미) 초에 불을 붙인다.

4) 개식

식을 알리는 순서다. 식이 시작되면 사회자는 큰 소리로 "여러분 식을 거행하겠습니다. 내외분은 자리에 앉아주십 시오."라고 말해 주위를 환기시키고 흩어져 웅성거리는 사 람들을 식장으로 들어오게 유도한다.

사회 안내 : 잠시 안내의 말씀 드리겠습니다. 밖에 계신 하객 여러분께서는 잠시 후에 결혼식이 거행 될 예정이오 니 자리에 참석해 주시기 바랍니다.

양가 어머님의 촛불 점화가 끝난 후 사회자는 식장을 정 돈하고, 신랑 신부의 부모나 혼주를 앞자리에 좌정토록 하 고 장내의 혼잡이 가라앉고 주례가 자리에 서면 "지금으로 부터 000선생님을 주례로 모시고 신랑 000군과 신부 000 양의 결혼식을 거행토록 하겠습니다. 참고로 오늘 주례를 진행해 주실 000선생님을 소개해 올리겠습니다."와 같이 말하고 주례의 간단한 약력을 소개한다.

사회 : "그럼 지금부터 양가 어르신과 일가친척 그리고 내빈 여러분을 모신 가운데 000 선생님의 주례로 신랑 000 군과 신부 000양의 성스러운 결혼식을 거행하겠습니다."

5) 신랑 입장

사회 : "먼저 신랑 입장이 있겠습니다. 신랑입장! 당당한 발걸음으로 힘차게 들어오는 신랑에게 축하의 박수를 보내 주시기 바랍니다."

사회자가 신랑입장을 알리면 신랑은 주례 앞으로 걸어 나가 주례 선생님께 인사를 한 다음 하객을 향해 인사한 후 오른쪽으로 서서 신부를 맞이할 준비를 한다.

6) 신부 입장

웨딩마치에 맞춰 신부는 보호자와 함께 천천히 걸어 들어간다. 신랑은 신부가 단상 가까이로 다가오면 보호자에 게 먼저 인사를 한 다음 신부를 인계 받아 함께 나란히 주 례자 앞에 선다. 하객을 기준으로 할 때 신랑은 왼쪽, 신부 는 오른쪽으로 선다.

사회 : "다음은 신부입장이 있겠습니다. 신부입장! 꽃보 다 더 아름다운 모습의 신부가 우아하게 입장하고 있습니 다. 하객 여러분의 뜨거운 축하의 박수를 부탁드립니다."

7) 신랑 신부 맞절

사회 : "신랑 신부의 맞절이 있겠습니다."

주례 : "그럼 신랑, 신부는 서로 예를 다하여 맞절을 해주시기 바랍니다." 신랑신부맞절! 서로 맞절할 때 머리가 부딪히지 않도록 거리를 유지한 다음 45도 정도의 각도로 허리를 굽혀 맞절을 한다. 한쪽이 너무 숙이거나 머리만 조금 숙이는 것은 보기에 흉하므로 서로 호흡을 맞추도록 한다.

8) 혼인 서약

사회 : "다음은 신랑신부 혼인서약이 있겠습니다."

주례 : "신랑 000군과 000양의 혼인서약을 하겠습니다. 묻는 질문에 분명하고 정확하게 답변해주기 바랍니다."

주례자가 일정한 양식의 서약서를 읽고 물으면 신랑과 신부는 또렷한 목소리로 "예"라고 대답한다.

> **혼인서약**(婚姻誓約)
>
> 먼저 신랑에게 묻겠습니다. 신랑 000군은 신부 000양을 아내로 맞이하여 기쁠 때나 슬플 때나 괴로울 때나 즐거울 때나 한결같이 사랑할 것을 맹세합니까? 신랑 (예! 맹세합니다.) 다음 신부 000양에게 묻겠습니다. 신부 000양은 신랑 000군을 남편으로 맞이하여 기쁘나 슬프나 괴로우나 즐거우나 변함없이 남편을 사랑할 것을 맹세합니까? 신부(예! 맹세합니다.)

9) 성혼 선언문 낭독

사 회 : 이어서 성혼선언문 낭독이 있겠습니다.

주 례 : 오늘 내빈 여러분이 지켜보는 가운데 신랑신부가 혼인을 서약했습니다. 이에 주례는 두 사람의 성혼이 이루어졌음을 선언합니다. 2000년 00월 00일 주례 000

주례자가 성립된 결혼을 하객들을 향해 선포한다.

성혼선언문(成婚宣言文)
 이제 신랑 000군과 신부 000양은 그 일가친척과 친지를 모신 자리에서 일생동안 고락을 함께 할 부부가 되기를 굳게 맹세하였습니다. 이에 주례는 이 혼인이 원만하게 이루어진 것을 여러 증인 앞에 엄숙하게 선포합니다.

년   월   일
주례 0 0 0

---

10) 주례사

사회 : "다음은 000 선생님의 주례사가 있겠습니다. 오늘 주례사를 해주실 주례님은 ~~~(간단한 약력소개)이십니다." (주례소개는 사전에 협의할 것)

주례를 맡은 사람은 신랑 신부에게 준비된 주례사를 들려준다. 이때 신랑 신부는 물론 하객들도 모두 경청하는 마음을 갖는다.

사회 : (주례사 끝나면) "000 주례선생님의 주옥같은 말씀 감사합니다."

11) 양가 부모님께 인사

예식에 따라 순서가 바뀔 수도 있다. 신랑 신부는 주례자나 또는 사회자의 안내에 따라 먼저 신부의 부모님께 절을 한다. 다음으로 신랑 쪽 부모님께 절하는 순이다. 이때는 부모님의 은혜에 감사하는 마음가짐이 중요하다.

사회 : "다음은 신랑신부 양가 부모님께 인사가 있겠습니다."

주례 : "먼저 신부 부모님을 향해 인사하겠습니다. 오늘 이날이 있기까지 낳아주시고 키워주신 은혜에 감사하며 '잘 살겠습니다.'하는 마음으로 인사하겠습니다. 경례!"

"다음은 신랑부모님께 인사하겠습니다. 역시 같은 마음으로 '열심히 잘 살겠습니다.'하는 마음으로 인사하겠습니다. 경례!"

12) 이벤트

이 부분은 식의 진행에 따라 생략 가능한 부분이다. 축가(祝歌)와 연주(演奏) 또는 답가(答歌) 등으로 이루어진다. 최근에는 축가나 음악 연주가 많이 이용된다.

13) 내빈 축사

내분 중에 은사님이나 직장 상사 등 축사가 있을 경우 청할 수 있다.

사회 : "오늘 두 사람의 성스러운 결혼을 축하하기 위해 신랑 은사님의 축사가 있겠습니다."

(축사가 끝난 후) "두 사람의 앞날에 무한한 축복을 빌어

주신 선생님께 신랑 신부를 대신해서 감사를 드립니다."

14) 내빈에게 인사

사회 : "다음은 신랑신부 내빈께 인사가 있겠습니다."

주례 : "신랑신부가 인사 올릴 때 양가 부모님도 함께 나오셔서 내빈께 인사를 하시겠습니다. 오늘 이처럼 원근각지에서 저희들의 결혼을 축하하기 위해 참석해주신 내빈 여러분 감사하다는 뜻으로 인사를 하십시오. 경례!"

주례자의 지시에 따라 신랑 신부가 내빈을 향해 부부로서 첫 인사를 한다.

15) 신랑 신부 행진

주례자의 폐식 선언과 함께 행진곡에 맞춰 신랑 신부는 통로를 행진한다.

사회 : "이어서 신랑신부의 희망찬 미래를 향한 행진이 있겠습니다. 이상으로 신랑 000군과 신부000양의 결혼식을 모두 마치고 신랑 신부 새 인생의 힘찬 항해를 위해 출발하겠습니다."

"신랑 신부가 한 마음 한 뜻 되어 한 배를 타고 항해하는 순간입니다. 힘찬 뱃고동을 울리며 인생을 항해하는 최고의 항해사가 되겠다고 두 손 굳게 잡고 출발하는 신랑 신부의 자랑스런 출발에 모두 일어나셔서 축복의 박수를 힘차게 보내주시면 감사하겠습니다. 신랑, 신부 행진!"

주례 : 신랑 신부가 행진하는 동안 성혼선언문 낭독에 이름을 쓰고 사인을 해준다.

16) 폐식

결혼식의 모든 순서가 끝났음을 사회자가 알린다. 사회자는 기념촬영 홍보와 양가의 피로연 장소를 안내해 준다.

사회 : "이상으로서 OOO군과 OOO양의 결혼식을 모두 마치겠습니다. 대단히 감사합니다. 다음은 사진촬영이 있을 예정이오니 친구나 일가친척 직장동료께서는 돌아가지 마시고 잠시 기다리셔서 기념사진 촬영에 협조 부탁드리겠습니다. 그리고 피로연 관계를 알려 드리겠습니다. 하객 여러분들께서는 OOO에 마련된 피로연을 즐겨 주시기 바랍니다 (신랑, 신부의 행진 후에 케이크 커팅 등의 행사가 있을 때는 미리 그 사실을 하객들에게 주지시키도록 한다). 사진 촬영 시 사진 찍는 순서를 방송해 주도록 한다(피로연 장소 상세 안내).

17) 폐백

신랑의 부모님 등 어른들에게 새 식구로서 예를 갖추어 인사를 드리고 덕담을 듣는다.

사회 : 양가 일가친척분 들께서는 기념촬영 후 폐백이 있으므로 폐백실에서 잠시 기다려 주시기 바랍니다.

18) 신혼여행

신혼여행(新婚旅行) 또는 허니문(Honeymoon), 밀월(蜜月)은 신혼부부가 결혼식을 마치고 가는 여행을 말한다.

19) 혼인신고

혼인신고란 법률상 부부관계가 성립함을 증명하는 것으로, 이는 [가족관계의 등록 등에 관한 법률]상 혼인신고를 통해 법률적인 효력이 발생함을 의미하며, 관련법 내에서 혼인의 당사자가 보호를 받을 수 있게 됨을 의미 한다. 일반적인 혼인에서 인륜지대사(人倫之大事)라는 별칭과는 다르게 혼인신고는 아주 간단하다.

아래의 서류를 준비하여 구청, 읍면사무소 등을 방문하여 신고한다. 혼인 당사자 두 사람이 다 가지 않고 한 사람이 서류 등을 가지고 방문하여도 되기에 간혹 허위적인 혼인신고가 일어나 사회적 물의가 일어나기도 한다.
- 혼인신고서 1통(구청, 읍, 면사무소 비치)
- 혼인 당사자의 가족관계증명서 각1통(위 관서에서 확인이 가능한 경우 생략).
- 혼인 당사자의 각 신분증
- 혼인 당사자의 각 도장(사인도 가능)
- 증인 2명(지인, 직장동료, 친구, 부모님 등-방문은 불필요, 주민등록번호 등의 인적 사항을 기재, 서명 혹은 날인하면 됨)

미성년자, 금치산자의 혼인, 사실혼관계존재확인의 재판에 의한 혼인, 혼인신고특례법에 의한 혼인은 각각 아래와 같은 서류가 더 필요하다.

○ 미성년자 또는 금치산자 혼인의 경우

- 친권자 혹은 후견인이 작성한 혼인동의서. 단, 혼인신고서의 동의란에 기재하고 서명 또는 날인한 경우는 필요 없음.

○ 사실혼관계존재확인의 재판에 의한 혼인신고의 경우

- 그 재판서의 등본과 확정증명서(조정·화해성립의 경우 조정·화해조서 및 송달증명서 각1부).

○ 혼인신고특례법에 의한 혼인의 경우

- 심판서의 등본 및 확정증명서 각1부.

○ 동성동본의 혼인신고 요령

우리나라에서는 과거에는 동성동본끼리는 결혼을 하지 못하게 했으나, 지금은 8촌이 넘는 동성동본은 결혼하는 데에는 아무런 문제가 없으며 결혼할 수 없는 인척의 기준은 민법 제809조에 따르며, 그 내용은 아래와 같다.

제 809조(근친혼 등의 금지)
1) 8촌 이내의 혈족(친양자의 입양 전의 혈족을 포함한다) 사이에서는 혼인하지 못한다.
2) 6촌 이내의 혈족의 배우자, 배우자의 6촌 이내의 혈족의 배우자인 인척이거나 이러한 인척이었던 자 사이에서는 혼인하지 못한다.
3) 6촌 이내의 양부모계(養父母系)의 혈족이었던 자와 4촌 이내의 양부모계의 인척이었던 자 사이에서는 혼인하지 못한다.
[전문개정 2005. 3. 31]

동성동본끼리 결혼하기 위해서 필요한 서류는 아래와 같다. 아래 서류들 중 한 가지만 있으면 되며, 다른 서류도 가능하나, 생략한다.

동성동본 결혼에서 추가로 필요한 서류(아래 서류 중 1가지)
- 호적 또는 제적 동본
- 족보 사본(혼인당사자에게 관계되는 부분만 첨부하여도 무방함)
- 당사자의 어느 한 쪽 부나 모, 또는 8촌 이내의 혈족이나 4촌 이내의 인척 중에서 1명이 작성한 확인서

○ 혼인신고서

결혼 당사자 쌍방과 성인인 증인 두 명이 연서(連書)하고 가족 관계의 등록 등에 관한 법률이 정한 사항을 기재한 '혼인신고서'를 등록 기준지나 주소지 시, 구, 읍, 면 등의 장에게 제출하면 법적으로 혼인이 성립 된다.

1) 이름 아래 '본'이 있고 '전화'도 있던데. 본은 자신의 성의 본(예를 들어 전주 이씨 라면 전주—全州)를 쓰고 전화는 자신의 전화번호를 쓰는 것이겠죠?

-- 본은 본관의 지역 명을 한자로 기재한다. (예 : 김해 김씨 → 金海 작성)

전화는 해당자의 연락처를 적는다.

2) 등록기준지는 본적을 말하는 것인가요? 원적을 말하는 것인가요?

-- 등록기준지는 본적을 이야기하는 것으로 가족관계증명서나 기본증명서로 확인 가능하다.

3) 증인 말고 동의자(부모님) 서명 꼭 필요한가요? 후견인란도 있던데 이건 뭔가요? 비워도 되겠죠?

-- 동의자 란은 미성년자(만 18세 이상 만 20세 미만)의 경우나 금치산자의 경우에만 작성하고 성인의 경우 별도 작성하지 않는다.

4) 사정상 저 혼자 가는데 가져가야할 준비물은 무엇인가요?

-- 당사자 중 1인 방문 시 작성이 완료된 혼인신고서와 미방문자의 신분증 원본과 도장, 방문자 신분증을 지참하면 된다. 혼인신고서를 방문하여 작성하실 경우 증인 2명의 도장이 필요하다.

5) '실제결혼생활시작일'은 그냥 혼인신고 날짜로 적어야 하는 건가요?

-- 통계자료로 활용하는 것이므로 혼인신고일과 관계없이 실제 부부가 결혼(동거)생활을 시작한 날을 기재한다.

6) 혼인신고 후 주민등록등본상 같은 세대로 나오는데 걸리는 시간이 어느 정도 되나요?

-- 혼인신고와 별도로 주민등록등본상 같은 세대로 표시되려면 새로운 주소지 주민자치센터에서 전입신고를 하여

야 한다. 전입신고는 당일 처리되며 처리 완료 후 바로 함께 표기된다.

참고로 혼인신고 시 처리기간은 관청별로 상이하나 약 7일 정도 소요되며, 주소지 상관없이 전국 구청에서 업무 가능하다.

20) 결혼기념일

결혼한 날을 기념하여 해마다 함께 축하하는 날. 우리의 풍습은 아니며 기독교 풍습으로 구미 각국에서는 19세기까지 성대하게 치렀다고 한다. 기념일 또는 기념제라는 의미의 애니버서리의 하나로 은혼식(銀婚式, Silver Wedding)과 금혼식(金婚式, Golden Wedding)이 널리 알려져 있다.

1주년	지혼식(紙婚式, Paper Wedding)
2주년	고혼식(藁婚式, StraWedding)
3주년	과혼식(菓婚式, Candy Wedding)
4주년	혁혼식(革婚式, Leater Wedding)
5주년	목혼식(木婚式, Wooden Wedding)
7주년	화혼식(花婚式, Flower Wedding)
10주년	석혼식(錫婚式, Tin Wedding)
12년	마혼식(麻婚式, Linen Wedding)
15주년	수정혼식(水晶婚式, Crystal Wedding)
20주년	도자기혼식(陶磁器婚式, China Wedding)
25주년	은혼식(銀婚式, Silver Wedding)
30주년	진주혼식(眞珠婚式, Pearl Wedding)
35주년	산호혼식(珊瑚婚式, Coral Wedding)
40주년	녹옥혼식(綠玉婚式, Emerld Wedding)
45주년	홍옥혼식(紅玉婚式, Ruby Wedding)
50주년	금혼식(金婚式, Golden Wedding)
60(75)주년	금강석혼식(金剛石婚式, Diamond Wedding)

19세기까지 성행했던 영국 문헌에 의하면, 결혼 후 5년째가 나무(木), 15년째가 동(銅), 25년째가 은(銀), 50년째가 금(金), 60년째가 다이아몬드로서 5회로 정해져 있으나, 이와 달리 미국에서는 75년째가 다이아몬드 결혼기념일이다.

이러한 풍습은 점차 사치해져서 결혼 후 10년째를 주석(朱錫), 20년째를 도기(陶器)로 정했고, 동시에 15년째의 동이 수정으로 바뀌어서 모두 7회로 늘어났고, 그 후 다시 1년째에 종이〔紙〕, 4년째에 가죽, 30년째에 상아, 40년째에 모직, 45년째에 명주 등을 더하여 모두 17회가 되었다.

한국은 해로한 부부가 혼인한 지 60년째에 회혼례(回婚禮)를 올리는데 주로 자손들이 그 부모를 위해 베푼다. 회혼례는 노부부가 사모, 관대, 원삼, 족두리를 갖추고 교배례와 근배례를 올린다.

21) 혼인의 성립

혼인은 부부로서 영속적인 공동생활을 목적으로 하는 남녀간의 합의에 의한 법률적 결합관계를 의미하며 1923년 7월부터 법률혼주의(法律婚主義)를 따르고 있다.

혼인은 자연적, 성정적인 측면에서는 인간의 종족보존의 본능에 기초한 남녀의 결합관계로 파악할 수 있으나, 사회적인 측면에서는 일정한 방식을 갖춘 경우에만 혼인으로 인정되고 있다.

우리나라에서는 인간의 존엄과 남녀평등의 입장에서 일부일처제(一夫一妻制)를 인정하고 있으며, 혼인의 자주성을 명백히 하고 있다. 따라서 혼인이 성립되기 위해서는 민법상 요구하고 있는 요건이 갖추어져야 한다.

혼인이 유효하게 성립하기 위해서는 몇 가지의 실질적인 요건이 요구된다. 첫째, 당사자 사이에 혼인의사의 합치가 있었어야 한다. 여기에서 혼인의사는 정신적, 육체적 결합을 전제로 하는 부부관계를 성립시킬 의사를 말한다.

따라서 동거하지 않을 것을 조건으로 하는 혼인은 유효

하지 않다. 또한 이러한 의사가 없는 혼인은 무효이다. 당사자간의 혼인의사는 자유로운 의사이어야 한다.

사기(詐欺), 강박(强拍)에 의한 혼인은 취소 할 수 있다. 혼인의사는 조건부, 기한부일 수 없으며 혼인신고 형식의 배제를 전제로 할 수도 없다. 일방적인 혼인신고인 경우에는 혼인의사의 흠결로 원칙적으로 무효이다.

○ 실질적 요건 : 혼인의사 + 혼인장애사유(혼인의 무효.취소 사유)가 없을 것

 - 고로〔대판〕가장혼인 =〉 무효

 - 혼인합의 : 혼인신고 당시에도 존재할 것

○ 형식적 요건 : 혼인신고

 - 당사자 쌍방과 성년자인 증인 2인이 연서한 서면(구술로도 가능) : 단, 서면은 우편으로도 가능하고 신고서를 대신 제출해도 되나, 구술(말)의 경우는 반드시 본인이어야만 함

 - 사망한 자와의 혼인신고는 불가능

○ 사실상 혼인관계에 있는 자 : 먼저 조정 신청 =〉(조정으로 합의가 이루어지지 않으면) 소 제기 가능 : 사실상 혼인관계존재 확인청구

- 판결에 의한 신고 : 〔판례〕 창설적 신고 〔통설〕 보고적
신고

제4장

종교식 결혼

1. 기독교식 결혼

기독교에서는 결혼의 의식을 단순히 사랑하는 사람과 사람과의 약속이 아닌 하나님으로부터 선택된 두 사람이 하나님과 사람들 앞에서 하나님을 향해 올리는 맹세라는 점에 의의를 둠으로써 일반 결혼식과는 다른 의의를 가진다. 아울러 교회를 예식장으로 사용하며 주례는 목사가 담당하는 것이 일반화된 관례이지만 최근에는 예식장에서도 기독교식으로 혼례를 올리는 경우가 많아졌다. 교회에서 결혼식을 올릴 경우 일요일에는 예배 관계로 결혼식을 할 수 없으며 교회에서 예식을 올릴 경우 일반 예식장과 같은 예식비는 필요하지 않지만 헌금으로 성의를 표하는 것이 보통이다.

혼례 절차는 다음과 같다.

1) 주례

주례 등단-사회자의 개식 선언이 있은 후에 신랑신부의 주례를 맡은 목사가 단상으로 오른다.

2) 신랑신부 입장

음악에 맞춰 신랑이 먼저 입장하고, 신부는 아버지와 함께 결혼 행진곡에 맞춰 입장한다. 신부는 아버지나 대리인의 오른쪽 팔에 손을 끼고 왼손에는 꽃다발을 들고 뒤쪽에서부터 행진곡에 맞추어 천천히 걸어 들어온다. 정한 위치까지 오면 신부의 아버지나 그 대리인은 기다리고 있는 신랑에게 신부를 건네준다. 경우에 따라서는 신부 아버지가 안 계실 경우 신랑과 동시입장을 한다. 양가 어머님은 동시입장하여 촛불 점화하는 곳도 있지만 미리 자리에 배석하시는 경우도 있는데 교회마다 약간의 차이를 보인다.

3) 성경낭독 및 기도, 말씀

목사가 성경낭독을 한 후, 찬송가, 신랑신부를 위한 기도와 축가 등의 순서로 진행된다. 이어 목사가 두 사람에게 앞으로의 생활에 유익한 말을 한다.

4) 혼인서약

두 사람의 서약이 이어진다. 결혼서약을 할 때 목사의 물음에 서약함을 답한다. 목사는 신랑을 향해 "당신은 이 신부를 아내로 맞이하여 하나님에 뜻에 따라 평생 굳게 절개를 지킬 것을 맹세 합니까?"하고 묻는다. 신랑은 이에 대답한다. 신부에게도 같은 서약을 받는다.

5) 예물교환

반지를 교환하는 의식이다. 준비된 결혼반지를 교환한다. 교회 결혼식에서는 이 반지의 교환을 중요한 의식으로 삼는다. 최근 생략하는 경우가 많아지고 있다.

6) 결혼성립 선언

결혼반지의 교환이 끝나면 목사는 성경책 위에 신랑신부의 손을 얹어 손을 잡게 하고 그 위에 자기 손을 얹고 기도를 드린 다음 신랑 신부를 참석자 쪽으로 향하게 하고 하나님 앞에서 두 사람의 결혼이 성립되었음을 선언한다.

7) 축 가

결혼을 축하하는 성가를 부른다.

8) 모두 함께 부를 수 있는 찬송가를 부른다.

9) 축복기도

모두 자리에서 일어나서 감사함의 기도를 드린다

10) 가족대표 인사

가족 대표자가 내빈께 감사의 인사를 드린다.

11) 신랑 신부 행진

신랑 신부가 내빈께 인사를 하고 출구까지 행진한다.

2. 천주교식 결혼

천주교식 결혼식은 일반의 결혼식장이 아니라 성당에서 신부기 주례기 되어 의식을 거행히게 된다. 일반 교회의 의식이 예식장에서 치러지는 경우가 있지만 성당의 결혼식은 성당을 벗어나지 못한다.

신부는 주례이며 사회자이다. 신랑 신부가 모두 카톨릭 신자이고 반드시 세례를 받아야 한다. 결혼식 또한 엄격한 성교례규에 따라 거행되며 일반 혼인에서도 가능한 금지하는 것이기는 하나 천주교에서는 이혼이 인정되지 않는다.

혼인 하겠다는 의사와 의욕만 가지고 이루어지는 것이 아니라 결혼할 당사자와 부모는 신앙에 바탕을 둔 결혼이 이루어지기 위하여 본당 신부를 찾아가 혼인할 때 신자로서의 준비와 예식에 대한 지도를 받아야 한다. 만약 종교적으로 천주교 신자가 아니라면 혼인에 앞서 종교적인 의식을 가지고 세례를 받아야 한다. 혼인 상담과 지도가 끝나면 혼인 절차를 진행시키기 위하여 당사자들의 성명, 세례명, 생년월일, 본적, 현주소 등을 기재한 혼인 신청서를 제출해야 한다. 본당 신부의 혼인 승인이 나면 6개월 내의 것으로 세례 증명서와 호적 등본 한 통씩을 제출한다.

본당 신부는 결혼을 원하는 당사자 한 사람씩 직접 만나 혼인 전 진술서를 작성하고 이 혼인이 가능하다는 것을 증명할 증인을 만나 본다. 증인은 주변의 친구나 친척이면 된다. 이렇게 모든 서류 절차가 끝나면 본당 게시판이나 주보에다 혼인 공고를 한다.

결혼식을 올린다는 말을 천주교에서는 '혼배 미사'라고 하는데 혼배 미사의 날짜가 정해지면 혼배 공사를 하게 된다. 혼배 공사를 하는 이유는 신랑과 신부가 혼인할 수 있는 사유가 있는지 없는지 알아보기 위한 것이다. 신랑과 신부가 혼인하지 못할 사항, 즉 조당은 14가지 항목으로 신랑 신부가 결혼하지 못할 이유에 해당되면 신자들이 본당 신부에게 알려 혼인을 올리지 못하게 한다. 혼배 미사는 신부가 혼인하는 부부에게 강복을 비는 기구문으로 특별한 미사다.

⊛ 혼배미사 서식

1) 안내 말씀

"하객 여러분께 안내 말씀 드리겠습니다. 잠시 후 혼인미사가 거행됩니다. 하객 여러분께서는 성당으로 들어오셔서 앞좌석부터 앉아주시기 바랍니다. 가지고 계신 휴대폰은 잠시 꺼주시면 감사하겠습니다."

안내 말씀은 상황을 보아가며 미사 시작 전에 반복해서 한다. 성당 내에서 정숙할 수 있도록 안내한다(이곳은 하느님께 기도하는 거룩한 곳임).때에 따라 어린 아이들이 성당 안에서 뛰어다니지 않도록 안내한다(유아실 이용). 귀중품은 각자 잘 간수하도록 안내한다.

2) 인사 말씀

"오늘 거룩한 혼인예식을 축하하고자 이 자리에 참석해 주신 하객 여러분 안녕하십니까? 이제 여러분이 보는 앞에서, 일생을 함께 하기로 사랑의 서약을 맺는 신랑 신부에게 하느님의 은총이 늘 함께 하도록 기도드립시다."

3) 신랑 신부 입장

지금부터 ( ) 본당 ( ) 신부님을 주례신부님으로 모시고 신랑 ( )군과 신부 ( )양의 혼인미사가 봉헌되겠습니다. 신랑과 신부가 차례로 입장하겠습니다. 입장하는 신랑, 신부를 큰 박수로 맞아주시기 바랍니다.

신랑 입장!

신부 입장!

또는 신랑 신부가 함께 입장할 때는

신랑 신부 입장!

4) 입당 성가

모두 일어서 주십시오. 성가 ___번 _____을 노래합시다.

5) 인사

사랑을 베푸시는 하느님 아버지와 … 성령께서 여러분과 함께.

또한 사제와 함께.

6) 참회

형제 여러분, 구원의 신비를 … 반성합시다.

전능하신 하느님과 형제들에게 고백하오니 생각과 말과 행위로 죄를 많이 지었으며 자주 의무를 소홀히 하였나이다. (가슴을 치며) 제 탓이요, 제 탓이요, 저의 큰 탓이옵니

다. 그러므로 간절히 바라오니 평생 동정이신 성모 마리아
와 모든 천사와 성인과 형제들은 저를 위하여 하느님께 빌
어주소서. 전능하신 하느님, … 이끌어주소서. 아멘.

7) 자비송
주님, 자비를 베푸소서. 주님, 자비를 베푸소서. 그리스
도님, 자비를 베푸소서. 그리스도님, 자비를 베푸소서. 주
님, 자비를 베푸소서. 주님, 자비를 베푸소서.

8) 본기도
기도합시다.
… 성자 우리 주 예수 그리스도를 통하여 비나이다.
아멘.

9) 독서
자리에 앉으십시오.
오늘 독서는 에페소서 5장 25절에서 32절의 말씀입니다.
사도 바오로의 에페소서 말씀입니다. 형제 여러분, 그리
스도를 본받아 여러분은 사랑의 생활을 하십시오. 그리스
도께서는 우리를 사랑하신 나머지 우리를 위하여 당신 자
신을 바치셨습니다. 남편 된 사람들은 그리스도께서 교회
를 사랑하셔서 당신의 몸을 바치신 것처럼 자기 아내를 사
랑하십시오. 그리스도께서는 물로 씻는 예식과 말씀으로
교회를 거룩하게 하시려고 당신의 몸을 바치셨습니다. 그

것은 교회로 하여금 티나 주름이나 그 밖의 어떤 추한 점도 없이 거룩하고 흠 없는 아름다운 모습으로 당신 앞에 서게 하시려는 것입니다. 이와 같이 남편 된 사람들도 자기 아내를 제 몸같이 사랑해야 합니다. 자기 아내를 사랑하는 것은 자기 자신을 사랑하는 것이 아니겠습니까? 도대체 자기 몸을 미워하는 사람은 없습니다.

오히려 자기 몸을 기르고 보살펴 줍니다. 그리스도께서도 교회를 기르시고 보살펴 주십니다. 우리는 그리스도의 몸의 지체들입니다. 성서에 "그러므로 사람이 부모를 떠나 자기 아내와 결합하여 둘이 한 몸을 이룬다."라는 말씀이 있습니다. 참으로 심오한 진리가 담겨져 있는 말씀입니다. 나는 이 말씀이 그리스도와 교회의 관계를 말해 준다고 봅니다.

주님의 말씀입니다.

하느님 감사합니다.

10) 화답송
잠시(3초 정도) 묵상한 후 성가대는 화답송을 바로 시작한다.

11) 복음 환호송
화답송이 끝나면 성가대는 바로 복음환호송을 노래한다.
모두 일어서십시오.
알렐루야. 하늘땅 만드신 주님께서, 시온에서 너희에게

축복하심을 비노라. 할렐루야.

12) 복음
주님께서 여러분과 함께.
또한 사제와 함께.
마태오가 전한 거룩한 복음입니다.
주님, 영광받으소서.
그때에 바리사이파 사람들이 와서 예수의 속을 떠보려고, … 하느님께서 짝지어 주신 것을 사람이 갈라놓아서는 안된다.
다른 복음서의 내용을 읽을 수도 있다.
주님의 말씀입니다.
그리스도님 찬미합니다.

13) 강 론
자리에 앉으십시오. 오늘 혼인미사를 집전하시는 ( ) 신부님께서 신랑 신부에게 축복의 말씀을 해 주시겠습니다.

14) 혼인 예식
(강론이 끝나고 바로)
지금부터 혼인 예식이 시작됩니다. 신랑 신부는 일어서시고, 양측의 증인은 앞으로 나오셔서 신랑 신부 옆에 서 주십시오.
(해설자는 신랑 신부 부모로부터 혼인반지를 받아 접시

위에 올려 놓는다. 해설자는 주례사제 옆으로 가서 무선 마이크와 예식서를 건네 드리고 도와드린다. 신부의 부케를 받아 탁자 위에 올려놓고, 신랑 신부의 장갑을 벗도록 안내한다. 혼인 반지의 축성을 위해 반지가 든 접시를 사제 앞에 놓고 성수통을 들고 주례사제 옆에서 돕는다. 혼인 반지 교환이 끝나면 신랑 신부에게 장갑을 끼고, 신부는 부케를 다시 들도록 안내한 뒤 바로 해설대로 가서 신자들의 기도를 준비한다.)

15) 보편 지향 기도

모두 일어서십시오.

친애하는 형제 자매 여러분, 하느님께서 당신 사랑으로 우리 교우 000와 000를 부부로 맺어주셨습니다. 주님의 은총에 감사하며 이 신혼부부를 위하여 기도합시다.

① 오늘 혼인으로 거룩하게 맺어진 신랑 000와 신부 000가 언제나 몸과 마음의 건강을 누리게 하소서. 주님, 저희의 기도를 들어주소서.

② 갈릴레아 가나의 혼인을 거룩하게 하신 주님, 이들의 혼인도 강복하소서.

③ 이 신혼부부에게 온전한 사랑과 평화를 내리시어 덕망 있는 그리스도인이 되게 하소서.

④ 성령께서는 모든 부부에게 혼인성사의 은혜를 새로이 내려주소서. 자애로우신 주님, … 우리 주 예수 그리스도를 통하여 비나이다. 아멘

16) 예물 준비

자리에 앉으십시오. 지금부터 성찬 전례가 거행됩니다. 형제 여러분, 우리가 바치는 … 받아주시도록 기도합시다. 사제의 손으로 바치는 이 제사가 주님의 이름에는 찬미와 영광이 되고 저희와 온 교회에는 도움이 되게 하소서.

17) 예물 기도

모두 일어서십시오. 주님, 거룩한 혼인의 … 우리 주 예수 그리스도를 통하여 비나이다. 아멘.

18) 감사송

주님께서 여러분과 함께. 또한 사제와 함께. 마음을 드높이. 주님께 올립니다. 우리 주 하느님께 감사합시다. 마땅하고 옳은 일입니다. 거룩하신 아버지, 전능하시고 영원하신 주 하느님, … 그러므로 그리스도를 통하여 모든 천사와 성인과 함께 저희도 주님을 찬미하며 끝없이 노래하나이다. 거룩하시도다! 거룩하시도다! 거룩하시도다! 온 누리의 주 하느님! 하늘과 땅에 가득 찬 그 영광! 높은 데서 호산나! 주님의 이름으로 오시는 분, 찬미받으소서. 높은 데서 호산나!

19) 감사 기도

해설자는 정해진 때에 해설대에서 종을 친다. 신앙의 신비여! 주님께서 오실 때까지 주님의 죽음을 전하며 부활을 선포하나이다.

20) 감사 기도 중 신랑 신부를 위한 간구

주님, 오늘 혼인하기까지 이끌어주신 ( )와 ( )도 생각하시어, 주님의 은총으로 서로 사랑하며 길이 평화를 누리게 하소서. 그리스도를 통하여 … 모든 영예와 영광을 영원히 받으소서. 아멘.

21) 주님의 기도

22) 혼인 축복

주님의 기도를 바친 다음, 바로 혼인축복 전 해설을 시작한다. 이어서 주례사제는 신랑 신부가 부부의 도리를 성실히 이행하고 경건한 신앙생활을 해 나갈 수 있도록 하느님께서 강복하시기를 기도하십니다. 신랑 신부는 무릎을 꿇어 주십시오.

친애하는 형제 여러분, 그리스도 안에서 혼인한 이 부부에게 주님께서 자애로이 강복하시고, … (생략) 마침내 하늘나라의 영원한 행복에 이르게 하소서. 우리 주 예수 그리스도를 통하여 비나이다. 아멘. 신랑, 신부는 일어서십시오.

23) 평화 예식

평화 예식에서 주 예수 그리스도님, 일찍이 사도들에게 말씀하시기를 …을 생략하고 바로 평화의 인사를 하도록 권한다. 주 예수 그리스도님, 일찍이 … 영원히 살아계시며 다스리시나이다. 아멘.

주님의 평화가 항상 여러분과 함께. 또한 사제와 함께. 평화의 인사를 나누십시오. 평화를 빕니다.

24) 하느님의 어린양

하느님의 어린양, 세상의 죄를 없애시는 주님, 자비를 베푸소서. 하느님의 어린양, 세상의 죄를 없애시는 주님, 자비를 베푸소서. 하느님의 어린양, 세상의 죄를 없애시는 주님, 평화를 주소서.

25) 거양 성체

하느님의 어린양, 세상의 죄를 없애시는 분이시니 이 성찬에 초대받은 이는 복되도다. 주님, 제 안에 주님을 모시기에 합당치 않사오나 한 말씀만 하소서. 제가 곧 나으리이다.

26) 영성체송

주례사제가 성혈을 영할 때 '영성체송' 하고 시작한다. 영성체송.

그리스도께서 교회를 사랑하시어 그를 위하여 당신 몸을 바치셨으니, 거룩하고 흠없는 신부로 당신 앞에 드러내게 하시려는 것이었도다. 할렐루야.

27) 영 성 체

자리에 앉으십시오. 지금은 주님과 하나되는 영성체 시간입니다. 신자분들 가운데 영성체 하실 분은 앞으로 나오십시오. 천주교 신자가 아닌 분은 영성체를 하실 수 없습니다. 영성체를 하시는 동안 성가 ___번 _____을 노래합시다. 또는 성가대가 특송을 할 수 있다. 영성체가 모두 끝나면. 잠시 묵상합시다.

28) 영성체 후 기도

기도합시다. 모두 일어서십시오. 주님, 주님의 섭리로 마련하신 혼인을 이 제사의 은총으로

⋯ 우리 주 그리스도를 통하여 비나이다. 아멘.

29) 미사 끝 축복

주님께서 여러분과 함께. 또한 사제와 함께. 영원하신 하느님 아버지께서는 ⋯ 그 집안에 길이 머물게 하소서. 아멘. 이 부부가 자녀를 통하여 ⋯ 참된 평화를 누리게 하소서. 아멘. 이 부부가 이 세상에서 하느님의 사랑의 ⋯ 반가이 맞이하게 하소서. 아멘. 전능하신 천주 성부와 + 성자와 성령께서는 여기 모인 모든이에게 강복하소서. 아멘. 주님과 함께 가서 복음을 전합시다. 하느님 감사합니다.

30) 마침 성가

혼인성사를 통해 베풀어 주신 하느님의 사랑과 축복에

깊이 감사드리며, 성가 ___번 _____을 노래합시다.

31) 신랑 신부 인사

내빈께서는 잠시 자리에 앉아주시기 바랍니다. 오늘 하느님과 여러 내빈 앞에서 거룩한 혼인을 맺은 신랑 신부가 부모님과 내빈 여러분께 인사를 드리겠습니다. 먼저 양가 부모님께 인사드리겠습니다. 신부 부모님(아버님 또는 어머님)을 향해 주십시오."

신부 부모님(아버님 또는 어머님)께 인사!

이어서 신랑 부모님(아버님 또는 어머님)을 향해 주십시오.

신랑 부모님(아버님 또는 어머님)께 인사!

양가 부모님께 대한 인사가 끝나면, 이제 신랑 신부와 부모님께서 내빈 여러분께 감사의 인사를 드리겠습니다. 양가 부모님께서는 잠시 일어서서 내빈을 향해 주십시오. 내빈 여러분께서는 힘찬 박수로 축하해 주시기 바랍니다.
내빈께 인사

32) 신랑 신부 퇴장

신랑, 신부 증인께서는 미사 후 해설대로 오셔서 혼인문서에 서명을 해주시기 바랍니다. 이제 신랑 신부의 행진이 있겠습니다. 내빈 여러분께서는 힘찬 박수로 이 신혼부부의 앞날을 축복해주시기 바랍니다.

신랑 신부 행진!

33) 기념 촬영

신랑 신부의 행진이 끝나면 기념 촬영 안내를 한다. 신랑 신부 기념 촬영이 있겠습니다. 신랑 신부는 제대 앞으로 오셔서 주례신부님과 기념 촬영을 하겠습니다. 양가 부모님과 가족 친지, 친구분들께서는 성당 정문 계단에서 기념촬영이 있겠으니, 성당 밖으로 나가셔서 촬영 준비를 해주시기 바랍니다.

34) 피로연 안내

기념 촬영 해설에 이어 바로 피로연 장소에 대해 안내한다. 1층 사랑채에서 피로연을 할 때, 1층 사랑채에 신랑 신부 피로연이 함께 준비되어 있습니다. 하객 여러분께서는 한 분도 빠짐없이 한 층 아래로 내려가셔서 피로연에 꼭 참석해 주시기 바랍니다.

지하 1층 나눔터에서 피로연을 할 때, 지하 1층 나눔터에 신랑 신부 피로연이 함께 준비되어 있습니다. 하객 여러분께서는 한 분도 빠짐없이 두 층 아래로 내려가셔서 피로연에 꼭 참석해 주시기 바랍니다.

3. 불교식 결혼

불교식 혼례라는 것은, 원래는 우리나라에는 없던 방식으로, 서양식 혼례가 들어오면서, 불교 측에서도 이에 대항해서 만들어진 예식으로 달리 화혼식이라고 하며 사찰에서의 결혼식은 부처가 맺어주는 혼례의식이며 부부는 전생에서 맺어진 인연으로 부처님께서 인도하신 것이라고 생각한다. 장소는 사찰의 본당인 대웅전에서 한다.

불교식 혼례에서 가장 큰 특징은 "고불"이라고 불리는 고유문 낭독과 헌화이다. 이 의식은 부처님 본생담에서 선혜선인과 구리 선녀가 7송이 연꽃을 부처님께 헌화한 것에서 유래한 것으로 새로운 삶이 시작됨을 의미한다.

화혼식에서 눈에 뜨이는 것은 신랑 신부의 입장인데, 신랑 신부가 각기 다른 길로 입장해 길이 합쳐지는 지점에서 합수식을 하게 된다. 다른 길로 입장하는 것은 다른 인생을 살아 왔던 어제를 의미하고 길이 만난 곳부터 하나가 됨을 뜻한다. 주례는 스님이 맡게 되며 방생 결혼식이라고 해서 꼭 산속 깊은 절에서 치러야하는 것은 아니다. 개인의 사정에 따라 도심에 위치한 절에서도 가능하며 야외 또한 좋은 장소이다. 방생 결혼식은 불심이 남다른 불자에게는 매우 의미 있는 예식임과 동시에 일반인에게도 조용하고 경건한 분위기가 돋보이는 결혼식임에 틀림 없다.

불교식 화혼의식 식순은 일반적으로 아래와 같다.

1) 개식은 종이나 목탁으로 하고 각종 악기를 연주하는 가운데 (피아노 연주가능) 신랑 신부가 식장 안에 들어와 대기 한다.

2) 주례법사가 화동(花童) 화녀(花女)의 선도로 등단한

다.

3) 신랑 신부가 화동의 안내로 입장한다.

4) 주례법사가 신랑 신부의 약력을 간단히 소개 한다.

5) 주례법사 향을 꽂고 삼귀의를 창하면 대중 등이 모두 일어나 예를 올린다.
이때 주례법사는 고유문을 읽는다.
"대자대비 하신 부처님께 아뢰옵니다. 모도 모군 모소에 사는 청신사 000와 청신년 000는 약혼을 하고 이제 삼보사중의 증명하에 결혼식 올리려 하오니 증명하여 주시옵소서."
불교식의 결혼식 가운데에 고유문의 낭독은 전세의 인연으로 두 사람이 화혼을 하게됨을 본존과 조상에게 올리는 경문을 말한다. 전세의 인연이란 수천만의 남녀 가운데 남편이 되고 아내가 되는 것은 매우 깊은 인연으로 이전세의 인연은 불교철학의 주요 근간을 이루는 관념이다.

6) 고유문이 끝나면 신랑신부가 맞절을 하는 상견례 순서가 된다.

7) 부처님께 헌화를 한다.
미리 별단에 일곱 송이의 꽃을 준비해 두었다가 신랑이

다섯 송이를 신부가 두 송이를 각각 헌화한다.

8) 주례의 집전에 따라 혼인 서약을 한다.
"청신사 000와 청신녀 000는 어떠한 경우라도 서로 사랑하고 참고 이해하며 부처님의 가르침에 따라 살아갈 것을 맹세 합니까."

신랑신부가 서약을 마치면 주례가 다음과 같이 말한다.
"오늘 본 주례는 모든 불보살님 증명과 양가 부모와 여러 어른들의 축복 속에서 청신사 000와 청신녀 000의 화혼이 원만히 이루어 졌음을 엄숙히 선언합니다. 불기 2558년 5월 일 주례법사 000"

이렇게 결혼이 원만히 성취되었음을 선언하고 찬불송으로 부처님을 천탄한 뒤 간단히 주례사를 한다.

9) 축전 낭독

10) 사홍서원

제5장

하객 축전, 부조

1. 축전

결혼식에 참석할 수 없을 때는 축전을 보내어 축하의 뜻을 전하는 것이 좋다. 축전(祝電)은 축하의 뜻을 나타낸 전보를 말하는데 정확한 명칭은 '경조환'이다. 현대는 모바일이나 SNS를 사용하기도 하지만 일정한 금액을 같이 보낼 수 있기에 꼭 참석해야 하지만 참석이 어려울 때 사용한다. 받는 사람에게 카드와 함께 증서가 보내지며 받는 사람 주소, 성명을 알면 되고 계좌번호는 필요 없다. 전화번호는 알면 배달시 정확을 기할 수 있으므로 가급적 적어 주는 것이 좋다. 축전을 보낼 때는 도착 시간을 감안해야 한다.

2. 부조(扶助)

부조란 상부상조의 의미를 가지는 것으로 축하의 의미를 담아 돈이나 물건을 보내어 도와주는 것이다. 결혼식 부조, 장례식 부조 등이 있다. 간혹 "부조(扶助)"와 "부주"를 섞어 쓰거나 혼동하는 경우가 있는데 부조가 올바른 표현이다.

표준어 규정 제8항에 따르면, 양성모음이 음성모음으로 바뀌어 굳어진 단어는 음성모음 형태를 표준어로 삼지만, 어원의식이 강하게 작용하는 다음 단어는 양성모음 형태를 그대로 표준어로 삼는다고 하였다. 제시된 단어가 바로 '부조, 사돈, 삼촌' 등이다. 따라서 '부조'가 올바른 표기이다.

부조를 전할 때는 깨끗한 종이에 포장하고 단자(單子)를 같이 써서 넣어서 보낸다. 축의금은 흰 봉투에 전한다. 단자라는 것은 축의금이나 선물을 보내면서 금액이나 물품명, 보내는 사람의 이름을 써서 보내는 옛 방식의 물목(物目)이다. 단자를 접을 때도 글자는 접히지 않아야 하고, 봉투만 사용한다면 봉투 앞쪽으로 축하 문구를 쓰고 안쪽 약간 아래에 물목을 표시한다.

○ 결혼 부조 단지 서식(예1)

연 월 일 ○○○ 謹 呈	○ ○ ○ (물 목)	令胤(또는 令愛) 婚 人 時	○ ○ ○ 先 生 宅

※ 아들은 영윤(令胤), 딸은 영애(令愛), 손자는 영손(令孫), 손녀는 영손녀(令孫女), 누이동생은 영매(令妹)라고 쓴다.

○ 결혼 부조 단지 서식(예2)

○ ○ ○ 貴 賀	년 월 일 ○ ○ ○ 謹 呈	원 整	祝 華 婚

○ 결혼 부조 단지 서식(예3)

신랑 ○○○氏 貴賀	연월일 ○○○ 謹呈	두 분의 백년가약을 축하드리오며 약소하나마 축하의 뜻을 표합니다.	○○○ (物目)

○ 결혼 부조 단지 서식(예4)

결혼을 축하드립니다.

금 000 원

연 월 일
0 0 0 드림

0 0 0군
0 0 0양 두분께

○ 부조 봉투

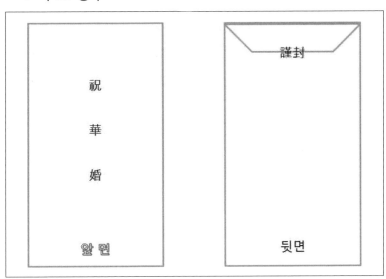

○ 결혼 축하 문구

• 축 화혼(祝 結婚)
• 축 화혼(祝 華婚)
• 축 성전(祝 盛典)
• 축 성혼(祝 聖婚)
• 하의(賀儀)
• 축 화촉 성전(祝 華燭 盛典)
• 축 화촉지전(祝 華燭之典)

제6장

전통혼례

혼례라는 것은 남녀 간의 육체적, 정신적인 결합을 의미하는 것으로 일정한 의식을 행함으로써 널리 사회적으로 인정받는 의식이다. 한국의 혼례는 남녀 개개인의 문제가 아니라 가족 대 가족의 결합과 연대라는 의미가 아주 강하였다. 오래전부터 혼례는 관혼상제(冠婚喪祭)의 4례 중에서 가장 경사스럽고도 중대한 의식이었다.

현대적인 식순이나 의례와 달리 조선 시대까지만 하더라도 혼례는 그 절차와 격식이 매우 엄격하고 가문의 위용을 드러내는 것으로 이용되기도 하였다. 현대 사회에서도 나름 뼈대 있는 가문은 이 혼사의 규모를 가세로 판단하기도 하는 경향이 있다.

예전의 혼례 절차는 매우 까다롭고 엄격하여 혼인을 주관하는 자와 당사자가 기년(朞年) 이상의 상중(喪中)이 아닐 때만 결혼할 수 있었다. 우리의 혼례가 있었을 것이지만 ≪주자가례(朱子家禮)≫ 이후 중국의 혼례법이 우리나라 전통의 혼례법과 습합되는 과정을 겪었을 것으로 보인다. 이러한 예법이 우리 혼례의 근본으로 자리 잡았으며 그에 따라 우리의 혼례는 유계(六禮)라는 형식으로 고착되었다. 이 육례는 매우 까다로웠다.

육례란 혼례를 치르는데 하는 여섯 가지 의식이다.

육례는 다음과 같다.

1) 남자 집에서 혼인을 하고자 예를 갖추어 청하면 여자

집에서 이를 받아들이는 납채(納采)

2) 남자 집에서 신부가 될 사람의 출생연월일 혹은 그 어머니의 성씨를 묻는 문명(問名)

3) 문명 후 혼인의 길흉을 점쳐 길조(吉兆)를 얻으면 그 결과를 신부가 될 사람의 집에 알리는 납길(納吉)

4) 혼인을 정한 후에 이에 대한 증명으로 신랑 집에서 신부 집으로 예물을 보내는 납징(納徵), 혹은 납폐(納幣)

5) 신랑 집에서 택일을 하여 신부 집에 가부를 묻는 청기(請期)

6) 신랑이 신부 집에 가서 아내를 맞이하는 친영(親迎)

이 육례를 사례로 줄여 ≪주자가례(朱子家禮)≫와 같이 의혼, 납채, 납폐, 친영으로 혼례를 진행하니 이는 조선 시대의 정치가이며 학인 이재(李縡)가 저술한 ≪사례편람(四禮便覽)≫에 따른다.

1. 의혼(議婚)

결혼을 양측에 주선하는 절차로써 적령기가 된 남녀를 둔 집안에서 중매인을 써서 양가의 의사를 타진하는 과정이다. ≪사례편람≫에 의하면 납채를 하기 전까지의 단계로서 중매를 하고 택혼(擇婚)의 조건을 따지고 궁합(宮合)을 보며 간선(間選)을 하고 청혼과 허혼을 하는 것으로 중간에 사람이 오가거나 서신으로 의사전달이 이루어졌다.

혼기를 앞둔 낭재(郎材)와 규수(閨秀)가 있어도 당사자나 그 주인이 직접 의혼을 하기가 어려워서 중매인을 통하기도 한다. 택혼 조건은 문벌, 용모, 성품, 학식 등을 파악하고 당사자의 친가와 외가, 진외가까지 따지고 유전, 묘역까지 살핀다.

중매가 이루어지면 궁합을 보고 간선이 이루어진다. 궁합은 당사자의 사주(四柱)를 오행(五行)에 맞추어 보는 것이다. 간선은 먼저 규수의 아버지가 중매인과 같이 낭재를 만나 본 뒤 마음에 들면 낭재 쪽에서 규수를 보도록 청하는 것이나 상대방이 모르게 제삼자가 하는 경우도 있다. 청혼은 먼저 낭재 쪽에서 규수 집으로 청혼서신을 보내면 규수 쪽에서 허혼서신을 보내어 혼인의사를 밝힌다.

○ 청혼편지는 다음과 같은 방식으로 쓴다.

伏惟辰下 복유진하
尊體候以時萬重 仰素區區之至 弟家兒親事 年及可冠 尙無持合處 존체후이시만중 앙소구구지지 제가아친사 연급가관 상무지합처
近門 (順興安氏)家 閨養淑哲云 能基勸誘 使結秦眞之議如何 餘不備 禮謹拜上狀 근문 (순흥안씨)가 규양숙철운 능기권유 사결진진지의여하 여부비 례근배상상
0年 0 月 0日 0년 0 월 0일
000 拜上 000 배상
000貴下 000귀하

〔풀이〕

삼가 아룁니다.

존당의 만복을 비오며 이번 귀댁의 00 규수와 저의 0
째 아들 00와의 혼담이 성립됨을 가문의 기쁨으로 생각합
니다. 삼가 청혼하오니 허락 하시기를 바랍니다.

0년 0월 0일

000 배상

000 귀하

○ 다음은 허혼 편지의 예이다.

伏惟春元
복유춘원

尊體動止候萬重 仰慰區區之至 第女兒 親事不鄙寒陋 如是謹勸
敢不聽從 餘不備伏惟 尊照
존체동지후만중 앙위구구지지 제여아 친사부비한루 여시근권
감부청종 여부비복유 존조

謹拜 上狀
근배 상장

年 月 日
년 월 일

弟 某 拜上
제 모 배상

〔풀이〕

봄철에 존체 안녕하십니까? 저 역시 귀하를 사모 하던
차에 그와 같은 글을 주시니 실로 영광입니다. 저의 미거한
딸을 구애치 않으시고 청혼하시니 감히 귀하의 뜻을 좇지
않을 수 있겠습니까? 글로 다 인사를 갖추지 못하며 삼가
귀하께 절하며 글 올립니다.

2. 납채(納采)

낭재 쪽에서 예를 갖추어 혼인을 청하면 여자의 집에서 이를 받아들이는 것으로 ≪가례≫에서는 이를 '언정(言定)'이라 한다. 육례 중에서 문명(問名)은 보통 납채 때 같이 한다. 혼례의 성사는 먼저 남자 집에서 혼인의 뜻을 여자 집에 전달하며 시작된다. 남자의 집에서 중매인을 통해 여자 집에 혼인 의사를 전달하고 여자 집에서 허락하면 사람을 시켜 그 채택을 받아들일 것을 청하는 의식을 행하니 납채가 시작된 것이다.

남자 집에서는 기러기를 예물로 사용하기도 하였는데, 그것은 기러기가 음양을 따라 내왕한다는 점에서 그 뜻을 취한 것이라고 한다. 이 풍습은 가례의 변천과정에서 소멸하였다. 청혼할 때 혼주(婚主)는 서식을 갖추고 사주(四柱)를 붓글씨로 써서 신부 측에 보낸다. 이때 전지(箋紙)를 사용한다. 전지는 왼쪽에서 오른쪽으로 다섯 번을 접는데 때로는 일곱 겹으로 접어 흰 봉투에 넣은 다음 풀로 봉하지 않고 뚜껑을 접는다. 일반적으로 길이 30cm, 폭 25cm 정도로 한다.

○ 사주 쓰는 법(예 1)

				順興後人安○○
乙巳	丁卯	丙寅	甲子	

○ 사주 쓰는 법(예2)

		甲子正月初九日子時生		

○ 사주 쓰는 법(예3)

	甲午　正月　二十七日	原	戊子　七月　初九日　丑時生	順興后人晟甫	

○ 사주 봉투 쓰는 법(예1)

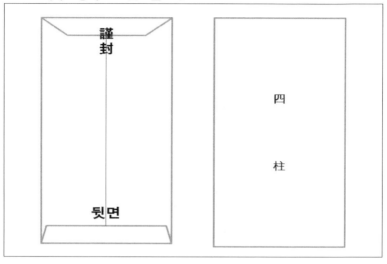

○ 사주 봉투 쓰는 법(예 2)

이후 봉투 길이보다 아래 위로 1㎝정도 길게 다듬은 싸릿가지의 가운데를 갈라 그 사이에 사주 봉투를 끼운다. 그리고 청실, 홍실의 둥근 타래실을 꼬아 싸릿가지 끝에 걸어 매듭지지 않게 묶는다. 청실, 홍실로 갈라 나뭇가지 양편 위쪽으로 올라가 실을 합쳐 매듭지지 않게 묶는다. 이것을 겉은 다홍색, 안은 남색인 네모난 비단 겹보를 네 귀퉁이에 금전지를 달아서 만든 사주보에 싸서 간지에 '근봉(謹封)'이라고 쓴 띠를 두른다.

사주를 보내는 뜻은 궁합, 길흉을 살피고 택일에도 참고하라는 것인데, 이미 사주를 살펴 궁합을 확인하고 허혼(許婚)하였으니 실제로는 형식일 뿐이다.

○ 다음은 혼인을 청하는 납채(폐)문의 한 예이다.

時維孟春 시유맹춘 尊體百福 僕之長子某 年旣長成 未有亢麗伏蒙 尊慈 許以 令愛 　　貴室 慈有先人之禮 謹行 존체백복 복지장자모 연기장성 미유항려복몽 존자 허이 영애 　　귀실 자유선인지례 근행 納幣之儀 不備伏惟 尊照謹拜上狀 남폐지의 부비복유 존조근배상장 ○年 ○月 ○日 ○년 ○월 ○일 (金海金)後人　○○ 再拜 (금해금)후인　○○ 재배

〔풀이〕

화창한 봄의 계절이온데 존체 만복하시옵니까. 저의 장자 000가 이제 성장하여 배필이 없더니 높이 사랑하심을 입사와 귀한 따님으로 아내를 삼게 해 주시니 이에 조상의 예에 따라 갖추지 못하였으나 삼가 납폐의 의식을 행하오니 살펴 주시기 바랍니다.

0년 0월 0일

000 올림

이 서식은 일정한 틀이 있는데 혼인을 청하는 말과 신부 될 사람의 생년월일을 묻는 구절이 있다. 서식을 쓴 다음날 아침 일찍 서식을 들고 사당에 가서 고하고 하인(시자, 侍者)을 시켜 신부 집에 서신을 보낸다. 신부 집에서는 신랑 측의 편지를 받아 사당에 가서 조상에게 고하고 돌아와 혼인을 받아들인다는 내용의 복서(復書)를 써서 준다. 사자는 돌아와 혼주에게 보고하고 복서를 바치면 혼주는 이 사실을 사당에 아뢴다.

경과는 이와 같으나 조선 시대에 이루어진 실제의 혼인 절차에 따르면 관행에서는 이러한 여러 과정이 대부분 중매자를 통하여 이루어지고 있으며 때로는 납채 서식을 생략하고 사주만을 적어 보내는 경우도 많았다.

한편, 이러한 문서를 보내는 날은 일정한 틀에 따르는 것이라 ≪천기대요(天機大要)≫에 따랐으나 언제부터인지 '손 없는 날'이라고 하여 음력 9일이나 10일로 하는 경우가 많았다. 그러나 이는 ≪천기대요≫를 모르는 일반인들에게서 퍼져 나간 것이 아닌가 하는 의심이 든다. 더구나 천기

대요는 동양사상을 기초로 하는 학문을 바탕으로 하고 있
어 음양학이나 명리학, 풍수학을 익힌 사람들이 배우는 학
문에 속해 범인들은 익히기 어려운 측면도 무시할 수 없을
것이다.

○ 납채의 진행 순서
1) 신랑 아버지를 대신할 사자를 선정하는데 신랑의 삼
촌이나 형에서 선정하는데 때로 당숙이나 종형이 그 역할
을 하고 때로 학식이 있는 친척이 대신하기도 한다.
2) 관복이나 도포로 성장(聖裝)한다.
3) 신부 집으로 간다.
4) 사자가 오는 것을 확인한 신부 집에서는 집에서 보아
대문 밖 서쪽에 장막을 이용하여 사처(士處)를 설치한다.
5) 사자는 신부 집에 도착하면 준비되어 있는 사처에서
기다린다.
6) 사자를 따라온 중매인이 신부 집에 고한다.
7) 신부 집에서는 집사나 행랑아범을 시켜 탁자를 놓고
안뜰에 준비한다.
8) 신부 집의 주인은 맏아들이 하는 것이 원칙이지만 맏
아들이 역할을 하지 못하는 경우도 있으므로 상황에 따라,
신랑 집과의 어울림을 가늠하여 정하는 경우도 있다.
9) 주인이 사자와 같이 성장한다.
10) 사자는 주인이 준비가 끝났다는 통보를 받으면 사처
에서 나와 동쪽을 향해 선다.

11) 주인이 문 밖으로 나와 사자를 맞이하는데 서로 읍(揖)하고 안으로 들어가면 사자는 주인을 따라 안으로 들어간다.

12) 종자(從者)가 납채를 의미하는 문서가 들어 있는 함을 들고 주인과 사자의 뒤를 따라 들어가 안뜰에 놓인 탁자에 함을 놓는다.

13) 주인과 사자는 안뜰 탁자 앞의 단이나 계단에서 세 번 양(讓)한다. 양이란 의식의 하나로 팔을 어깨와 수평이 되도록 올리고 팔꿈치를 굽혀 양손 엄지손가락이 가슴에 닿게 하고 손바닥이 땅으로 향하게 하여 가운데 손가락이 마주 닿게 한다.

14) 양이 끝나면 주인은 동쪽 계단을 올라가 서쪽을 향해 서고 사자는 서쪽으로 올라가 동쪽을 향해 서서 마주 보는 형태를 이룬다.

15) 사자가 치사(致辭)한다.

16) 기다렸던 종자가 납채문을 사자에게 건넨다.

17) 사자는 종자가 건넨 납채문을 받아 주인에게 정중하게 준다.

18) 주인이 받아 답사를 한다.

19) 주인이 받은 납채의 문서를 집사에게 준다. 집사는 동쪽 계단으로 올라가 장중한 행동으로 받는다.

20) 주인이 북쪽을 향해 재배(再拜)한다.

21) 사자는 주인의 답사를 들어도 절하지 않으며, 주인이 재배할 때는 그 자리에 서서 움직이지 않다가 주인의 재

배가 끝나면 자리에서 물러나며 나가기를 청한다.

22) 사자는 문밖에 있는 사처로 돌아가 기다린다.

예부터 장자의 법칙이 정해진 후부터는 신부의 집안 서열에 따라 서는 위치가 정해진다. 즉 신부 아버지가 큰집의 맏아들이 아니라면 주인을 대신하는 사람의 오른쪽에 서야 한다. 주인이 웃사람이면 조금 뒤에 서고, 주인이 아랫사람이라면 조금 앞에 선다. 납채를 지내고 나면 사당에 고사를 지낸다.

3. 연길(涓吉)

연길이라는 용어는 이미 사라진 것 같지만 아직도 곳곳에서 사용되는 단어이다. 본래의 의미는 신랑 측의 '청혼서'에 대하여 혼인을 허락한다는 내용의 서신을 말한다. 혼례는 혼인의례(婚姻儀禮)의 약어다. 우리 민족의 혼례제도가 문헌에 나오는 것은 상고시대부터이며 온전한 형식을 갖춘 것은 조선 시대로 주자(朱子)의 가례(家禮)를 수용하면서이다.

혼례절차는 전후로 나눌 수 있다. 전(前)은 의혼(議婚), 납채(納采), 납폐(納幣), 친영(親迎) 순으로 진행되고 후(後)는 의혼(議婚), 대례(大禮), 후례(後禮)로 나누어진다. 이중 연길은 사주단자를 받은 신부 집에서 '허혼서'를 동봉하여 택일단자를 신랑 집에 보내는 과정이다.

사주를 받은 신부 집에서는 신랑 집에 택일단자(擇日單子)를 보낸다. 이것을 연길이라고 하는데, 속칭 '날받이'라고도 한다. 택일단자는 전안(奠雁 : 신랑이 신부 집에 가서 기러기를 전하는 것. 이러한 의례를 전안의례라고 하며, 흔히 나무로 만든 기러기를 사용한다)할 연월일시와 납폐할 연월일시를 기입한 단자로 따로따로 기입하기도 하지만, 전안일시만 쓰고 납폐일시는 동일선행(同日先行)이라고만 쓰는 경우도 있다. 격식을 따지는 집에서는 전안, 납폐일시 외에 신랑, 신부가 보아서는 안 될 사람의 干支, 그리고 앉아서는 안 될 방위 등을 기입하기도 한다.

　택일단자는 봉투에 넣어 봉투 겉의 전면에 '연길(涓吉)'이라고 쓴 다음 중매인 또는 복이 많은 사람 편으로 신랑 집에 보낸다. 택일단자에 허혼서(許婚書)를 동봉하기도 한다. 허혼서의 서식은 납채 때의 답례서와 동일하게 하거나 별도의 문장을 만들기도 한다. 연길을 받은 신랑 집에서는 잔치를 하기도 한다. 택일단자를 신랑 집에서 신부 집으로 보내는 지방도 있다. 이러한 택일을 '맞택일'이라 한다.

○ 연길 서식(1)

		癸未(계미) 月日(월일)	奠雁癸未七月二十七日午市 (전안계미칠월이십칠일오시)	順興安(순흥안) · 수결		

○ 연길 서식(2)

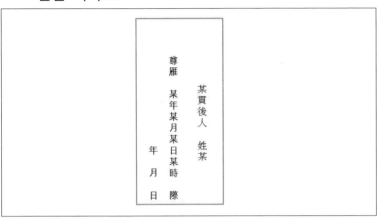

某貫後人　姓某

尊雁　某年某月某日某時　際

年　月　日

○ 연길 서식(3)

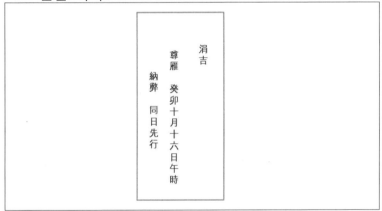

涓吉

尊雁　癸卯十月十六日午時

納幣　同日先行

　연길 송서를 받으면 신랑 집안에서는 신랑의 의복 길이와 품을 알리는 의제장(衣製狀)을 보낸다.

　의제장을 보낼 때에는 겉봉에 "의양동봉(衣樣同封)"이라고 쓴다. 최근의 혼례에는 이러한 행사나 의식, 절차가 생락되어 있으며 직접 양복점에 가서 양복을 맞추는 시대가 있었고 현대에는 기성품을 사기도 한다. 봉투는 사성과 같이 연길동봉으로 하면 된다.

○ 연길송서(1)

	계미후인癸未後人 月日월일 재배再拜	존찰복근망재복배유상장尊察伏謹望再伏拜惟上狀	길강앙의정사의가제지록행시연吉剛仰儀呈私衣家制之錄幸示涓	존구체구동취지친만사중기앙승하尊區體區動就止親萬事重既仰承賀	복유중춘伏惟仲春	

〔풀이〕

중춘을 맞이하여 어르신께서는 평안하십니까? 우러러 사모하는 마음 그지없습니다. 곧 친사는 이미 강의(剛儀.四星)을 받았으니 사가(私家)의 다행입니다. 연길(涓吉)을 드리오니 의제(衣制)를 기록해서 보내시기를 앙망하오니 살피시기 바라옵고 삼가 절을 올립니다.

계미년　　월　　　일

○○ 후인　○○○ 재배

○ 연길 송서(2)

伏承華翰 하오니 感荷無量 이오이다　謹未審 玆時에
복승화한　　　　감하무량　　　　근미심 자시

尊體候萬重이 仰慰區區之至라
존체후만중　앙위구구지지

第女兒親事는 旣承柱單 하오니 寒門慶事라 涓吉綠呈 하오니
章製回示 하심이 如何릿가.
제여아친사 기승주단　　　　한문경사　연길록정
장제회시　　　여하

餘不備伏惟 尊照 謹拜 上狀.
여불비복유 존조 근배 상장

某年幾月幾日
모년기월기일

(金海後人) 金某 再拜
(김해후인) 김모 재배

〔풀이〕

편지를 받자오니 감사한 마음이 무량입니다.

근간 존체 만강하십니까? 저의 여하 혼례 사주단지를 이미 받자오니 저희 가문의 경사이옵니다.

결혼 일자를 삼가 가려 보내오니 신랑의 의복치수를 알려주심이 어떠하오리까. 예를 다 갖추지 못하옵고 이만 줄이옵니다.

모년 모월 모일
김해 후인 김모 재배

○ 연길 봉투

涓吉

柳

生員宅

下執事

○ 계절의 호칭

음력 1월 : 孟春(맹춘)　음력 2월 : 仲春(중춘)

음력 3월 : 季春(계춘)　음력 4월 : 孟夏(맹하)

음력 5월 : 仲夏(중하)　음력 6월 : 季夏(계하)

음력 7월 : 孟秋(맹추)　음력 8월 : 仲秋(중추)

음력 9월 : 季秋(계추)　음력 10월 : 孟冬(맹동)

음력 11월 : 仲冬(중동)　음력 12월 : 季冬(계동)

4. 납폐 (納幣)

혼례과정의 여섯 가지 의식절차인 육례(六禮) 중의 하나이다. 납채가 끝난 뒤 신부 집에서 허혼을 하고자 하는 연길이 이루어지면 정혼(定婚)의 성립을 나타내기 위하여 신랑 집에서 신부 집으로 서신과 폐물을 보내는 의식을 말한다. 남자 측에서 여자 측으로 보내는 예물의 절차 과정이라고 할 수 있다. 납폐의 예물은 주로 비단으로 이용했기 때문에 채단이라고도 한다.

납폐는 신랑 집에서 신부 집에 대하여 혼인을 허락해준 데 대한 감사의 뜻으로 보내는 예물로 '봉채(封采), 봉치' 또는 '함' 이라고도 한다. 이때 예물은 신부용 혼수와 예장(禮狀) 및 물목을 넣은 혼수함을 결혼식 전날 보낸다. 주인을 대신하여 사자(使者)를 신부 집에 보내면 신부 집에서 이것을 받아 회답을 써주고(이를 연길이라 한다) 음식을 대접하며, 사자는 돌아와 복명하고 보고하는 것처럼 납채 때와 그 형식이 같다. 그리고 청단(靑緞)과 홍단(紅緞) 두 끗을 보내며, 그 품질은 빈부에 따라 적당히 정한다.

예물은 빈부에 따라 차이는 있겠지만 적어도 두 가지 이상으로 하고 열 가지를 넘기지 않는다. 납폐서장은 또한 '혼서지' 라고도 하는데, 보통 납폐서장 없이 함만 보내기도 한다. 그러나 납폐의 예를 갖추기 위해서는 같이 보내는 것이 좋다. 보통 납폐서장은 길이 36cm 폭60cm 정도의 백지를 9칸으로 접어 양쪽을 1칸씩 비우고 7칸에 쓴다. 단, 재혼시에는 5칸에만 쓴다.

혼서는 비단 겹보에 싸서 함 속에 넣는데, 신부아버지가 그것을 받아 사당에 고하는 것은 납채 때와 같고 일부종사 (一夫從事)의 뜻으로 여자가 죽으면 이 혼서를 관에 넣기도 한다. 함에 혼서와 채단을 넣은 뒤 무명 여덟 자로 된 함질 끈을 구하여 석자는 땅에 끌리게 하고 나머지로 고리를 만들어 함을 지도록 하는데 봉채(封采), 봉치라고 한다.

○ 함 싸기(채단의 포장)

함 속에 넣어야 할 것으로 제일 먼저 함 바닥에 한지를 깔고 혼서지를 넣는다. 이 혼서지는 죽을 때 관 속에 넣어 저승에 가지고 간다고 하는데, 이것은 일부종사(一夫從事)를 의미하는 것이다.

이어 오곡주머니를 넣는다. 각기 자손과 가문의 번창을 뜻하는 목화씨, 잡귀나 부정을 쫓는 팥, 며느리의 심성이 부드럽기를 바라는 노란 콩, 부부의 해로를 기원하고 질긴 인연을 바라는 찹쌀, 서로의 장래가 길함을 기원하는 향 등을 넣기도 하고 잡귀를 물리친다는 고추씨, 일부종사를 의미하는 차(茶) 등을 넣기도 한다. 이는 지방마다 관습이 다르므로 관습에 따라 뜻하는 것을 넣기도 한다.

그 위에 청홍 양단을 넣는데 음을 상징하는 청단을 먼저 넣고 그 위에 양을 상징하는 홍단을 넣는다. 이때 홍단은 청지로 싸서 홍실로 동심결(同心結)을 매고 청단은 홍지로 싸서 청실로 동심결을 맨다. 물목기도 넣는다.

혼수감이 놀지 않게 싸리나무 가지나 갈대로 통개를 하여 비단실로 아래위를 감고 함에 넣는다.

홍색 보로 함의 네 귀를 맞추어 매고, 남은 끈을 모아매서 종이를 감아 '근봉(謹封)' 이라고 쓴다.

외올베로 멜빵을 매고 참대받침 얽음에 싸서, 다시 새끼나 명주로 함끈을 맨다. 스무마 정도의 무명천으로 함끈을 매게 된다. 함끈 역시 한번만 잡아당기면 매듭이 풀리도록 매듭을 만들어야 하는데, 이는 두 사람의 앞날이 술술 풀리도록 매듭을 묶지 않는 것이다. 지방에 따라 약간의 차이가 있기는 하지만 그 근본 이념은 크게 다르지 않다.

지금의 함팔이와 같이 밤이 도달해서야 의식이 치러지는
데 아들을 낳고 내외를 갖춘 사람을 함부(函父, 함질아비)
로 정하고 서너 사람은 횃불을 든다.

함이 오는 소식에 신부 집에서는 화문석을 대청에 깔고
소반에 봉치떡을 해놓는다. 함이 오면 떡시루 위에 함을 내
려놓고 후하게 대접한다.

대개 납폐의 의식은 전안(奠雁) 전날에 행하는 경우가
대부분이나 택일을 따져 길흉과 시세에 따라 며칠 전에 하
는 수도 있고 전안 당일에 하는 수도 있다. 현대 혼례의 경
우에도 전날에 하는 경우가 있고 일주일 전이나 수삼일 절
에 하는 경우가 있다. 납폐는 현대 혼례에서도 함 파는 행
사로 남아있다.

○ 물목 쓰는 법

※玄 - 파란색 옷감
※纁 - 붉은색 옷감

○ 물목 봉투

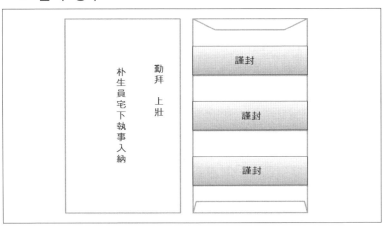

○ 납폐의 내용

1)함(函) : 채단(采緞)을 넣는 상자로 쇄개금(鎖開金: 열쇠통)을 갖추어 거기에 주황색 실로 술을 만들어 매단다.

2)현훈 : 폐백(幣帛)의 본 물로서 신(神)께 드리는 검은 빛과 분홍빛의 비단 헝겊 조각인데 혼례 때는 이것을 청색과 홍색으로 하고 비단이나 나단(羅緞 : 무명과 주란사를 섞어 짠 것)을 쓴다.

3)청홍사(淸紅絲) : 청실·홍실의 묶음으로서 홍실에는 청실을, 청실에는 홍실을 묶되 매듭을 짓지 않는 동심결을 만든다.

4)청홍지(靑紅紙) : 청색 지 두 장 사이에 홍색 지 두 장을 넣는데 함의 길이와 같게 접어서 현훈 속에 넣는다.

5)네 폭의 붉은 비단 보자기 : 네 귀퉁이에 푸른 금전지(金錢紙 : 금종이를 세모나게 접어 명주실 술을 물린 것)를 단다.

6)다섯 폭 붉은 비단 보자기 : 네 귀퉁이에 푸른 금전지를 단다.

7)혼서보 : 혼서지를 넣는 보자기로서 붉은 금전지를 달고 '근봉'이라 쓴 종이 띠를 갖춘다.

8)부용향 : 손가락 크기로 5,6 치 되는 큰 모양으로 신행 길에 향꽂이에 꽂아 족두리를 든 사람이 가지고 색시에 앞서 가는데 주위를 정화시키고 잡귀를 쫓는다는 민속이다. 이것을 큰 것 또는 작은 것으로 두 쌍을 마련해 홍색종이로 위 아래를 봉한다.

납폐만 여자 측에서 보게 되면 어디에서 온 것을 정확하게 알지 못하기 때문에 누가 누구에게 왜 보내는 예물인가를 정중하게 글로 써서 납폐(함)와 함께 보내야 한다. 혼서(婚書)는 장가들 때에 드리는 글이라는 뜻이다. 혼서는 신부에게도 무척 소중한 것으로 일부종사의 의미로 일생 동안 간직하였다가 죽을 때 관 속에 넣어가지고 간다고 한다. 봉투는 아래와 위를 봉하면 안 되고, 상중하에 '근봉'이라고 쓴 봉함지를 끼운다.

혼서는 신부 측에서 함 받기 전에 받아서 읽어야 하기 때문에 함속에 같이 넣으면 안 된다. 혼서는 상자에 넣은 다음 붉은 보로 싸서 둔다.

○ 납폐 서식(1)

忝親某郡(市) 某(姓名) 白
첨친모군(시) 모(성명) 백

某郡(市) 某官 尊親 執事 伏承 嘉命許以
모군(시) 모관 존친 집사 복승 가명허이

令女(호칭은 형편에 따라 다름) 貺室僕之子 某妓有先人之禮
영녀 황실복지자 모자유선인지례

敬遣使者 行納幣之禮 伏惟 尊妓特賜 鑑念不宜
경유사자 행납폐지례 복유 존자특사 감념불의

某年 幾月 幾日 忝親 姓名 再拜
모년 모월 모일 첨친 성명 재배

○ 납폐 서식(2)

삼가 아름다운 명을 받드니, 따님을 제 아들 아무개, 또는 아무 친족의 아들 아무개의 아내로 주시는 것을 허락하시는 것이었습니다. 게다가 점을 쳐보았더니 길조(吉兆)에 부합하였습니다. 이에 선조의 예법대로 공경히 사자를 보내어 폐백을 드리는[納徵] 예를 행합니다.

○ 납폐 서식(3)

時維孟春　尊體百福　僕之長子相浩

年旣長成　未有伉儷　伏蒙尊慈

許以令愛脫室　兹有先人之禮

謹行納幣之儀　不備伏惟

尊照謹拜上狀

己丑年　十二月　二日

新安後人

朱護浩　母　金兪吉　再拜

○ 납폐 봉투

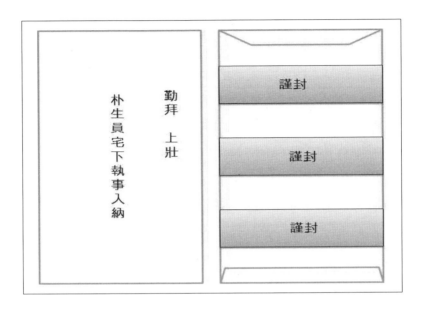

○ 납폐하는 날 신랑 측의 순서

1) 떠나는 날 아침 조상에 고한 후 근친의 한 사람이 집사가 되어 혼서를 받든 다음 다른 사람이 함진아비가 된 다음 함을 지고 간다.

2) 신랑의 어른에게 집사가 절을 한 다음 교훈과 충고를 받고 떠난다.

3) 두 사람이 신부의 집에 도착하면 예의를 갖추어 경건 엄숙하게 거행한다.

4) 신랑은 동행하지 않는 것이 예의이다.

○ 납폐 절차

신부 집에서 함을 받을 때는 대청에 화문석을 깔고 병풍을 둘러친 후 홍색 보자기를 덮은 상을 내놓는다. 봉채떡을 시루에 싸서 시루 째 상 위에 올린다. 함은 신부의 부모가 받는다. 가능하면 한복을 입고 신부의 아버지는 두루마기까지 갖춰 입어야 한다. 신부는 노랑 저고리에 다홍치마를 입도록 한다.

봉채떡은 납폐 의례 절차 중에 차려지는 혼례음식이며 납폐는 신랑 쪽에서 신부 쪽에 혼서와 채단인 예물을 함에 담아 보내는 것을 말한다. 신랑 쪽 함진아비가 지고 오는 함을 받기 위해 신부 집에서 준비하는 음식이 봉채떡이다.

봉채떡은 찹쌀 3되에 붉은 팥 1되를 고물로 하여 시루에 2켜만 안치고 위 켜 중앙에 대추 7개와 밤을 둥글게 박아서 함이 들어올 시간에 맞추어 찐다. 찹쌀과 붉은 색이 나도록 붉은 팥을 사용하는 것이 핵심이다. 신랑 측의 함진아비가 진 함이 오면 약간의 실랑이가 이어지고 이어 함을 받아 시루 위에 놓고 북향으로 재배한 다음에 함을 연다.

이 땅의 전통적인 사상과 의식에는 삵된 것을 제거하거나 방어하는 일종의 액막이 역할의 의식이 있거나 물건이 구비되는데 봉채떡도 크게 다르지 않다.

봉채떡을 찹쌀로 하는 것은 부부의 금실이 찰떡처럼 화합하여 잘 살기를 기원하는 뜻이며 붉은 팥고물은 액을 면하게 되기를 빈다는 의미가 담겨 있다. 대추와 밤은 자손 번창을 상징하고 떡을 두 켜만 안치는 것은 부부 한 쌍을 뜻한다. 찹쌀 3되와 대추 7개의 숫자는 길함을 나타낸다. 대추와 밤은 따로 떠 놓았다가 혼인 전날 신부가 먹도록 한다.

떡을 찌는 방법은 다른 여타의 떡을 찌는 방법과 크게 다르다고 할 수는 없다. 찹쌀을 씻어서 8시간 이상 담갔다가 건져 소금을 넣고 가루로 빻아서 고운체에 내린다. 팥은 미리 씻어서 물을 넉넉히 붓고 끓어오르면 붉은 색이 도는 물을 쏟아버리고 다시 팥의 3배 정도의 물을 다시 부어 무르게 삶는다. 김이 날 정도로 뜨거울 때 절구에 쏟아서 소금을 넣고 대강 찧는다. 본격적으로 떡을 찌는 단계에 들어가면 시루 밑을 막고 팥고물, 찹쌀가루, 팥고물, 찹쌀가루, 팥고물 순으로 안치고 대추를 동그랗게 돌리고 가운데 밤을 놓는다. 베보자기를 물에 적셔 시루 위에 덮고 30분 정도 찐 후 불을 끄고 잠시 뜸을 들인다. 이와 같이 준비한 봉채떡을 준비하고 함이 오기를 기다린다.

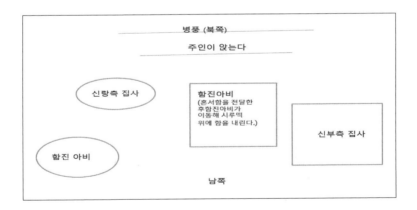

○ 함을 받는 순서

1) 신랑 측의 일행이 신부 집에 도착하면 신부의 아버지가 병풍 앞에 상을 향해서 선다.

2) 신부 측 집사가 신랑 측 일행을 도와주고, 신랑 측 집사는 상을 중심으로 서쪽에서 동쪽을 향해서 서고, 함진아비는 집사의 오른쪽 뒤쪽에서 동쪽을 향해서 서게 된다. 이때 신부 측 집사는 동쪽에서 서쪽으로 향해서 서게 된다.

3) 신랑 측의 집사가 신부 측 집사에게 혼서함을 건넨다.

4) 신부 측의 집사가 혼서함을 펴서 신부의 아버지에게 받들어 올리게 된다.

5) 신부 아버지는 혼서를 봉투에서 정중하게 꺼낸 후 다시 봉투에 넣어 집에서 건네준다. 집사는 혼서함을 묶는다.

6) 신부의 아버지는 "오시느라 수고하셨습니다. 이제 납폐를 받겠습니다"라고 한다.

7) 신부 측 집사가 서쪽에 와서 신랑 측 집사와 함께 함진아비의 함을 벗긴 다음 상 위 떡 시루 위에 올려 놓는다.

8) 이때, 함진아비가 벗지 않으려고 승강이를 부린다.

9) 양측 집사와 함진아비가 상의 남쪽으로 이동한 다음 북향을 향하여 서게 된다.

10) 신부의 아버지는 상의 동쪽 자리로 간 다음 상을 향하여 두 번 절을 한다.

11) 조상의 위폐 앞에 함을 옮겨 둔다.

12) 신부 측 집사는 신랑 측 집사를 정중하게 접대한다.

반드시 신부 측도 조상에게 고한 다음에 함을 열어야 하며 예부터 함은 신부의 어머니가 여는 풍습이 있고, 손을 함 안에 넣었을 경우 홍단을 집어내면 첫아들을 낳고, 청단을 먼저 집으면 첫딸을 낳는다는 풍속이 있다.

5. 친영(親迎)

신랑이 신부 집에 가서 예식을 올리고 신부를 맞아오는 예로 육례(六禮)의 하나로 실제적인 혼인 예식으로 고례(古禮)와 속례(俗禮)의 2가지 절차가 있다.

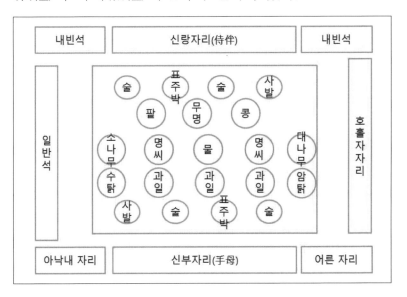

○ 고례

신랑이 저녁 때 신부 집으로 가서 전안례(奠雁禮)만을

올리고 신부를 자기 집으로 데리고 와서 교배례(交拜禮)와 합근례(合졸禮)를 올리며 신방에서 첫날을 보낸다. 그 다음날 아침에 현구고례(見舅姑禮)라 하여 시부모에게 폐백을 드리고, 친척들에게도 상하의 순서로 상호례를 나누고, 사흘 동안 시댁에서 머무르고 난 다음 일단 친정으로 돌아간다. 그 뒤 우귀(于歸) 또는 신행이라 하여 정식으로 날을 받아 신랑 집으로 들어온다.

○ 속례

양가의 거리나 기타 사정으로 신부 집에서 전안례만 올리고, 신부를 곧바로 신랑 집으로 데리고 와서 교배례와 합근례를 올릴 수 있는 시간적인 여유가 없기 때문에 신부 집에서 모든 예식을 치른다. 첫날밤도 신부 집에서 보내고 계속 사흘을 유숙한 다음 신부를 데리고 신랑 집으로 돌아온다. 이때 신부는 시부모에게 드릴 폐백을 준비하여 현구고례와 상호례를 한다.

○ 식순

전안례는 물론이고 대례(大禮)에 속하는 교배례와 합근례는 홀기(笏記), 즉 식순에 따라 집사가 큰소리로 부르는 대로 예를 진행한다.

– 전안례(奠雁禮)

전안례란 신랑이 신부 집에 가서 신부의 주혼자(主婚者)

에게 기러기를 드리는 예식으로 예식의 실제적인 시작이다. 전통혼례에서 결혼 당일 신랑이 대례를 치르러 신부 집에 갈 때 기러기를 가지고 가서 초례상(醮禮床) 위에 놓고 절을 하는 절차이다. 신랑이 신부 집 사랑 마당에 마련한 전안청에 와서 서면 안부가 기러기를 받아 머리를 좌편으로하여 탁자에 놓고 신랑의 재배로 전안례가 끝난다.

옛날에는 산 기러기를 썼으나 지금은 대개 나무로 만든 기러기로 대용한다. 전안례는 지방마다 조금씩 차이가 있지만 경기 지방으로 예를 삼는다.

신부 집에서는 대청이나 안마당에 천막을 치고 그 아래 멍석을 깐 다음 다시 돗자리를 펴고 전안례나 대례를 치를 준비를 하고 기다린다. 신랑이 문에 들어서면 안내자(대개 처남이 될 사람이 한다)가 읍(揖)하고 신랑을 대례청으로 인도한다. 신랑은 가지고 온 나무기러기를 놓고 2번 절한다. 이때 여자 하님이 기러기를 치마폭에 싸가지고 방에 들어가 아랫목에 시루로 덮어 놓는다. 치마폭에 감싸는 것은 기러기가 알을 잘 낳으라는 뜻이며 시루로 덮는 것은 숨쉬기 좋게 함이라 한다.

(1) 主人迎壻于門外(주인영서우문외) : 주인이 문 앞으로 나가 신랑을 맞이한다.

(2) 壻揖讓以入(서읍양이입) : 신랑이 읍하고 들어온다.

(3) 侍者執雁以從(시자집안이종) : 侍者(시자)가 나무기러기를 들고 신랑을 자리로 안내한다.

(4) 壻就席(서취석) : 신랑은 자기 자리로 들어선다.

(5) 袍雁于左其首(포안우좌기수) : 신랑이 기러기의 머리를 왼쪽으로 가게 든다.

(6) 北向机(북향궤) : 북쪽에 준비된 상을 향하여 무릎을 꿇고 앉는다.

(7) 免伏興(면복흥) : 일어난다.

(8) 小退再拜(소퇴재배) : 약간 뒤로 물러나서 두 번 절한다.

(9) 主人侍者受之(주인시자수지) : 주인 시자가 받아 안으로 들어간다.

- 교배례(交拜禮)

교배례는 재래식 혼인 때 초례상(醮澧床) 앞에서 신랑과 신부가 절을 주고받는 절차로 대례에 속한다. 대례에 속하는 교배례와 합근례는 전안례가 끝난 뒤 곧바로 안대청 중앙에 마련한 대례청에서 예식을 거행한다.

재래식 혼인에서는 신랑이 신부 집으로 대례를 치르러 가는 것이 일반적으로 전안례(奠雁禮) 후에, 혼인의 가장 중요한 절차인 교배례가 있다. 신랑이 대례청에 와서 서쪽을 향하여 서면, 신부는 복색(服色)을 갖추고 수모(手母)를 따라 나와 동쪽을 향하여 서서 예식을 한다. 신부가 먼저 하님의 부축을 받아 3번 반 절을 할 때, 신랑은 무릎을 꿇고 앉아서 받는다. 다음에 신랑이 2번 반 절을 할 때 신부도 앉아서 절을 받는다. 교배례가 끝나면 잔을 주고받는 합근례로 들어간다

- 합근례(合졸禮)

한국 전통 결혼식의 대례(大禮)에서 중요한 절차의 하나로 잔을 주고받는 것이다. 근배례(졸杯禮)라고도 하는데 교배례가 끝나면 신랑이 동쪽에, 신부는 서쪽에 있으면 시자가 술상을 드린다.

시자가 청실, 홍실을 드리운 술잔에 술을 따르고 신부는 허리를 굽혀 읍례(揖禮)한다. 시자가 이 잔을 1번은 대례상 왼쪽으로, 1번은 오른쪽으로, 또 1번은 대례상 위로 신랑에게 보내면 신랑은 그때마다 입에 대었다가(조금씩 마셔도 좋다) 다시 신부 쪽으로 보내고 마지막으로 퇴주한다. 이때의 술을 합환주(合歡酒)라 하며 합근례가 끝나면 하객들은 대례상 위의 밤, 대추 등을 신랑 주머니에 넣어 주기도 한다.

(1) 壻至東席(서지동석) : 신랑이 초례청 동편 자리에 들어선다.

(2) 姆導婦出(모도부출) : 신부의 시자가 신부를 부축하여 나오는데 흰 천을 깔아 놓은 바닥을 밟고 나온다.

(3) 壻東婦西(서동부서) : 신랑은 동쪽, 신부는 서쪽에서 초례청 앞에 마주 선다.

(4) 進灌進洗壻灌于南婦灌于北(진관진세서관우남부관우북) : 신랑이 손씩을 물은 남쪽, 신부가 손씻을 물은 북쪽에 놓는다.

(5) 壻婦各洗手拭巾(서부각세수식건) : 신랑 신부는 각

자 손을 씻고 수건으로 닦는다.

(6) 婦先再拜(부선재배) : 신부가 먼저 두 번 절한다.

(7) 壻答一拜(서답일배) : 신랑이 한번 답례한다.

(8) 婦又再拜(부우재배) : 신부가 다시 두 번 절한다.

(9) 壻又答一拜(서우답일배) : 신랑이 다시 한 번 절한다.

(10) 壻揖婦各机坐(서읍부각궤좌) : 신랑이 신부에게 읍하고 저마다 무릎을 꿇고 앉는다.

(11) 侍者進饌(시자진찬) : 시자가 술잔을 신랑에게 건넨다.

(12) 侍者各沈酒(시자각침주) : 시자가 잔에 술을 따른다.

(13) 壻揖婦祭酒擧肴(서읍부제주거효) : 신랑은 읍하고 술을 땅바닥에 조금 붓고 안주를 젓가락으로 집어 상 위에 놓는다.

(14) 又沈酒(우침주) : 시자가 신랑 신부 술잔에 다시 술을 붓는다.

(15) 壻揖婦擧飮不祭無肴(서읍부거음부제무효) : 신랑은 읍하고 신부가 술을 마시되 안주는 먹지 않는다. 이때는 부제이므로 술을 땅바닥에 붓지 않으며, 이상을 교배례라 한다.

(16) 又取근壻婦之前(우취근서부지전) : 표주박을 신랑 신부에게 건넨다.

(17) 恃者各沈酒(시자각침수) : 시자가 표주박에 술을

따른다.

(18) 擧杯相互壻上婦下(거배상호서상부하) : 신랑 신부는 표주박을 서로 바꾸는데 신랑 잔은 위로, 신부 잔은 아래로 하여 바꾼다.

(19) 各擧飮不祭無肴(각거음부제무효) : 서로 바꾼 표주박 잔을 마시는데, 땅바닥에 기울여 쏟지 않으며 안주도 들지 않는다.

(20) 禮畢撤床(예필철상) : 예를 끝내고 상을 치운다.

(21) 各從其所(각종기소) : 신랑 신부 저마다 처소로 돌아간다.

○ 신부 혼례복

원삼(圓衫)	고려시대부터 대례복으로 궁중녀인들과 신부의 웃옷으로 사용되었다. 황후는 황색, 왕비는 홍색, 비빈은 자색, 공주나 옹주는 녹색원삼을 입었고, 그 중 녹색원삼이 서민층의 혼례식에 사용되었다. 민간 원삼에는 금박을 하지 않았다.
대대(大帶)	홍활옷이나 원삼을 입은 뒤 앞가슴부분에 대대의 중앙이 오도록 대고 양쪽으로 돌려 뒤에서 묶어 늘어뜨린 허리띠로 색공단에 심을 넣어 만들어 금박 무늬를 찍었다
앞댕기	쪽찐 비녀에 감아 드리워 족두리나 화관에서 어깨를 거쳐 웃옷까지 연결시키는 역할을 하는 댕기. 검은 자주색 비단에 꽃무늬금박을 중앙과 양끝에 찍고 끝에는 구슬을 10개 정도 꿰어 달았다.
도투락댕기	활옷이나 원삼을 입을 때에 화관이나 족두리에 맞춰 머리 뒤로 늘어뜨리는 큰 댕기. 검은 자주색 비단에 자수와 칠보로 화려하게 장식하여 만들었다.

	지방에 따라 오색실을 붙이기도 하였다.
스란치마 대란치마	소례복에 스란치마를 입고, 대례복에 대란치마를 입었다. 금박무늬가 찍힌 천을 덧댄 스란단을 한층 붙인 것이 스란치마이고, 두층 붙인 것이 대란치마이다. 가례나 길례 때는 남색 스란치마를 입었다.
족두리	몽고에서 여인들이 외출할 때에 쓰던 일종의 모자였으나, 고려 말 한국에 들어온 뒤로 모양이 왜소해져 머리장식품으로 변하였다. 궁중이나 양반집에서 의식용으로 소례복에 족두리를 썼다. 사치를 방지하기 위하여 모두 흑색에 장식을 제한하였다.
활옷(闊衣)	궁중의식에서 왕비가 입던 대례복으로 후에 서민의 혼례복으로 사용되었다. 홍색비단에 청색으로 안을 받쳐 만들었는데 이는 청색(여성)과 홍색(남성)의 화합을 의미한다. 홍색천에 승고함과 부귀, 장수를 상징하는 연꽃 모란꽃 십장생 등을 수놓아 만든 활옷은 앞이 짧고 뒤가 길며, 소매 끝에 색동을 대고 흰색 한삼을 덧붙였다.
당의(唐衣)	왕비나 세자비, 공주 등의 소례복으로, 양반집 여인들은 대례복으로 착용하였다. 녹색비단에 홍색 안감을 대거나, 자색비단에 분홍색 안을 대어 만든 겹옷으로 소매가 좁고 겨드랑이 밑에서부터 유연한 곡선으로 트였으며 밑도련은 반달모양을 이룬다. 왕실에서는 당의에 금박을 찍었으나 일반은 무늬없이 만들었다.
화관(花冠)	여러 가지 보석으로 장식하여 활옷이나 당의를 입을 때 썼으며, 서민들은 혼례 때만 사용이 허용되었다

○ 신랑 혼례복

사모관대	사모, 단령, 흉배, 목화의 관복일습. 친영을 위해 사모관대를 장속한다.
사모	검정색 실로 만들었으며 뒤쪽에 붙은 양쪽 날개에는 구름무늬를 넣었다.
단령	관직자의 평상복. 청색계통에 흉배를 달고, 학이나 구름 등을 수놓았다.
목화	문무백관이 평상복에 신던 신발. 혼례 때 서민들이 신었다.

6. 대례 후 예의

1) 초혼야

신방예법에는 신랑의 자리는 신부의 하녀가 펴고, 신부의 자리는 신랑의 하인이 펴며, 신랑이 벗은 옷은 신부의 하녀가, 신부가 벗은 옷은 신랑의 하인이 받는다. 촛불을 물리면 하녀만 문밖에서 모신다. 이를 신방이라 하고 그날 밤을 첫날밤이라 한다. 바로 초혼야인 것이다. 이때 신방 지킨다, 혹은 신방 훔쳐보기라 하여 가까운 친척들이 신방의 창호지를 뚫고 엿보기도 하였는데 신방의 촛불이 꺼지면 모두 물러난다. 이 풍습은 옛날 어린 신랑에게 문제가 일어날까 지킨 것에서 유래했다는 설도 있다.

촛불을 끌 때에는 반드시 신랑의 옷깃으로 바람을 내어 꺼야 한다. 입으로 끄면 복이 나간다고 전한다. 첫날밤을 지낸 이튿날 아침이면 신방에 잣죽이나 대례상에 얹어 놓왔던 용떡으로 끓인 떡국을 가져온다. 그다음 처음으로 장인과 장모에게 절을 하고 가까운 친척에게도 인사를 한다.

2) 동상례(東床禮)

혼인이 끝난 뒤에 친척이나 친구들이 신랑을 괴롭히던 혼인 풍속이다. 동상이란 왕희지(王羲之)의 고사에 의거해서 남의 새 사위를 지칭하는 말이다. 일명 타족장(打足掌)이라고 한다. 고려 말 이후 신랑이 신부 집에서 친척이나 친구들에게 술과 음식을 대접하는 남침연(覽寢宴)에서 유래한 것으로 조선 시대에는 혼례가 끝난 뒤에 신부 집에서 친척이나 친구들이 신랑을 잡아 다리를 묶어 거꾸로 매고 몽둥이로 발바닥을 때리면서 신랑을 희롱하고, 마침내 술과 음식을 받아내는 풍속으로 정착했다. 지금도 혼인이 끝난 후이거나 신혼여행을 다녀와 신부 집에 인사를 가면 신부의 친척이나 동생들, 혹은 가까운 친지들이 동상례로부터 내려오는 풍습인 신랑 달기를 한다.

일반적으로 옛법에는 혼인이 치러진 다음날에는 동상례가 행해지는데 점심 때를 전후하여 신부 집의 젊은이들이 모여앉아 신랑 다루기(신랑달기)를 하는데 이것을 동상례라 한다.

3) 친척 상면

옛날과 현대는 다르다. 옛날에는 신방을 차리고 하룻밤을 지난 후에 신랑이 신부의 부모나 일가친척을 상면 하였으나 요즈음은 혼인이 끝난 뒤 바로 상면한다. 옛날과 달리 연애결혼이 주가 되어 이미 이전에 상면이 끝난 경우도 많다. 따라서 현대 결혼식에서 친척 상면은 그다지 의미가 없는 경우가 많고 식장이나 피로연장에서 먼 곳의 친척을 소개하는 것으로 대신하는 경우도 많다.

예법을 따르면 신부도 첫날밤을 지낸 뒤에 부모에게 배례 하였으나 현대적 예법이나 혼례 방식의 변화에 따라 과거의 초례에 해당하는 혼례식이 끝난 다음 신혼여행 출발 전에 배례 하는 것이 어울릴 것이다.

4) 상수와 사돈지

신부 집에서 혼례식을 거행할 때 사용했던 음식을 신랑 집에 보내는 것을 상수라 한다. 이때 보내는 물품명을 기록한 물목을 함께 보내는데, 이 물목은 육어주과포(肉魚酒菓脯)의 순으로 적고, 사돈지라 하여 신부 어머니가 신랑 어머니에게 보내는 편지도 함께 보낸다. 이 상수와 사돈지를 통해 신부 어머니의 음식 솜씨와 신부 집의 예의범절을 평가 받는다. 신부의 음식 솜씨는 신부의 어머니에게 물려받는 것이며 신부 집의 가풍이 시댁의 가풍에 영향을 미친다는 점에서 매우 중요하다.

○ 상수 송서장 서식(床需送書狀 書式)

酩延奉晤에　暖如春風而遺香이　尙留塵榻하니　不能채焉이라
초연봉오　　난여춘풍이유향　　상유진탑　　불능채언

謹未審漢回에　返패利利稅仁而　庇鴻休否아　區區所祝은
근미심한회　　반패이이세인이　　비홍휴부　구구소축

不非尋常이라　査弟　劣狀이　如此하니　是可爲幸이라
불비심상　　사제　열장　여차　　시가위행

第允郞은　淸儀美範이　看看益奇하니
제윤랑 청의미범　　간간익기

盡覺積德法之餘而法家之所敎라　實過所望에　自不勝喜悅이나
진각적덕법지여이법가지소교　　실과소망　자불승희열

然이나　所謂禮需는　未免存羊하니
연　　소위예수　　미면존양

愧汗을　可極가　惟待恕罪耳라　餘不備伏惟　鑑察
괴한　가극　유대서죄이　　여불비복유 감찰

	年	月		日
	년	월		일
査第	0	0	0	
사제	0	0	0	

拜上
배상

○ 사돈지와 안사돈지

사돈지(査頓紙)는 주로 안사돈끼리 내왕하는 편지로 간혹 안사돈지라 한다. 안사돈지의 시작은 먼저 신부 어머니가 신랑 어머니에게 올리는 것으로 시작된다. 두 집안이 서로 사돈이 되기 위해 신부 집에서 대례(大禮)를 올리게 되는데, 이때 초례상(醮禮床)에 차려진 상수(床需)를 상수송서장(床需送書狀)과 함께 신랑 집에 보내면서 신부 어머니가 쓴 사돈지를 처음으로 신랑 어머니에게 보내게 된다.

이때의 편지 내용은 대체로 먼저 문안이 있고, 그 다음에 자신의 딸이 미문(微門)에서 자라 제대로 가르치지도 못하고 견문도 없는 여식을 존문(尊門)에 보내게 되어, 시부모 걱정이 되게 하지는 않을까 염려스러우니 앞으로 친딸같이 가르쳐주기를 간곡히 부탁하는 내용을 적는다. 그 다음에 대개 새사위에 대한 칭찬과 덕담 등을 적어서 신행가는 인편에 새 사돈에게 처음 인사 겸 문안편지를 보내게 된다. 이 편지에는 자신의 딸을 규중에 고이 길러 남의 집에 보내면서 앞으로 시집살이할 딸의 앞날에 대한 염려와 함께 딸 가진 어머니의 눈물어린 모정이 담겨 있다.

신랑 측에서는 신랑 집 어머니가 답신을 보낸다. 그 내용은 우준(愚蠢)한 자기 아들의 짝이 되게 허락하여준 데 감사하다고 언급한 뒤에, 새 며느리의 재예와 부덕이 뛰어남을 칭찬한다. 아울러 두 집안이 결친(結親)한 정의를 서로 돈독히 하자는 다짐도 함께 적어 보낸다. 이로써 첫 사돈지의 왕복이 시작된다. 이러한 안사돈지는 서로 사돈이 된 두 집안의 예절과 인사를 겸비한 편지이므로, 호기심 어린 옛 부녀자들의 관심을 제일 많이 끄는 글들이어서, 새 사돈지를 받게 되면 일가의 부녀들이 다투어 돌아가면서 읽었던 것이다.

5) 우귀와 현구례

○ 우귀(于歸)

신부가 정식으로 신랑 집에 입주하는 의식이다. 혼인을 하고 사가로 들어오면 가장 먼저 행하는 행위이다. 우귀란 달리 신행(新行)이라고 하며 신부가 정식으로 신랑 집에 들어가는 것이다. 대체로 대례를 치르고 당일 우귀례를 하는 경우가 있으나 신부 집에서 하룻밤 또는 3일 정도 머물렀다가 우귀례를 행하는 것이 상례라고 할 수 있다.

○ 현구고례(見舅姑禮)

현대 혼인은 폐백을 예식장에서 올리는 경우가 많지만 옛법은 달랐다. 현구고례는 혼인할 때 신부(新婦)가 폐백(幣帛)을 가지고 와서 시집에서 처음으로 시부모를 뵙는 일을 말한다. 현구고례는 며느리가 시집에 와서 시부모에게 첫인사를 올리는 예로써 신부가 시아버지, 시어머니에게 처음 뵈옵고 드리는 인사로, 폐백 음식으로는 시아버지에게는 대추로 하고, 시어머니에게는 꿩 혹은 닭을 쓰기도 한다. 시아버지 폐백에 대추를 쓰는 것은 장수(長壽)를 바라는 뜻이고, 신부에게 큰절을 받고 신부의 치마 앞에 대추 몇 개를 던져주는 것은 아들 낳기를 바란다는 뜻이다.

예전의 혼례에서는 구고례(舅姑禮)라고 하였다. 가문에 따라 사당 참례를 먼저 하고 다음에 구고례를 하기도 하고, 현구고례를 먼저 하고 사당 참례를 하기도 한다. 현구고례의 의미는 대단히 중요하다고 하겠으며 ≪예기(禮記)≫의

곡례(曲禮)에 따르면 "婦人之贄, 榛脯脩棗栗"라 하였으니 버섯, 개암, 포, 건육, 대추, 밤의 6가지를 사용했음을 알 수 있다. 이러한 의식은 시부모를 공경하고 자녀를 다산하겠다는 상징적 의미를 갖고 있으며 현구고례는 부모에 대한 공경의 뜻이 중요한 예이나 오늘날에는 상차림하는 것으로 그 예를 다하고 있다.

요즈음은 폐백이라는 말로 대신한다. 폐백은 신부가 혼례를 마치고 친정을 떠나 시댁으로 신행(新行)한 뒤에 행하여지는 의례이다. 신부는 미리 친정에서 준비해온 대추, 밤, 술, 안주, 과일 등을 상 위에 올려놓고 시부모와 시댁의 어른에게 근친의 차례대로 큰절을 하고 술을 올린다. 이때 시조부모님이 생존하여 계시면 시부모보다 먼저 절을 올리는 수도 있고, 시부모가 혼주라 하여 시부모에게 먼저 절을 올리는 수도 있다. 며느리에게 절을 받은 시부모는 치마에 대추를 던져주며 "부귀다남(富貴多男)하라"고 당부한다. 이때 신부는 시부모와 시댁식구들에게 줄 옷이나 버선 등 선물을 내놓는다.

3일 우귀(于歸 : 신부가 처음으로 시집에 들어감)가 정착된 뒤에는 대례를 치른 지 사흘째 되는 날 시댁에 신행을 와서 폐백을 행하는 것이 일반적이었고, 신부의 친정과 시댁의 거리가 가까우면 대례를 치른 그 날로 현구고례를 마치고 다시 신부 집에 와서 신방을 치른 뒤 사흘째 시댁으로 신행을 가는 수도 있었다.

요즈음에는 예식장이나 교회 등 공공의 장소에서 신식혼

례를 하는 사례가 일반적이어서 결혼식을 마친 날로 예식장 또는 시댁에서 현구고례 즉, 폐백을 올리는 경우가 대부분이다. 그러나 원래 옛날의 전형적인 혼례는 그 절차가 까다롭고 복잡하였다.

주자(朱子)의 ≪가례(家禮)≫에는 의혼(議婚), 문명(問名), 납길(納吉), 납징(納徵), 청기(請期), 친영(親迎)의 절차로 이루어져 있다. ≪사례편람(四禮便覽)≫에는 의혼, 납채(納采), 납폐(納幣), 친영의 복잡한 의식 순서가 정하여져 있었으나, 이것이 어느 가문이나 그대로 지켜져 온 것은 아니었다. 일반적인 개념으로 실제로 행하여지는 혼례는 의혼, 납채, 연길(涓吉), 납폐, 대례, 현구고례로 나누어지는데, 현구고례 즉 폐백을 통하여 신부는 신랑 집안의 새로운 성원이 되었음을 조상과 친척, 그리고 이웃에 알리는 것이다.

현구고례가 끝나면 상호례로 이어진다. 상호례는 시아버지와 시어머니 이외의 집안 친척을 처음 뵈옵고 드리는 인사로, 친척 가운데 손위 항렬에는 신부는 평절로 하면 상대방은 받기만 하고 맞절을 안 하며, 같은 항렬에서는 서로가 평절로 맞절을 하여 상호의 예를 한다.

○ **구고예지**(舅姑禮之)

구고예지는 새로 맞이한 며느리에게 환영과 감사의 표시로 큰 상을 괴여서 신부 앞에 정성껏 차려주는 것을 말한다. 구고예지는 한 가정의 부모로서 자손의 혼례를 경축하고 새 며느리를 진정한 마음으로 환영하는 의미가 담겨져 있다. 구고예지의 상차림은 밤, 대추, 잣, 호두, 은행, 사과, 배, 곶감, 다식, 약과, 강정, 산자, 마른 전복, 문어오림, 떡, 편육, 전과 등을 높이 괴여 올린 망상을 차려준다.

○ 현우존장례(見于尊長禮)

신부가 시댁 어른을 찾아뵙고 인사드리는 예를 말한다. 이때 시부모에게 어른이 있다면 구고예지가 끝난 후 신부를 데리고 어른의 방으로 가서 예를 올린다. 이는 노쇠하거나 나이가 많아 거동이 불편한 노인에게 예를 올리기에 적합한 예법이었을 것이다.

○ 궤우구고(饋于舅姑)

궤우구고는 신부 집에서 정성스럽게 음식상을 차려서 신랑의 집으로 보내는 예를 말한다.

○ 구고향지(舅姑饗之)

구고향지는 시부모가 며느리의 상을 받은 답례로써 내리는 상을 말한다. '새 며느리에게 큰상을 차려줬다' 등의 우리나라 전통 관습에서 그 큰 상이 구고향지라고 할 수 있다.

○ 문안(問安)

문안은 신부가 아침과 저녁으로 시부모에게 인사드리는 일이다.

6) 폐백(幣帛)

요즘은 결혼식이 끝나자마자 그 날로 예식장에서 신부는 연지곤지, 신랑은 사모관대를 갖추고 폐백의식이라는 것을 드리는 것을 보았을 것이다. 그러나 과거에는 폐백이란 예식장에서 바로 올리는 그러한 행위나 그 행위에 필요한 음식이 아니었다.

간단히 말하자면 '혼례식을 마친 신부가 시부모와 시댁을 뵐 때 정식으로 인사를 올리기 위해 준비한 음식'을 폐백이라고 말할 수 있다. 그리고 이 폐백 드리기는 '현구고례(見舅姑禮)'에서 유래하는데, 혼인식을 마치고 남의 부인이 된 신부가 남편의 시댁에 처음 들어가 치르는 의식 절차를 말한다.

고례에는 신부 집에서 혼례를 치르고 신랑 집으로 들어가 시부모와 시댁 식구, 그리고 조상들에게 신랑 집안의 새 식구가 되었음을 고하는 예를 뜻하는 것이었으니, 시댁 어른을 존중하고 시댁 식구들과 화목한 가정을 이루는 의식이 폐백의 참된 의미인 것이다.

○ 폐백 음식

폐백 음식의 종류는 모두 같지 아니하여 규정된 것은 없으며 지방마다 그리고 집안의 전통에 따라 조금씩 다르다. 그러나 기본적으로 갖추어지는 것이 있으니 닭이나 육포, 구절판, 대추 고임 등이다.

시아버지는 자손 번창의 밤과 대추를, 시어머니를 봉양하겠다는 의미로 육포를 준비한다. 음식은 신부 집에서 마련한 것들로 시아버지께는 자손을 번창시킨다는 약속의 의미가 담긴 밤과 대추를 청색 보자기에 싸서 보냈고, 시어머니에게는 정성을 다해 봉양하겠다는 의미의 육포를 홍색 보자기에 싸서 보낸다. 특히 밤과 대추는 가장 처음에 수확하는 것 중에서 알이 굵직한 것만을 골라 보냈는데 이는 자손만대의 번영과 윤택을 누리겠다는 뜻이 담겨 있다. 따라서 폐백 음식에 밤과 대추는 반드시 준비가 되어야 한다.

○ 육포(肉脯)

크게 펴서 만드는 편포는 쉽게 상하므로 대신 대추포, 칠보편포를 만든다. 흔히 안주용으로 사용하는 대추포는 고기를 대추모양으로 빚어 잣을 꽂아 모양을 내는 것이고, 칠보편포는 고기를 넓이 4cm정도로 둥글고 납작하게 하여 잣 일곱 개를 박아 구워내는 것이다. 넓이가 큰 편포는 행사용으로 많이 이용하고, 대추포나 칠보편포는 안주용으로 사용하거나 이바지용으로도 이용된다.

꿩 또는 닭으로 할 때, 건치(말린 꿩의 고기)로 폐백을 드릴 때는 두 마리의 꿩으로 하는데, 꿩의 머리를 먼저 자른 뒤에 찜통에 넣고 찐 다음에 꺼내어 물기가 없도록 말려 보자기에 싸서 잠깐 누른 후 두 마리를 포개어 다시 누른 다. 그런 후에 두 마리의 다리를 각각 청사지와 홍사지로 묶고, 목에도 청사지와 홍사지를 감으며, 날개에는 여러 색 의 종이에 각각 말아서 꿴다. 꿩이 마련되지 않았을 때에는 닭 한 마리로 대신하기도 하는데, 닭을 사용했을 때는 머리 를 자르지 않고 달걀의 흰자위에 노른자위를 따로 풀어서 얇게 지진 지단과 실고추 등으로 닭의 등을 아름답게 꾸며 폐백 때 사용하기도 한다.

○ 밤 대추 고임

빨간 실에 잘 꿰어 놓는다. 쟁반의 중앙에는 밤을 놓고 그 주위를 실에 꿰어둔 대추를 잘 말아가며 고인 후 중간 중간에 잣솔 뭉치를 꽂아 장식을 하기도 한다.

○ 폐백닭

최근에 폐백닭을 폐백 음식 상차림에 포함시키는 비율은 현격히 낮아지고 있다. 그러나 아직 일부 지방에서는 사용 하고 있으며 일부 지역에서는 육포로 대신하는 경우도 있다.

1) 닭발과 내장을 제거하고 깨끗이 씻는다.

2) 청주, 소금, 흰 후춧가루를 고루 바르며 문질러 골고 루 간이 배도록 한다.

3) 몸통과 날개를 모아 실로 묶어 중심을 잡고 목을 고정

시켜 찜통에서 30분 쪄서 식힌다.

4) 계란은 황, 백으로 나누어서 얇게 부쳐 지단을 채로 썰며 홍고추와 청고추는 반으로 갈라 속을 긁어내고 채를 썰어 끓는 물에 소금을 넣고 데쳐낸 후 찬물에 헹궈 물기를 뺀다.

5) 석이버섯은 더운 물에 불려서 물기를 짜고 곱게 채를 썬다.

6) 기름 두른 팬에 소금을 넣고 은행을 볶아 껍질을 벗기고 실에 끼워 긴 줄과 짧은 줄 2개를 만든다. 대추도 실에 끼운다.

7) 색깔별 셀로판지를 3㎝폭으로 잘라 반으로 접어 사선으로 가위집을 넣고 밑면에 풀을 발라 대꼬치에 돌려가며 붙여서 꼬리 장식을 만든다.

8) 목기(木器)에 밤을 깔고 찐 닭에 실에 꿴 대추를 몇 줄 돌리고 긴 줄 은행을 돌린 후 황지단, 백지단, 청홍고추, 석이버섯 고명을 올린다.

9) 짧은 줄로 은행을 목에 걸고 꼬리 장식도 꽁지에 꽂는다.

○ 구절판

은행은 잘 볶아 꼬지에 잘 꿰어 놓는다. 호두는 간장조림하고, 곶감은 가운데에 호두를 넣어 곶감쌈을 만든다. 대추는 잘 졸여 가운데에 잣을 박아 장식하고, 다식은 꼼꼼하게 잘 박는다. 정과는 졸인 후에 체에 받쳐 놓는다. 이렇게 만든 아홉 가지의 안주를 차례로 정성스럽게 담아 폐백상에 술과 함께 놓는 것이다.

○ 폐백 준비

1) 남좌여우의 법칙이라 시아버지는 동쪽에 앉고, 시어머니는 서쪽에 앉는다.

2) 대추와 육포를 놓고 술은 나중에 사용한다.

3) 고례에서는 신랑이 부모 옆에 서있고 신부만 큰 절을 하였다. 요즘은 신랑도 함께 부모에게 인사를 드린다.

4) 앉을 때는 수모부터 앉고, 일어설 때는 신부부터 일어선다.

5) 큰절로 4배 올리고 다시 반절 하며 뒤로 물러난다.

6) 절은 고개는 숙이지 않고 팔만 올렸다 내렸다 한다.

7) 시아버지가 없고 시어머니만 계시다면 편포나 포만 상 위에 놓고 폐백을 드리며, 사당에 고한 후에 시어머니가 대추 몇 알을 그릇에 담아 주면서 시아버지가 주는 것이라고 말한다. 한쪽 부모만 살아 있어도 골고루 준비하며, 시아버지만 살아 계실 때는 대추만 올린다.

○ 폐백의 절차

폐백의식은 현재에도 계속해서 지켜 나가고 있는 풍습 중의 하나로 혼례의식만큼이나 중요한 절차이므로 올바르

게 알고 실행해야 될 것이니라. (성균관권장예법)

1) 수모가 신부를 대신해서 시아버지에게 대추가 들어있는 폐백을 올린다.

2) 폐백(대추)을 받고 난 시아버지가 며느리에게 덕담을 해주고 근봉을 푼다.

3) 신부는 수모의 손을 빌어 시어머니에게 육포가 들어있는 폐백을 드린다.

4) 수모가 신부를 대신하여 시어머니에게 폐백(육포)을 올린다.

5) 시어머니는 포를 두드리며 어루만진다(이것은 며느리의 흉허물을 덮어 달라는 뜻이며, 시부모 바로 섬기는 도리, 형제.친척 화목 하는 도리, 자식 잘 키워 가르치는 도리 등의 덕담을 한다).

6) 수모의 도움을 받아 육포를 들어 올린다.

7) 시아버지는 자손의 건강을 기원하는 대추를, 시어머니는 쇠고기에 양념을 해 말린 육포를 폐백으로 받는다.

8) 시부모에게 술을 올리기 전에 수모는 안주를 시어머니에게 올린다.

9) 신부가 수모의 도움을 받아 시부모에게 술잔을 올리기 전에 절을 올린다.

10) 신부는 수모의 부축을 받아 4번 절을 올린다.

11) 절을 마치고 난 신부를 수모의 손을 빌어 시부모에

게 술을 따라 올린다.

12) 수모가 시아버지에게 술을 권한다.

13) 시어머니에게도 수모가 신부를 대신하여 술을 권한다.

14) 시부모는 며느리가 준 술잔을 기쁜 마음으로 받아 마신다.

15) 술을 한 모금 마시고 난 시부모에게 안주를 권한다.

16) 시아버지가 덕담을 해 주면서 며느리의 치마폭에 대추(대추는 부귀와 다남을 의미함)를 던져준다(간혹 대추를 시어머니나 다른 가족들이 던지는 경우를 볼 수 있는데, 이 대추는 시아버님만 하사할 수 있다).

17) 며느리는 활짝 웃으면서 시아버지가 던져주는 대추를 치마폭에 받는다.

18) 그 후 촌수와 항렬에 따라 차례대로 인사를 드린다. 절은 시조부님이 계셔도 시부모님께 먼저 하도록 한다. 그 다음 집안의 촌수와 항렬에 따라 차례로 인사를 드린다. 백부, 숙부 내외, 시삼촌, 시고모 순으로 차례대로 평절을 한다. 같은 항렬인 시누이, 시숙, 시동생과는 서로 맞절을 하는 것이 올바른 예법이다.

○ 폐백 음식 싸는 법

모든 폐백을 한꺼번에 싸는 겉 보자기는 사방 1m 크기의 한 면은 붉은 색, 반대 쪽은 푸른색의 겹보자기로 나중에 폐백상보로 사용 한다. 각종 음식을 싸는 속보자기는 시부모만 계실 때는 두개, 시조부모까지 계실 때는 네 개를 준비한다. 육포(닭)는 청색이 겉으로 나오도록 싸고 밤 대추 고임은 붉은 색이 나오도록 싼다. 그리고 겉 보자기와 속보자기 모두 네 귀퉁이에 초록색 봉술을 단다.

○ 이바지 음식이란?

혼례를 치른 후에 친정집에서 시댁에 갈 때 친정어머니가 시댁에 보내는 음식인데 순수 우리말로 '이바돔'이라고 부르기도 한다.

이바지 음식이란 이전에는 혼인한 후에 친정 집에서 하룻밤을 묵고 나서는 새 식구가 왔음을 시댁 사당에 고하는 제사를 위해 신부가 마련해 가던 음식을 일컫는 말이다.

이바지 음식은 '정성 들여 음식을 준비하다'라는 '이바지 하다'라는 말에서 유래된 것이라 한다. 그 집안의 솜씨와 가풍이 드러나는 것으로 특별히 정성을 다해 딸을 시집보내는 어머니의 조심스러운 마음이 담겨져 있다. 그리고 시댁에서는 그 답례로 며느리에게는 큰 상을 내리고 사돈댁에 얼마간의 음식을 보내는 것으로 예의를 갖추고 있다.

– 이바지 풍습은 지방마다 다르다?

이바지 풍습도 지방마다 다르기에 경상도에서는 혼례 전날 또는 당일에 혼인 음식을 주고 받는다. 개성 지방에서는 신부가 시댁에 가서 필요한 음식을 한다. 제주도에서는 혼례에 쓸 물자를 신부 댁에 보내는 것을 이바지라 하고, 약혼 후 혼례 전에 적당한 날에 보내는데 품목은 돼지, 두부, 쌀, 술 등이다. 집안에 따라 음식의 가짓수나 조리법도 다르지만 사돈간의 정을 느낄 수 있는 인사 이므로 정성이 무엇보다도 더 중요하다. 떡, 과일, 육류와 전, 찜, 밑반찬이 들어간다.

이바지 음식의 종류는 폐백 음식과는 달리 특별한 의미에 따라 정해진 것은 아니다. 보통 육류와 전, 찜, 밑반찬 등이 들어가고, 12가지의 양념과 산적, 찜, 과일, 한과, 떡, 육회 등이 포함된다. 원래는 익혀서 보내는 게 예의이다. 과일은 고운 한지로 싸서 큰 과일 바구니에 색을 맞추어 담는 게 좋다. 이바지 음식은 각 음식에 특별한 의미를 부여하기 보다는 단지 딸에 대한 친정어머니의 사랑과 염려가 담긴 음식인 만큼 시댁 일가친척과 이웃이 모두 함께 나누어 먹을 수 있게 준비하는 것이 예의다.

- 이바지 음식의 포장

이바지 음식을 준비하는 것만큼 포장도 역시 중요하다. 보통 대소쿠리나 종이상자에 담아 그 위에 한지와 호일, 비닐을 이용해 음식을 포장한다.

먼저 상자나 소쿠리에 한지를 깔고 그 위에 음식물이 흘러 나지 않게 호일을 깔고 난 후 한지를 깔아 정성스럽게 음식을 담은 후 음식이 마르지 않도록 비닐이나 랩으로 봉한다. 그 후에 다시 한지를 덮은 다음 상자를 닫고 보자기로 싼다. 보자기는 청홍보자기가 있으면 이를 이용하고 없으면 깨끗한 보자기로 깔끔하게 싸서 보내면 된다. 요즘은 주로 모서리에 술이 달린 분홍색 보자기를 많이 사용한다.

 - 뚜껑이 없는 그릇은 피한다.

 뚜껑이 필요한 그릇은 꼭 뚜껑을 잘 닫는다. 뚜껑 없이 음식을 담으면 아무리 정성스럽게 준비한 음식이라 하더라도 성의가 없어 보이는 경우가 많으므로 피하는 것이 좋다. 뚜껑이 없는 모반인 경우 랩으로 잘 포장하면 된다.

 - 플라스틱 그릇을 피한다.

 아무리 예쁜 그릇이라도 플라스틱은 성의가 없어 보이고 위생도 떨어지므로 피하는 것이 좋다. 사당에 제를 올리기 위해 준비한 음식이므로 오래 전부터 목기를 사용했다. 요즘은 정성을 나눠 먹는 데 의의가 있으므로 예단용 식기를 이용하거나 보통 집에서 쓰던 반상용 그릇을 사용하는 경우도 있다.

 7) 재행(再行)
 신부가 시집에 와서 생활하다가 처음으로 친정에 가는 것을 '재행'이라 한다. 신부가 시가에서 첫 농사를 짓고 직접 수확한 것으로 떡과 술을 만들어 가지고 재행을 갔다. 재행 때는 신랑이 동행하며 이때 장모가 사위를 데리고 친척집을 다니며 인사를 시키고 친척들은 식사대접을 한다. 신부가 재행을 다녀와야 비로소 혼례가 완전히 끝난다.

신랑은 처가에 재행(再行, 결혼식 후 다시 간다)을 간다고 하고 신부는 친정집에 근친(覲親,아버지를 뵈러간다)을 간다고 한다.

○ 재행 갈 때 신랑 어머니가 신부 어머니에게 하는 답장

恭啓添進
공계첨진

旣緣深結 薰德資彼 惠來明節 懼恐萬重矣
기연심결 훈덕자피 혜래명절 구공만중의

行愚子得賢婦 天幸欣謝 也或失未及爲興紬之所敎釋慮
행우자득현부 천행흔사 야혹실미급위여주지소교석려

安念耳餘不備伏維鑑察
안념이여불비복유감찰

査弟　　000　拜上
사제　　000　배상

〔풀이〕

주옥같이 아끼시던 영애를 변변치 않은 자식의 아내로 삼으시매 부끄러운 마음 적지 않더니, 글월을 받들어 살피오니 더욱 송구하옵나이다.

양가에 인연이 깊어서 이미 남 아닌 두터운 사이가 되었사오니 미진한 일이 있사오면 서로 상의하고 교도(敎道)하겠거니와 귀댁의 덕교(德敎)와 재질을 받아들이는 기쁨은 이루 다 헤아릴 길이 없나이다.

존체 만안 하옵시며 댁내 안녕하심을 우러러 봉축하나이다.

제3부.

상례

喪禮

제1장

현대 상례(喪禮)

상례(喪禮)란 사람이 죽어서 장사 지내는 의식 절차로써 임종(臨終)에서 염습(殮襲), 발인(發靷), 치장(治葬), 우제(虞祭), 소상(小祥), 대상(大祥), 복제(服制)까지의 행사를 가리킨다. 즉 사람이 죽으면 그 시체를 닦아 치장하고 베로 염습하며 땅을 파고 장사를 지내며, 제사를 지내는 모든 일체가 상례에 포함된다.

사람이 죽는다는 것은 인간사에 있어 매우 큰일이며 그가 어떤 인생을 살았던 간에 일생동안 함께 살아오던 주변의 가족, 친척, 친지, 친구와 이웃, 모든 어울린 사람들과 영원히 작별하는 것이며 다시는 돌아오지 못할 길을 가는 것이므로 심정적으로 참으로 슬프고 분위기는 엄숙하다.

상례는 마음에 이는 이러한 슬픈 감정을 지나치지 않게 질서 있게 표현하면서 망자(亡者)와의 마지막 이별과정을 살아있는 사람으로서 존경과 사랑의 예를 다해 치러야 한다. 단 지나침과 모자람이 없도록 노력해야 하는 것이니 예는 너무 소홀해서도 비례(非禮)가 되어 안되는 것이며 지나쳐서도 허례(虛禮)가 되는 것이니 지나침과 모자람이 없게 하여야 하며 무작정 화려함을 추구할 것이 아니라 그 때의 형편과 경제력, 가정 사정에 따라 담백한 방법을 찾으며 모든 과정이 진심에서 우러나와야 한다.

상례는 죽은 사람을 보내는 의식이니 우리의 관혼상제 의례 중에서 가장 엄숙하고 정중하며 그 절차가 하나하나 까다롭고 이론이 많은 것이라 이것저것 참견하는 사람도 많고 말도 나기 쉬우며 잘 치르고도 뒷말이 많은 상례이다. 흔히 남의 잔칫상에 콩 놔라 팥 놔라 하지 말라는 말이 있지만 상례도 유난히 참견하는 자가 많은 의례에 속한다. 특히 산역(山役)에서 유난히 참견하는 사람이 많으므로 조신하고 조심해야 한다.

관혼상제에서 상례는 중국의 ≪주자가례(朱子家禮)≫를 그 시작으로 하여 오랜 변화와 시대적 흐름이 있었음에도 오늘날까지 우리 사는 세상의 관습과 문화로 정착되어 이어져 왔다. 그러나 현대 사회에 들어 의식의 간소화와 불교식, 기독교식, 혹은 동서양의 의식이 혼합되는 현상을 보이기도 하고, 간소화를 추구하며 화장문화(火葬文化)의 확장과 획일화된 편리성 추구로 변화가 오고 어렵거나 복잡하고 힘이 드는 과정은 생략이 되고 있는 것도 현실이다.

우리의 관혼상제에서 가장 까다롭고 힘이 들며 지켜야 할 것이 많은 것이 상례이다. 그처럼 까다롭고 엄격한 옛 법에서도 "예를 다하여 장례를 지내되 지나친 공경은 예의가 아니다"라고 하였으니 형편에 따라 허례허식(虛禮虛飾)에 기울지 않아야 할 것이다.

시대가 바뀌면서 많은 것이 변하였고 장례 절차의 간소화와 생략도 이루어졌다. 시대가 변한 만큼 장례 절차도 우리의 생활 감정은 물론 생활의 흐름에 따라 일치되어야 한다. 많은 우리의 풍습이 현대화함에 따라 간소화 되거나 축소되고 다소 없어졌지만, 종교계의 특별한 상례가 아닌 일반적인 상례는 옛날 상례와 비교하여 보면 크게 바뀐 것이 없고 그 의식이 이어지고 있는 것을 볼 수 있다.

1) 유언(遺言)

예부터 유언은 죽는 자의 마지막 생각이며 말로써 매우 중요하게 다루어졌다. 현대의 유언이란 유언자의 사망 후 효력이 발생할 것을 목적으로, 일정한 방식에 따라 하되 특정사항에 관한 상대방 없는 단독의 의사표시로 가치가 있다. 과거의 유언은 임종에 이르렀을 때 주변에 누군가는 지키고 있었다는 증거가 되기도 하였다. 따라서 임종시 유언을 받은 사람을 임종자식이라 부르기도 했다.

유언이란 통속적으로는 죽음에 임하여 남기는 말을 뜻하기도 한다. 최근 유언은 법적인 용도로 중요한 가치를 지닌다. 유언은 단독행위인 점에서 계약인 사인증여(死因贈與)와 구별되고, 요식행위이므로 법정의 방식에 따르지 않은 유언은 무효이다(민법 1060조). 유언은 사유재산제도에 입각한 재산처분 자유의 한 형태이며, 이에 의하여 죽은 뒤의 법률관계(주로 재산관계)까지 지배하도록 인정된 것이다. 이를 '유언 자유의 원칙'이라 한다.

병자나 노환자가 위급에 빠지거나 연로자가 위급한 상황에 빠지면 가족들은 조용하고 침착한 태도로 주위를 정돈하고 기다린다. 이때 병자나 노환자에게 물어볼 말이 있으면 간략하게 물어 대답을 간략하게 하도록 하여 받아 적거나 녹음을 하고 '유언문'을 쓰는 것이 좋으나 쓸 수 없을 때는 대리자를 정하고 주변에서 살펴보는 가운데 대리로 적는다. 유언은 임종시의 마지막 말이므로 가족 모두가 따르고 조용하게 경청해야 한다.

2) 임종(臨終)

임종이란 달리 운명(殞命)이라고도 하는 것으로 죽음을 곁에서 지켜보는 것을 말한다. 운명의 순간이 다가오면 부모 형제나 가까운 친척에게 연락하여 곁에서 지켜보도록 한다. 환자에게는 정결한 의복으로 갈아입히고 회생(回生)을 바라는 뜻에서 만물의 소생 방위인 동쪽으로 머리를 돌려 눕힌다. 유언(遺言)을 엄숙히 듣기 위해서 조용히 한다. 절대로 큰소리로 울어서는 안된다.

임종은 임종에 따른 예의가 있으니 남자의 임종은 여자가 지키지 않으며 여자의 임종은 남자가 지키지 않는다. 그러나 자손들은 남녀를 가리지 않는다.

3) 수시(收屍)

임종이 이루어지면 친척이나 가족은 당황하지만 서두르지 말고 침착하게 행동하고 대비해야 한다. 수시는 천시(遷屍)라고도 한다. 초혼(招魂)을 마치고, 시체가 굳기 전에 지체(肢體)를 주물러서 곧고 바르게 하고 알코올로 고인의 몸 전체를 닦으며 햇솜으로 입, 코 등을 막는다. 그 후에 얇은 옷을 접어 머리를 괴고 머리가 윗목으로 향하도록 하여 시상에 안치한다. 백지로 두 어깨의 하절(下節) 부분, 두 정강이, 두 무릎의 윗부분을 묶어 홑이불을 덮고 병풍으로 가려 염습(殮襲)할 때까지 둔다.

수시가 끝나면 병풍으로 가리고 그 앞에 고인의 사진을 모시며 촛불을 켜고 향을 사른다. 병풍은 그림이 없고 글씨만 있는 것이 좋다.

4) 발상(發喪)

상례에서 시체를 안치하고 나서, 상주가 머리를 풀고 곡을 하여 초상을 이웃에 알리는 의례를 말한다. 수시가 끝난 후, 가족들은 검소한 옷으로 갈아입으며 슬픔을 표현한다. 아직 머리를 풀거나 곡을 하지는 않는다. 사람들에게 초상이 났다는 것을 알리기 위해 검은 줄을 친 장막을 설치하고 "근조(謹弔)"라고 쓴 등을 달고 사업장이나 집에는 "기중(忌中)"이라고 쓴 종이를 붙인다. 먼 곳에서 문상을 오는 사람들을 위해 도로변이나 집 근처까지 "0氏喪家"라는 종이를 붙이기도 한다.

최근에는 대부분의 장례가 장례식장이나 병원에서 이루어지기 때문에 이러한 풍습은 점차 사라지고 있다. 대신 장례식장의 간판이나 알림판에 어느 분이 운명하셨는지, 또 어느 가문이 어느 호실을 사용하는지 표시하고 있다.

5) 상제(喪制)

장례를 치르기 위해 누가 주가 되고, 누가 보조가 되는지를 정해야 한다. 이를 상제라 한다. 상제와 상주는 비슷한 말이지만 그 의미는 다르다.

－ 상제(喪制) : 거상 중에 있는 모든 사람을 통칭하는데 고인의 직계비속인 자녀, 손자, 손녀가 상제가 된다.

－ 상주(喪主) ; 상제 중에 주가 되는 사람, 대개 장자가 상주가 된다.

－ 누님 상을 당했을 때는 매형이 없다면 누님의 큰아들이 상주가 된다.

－ 외조모가 돌아가시면 당연히 큰 외삼촌이 상주가 되고 나머지 형제들은 상제가 된다.

－ 예를 들어 할아버지가 고인이시고 백부께서 돌아가셔서 안 계시는데 그 분의 아들이 있다면(즉, 큰손자-장손) 상주가 된다. 둘째 아들인 내 아버지나 작은 삼촌이 있다 하여도 상주는 맏이로 이어져 내려가는 것으로 장자와 장손이 상주가 된다. 조모님께 아들이 여러분이 있다고 하더라도 장자 우선 원칙에 의해서 작은 아들은 상주가 될 수 없다. 만약 백부가 아들이 없이 돌아가셔서 양자를 들였다면 그 또한 '승중손'이라고 그 양아들이 상주가 된다. 아울러 큰 외삼촌에 아들과 양자가 없다면 둘째 아들인 나의 아버지나 그의 자식인 내가 상주가 된다.

6) 호상(護喪)

상이 나면 호상소를 마련한다. 상례를 거행할 때 처음부터 끝까지 모든 절차를 제대로 갖추어 잘 치를 수 있도록 하기 위하여 상주를 대표하여 상가 안팎의 일을 지휘하고 관장하는 책임을 맡은 사람을 말한다. 죽은 사람과 상주의 집안사정 및 인간관계를 잘 아는 친척이나 친구 가운데에서 상례 절차를 잘 알고 또 절차에 따른 일들을 잘 처리할 수 있는 사람을 골라 모신다.

호상은 상주를 대신하여 진행, 부조, 조객의 방명록, 사망신고, 화장, 매장, 허가신청 등의 일을 주관하도록 한다. 상주가 다른 일에는 신경을 쓰지 않고 단지 상주로서의 의무만을 제대로 이행할 수 있도록 도와주는 구실을 하기 때문에 호상이라고 부른다.

7) 부고(訃告)

일반적으로 사람의 죽음을 알리는 통보를 말한다. 달리 부음(訃音), 고부(告訃), 부문(訃聞), 통부(通訃), 흉보(凶報)라고도 하지만 '부고'라는 단어가 일반화되어 있다. 우리나라에서 부고제도가 시행된 시기도 유교식 가례가 수용된 고려 말 이후로 볼 수 있다.

≪예서≫에 의하면 초상이 나면 호상(護喪)과 상례의 모든 문서를 마련하는 사서(司書)가 상가를 위하여 친지와 친척에게 부고를 써서 보내고, 호상이나 사서가 없을 경우에는 상주(喪主)가 스스로 친척에게 부고를 내고 친구들에게는 내지 않는다.

개별적인 통신이나 서신, 구두로 알리는 것은 법의 저촉을 받지 않지만 부고장이나 청첩장으로 개별 고지하는 것은 법으로 금지하고 있다. 아울러 국가나 지방자치단체, 회사나 단체의 명의로 하는 상례도 금지되고 있다. 따라서 신문에 게재하는 부고도 행정기관, 기업체, 기타 직장이나 단체의 명의는 사용할 수 없다. 그러나 사망 사실을 사후에 고지하는 것은 법의 저촉을 받지 않는다. 인쇄물을 통해 개별 고지하면 당사자와 친권자, 혹은 후견인이 벌금을 내거나 과태료를 내야 한다.

8) 염습(殮襲)

습(襲)이란 시체를 목욕시키고 일체의 의복을 입히는 것을 의미한다. 소렴은 시체를 옷과 홑이불로 싸서 묶는 것이며, 대렴은 시체를 아주 묶어서 관에 넣는 것을 말하는 것이다. 습과 렴을 총칭하여 염습이라고 부른다. 따라서 염습이란 운명한지 만 하루가 지난 후 탈지면이나 거즈로 시신의 머리와 온몸을 닦은 다음에 수의(壽衣)를 입히고 염포(殮布)로 묶는 것을 말한다.

○ 습(襲)

주검을 목욕시키고 수의를 입히는 것을 습(襲)이라 한다. 습을 담당하는 사람을 시자(侍者)라고 하는데 남자의 습은 남자가, 여자의 습은 여자가 하는 것이 관례이다. 최근에는 장례의 법이 간소해지고 장례식장에서 치러지는 경우가 많으므로 장례지도사나 염사가 시자의 역할을 한다.

시자는 먼저 자기 손을 깨끗이 씻고 주검을 씻길 목욕물을 준비하여 주검을 모셔 둔 병풍 뒤로 간다. 이 때 상주들은 밖에서 선채로 북향하여 기다린다. 습에 쓰는 목욕물은 향나무를 잘게 쪼개어 삶은 향탕수(香湯水)나 쑥 삶은 물을 쓴다. 때로는 쌀뜨물을 쓰기도 한다. 향탕수가 준비되면 주검의 아래 위 양쪽에 각각 네 그릇을 준비해 두고, 주검을 씻어 내기 위한 새 솜과 물기를 닦아내기 위한 수건 서너 벌을 마련하며 주검의 머리카락, 손발톱을 깎아 담기 위한 주머니인 조발낭(爪髮囊) 4개, 그리고 칼과 빗 등을 준비한다.

먼저 수시할 때 묶었던 손발의 끈을 풀고 옷을 벗긴다. 향탕수로 머리를 감긴 뒤에 남자는 상투를 틀어 동곳을 꽂고, 여자는 쪽을 지어 버드나무 비녀를 꽂는다. 이어 향탕수를 솜으로 찍어 시신의 얼굴과 윗몸, 아랫몸을 차례로 씻고 준비해 둔 수건으로 물기를 말끔히 닦아 낸다. 빠진 머리카락과 깎아 낸 손발톱을 조발낭에 각각 담아 두었다가 대렴 때 이불 속에 넣거나 관 속에 넣는다. 또 수의의 소매나 버선에 넣어 두기도 한다. 습에 쓴 물과 수건, 빗 등은 미리 파 놓은 구덩이에 넣어 묻는다.

주검의 목욕이 끝나면 준비해 둔 수의를 입히는데 이를 습의(襲衣)라고 한다. 먼저 버선을 신기고 아래옷을 입힌 뒤에 상체를 일으켜 웃옷을 입히고 베로 만든 갓 모양의 복건을 머리에 씌운다. 수의를 입히는 요령을 미리 터득하지 못하면 습의가 어렵다. 따라서 시자는 습의의 경험이 많은 사람이 적절하다.

습의가 끝날 무렵 반함(飯含) 의례를 하게 된다. 반함은 물에 불린 쌀을 버드나무 숟가락으로 세 번 떠서 주검의 입에 넣는 절차이다. 망자가 저승까지 갈 동안에 먹을 식량인 셈이다. 반함을 할 때 첫 술은 "백석이요" 하면서 입안 오른쪽에, 둘째 술은 "천석이요" 하면서 입 안 왼쪽에, 마지막 셋째 술은 "만석이요" 하면서 가운데에 떠 넣는다. 이어서 구멍이 나지 않은 구슬이나 동전 3개를 주검의 앞가슴에 넣어 주기도 한다.

반함을 마치면 먹모로 얼굴을 덮어 싸고 대대, 조대라고 하는 허리띠를 맨다. 다음에 악수(握手)로 손을 싸고 신을 신긴 뒤에 홑이불로 덮어두면 습의와 반함이 모두 끝난다. 이를 통틀어 '습'이라고 한다.

○ 소렴(小殮)

습이 끝나면 염을 한다. 염에는 소렴(小殮)과 대렴(大殮)이 있다. 일반적으로 염이라고 하면 이 두 가지를 모두 일컫는 것이다.

소렴은 습의에 이어 다른 의복들(正衣, 倒衣, 散衣 등)을 입히고 소렴포로 주검을 매는 것이나 의복들을 새로 입히지 않고 소렴포로 싸기도 한다. 소렴포를 이용하여 주검을 가로 세로로 감싸서 묶는다. 가로로 묶을 때는 먼저 발끝에서 위로 세 매듭을 차례로 묶고, 다시 머리 쪽부터 차례로 내려오며 세 매듭을 묶은 다음, 가운데는 제일 나중에 묶어서 모두 합쳐 일곱 매듭을 짓는다.

이렇게 소렴이 끝나면 한지로 고깔을 만들어 묶은 매듭마다 끼워두기도 한다. 고깔은 망자가 저승의 열두 대문을 지날 때 문지기에게 씌워 주려 준비하는 것이다.

○ 대렴(大殮)

대렴은 입관을 위해 주검을 베로 감아서 매듭을 짓는 것이다. 소렴을 행한 이튿날 곧 죽은지 사흘째 되는 날에 한다. 먼저 주검을 칠성판에 올려놓고 일곱 자 일곱 치로 된 칠성칠포(七星七布)를 두 가닥으로 나누어 끝에 한 자 정도는 붙여두고 발부터 싸매되 두 가닥을 서로 어긋나게 싸 올라간다. 끝은 묶지 않고 실로 꿰맨다.

옛날에는 염습의 절차가 복잡했으나 요즈음에는 목욕물과 수건, 속바지, 속적삼, 깨끗한 겉옷 등의 수의를 한 번에 입힐 수 있도록 준비한다. 예전과 크게 다르지 않아 남자의 시신은 남자가, 여자의 시신은 여자가 염습을 하며 시신을 깨끗이 닦은 후 준비된 수의를 아래옷부터 웃옷 순으로 입힌다. 옷고름은 매지 않으며, 옷깃은 오른쪽으로 여민다. 수의를 다 입히고 나면 손발을 가지런히 놓고 이불로 싼 다음 가는 베로 죄어 맨다. 시신을 씻은 물과 수건 등은 땅을 파고 묻는다. 또한 망인이 임종 전에 입었던 옷가지도 태워서 땅에 묻는다.

9) 입관(入棺)

대렴까지의 절차를 끝낸 시신을 관에 넣는 과정을 말한다. 관은 보통 옻칠을 한 관을 사용하고 시신의 키를 고려해야 하며 관속에 벌레가 생기지 않도록 관 모서리에 석회를 바르고 소독약을 넣으면 좋다. 시신을 넣을 때는 시신과 관 사이에 공간이 생겨 시신이 움직이지 않도록 깨끗한 백지나 마포, 혹은 보공을 채워야 한다.

관속에 지금(地衾)을 깔고 베개를 놓은 다음 대렴을 끝낸 시신을 기울지 않도록 조심하여 관에 넣고 천금으로 덮고 풀솜이나 유물 중에 넣을 것을 채운다. 다섯 주머니에 담은 머리털, 손톱, 발톱 따위를 관의 위아래에 넣는다. 이때 관의 비어 있는 다른 곳은 고인의 옷을 말아서 채우고 약간의 폐물을 넣기도 한다. 종교적으로 염주, 다라니, 십자가, 묵주, 성경을 넣기도 한다.

그 뒤 이불을 관 속에 덮고 관 뚜껑을 덮은 다음 나무못을 박는다. 입관을 마치면 관보를 덮고 그 위에 관상명정(棺上銘旌)을 쓴다. 관보는 흰색, 검정, 노란색이 쓰이며 천은 비단이나 인조견을 사용한다. 이 과정이 끝나면 병풍으로 가린 뒤 관 동쪽에 영상(靈床)을 마련하고 제물을 올린다.

○명정(銘旌)

	달리 명기(銘旗)라고도 하지만 일반적으로 명정이라고 부르고 있다. 장렬도(葬列圖)에 의하면 장례 행렬의 제일 앞에는 방상시(方相氏)가 서고 그 다음에 명정이 따르게 되어 있다. 방상시는 보통 악귀를 쫓는 역할을 하는 사람을 가리킨다. 방상시는 탈을 쓰고 행동하는 경우가 많다. 임금의 행차나 외국 사신의 영접, 기타 궁중의 행사에 사용하였으며, 장례 때는 광중(壙中)의 역귀를

쫓는 데 사용하기도 하였다. 이는 중국 고대 주(周)나라 때부터 있어오던 풍습으로, ≪주례(周禮)≫에 의하면 하관(夏官)의 소관이었다.

방상시가 앞서고 뒤따르는 이 명정은 일반적으로 붉은 천을 사용하나 가세에 따라 고급 비단을 사용하는 사람도 있고 흰 종이에 붉은 물을 들여서 사용하는 서민층도 있다. 지금은 대부분 붉은 천을 사용하고 규격은 너비 2자, 길이는 9자이며 분가루나 은물 등 흰색으로 글씨를 쓴다. 아래와 위에 축(軸)을 만들고 가장자리에 수술을 단다. 아울러 장례를 치르고 관을 덮을 때는 수술을 뗀다.

때로 명정대에 나무로 새긴 용이나 봉의 머리를 꽂아 화려하게 장식하고 채색으로 단장을 하며 용의 머리에는 구슬을 물려 영원불변을 표시하기도 한다. 이러한 모습은 상여에도 나타난다. 명정에 쓰이는 작위는 왕으로부터 임명된 관직을 큰 것부터 차례로 쓰며 부인은 남편의 직위에 따라 책봉된 직위를 쓴다. 생존시에 벼슬을 하지 못한 사람에게는 가계에 따라 다르지만 처사(處士), 학생(學生) 등의 용어를 쓴다. 일반적으로 학생(學生)이 많이 쓰인다.

10) 영좌(靈座)

입관을 하고 관보를 덮은 다음에 관을 제자리로 옮겨 안치하고 병풍으로 가린다. 영좌는 신주와 영위(혼백 魂帛), 사진을 모시는 자리로 달리 궤연(几筵)이라 부르기도 한다. 고례에는 습이 끝나면 영좌를 설치했으나, 최근에는 발상과 동시에 영좌를 설치한다. 과거에는 대청 정결한 곳에 영좌를 마련하여 고인을 모셨으나 지금은 장례식장에서 장례를 치르므로 그 형태가 일괄적이다. 과거에는 먼저 교의를 놓고 그 앞에 자리를 깐 다음 제상을 놓았다. 제상 앞에는 향을 피우는 향로가 중요하여 향상을 놓고 그 위에는 향합과 향로를, 향상 앞에는 모사그릇을 놓는다. 영좌가 마련되면 교위에 혼백(魂帛)을 만들어 안치하고 동편에 명정을 걸어 세운다.

○ 혼백(魂帛)

상례(喪禮)에서 신주(神主)를 만들기 전에 임시로 만들어 영좌(靈座)에 봉안하는 신위(神位)를 혼백이라 한다. 1자 2치의 흰 명주나 모시를 접어 만들고 위에 3푼 넓이의 백지를 두르고 윗부분에 '上'자를 쓴 다음 혼백상자에 세운다. 혼백상자는 백색으로 만들되 뚜껑 앞에 '前'자를 쓰고 가운데에 손잡이를 달아 여닫기에 편하도록 한다.

혼백은 신을 의빙(依憑)하게 하는 것이며 시체를 가린 병풍 밖에 등메를 깐 다음 교의(交椅)를 놓고, 복의(復衣)를 백지에 싸서 교의 위에 놓고 그 위에 혼백상자를 서상(西上)하여 봉안하고 흰 명주보를 덮는다. 교의 앞에는 제상을 놓고 위에 촛대 한 쌍을 놓는다. 그 앞에는 향상(香床)을 놓는다. 혼백은 혼백상자에 넣어 교의 위에 모시는데, 평소에는 혼백상자 뚜껑을 덮어두었다가 혼백을 뵈올 때만 연다.

혼백 매듭을 달리 동심결(同心結)이라고 한다. 발인(發靷)할 때 혼백상자(魂帛箱子)에 담아 혼백(魂帛)과 지방

(紙榜), 그리고 혼백 매듭을 상여(喪輿) 앞에 세우는 영정을 모시는 작은 가마인 요여(腰輿)에 모셔 가는 매듭이다. 장례(葬禮)를 치르고 나면 지방(紙榜)과 혼백(魂帛)은 다시 모시고 집으로 돌아와서 와서 영좌(靈座)에 모셔 놓고 조석전(朝夕奠)을 드리는 것이며, 나중에 혼백(魂帛)과 혼백 매듭은 탈상(脫喪) 때 태워 그 재를 산소(山所) 옆에 묻는다. 혼백 매듭의 뒤는 십자형(十字形), 앞은 정자형(井字形)으로 맺어지며, 아무리 죄어도 꼭 죄어지지 않고 고가 어느 쪽으로나 마음대로 움직인다는 것이 특징(特徵)이다. 이는 몸은 죽었으나 혼(魂)은 자유롭게 돌아다니라는 뜻에서 그렇게 만든 것이다.

11) 상복(喪服)

상복을 엄숙하게 갖추어 입는 것은 인간의 생명에 대한 존엄성을 나타내는 것이다. 삶과 죽음의 갈림길에서 죽은 사람을 예로써 보내기 위한 산 사람들의 예의 표현방법이다. 현대식 장례에서 의례의 변화는 상복의 변화도 가져왔다. 현대식 장례에서 상복은 따로 준비하지 않고 한복은 흰색 또는 검정색으로 하고 양복은 검정색으로 하는데 왼쪽 가슴에는 상장(喪章)을 달거나 흰 꽃을 달기도 한다. 상장과 상복은 각기 검은색과 흰색으로 배합하고 부득이한 경우는 평상복도 사용한다.

상복은 장일까지로 하고 상장을 다는 기간은 탈상까지로 한다. 과거와 달리 탈상기간이 짧아지므로 상장을 다는 기간도 짧아진다. 입관이 끝난 후에 상제와 복인은 성복(成服)하는데 성복제는 지내지 않는다. 예전에는 성복제를 지냈으나 '가정의례법'에는 성복제를 금하고 있으며 성복제는 상복을 입는 절차이다.

12) 조문

성복하지 아니하고 입관하지 않으면 조문을 받지 않는 경우도 있으나 최근 장례를 보면 입관과 관계없이 조문이 어느 경우에도 이루어지고 있음을 알 수 있다. 절차를 중요시 한다면 성복(成服)한 뒤에 조문을 받는 것이 옳은 방법이다.

입관이 되고 성복하면 그제야 손이 와서 정식으로 조상하고 상주(喪主)는 조문을 받는다. 상주 곁에는 상제가 따르며 조문할 목적으로 찾아온 조객은 흰 옷을 입는 것이 예법이나 서양의 문물이 들어온 이후로는 검은 색을 입거나 검은 넥타이를 매는 것이 일반화 되어가고 있다.

손이 찾아와 명함을 전하면 상주와 상제들이 여막(廬幕)에서 상장(喪杖)을 짚고 곡(哭)을 한다. 곡에도 그 방법이 각각이어서 남자의 곡이 다르고 여자의 곡이 다르다. 손이 영좌(靈座) 앞에 나아가서 곡하고 재배한 뒤 상주 앞으로 오면 상주와 상제는 곡한다. 그러나 최근의 장례에는 곡이 사라진 경우도 많다. 상주가 곡을 하면 손도 따라서 곡하다가 먼저 그치면 상주가 손을 향해 재배하고, 손은 상주를 향해 답배한다. 손이 상주에게 인사의 말을 하고 상주가 다시 답한다. 인사의 절차가 끝난 뒤에 손이 일어서면 상주는 일어나서 다시 재배하고, 손은 답배한 뒤에 물러간다. 상주는 여막에서 곡하여 보내고 손이 문을 나간 뒤에야 그친다. 그러나 현대의 조문은 이렇지 아니하여 손이 찾아와 여좌 앞으로 나아가 2배반으로 절하고 물러나와 상주에게 1배를 하고 인사의 말을 한다. 상주는 손의 인사에 "망극합니다" 또는 "애감(哀感)합니다"라고 대답한다.

○ 현대 상례의 조문 절차

1) 빈소에 도착하면 분향전 밖에서 외투나 모자 등을 벗는다.

2) 상제에게 가볍게 목례를 한 후 영정 앞에 무릎을 꿇고 앉는다.

3) 분향 시 향을 한 개 또는 두 개를 집어 불을 붙인 후 손으로 바람을 불어 끄거나 살짝 흔들어 끄도록 하고 입으로 불어 불을 끄면 안 된다. 향은 두 손으로 공손하게 향로에 향을 꽂도록 하며, 선향이 하나가 아닌 여러 개일 경우, 반드시 하나씩 꽂도록 한다.

4) 영좌 앞에 일어서서 잠깐 묵념을 하고 두 번 절을 한다.

5) 영좌에서 물러나 상제에게 절한다. 이 때 상제도 함께 절한다. 종교에 따라 절을 하지 않는 경우에는 정중히 고개를 숙여 예를 표해도 된다.

6) 상제에게 조문 인사말을 건넬 경우 낮은 목소리로 짧게 위로의 말을 건네되 고인의 사망과 관련된 질문을 하는

것은 좋지 않다.

7) 조문이 끝나고 물러나올 때에는 두세 걸음 뒤로 물러난 뒤, 몸을 돌려 나오는 것이 예의이다.

○ 상주에게 드리는 말
- 상사 말씀은 무슨 말씀을 하리까.
- 얼마나 망극하십니까.
- 삼가 조의를 표합니다.
- 얼마나 상심이 크십니까.
- 위로의 말씀을 드립니다.
- 상사에 얼마나 애통하십니까.
- 망극한 일을 당하셔서 어떻게 말씀드려야 좋을지 모르겠습니다.
- 그토록 효성을 다하셨는데도 일을 당하셔서 더욱 애통하시겠습니다.
- 위로할 말씀이 없습니다.
- 옛말에 고분지통이라 했는데 얼마나 섭섭하십니까(아내의 죽음에 사용하는 애사).
- 상사에 어떻게 말씀 여쭐지 모르겠습니다.
- 하늘이 무너진다는 말씀이 있는데 슬픔이 오죽하시겠음 얼마나 애통하십니까.
- 백씨(伯氏) 상을 당하셔서 얼마나 비감하십니까.
- 할반지통이 오죽하시겠습니까(형님의 상).
- 얼마나 상심하십니까.

- 참척을 보셔서 얼마나 마음이 아프십니까.

○ 조사(弔詞)

조사는 고인의 죽음을 애도하여 쓴 문장으로 과거에 사용되었던 만장의 역할에 해당한다. 시를 짓거나 산문 형태도 사용된다. 장례식장에 참가하여 낭독하기도 하고 신문에 게재하기도 한다.

이승만 대통령을 위한 박정희의 조사(弔詞)

당신은 일흔 살이나 되는 노구를 이끌고 광복된 조선 땅에 돌아오셔서, 좌우 이념 갈등과 미국 소련 사이의 알력을 극복하고 새 나라를 세우셨습니다. 당신이 이룩하신 무수한 업적 중에는, 대한민국의 주권과 국격을 전 세계에 알린 쾌거 중의 쾌거로서, 독도를 포함하는 해양 평화선을 선포하고 반공 포로를 석방한 일도 포함되어 있었습니다. 비록 정권 말기에 간신배 이기붕 일당을 잘못 기용하시어 실각하셨지만 이는 당신 평생의 공적을 가릴 수 있는 일이 결코 아닙니다.

당신은 조국을 위한 어린양으로 희생되었습니다.

대통령을 맡고 있는 제가 부족하여 당신으로 하여금 조국에서 임종토록 하지 못한 점, 용서해 주십시오. 당신이 직접 만든 군대의 젊은이들이 묻힌, 당신이 만든 묘역인 국립묘지, 그 중에서도 가장 좋은 길지를 골라 이제 당신을 땅에 묻습니다. 공산 침략을 무찌르다 숨진 국군 장병들의 혼령을 거느린 막강한 호국신(護國神)이 되어 이 땅을 지켜 주소서….

○ 조문시 수례 서식(壽禮書式)

賻儀	謹弔	奠儀	弔意	香燭代
부의	근조	전의	조의	향촉대

13) 장일(葬日)

장일(葬日)은 부득이한 경우를 제외하고는 사망한 날부

터 3일이 되는 날로 한다(「건전가정의례준칙」 제12조). 예부터의 관습에 따르면 짝수일은 하지 않고 홀수인 양의 날에 하는데 3일장, 5일장, 7일장으로 치러진다. 중요한 것은 사람이 죽는다는 중상일(重喪日)은 피해서 날을 정한 다.

○ ≪천기대요≫에 따른 장일

초상에 반드시 피해야 할 날											
區分	寅 1 월	卯 2 월	辰 3 월	巳 4 월	午 5 월	未 6 월	申 7 월	酉 8 월	戌 9 월	亥 10 월	子 11 월	丑 12 월
重喪日	甲	乙	己	丙	丁	己	庚	辛	己	壬	癸	己
復日	庚	辛	戊	壬	癸	戊	甲	乙	戊	丙	丁	戊
重日	巳 亥	巳 亥	巳 亥	巳 亥	巳 亥	巳 亥	巳 亥	巳 亥	巳 亥	巳 亥	巳 亥	巳 亥

14) 장지(葬地)

장사하여 시체를 묻는 땅을 일컫는다. 과거에는 종중산이나 종산 등으로 불리는 터에 자리를 잡거나 선산, 혹은 자신의 산에 묘지를 만들었으나 매장의 개념이 희박해지고 화장문화의 확대가 이루어져 공동묘지나 화장하여 납골시설을 이용하는 경우가 많아지고 있다. 그러나 여전히 선산이나 가족묘지에 모시는 경우도 있다.

15) 천광(穿壙)

산소를 준비할 때 시신 묻을 곳을 파는 것을 말한다. 천광할 때는 약간 깊게 파서 관을 묻는 것이 잡 벌레의 발생을 방지하며, 외부 공기의 침투를 막을 수 있다. 또한 너무 얕게 천광하면 나무뿌리가 침투하고 한겨울에는 시신이 어는 문제가 발생한다. 너무 깊이 파면 물이 나올 염려가 있으므로 좋지 않으며, 약 1.5m가 알맞다.

장례 절차 중 운구 행렬이 장지에 도착하면 분봉을 만들어야 한다. 분봉을 만들려면 고인이 들어갈 무덤의 파기를 해야 하는데 이때에도 토지를 다스리는 토지신에게 고하는 축문을 읽고 터파기를 시작 하는 것이 우리 고유의 예이다.

천광에 들어가기 전에 술, 과일, 어포, 식혜 등을 차리고 산을 여는 개토고사(開土告祀)를 지낸다. 묘를 팔 곳의 왼쪽으로 남향하여 제상을 차리고 신위 앞에 북향하여 분향하여 두 번 절하고 개토고사를 읽은 뒤 다시 두 번 절한다. 만약 선산에 터를 파면 선영에 먼저 제를 올리고 제일 웃어른에게도 제를 올린다.

○ 토지지신 축(土地之神祝-개토고사)

維歲次 干支 0月 干支朔 0日 干支 幼學 000敢紹告于 土地之神
유세차 간지 0월 간지삭 0일 간지 유학 000감소고우 토지지신

今爲(관직:國會議員000公) 塋建宅兆 神基保佑 俾無後艱 謹以
금위(관직:국회의원000공) 영건택조 신기보우 비무후간 근이

淸酌脯醢 祗薦于神 尙
청작포혜 지천우신 상

饗
향

〔풀이〕

00년 0월 0일 000는 토지지신에게 감히 고하나이다. 이제 000의 묘를 마련하고자 하오니 신께서 도우셔서 후에 어려움이 없도록 하여 주시기를 바라옵고 맑은 술과 포, 과를 올리오니 흠향하소서.

16) 발인제(發靷祭)

발인제(發靷祭)는 상여가 집이나 장례식장에서 떠나기 바로 전에 상여 앞에 차려 놓고 지내는 제사를 말한다. 발인(發靷)이란 이미 숨을 거두어 고인(故人)이 된 망자(亡者)가 상여에 올라가기 전 조상님의 위패가 모셔진 사당에 하직인사를 한다는 뜻이다. 그렇지만 요즈음은 시신을 넣은 관을 운구차(영구차)에 실어 장례(화장 또는 매장)를 치르기 위하여 집(영안실. 장례식장)을 떠나 화장(묘지)하는 곳으로 출발한다는 뜻으로 발인이라고 한다. 제사상을 차리고 제문을 읽는다고 발인제(發靷祭)라고 하고 장례의식 절차에 의하여 의식을 행한다고 하여 발인식(發靷式)이라고 한다.

관을 상여에 싣기 전에 상여 앞(지금은 운구차량)에 병풍을 치고 제사상을 마련하고 하는 의식이지만 요즈음은 대부분 상여를 사용하지 않으므로 영안실에서 발인제(발인식)를 지낸 후 바로 운구차량(영구차)에 관을 싣는다. 발인식에는 보통 상주만 참석한다.

때로 발인제는 고인의 신분에 따라 구분되는 경우가 있어 사회장, 단체장, 가족장 등으로 진행되고 사회장이거나 단체장일 경우는 장의위원회가 구성된다.

○ 발인식 의식 절차
1) 개식
2) 주상 및 상제들의 분향
3) 약력보고
4) 조사낭독
5) 조객 분향
6) 호상 인사
7) 폐식

○ 발인제문

維歲次 某年月日 某等 謹以茶乳之奠 敢昭告于
유세차 모년월일 모등 근이다유지전 감소고우

先和常之靈 將掩玄宮 永隔慈陰 旣創終天之恨
선화상지영 장엄현궁 영격자음 기창종천지한

堪求往生之期 侍奉無由 眞容如昨 今則遷止迨期
감구왕생지기 시봉무유 진용여작 금즉천지태기

容衛首露 號慕罔極 殞心若崩 薦獻蘋繁 以訴卽事 伏惟常
용위수로 호모망극 운심약붕 천헌빈번 이소즉사 복유상

饗
향
(발인제문을 읽을 때 상주는 꿇어앉아 고개를 숙이고 경청한다)

17) 운구(運柩)
발인 후 상여를 장지로 운반 이동하는 것을 운구 또는 운상이라 하거나 '행상 나간다'고 한다. 운구를 담당하는 일꾼은 '상두꾼'이라 하며, 상여 노래의 앞소리를 하는 사람을 '선소리꾼'이라 한다. 최근 운구가 간편해지고 거리가 짧아짐에 따라 노제(路祭), 반우제(返虞祭), 삼우제(三虞祭)는 생략된다.

가정의례준칙에도 운구에 대한 규정이 있다.

– 관 나르기는 영구차 또는 영구수레로 한다. 다만 부득이한 경우에는 상여로 하되, 상여에 과분한 장식을 하여서는 아니된다.

– 관 나르기의 행렬 순서는 사진, 명정, 영구, 상제 및 조객의 순으로 한다.

우리나라의 현대 상례에서 국가가 개입하는 상례나 운구에는 일반인들이 행하는 운구와는 달리 마스크를 쓰고 장갑을 끼는 것을 볼 수 있다. 시신은 무덤에 안장하기 전까지 생전과 똑같이 인격(人格)으로 대하는 것이 인류 공통의 예법이다. 위생마스크를 쓰는 건 위생이라는 인식이 있지만 시신을 불결하게 여긴다는 모욕(侮辱)적인 행위라고 보여지며 국가적 장례 절차에서 마스크가 의장대원들의 초상권 보호라는 의미가 있지만 이는 죽음을 흉하고 지저분하며 피해야 한다는 의식의 발로로 볼 수도 있다.

운구를 할 때 관을 끈으로 묶어 좌우에 붙어 들고 나가거나 운구시에 이같은 방식으로 움직이는 것은 한국인들만의 관습이라 한다. 시신을 물격(物格)으로 취급하는 무례한 처사로 인식될 수 있고 망자를 모독하는 일이다. 관을 어깨로 매거나 머리 위로 높이 드는 건 망자에 대한 존중심의 표현이라 하여 세계의 모든 민족은 관을 어깨 위로 매어 운구한다. 생각해볼 일이다.

18) 하관(下官)

시신을 내광에 모시는 것을 말하는데, 이를 '폄'이라고도 한다. 하관시간에 맞춰 시산을 광중에 내리는데, 관까지 매장할 때는 관을, 관을 벗기고 시체만 묻을 때는 관을 열고 시체만을 들 끈으로 잡고 조심스럽게 들어서 내광에 반듯하게 모신다. 혹 머리가 북쪽으로 가도록 내광에 모신다는 주장이 있는데, 이는 머리를 북쪽으로 두는 것은 죽은 것으로 생각하기 때문이다. 그러나 산의 지세나 지형에 따라 내광이 반드시 남북으로 나지 않는 경우도 있으므로 반드시 북쪽으로 머리를 둔다는 주장은 맞지 않다.

하관할 때 상주와 상제는 곡을 그치고 하관하는 것을 자세히 지켜본다. 다른 물건이 떨어지거나 관이 바로 놓이는지 살핀다. 가느다란 나무 둘을 회벽(灰壁) 위에 놓고 긴 나무 두 개를 광구(廣口)에 놓은 다음 명정과 구의를 벗기고 나무 위에 올려놓는다(때로 횡대를 대신 사용한다). 무명 두 가닥으로 관 밑바닥을 떠서 양쪽 머리에서 관을 들고 장목을 치운 다음 서서히 광중으로 내려 보낸다. 광중에 들어가 있던 사람이 관머리를 붙잡아서 정중히 내려놓는다. 관이 놓이면 비뚤어지지 않았는가를 살핀 뒤에 좌향을 측정한 후 현훈(청색 현, 붉은색 훈, 현은 상 좌편, 훈은 하우편)을 가져다가 상주에게 주면 상주는 받아서 축관에게 준다. 축관은 현훈을 받들고 들어가 바친다. 현훈이란 폐백으로 쓰는 것이다. 파란 빛과 붉은 빛의 비단에 색실로 동심결을 묶은 것이다. 축관이 상주에게 명정을 주면 상주는 정중하게 명정 상머리를 관머리에 덮고 다시 축관에게 주면 축관은 명정을 정중히 관에 덮는다.

이러한 방식이 일반적이나 지방이나 가문에 따라 약간씩은 다를 수 있다. 명정을 치우고 넣지 않거나 관을 벗기지 않고 그냥 하관하는 지역이나 가문도 있다. 단, 어떤 경우에도 석관은 사용하지 않는다.

19) 성분

하관이 끝나면 성분을 시작한다. 취토는 회가 섞인 흙으로 하게 되는데 석회(石灰)를 처음 넣을 때는 관이나 시신 위에 7장으로 이루어진 횡판(橫板, 橫帶)을 깔아 회가 섞인 흙이 직접 관이나 시신에 닿지 않게 한다. 때로 백회로 관 위를 채운 지석(誌石) 위에 망자 본관 및 공적을 쓰는 수도 있다, 상주는 두루마기나 옷자락에 깨끗한 흙을 담아 관의 상하 좌우로 "취토, 취토, 취토"라고 세 번 외치면서 먼저 흙을 관 위에 덮는다. 취토로 흙을 채울 때는 한 자쯤(30cm) 채운다. 회다지를 한 후 지석을 묻고 성분(成墳)을 한다.

20) 위령제(慰靈祭)

위령제라는 뜻은 죽은 사람의 영혼을 위로하려고 지내는 제사다. 성분이 끝나면 '고인의 육신이 마지막으로 땅 속에 묻히셨으니 홀로 외로우시더라도 고이 잠드시고 길이 명복을 누리시라'는 뜻으로 영혼을 위로하는 의식이다. 성분제(成墳祭)라고도 한다.

성분이 끝나면 묘소 앞에 영좌(靈座)를 모시고 주과포(酒果脯)를 비롯한 제수를 진설하고 향불을 피우고 잔을 드린 다음 축을 읽고 상주와 복인들이 배례하여 제사를 지낸다. 위령제는 봉분이 완전히 끝나면 진행하는데 달리 평토제(平土祭)라고 부르기도 한다.

○ 축문 쓰는 요령

축문(祝文)은 백색 한지(韓紙)를 너비 24cm × 16cm 정도에 적당한 길이로 잘라서 먹물을 붓에 찍어 위에서 아래로 내려 쓴다. 첫번째 줄은 비운다. '維'를 위에서 3자 위치에 써서 축문의 기준으로 삼는다.

연호의 '檀君' 첫 자를 '維'자보다 2자 높여서 쓰기 시작한다. 제사 대상을 나타내는 첫 자인 '顯'자는 '維'자보다 1자 높여서 쓰기 시작한다. '檀'자보다는 1자 낮아진다.

축문의 끝자인 '饗'자는 '顯'자와 같은 높이로 쓴다. 축문의 끝에 1줄을 백지로 비워둔다. 다 쓴 축문은 축판(祝板)에 얹어서 향안의 서쪽 위에 올려놓는다.

○ 축문(1)

> **아버지, 조부**
>
> 00년 00월 00일 아들 또는 손자 000는 (아버님 또는 할아버님) 영전에 삼가고하나이다. 오늘 이곳에 유택을 마련 하였아오니 고히 잠드시고 길이 명복을 누리시옵소서.
> (어머니 할머니의경우도 이와 같다.)

○ 축문(2)

> **아내**
>
> 00년 00월 00일 남편 00는 당신의 영앞에 고합니다. 이곳에 유택을 마련하였으니 고이 잠드시고 길이 명복을 누리소서.
> (자손이 없이 상부한 경우에는 아내가 위령제를 지내며 축문은 같다.)

21) 반우제

달리 반곡(反哭)이라 한다. 주인 이하가 사진(혼백)을 받들고 천천히 걸어가며 집이 보이면 곡을 하면서 집에 들어가는 것이다. 집에 도착하면 영좌를 그전 장소에 설치하고 혼백 신주를 모시고 모든 상주는 곡을 한다. 이때 문상을 하는 자가 있으면 조상의 예를 행한다. 제수의 준비가 끝나면 곧 초우제를 지낸다. 즉 반우제가 바로 초우제인 것이다(우제로는 초우 재우 삼우제가 있다).

기년이나 9월복에 해당하는 사람은 술과 고기를 먹되 다만, 잔치는 하지 않는다. 이때 소공 이하 대공까지의 복인으로 따로 사는 사람은 각기 집으로 돌아간다. 돌아가는 길에 조상하는 사람이 있어도 조례(弔禮)는 길에서 하지 않고 집에 돌아온 뒤에 한다. 그리고 집을 지키고 있던 사람은 반드시 영좌 앞에 나가서 재배(再拜)한다.

○ 영좌

영좌는 묘지에서 제주전을 올린 후에 신주와 혼백상, 사진을 모시고 집으로 돌아 온 즉시 별도의 방에 병풍을 치고, 교의를 놓고 교의 위에 앞에 신주, 뒤에 혼백상, 사진 순으로 모신다.

사진은 맨 뒤에 있어서 신주에 가리어 보이지 않으므로 잘 볼 수 있도록 높게 모신다. 교의 앞에 제상과 향안을 놓는다.

찾아오는 손님이 있다면 영좌에서 조문을 받는다. 조문을 받는 상제의 위치는 남자는 동쪽, 여자는 서쪽이다.

아침, 저녁 상식과 초하루, 보름날에 삭망전을 올리고, 새로운 음식이 있으면 올린다.

22) 탈상

상기가 끝나고 상복을 벗는 것을 말한다. 상복은 애(哀)와 경(敬)의 외부적인 표시인 만큼 내부적인 표시인 마음가짐과 일치해야 상복을 입는 뜻이 있는 것이다.

마음으로 귀찮게 여기면서 남의 눈을 가리기 위해 입는 상복은 도리어 고인에 대한 모욕인 것이다. 그러므로 상복을 입는 기간은 너무 길어도 정신적인 부담만 크고 아무 의미가 없다고 생각 된다. 뿐 아니라 상기는 시대적인 사회성과 적응되어야 하기 때문에 부모 조부모 배우자의 상기는 운명일로 부터 백일로 하고 기타 복인들이 입는 기간은 장일까지로 하는 것이 좋다.

※ 탈상제는 기제에 준하여 지낸다. 예전에는 백년 삼년 일년 구 개월 오 개월 삼 개월 상 등 시대의 변천에 따라 많은 변화가 있었다. 현실적으로 사람과 더불어 교제를 하려면 자연 출입을 않을 수 없고 출입을 하는 데는 의복을 생각하지 않을 수 없다.

상복은 흉복이라 하는데 흉복을 입고 사람을 대할 수는 없다. 그러므로 옛날에는 상중에 출입을 하지 않았다. 부득이한 일이 있어서 누구를 만날 때는 밤에 방문을 하였다. 남의 잔치는 물론이요 초상에도 가지 않았다. 그러나 지금은 세상이 달라졌으니 옛처럼 고루한 격식을 지킬 필요는 없다. 다만 화려한 옷은 피하고 검정색이나 흰색의 간소한 옷을 입되 상중이라는 표시로 앞에서 말한 상장을 사람의 눈에 거슬리지 않게 붙이고 다니면 된다.

부인들은 한복일 경우 소복을 하고 머리에 흰 리본을 다는 것이 보기에도 좋고 청결해 보인다. 어디까지나 단정하고 검소한 옷차림으로 남에 눈에 거슬리지 않게 고인을 추모하며 복중을 지내도록 한다.

○ 탈상 축문(1)

> 부모 조부모의 경우
>
> 몇 년 몇 월 며칠
> 아들 또는 손자 누구는 아버님 또는 어머님 영전에 삼가 고하나이다. 세월이 덧없어 어느덧 상기를 마치게 되었사오니 애모하는 마음 더욱 간절하옵니다. 이에 간소한 제수를 드리오니 강림하시와 흠향하시옵소서.

○ 탈상 축문(2)

몇 년 몇 월 며칠

남편 누구는 당신의 영 앞에 고합니다. 당신이 돌아간 지 며칠이 되어 이제 상기를 마치게 되니 슬프고 아픈 마음 금할 수 없습니다. 이에 간소한 제수를 드리오니 흠향하소서.

24) 기제사

○ 초우(初虞)

초우는 장례를 모신 당일에 지내며, 묘지가 멀어서 집에 도착하지 못한 경우에는 숙소에서라도 지내야 한다. 초우제를 지내려면 목욕을 깨끗이 해야 하는데, 형편이 안 될 경우에는 세수라도 정결히 해야 한다. 그러나 빗질은 하지 않는다. 초우제부터는 정식제사를 지낸다. 서쪽 뜰 서남쪽에 대야와 수건을 준비해, 대야는 탁자 위에 놓고 수건은 줄을 매서 걸어놓는다. 술병은 영좌 동남쪽에 탁자를 놓고 그 동쪽에 둔다. 술잔, 잔받침도 그 위에 놓고, 퇴주 그릇도 놓는다. 화로는 영좌 서남쪽에 놓고, 모사(茅沙 : 띠의 묶음과 모래)도 놓는다. 날이 어두워지면 촛불을 켠다. 제물은 조전(朝奠)과 같다.

제물 외에 채소, 과일은 영좌 앞쪽에 놓고, 수저는 그 안쪽 중앙에 놓는다. 술잔은 서쪽, 술은 병에 채워 둔다. 상주와 상제들은 방 밖에 지팡이를 짚고 서며, 그 외에 제사에 참여한 사람들은 모두 영좌 앞에 가서 곡을 하는데, 북쪽을 향하고 복의 차례로 선다. 만약 초우제를 낮에 지냈으면, 저녁에 상식을 다시 올린다. 상식과 우제는 다른 행사이기 때문이다. 그러나 우제가 늦게 끝났으면 생략해도 관계없다. 제사가 끝나면 축 관은 가져다가 집사와 같이 깨끗한 곳에 묻는다. 발인할 때 신주가 혼백 뒤에 있고, 반혼할 때는 혼백이 신주 뒤에 있게 된다. 그러므로 혼백을 묘소 부근에 묻는 것은 잘못된 것이다. 이때부터 조석전은 올리지 않는다.

○ 재우(再虞)

초우가 지난 후 유일(柔日)을 당하면 재우를 지내는데, 유일이란 을(乙) 정(丁) 기(己) 신(辛) 계(癸)에 해당하는 날이다. 제사 지내는 법은 초우 때와 마찬가지이다. 하루 전에 제기(祭器)를 정리하고 음식을 마련한다. 당일 동이 트면 일찍 일어나 채소와 실과와 술과 반찬을 진설하고 날이 밝으려고 할 때 지낸다.

○ 삼우(三虞)

재우를 지낸 뒤 강일(剛日)을 당하면 삼우를 지낸다. 강일이란 갑(甲) 병(丙) 무(戊) 임(壬)에 해당하는 날이다. 제사 지내는 절차는 초우 재우 때와 마찬가지이다.

○ 졸곡(卒哭)

삼우가 끝난 후 3개월이 지나서 강일(剛日)을 당하면 지낸다. 제사 지내는 절차는 삼우 때와 다를 것이 없고, 다만 이때부터는 비록 슬픈 마음이 들어도 무시로 곡하지 않고 조석곡(朝夕哭)만 한다. 졸곡이 지난 후부터는 밥을 먹고 물도 마신다. 잠 잘 때는 목침(木枕)을 벤다. 고례에 의하면 3년상 기간에는 다른 제사를 지내지 않는다고 했지만, 장사를 지내기 전에만 폐지하고 졸곡을 지낸 뒤에는 절사(節祀) 기제(忌祭) 묘제(墓祭) 등은 지내되, 그것도 복(服)이 가벼운 사람을 시키는 것이 옳다.

제수(祭需)도 보통 때보다 한 등급 감해서 지내는 것이 예법의 일단일 것이다.

○ 부제(祔祭)

부제(祔祭)는 졸곡 다음날에 신주를 사당에 모신 그 조상의 신주 곁에 모실 때 지내는 제사이다.

다시 말하면 돌아가신 분의 새 신주(神主)를 그의 할아버지와 할머니의 위(位)에 부칠[祔] 때에 지내는 제사다. 제사의 절차는 우제와 같으나 사당에서 지내는 것이 다르다. 사당이 좁으면 대청에서 지내기도 한다. 상주 이하가 목욕한 뒤에 할아버지와 할머니의 위(位)를 사당의 북편에서 남쪽으로 향해 받들고, 죽은 사람의 위는 동남쪽에 마련해 서쪽을 향하게 받든다.

신주를 모실 때는 축관이 독(신주를 모시는 함)을 열고 먼저 할아버지의 신주를 받들고 영좌에 모시고, 내집사(여자 집사)가 할머니의 신주를 받들어 내어 그 동쪽에 모신다. 그 뒤 우제 때와 같은 절차로서 제사가 끝나면 축관이 먼저 할아버지와 할머니의 신주를 감실(龕室 : 신주를 모시는 장) 안에 모셔다 놓고, 새 신주를 영좌에 모신다. 그리고 새 신주를 모시고 우제의 제사 절차로써 제사를 지내고 축관이 새 신주를 감실에 모신다. 새 신주를 모실 때는 향을 사르지 않는다.

○ 증조고비의 신주를 모셔 내올 때 읽는 축문

孝曾孫某 今以제부先考 有事于 顯曾祖考 某官府君 敢請
효증손모 금이제부선고 유사우 현증조고 모관부군 감청

顯曾祖考 顯曾祖비 神主出就于座
현증조고 현증조비 신주출취우좌

〔풀이〕

이제 죽은 아버지를 증조고 00벼슬한 어른께 증조고와 증조비의 신주를 부칠 일이 있어서 내가기를 감히 청하옵니다.

○ 증고조에게 부제 축문

維歲次干支 幾月干支朔 幾日干支
유세차간지 모월간지삭 모일간지

孝曾孫某 謹以淸酌庶羞 適于
효증손모 근이청작서수 적우

顯曾祖考 某官府君 제부孫某官 尙
현증조고 모관부군 제부손모관 상

饗
향

〔풀이〕

증손자 00는 삼가 술로 00벼슬한 증조할아버지께 제사를 올리면서 00를 만에 부하오니 흠향하소서.

○ 새 신주에게 부제 축문

維歲次干支 幾月干支朔 幾日干支
유세차간지 모월간지삭 모일간지

孝子某 謹以淸酌庶羞 哀薦祔事于
효자모 근이청작서수 애천부사우

顯考 某官府君 適于 顯曾祖考 尙
현고 모관부군 적우 현증조고 상

饗
향

〔풀이〕

효자00는 부사로서 삼가 맑은 술로 00벼슬한 아버지께
삼가 고합니다. 00벼슬한 증조고를 좇으시고 흠향하소서.

○ 치상(治喪)

장례를 치르는 동안 애써 주신 친지들과 호상이 돌아가
실 때에는 감사의 인사를 드리도록 한다.

○ 소상(小祥)

소상은 초상을 치르고 만 1년이 되는 날 지내는 제사로,
윤달과 상관없이 13개월 만에 지낸다. 옛날에는 날을 따로
받아서 소상을 지냈으나, 지금은 첫 기일(忌日)에 지낸다.
아버지가 계실 때의 어머니 초상은 11개월 만에 연사(練
祀)를 지내고, 13개월 만에 소상을 지내며, 15개월에 담사
(禫祀)를 지낸다. 이러한 절차는 3년의 형태를 갖추는 것
이므로 11개월 연사를 지내는 것도 사실 기년(朞年)으로
치른 셈이 된다.

○ 대상(大祥)

초상 후 만 2년 만에 지낸다. 그러므로 초상이 난 후 25개월 만에 지내는 셈이다. 남편이 아내를 위해서는 13개월 만에 지낸다. 제사의 절차는 소상 때와 같다. 사당에는 새 신주를 모셔야 하므로 먼저 고하고, 대상이 끝나면 즉시 부묘(祔廟)한다. 부묘란 삼년상이 지난 뒤에 그 신주를 종묘에 모시는 의례이다. 이 제사에는 남자는 백직령(白直領)에 백립(白笠)을 쓰고 백화(白靴)를 신으며, 부인은 흰 옷에 흰 신을 신는다. 이 제사로 상복(喪服)을 벗고, 젓갈이나 간장, 포 같은 것을 먹는다. 대상이 끝나면 궤연(几筵)을 없애므로 신주는 당연히 사당으로 모시게 된다.

○ 궤연(几筵)

제사(祭祀)에 사용되는 제사 도구다. 궤(几)는 제사 또는 연향(燕饗)에 사용하는 제사 도구로, 죽은 사람의 혼백(魂魄)이 깃드는 영궤(靈几)를 의미한다. 연(筵)은 그 밑에 까는 자리로, 죽은 사람의 혼백이나 신주(神主)를 모셔 두는 곳을 의미한다. 《예기(禮記)》에 의하면 궤(几)와 연(筵)은 모두 신령(神靈)이 깃들게 하기 위해 설치한다고 한다. 연의 길이는 7척, 너비는 2척 3촌이며, 제사 때 궤는 왼편에 설치한다. 이와 같이 궤연이 설치된 장소를 빈소(殯所)라고 하며, 빈소를 궤연이라고 부르기도 함. 유사어로 소유(素帷)가 있다.

○ 소상, 대상의 수례 서식(壽禮書式)

薄儀	菲品	菲儀	奠儀	香奠
박의	비품	비의	전의	향전

○ 담제(禫祭)

대상을 지낸 후 한 달을 지나 두 달이 되는 달에 지낸다. 초상으로부터 27개월에 지내는 윤달도 역시 따진다.

남편이 아내를 위해서는 15개월 만에 지낸다. 전달 하순(下旬) 중으로 택일을 하는데 정일(丁日)이나 해일(亥日)로 고른다.

○ 길제(吉祭)

담제를 지낸 다음 달이 길제이므로 삼순(三旬) 중에 하루를 택해서 거행하며 정일이나 해일에 한다. 담제를 지낸 이튿날에 정일이나 해일을 택하여 사당에 고(告)하되 주인(복을 벗었으므로) 이하 모두 재배하고, 주인이 분향 재배하면 축관이 주인의 왼쪽에 꿇어앉아 고사(告辭)를 읽는다. 고하기를 마치면 주인 이하 재배하고 나온다.

제2장

기독교식
상례(喪禮)

제2장. 기독교식 상례

기독교식 상례는 사람이 운명한 다음, 시신의 수시(收屍)로부터 하관에 이르기까지의 모든 의식과 절차가 목사의 집례(執禮) 아래 이루어진다.

≪예기≫에 상례에 대한 설명이 있는 것으로 보아 상례의 유래는 아득히 먼 옛날부터 시작되었고, 우리나라에 있어서도 '주자가례'에 의거하여 조선조 500년 동안 준수되어 왔다. 그러나 근세(近世)로 내려오면서 이 상례는 점차 간소화되어 오늘날에는 아주 간단한 의식으로 치러지고 있다. 더욱이 기독교식에 의한 상례에서는 일체의 제사 의식이 폐지되고 다만 기도와 찬송으로 대신하게 되어 매우 간단하다.

기독교식 장례에서 의식이 시작되면, 운명과 더불어 찬송과 기도로 고인의 영혼을 하나님께 맡긴다는 뜻의 예배를 드린다. 초종 중에는 매일 기도회를 갖고, 유가족은 빈소에서 찬송이 끊이지 않게 하여 영혼을 하나님 앞으로 가까이 가게 한다.

기독교식 상례가 일반 상례와 다른 점은 곡을 하지 않고 음식도 차리지 않으며 절도 하지 않는다는 것이다. 또 조석으로 전이나 상식을 올리지 않으며, 염습할 때 매장포로 묶지도 않는다. 장례식 전날 염습을 마치고 입관 예배를 드린다. 이때는 반드시 목사가 참석하여 예배를 본다. 염습 등도 신도들이 한다. 장례식은 영구를 교회 안에 안치하여 교회에서 하는 경우도 있고, 상가(喪家)에서 간단히 하기도 한다. 이 장례식은 고인이 하나님께로 돌아갔음을 찬미하는 뜻에서 목사의 집례 아래 예배를 드린다.

O 입관 예배

모든 유족이 빠짐없이 모이는 시간을 정하고 고인의 모습을 지켜보는 가운데 깨끗하게 씻긴다. 수의로 갈아입히고 입관을 마친 후 목사님 집례 아래 성도들과 함께 입관예배를 드린다.

O 영결식 예배

장례식은 영구를 교회에 안치하여 교회에서 진행하는 경우와 상가에서 하는 경우가 있다. 장례식은 고인이 하나님께로 돌아갔음을 찬미하는 뜻으로 목사의 집례 아래 예배를 드린다. 일반적으로 영결식 예배의 순서는 개식사-찬송-기도-성경 봉독-시편 낭독-신약 낭독-기도-고인 약력 소개-주기도문-찬송-헌화-출관의 순으로 이어진다. 영결식 예배에서 추가되는 부분은 고인의 약력 소개와 헌화 정도가 있다. 고인의 약력 소개는 고인의 생전의 약력을 주례 목사가 소개하는 순서이며 헌화는 고인의 명복을 빌며 영전에 꽃을 바치는 순서이다.

1) 개식사(開式辭) : 주례 목사의 개식사
2) 찬송(讚頌) : 주례 목사가 선택한다.
3) 기도(祈禱) : 고인의 명복을 빌며 유족들을 위로하는

내용의 기도를 한다.

4) 성경 봉독(聖經奉讀) : 보통 고린도후서 5장 1절이나 디모데전서 6장 7절 말씀을 낭독한다.

5) 시편 낭독(詩篇朗讀) : 시편 90편을 낭독한다.

6) 신약 낭독(新約朗讀) : 요한복음 14장 1절부터 3절이나, 데살로니가 전서 4장 13절부터 18절 말씀을 낭독한다.

7) 기도(祈禱) : 주례 목사가 집도한다.

8) 고인의 약력 소개 : 고인의 생전의 약력을 주례 목사가 소개한다.

9) 주기도문(主祈禱文) : 주님이 가르켜준 기도라 하여 식장에 참석한 모든 사람들이 다같이 한다.

10) 찬송(讚頌) : 식장에 참석한 모든 사람들이 다같이 한다.

11) 헌화(獻花) : 고인의 명복을 빌며 영전에 바친다.

12) 출관(出官) :

○ 하관식

영결식이 끝나고 장지에 다다르면 운구가 이루어지고, 장지에 도착하면 매장에 앞서 목사의 집례에 의해 하관 예배가 진행된다. 상제들이 관 위에 각각 몇 삽을 떠서 뿌리고 일꾼들이 성분한다.

하관식의 순서는 다음과 같다.

1) 개식사 : 주례 목사가 집도한다.

2) 기원 : 영광의 나라, 하나님의 품으로 가기를 기원한다.

3) 찬송 : 식장에 참석한 모든 사람들이 다같이 한다.

4) 기도 : 주례 목사가 집도한다.

5) 성경 봉독 : 고린도전서 15장 51절부터 58절까지 낭독한다.

6) 기도 : 고인의 명복을 비는 기도를 주례목사가 한다.

7) 신앙고백 : 식장에 참석한 모든 사람들이 다같이 한다.

8) 취토 : 상제들이 봉분 전에 흙 한줌씩을 관 위에 뿌린다.

9) 축도 : 주례 목사가 축복기도를 한다.

제3장

천주교식 상례(喪禮)

생전에 영세를 받은 사람은 〈성교예규〉에 의하여 장례를 치른다. 천주교에서는 신자로서의 정신이 어긋나지 않는 한, 우리나라 풍습과 상례 의식을 존중하여 병행하기도 한다.

1. 장례

병자의 임종이 가까워지면 가족들은 나중에 성유(聖油)를 바를 환자의 얼굴, 눈, 코, 귀, 입, 손발 등을 깨끗이 씻기고 준비한 옷으로 갈아입힌다. 또한 병자의 머리맡에 상을 하나 마련하여 그 위에 백포나 백지를 깔고 십자고상(十字苦喪)과 촛대 두 개를 놓고 발치에 성수그릇과 성수채(수저)를 준비해 준다.

임종이 임박하여 급히 세례를 받고자 하지만, 신부를 모셔올 시간적 여유가 없으면 교우회장이나 수녀로부터 대신 세례를 받을 수도 있다. 가능하면 정신이 맑을 때 미리 세례를 받는 것이 좋다. 이것은 어떤 종교든 마찬가지이다.

천주교식 장례의 순서는 종부성사-성축 켜기-임종경읽기-성수 놓기-위령미사로 이어지는데 천주교식 상례의 상세한 순서는 다음과 같다.

1) 종부성사(終傅盛事)
환자가 회생할 가능성이 없으면 신부를 청해서 종부성사

를 받는다. 이때 가족들은 성유를 바르기 위해 환자의 눈, 코, 입, 손, 발을 씻기고 옷을 갈아입힌다. 그리고 탁자에 백지나 백포를 깔고, 그 위에 고상과 촛대 두 개, 성수 그릇과 성수채를 준비한다.

종부성사는 운명 할 때 행하는 성사로 신부가 오면 신도가 고백성사를 할 수 있도록 다른 사람들은 모두 물러가 있어야 한다. 운명 임종이 다가오면 임종경을 읽으며 그 영혼을 위해 기도한다. 그 후 신도가 불안하지 않도록 흐느끼거나 통곡하는 것은 삼가고 기도문이나 성가를 들려준다. 숨을 거둘 때에는 초에 불을 켠다. 숨을 거둔 후에도 얼마간 계속해서 기도문을 읽는다.

임종 후에는 깨끗한 옷으로 갈아입히고 눈을 감게 한 다음 손과 발이 굳기 전에 가지런히 해준다. 이때 두 손은 합장시켜 십자고상을 잡고 있게 한다. 머리맡에 상 위에는 십자고상을 모시고 양쪽에 촛불을 켠 다음 성수그릇과 성수를 놓고 입관 시까지 가족들이 옆에 꿇어앉아 위령기도를 드린다.

신부가 도착하면 촛대에 불을 켜고, 다른 사람은 모두 물러난다. 이것은 고해성사의 자리를 마련하기 위해서이다. 고해성사가 끝나면 노자성체, 종부성사, 임종 전 대사의 순서로 성사를 진행한다.

○ 위령미사
위령미사를 세상에서 지은 죄로 천국에 바로 들지 못할

때, 불에 의해서 그 죄를 정화하는 곳에 있는 사람을 위한 미사이다. 신도가 숨을 거두면 이 사실은 본당신부에게 알리는 동시에 미사 예물을 전하고 미사를 청한다. 그리고 장례날짜와 미사시간을 신부와 상의하여 정한다.

2) 임종 전 대사
종부성사는 신부가 임종에 참여하지 않아도 받을 수 있다. 주위 사람들은 환자를 위하여 격려와 말을 들려주고, 성서중에서 거룩한 구절을 읽어준다.

3) 운명
운명할 때에는 성초에 불을 켜고 임종경이나 성모덕서도문이나 매괴경을 읽는다. 염경은 호흡이 중지된 다음이라도 얼마동안은 계속한다. 그리고 운명시에는 환자의 마음이 불안하지 않도록 될 수 있는 한, 소리 높여 슬피 울지 않는다.

4) 초상
임종 후에는 시신을 가리기보다는 깨끗한 옷을 입히고 얼굴을 쓰다듬어 눈과 입을 다물게 하고 두 손을 합장시켜 십자고상(十字苦像)을 잡고 있게 한다. 시신의 옆에 고상을 모시고 고상 양 쪽에 촛불을 켜고 성수와 성수채를 입관할 때까지 놓아두고 가족들은 그 옆에 꿇어 앉아 연도(煉禱)를 한다.

5) 연미사

환자가 운명하면 그 사실을 곧 본당 신부에게 알리고 미사예물을 드려 연미사를 청한다. 장례일과 장지, 장례미사에 대한 시간 등을 신부와 의논해 결정한다.

6) 염습과 입관

천주교는 신도의 가정이면 부탁하지 않아도 교회 측에서 염습에 경험이 많은 사람이 와서 시신을 알코올로 깨끗이 닦고 수의를 입혀 입관한다.

7) 장례식

장례일이 되면 본당에서는 영구를 성당으로 옮겨, 연미사와 사도 예절을 거행한다. 성당으로 가는 행렬에 고인의 영정을 들고 영구 앞에 세울 수도 있으며 이때 영구는 촛불도 따르며 관은 발이 앞으로 가도록 든다.

성당에 도착하게 되면 성가를 부르면서 성당으로 들어가 미사를 올린다. 먼저 개회식을 하고 독서, 성가, 기도 말씀의 전례 등으로 영결미사가 거행되고, 고인의 유족은 영성체로서 고인을 위한 봉헌미사에 참여하게 된다.

영성체 후에 기도하고 고별식을 한 다음 성수를 뿌린다.

8) 하관

장지에 도착하면 묘지 축성 기도를 올리고 영구와 천광에 성수를 뿌리고 하관 기도를 하고 하관한다. 입관과 출

관, 하관은 〔성교예규〕에 따라서 하며 화장은 저래 금하고
있다.

9) 소기와 대기
장례 후 3일,7일,30일에는 연미사를 드리고 소기, 대기
때에도 연미사와 가족의 고해, 영성체를 실행한다.
천주교인들은 재래식 상례 중에서 신장의 본질에 어긋나
지 않은 점은 취하고 있다. 즉, 간소한 음식을 대접하거나
수시로 묘소에 찾아가 떼를 입히거나 성묘하는 것 등은 금
하지 않고 있다.

2. 천주교식 추도식

천주교에서 하는 미사는 예수의 〈최후의 만찬〉을 본받아
서 진행하는 성제이다. 이 미사는 천주교 최대의 성찬 의식
으로 천주를 찬미하고 속죄를 원하며 은총을 기도하는 일
종의 제사라 할 수 있다.
기일이 돌아오면 사망일에 맞추어 온 가족이 성당에서
위령미사를 올리는 것이 원칙이다. 가족뿐 아니라 가까운
일가친척 및 교우들에게도 연락하며 미사를 참례할 수 있
도록 한다. 특히 고인을 위하여 미사를 드리는 일은 '파티마
의 성모'께서 부탁하신 일이라 하여 근래에는 성당서 크게
강조하고 있다.
행사가 끝나면 사제와 참석자들에게 감사의 인사를 드려

야 하며, 미사에 따른 봉헌 예물을 바쳐야 하는 데 일종의 제물이다.

천주교에서는 11월 2일이 일종의 묘제에 해당되는 날인데, 이는 연옥에 있는 모든 영혼을 위하여 올리는 미사로 '추사이망첨례'라 하여 교우들이 단체로 묘지를 찾아가 고인의 영혼을 위하여 기도드리는 의식이다. 또 ≪한국가톨릭 지도서≫에 다음과 같은 설명이 있다.

"교우들이 일 년 중 어떤 날을 택하여 묘지를 찾아가 타인들이 성묘하는 날 잔디를 입히거나 잡초를 뽑는 것은 관계없다. 될 수 있는 한 교우들은 추사이망첨례 날에 묘지를 방문할 것이다. 특히 교우 묘지가 있으면 이날 단체로 묘지를 방문함이 좋은 풍속이다. 서양에서는 이 날 냉담한 사람도 다 묘지에 모이고 그 묘지와 관계가 없는 교우들도 모두 모인다."

제4장

불교식

상례(喪禮)

상례란 사람이 운명(殞命)하여 땅에 묻힌 다음, 대상(大祥)을 지내고 담제(潭祭) 길제(吉祭)를 지내는 것으로써 탈상(脫喪)하게 되는 3년 동안의 모든 의식을 말한다.

우리 관습에 관혼상제(冠婚喪祭)의 의례 중에서 가장 엄숙하고 정중하여 그 절차가 까다롭고 그 이론이 구구한 것이 바로 상례이다.

중용(中庸)에 이르기를, "죽은 자를 섬기기를 산 사람과 같이 하고, 없는 자를 섬기기를 있는 사람과 같이 해야 한다"고 했다. 원래 상(喪)은 죽었다는 말이나, '死'라 쓰지 않고 '喪'이라 쓰는 것은 효자의 마음에 차마 '死'라 쓸 수가 없었기 때문이다.

또 예기(禮記)에 보면, 부모를 섬기는 데는 3년 동안 상사(常事)를 치르고, 임금에게는 3년의 복(服)을 입으며, 스승에 대해서는 3년 동안 심상(心喪)을 입는다고 했다.

이 상례는 오례(五禮)의 하나로써, 곧 길례(吉禮), 흉례(凶禮), 빈례(賓禮), 군례(軍禮), 가례(嘉禮) 중에 속하는데 이 중의 어느 예보다도 소중히 여기지 않으면 안 되는 의식이다. 그러기에 옛날 애공(哀公) 같은 임금은 공자(孔子)에게 물어 본 다음에 상장(喪葬)의 일을 결정했다 한다.

시대가 변해 상기(喪期)에 있어서도 3년복을 입는 경우는 거의 없고, 백일(百日)에 탈상(脫喪)하는 것이 대부분이며, 따라서 소상 대상은 물론, 담제 길제의 의식도 거의 없어지고 만 상태이다.

상례의 변천과정을 돌이켜 보면 비록 전통사회에서 유교에 의한 예법을 준수했다고 하나, 장례 절차에 있어서는 우리의 토속신앙(土俗信仰)과 불교 의식이 많이 가미되었던 것이 사실이다. 특히 현대에 있어서는 다양한 종교에 의해 많은 변모를 낳고 있다.

불교에서는 장례식을 다비의식(茶毘儀式)이라 한다. 다비(茶毘)란 화장을 뜻하는 말로, 선업을 닦아야 극락왕생할 수 있다는 불교의 생사관에 입각한 장례 절차라고 할 수 있다. 즉, 불교에서의 장례를, '인생과 삶의 끝이 아닌 또 다른 인연의 시작'과 '새로운 삶으로 통하는 엄숙한 문'으로 여기는 것이다. 임종에서 입관까지의 절차는 일반 상례와 크게 다르지 않으며, 영결식의 방법만 차이를 가진다.

다비의식 장례의 순서는 개식-삼귀의례-약력보고-착어-창혼-헌화-독경-추도사-소향-사홍서원-폐식의 순으로 이어진다.

1) 개식 - 호상의 시작을 알린다.

2) 삼귀의례(三歸依禮) - 불, 법, 승의 삼보(三寶)에 돌아가 의지한다는 불교의식을 주례승이 진행한다.

3) 약력보고 - 고인을 추모하는 뜻에서 고인과 가까웠던 친구 혹은 친지가 한다.

4) 착어(着語) - 고인의 영혼을 위해 주례승이 부처의 가르침을 설법한다.

5) 창혼(唱魂) - 주례승이 요령을 흔들며, 극락왕생의

기원으로 의식을 행한다.

6) 헌화(獻花) - 친지 대표가 고인의 영전에 꽃을 바친다. 다른 친척이나 친지, 혹은 친구들도 꽃을 바칠 수 있다.

7) 독경(讀經) - 주례승과 모든 참례자가 고인의 영혼을 안정시키고, 생전의 모든 인연을 잊고 극락세계에서 편히 잠들라는 경문을 소리 내어 읽는다.

8) 추도사 - 조사(弔辭)라고 하며 일반 장례에서 행하는 의식으로 조사(弔詞)와 같다.

9) 소향(燒香) - 참례자 전원이 함께 향을 피우며, 고인을 추도하고 애도한다.

10) 사홍서원(四弘誓願)

- 중생무변서원도(衆生無邊誓願度) : 중생은 끝닿는 데가 없으니 제도하여 주기를 맹세합니다.

- 번뇌무진서원단(煩惱無盡誓願斷) : 인간의 번뇌는 끝이 없으므로 번뇌 끊기를 원하옵니다.

- 법문무량서원학(法文無量誓願學) : 불교의 세계는 한량이 없으니 배우기를 맹세하고 원하옵니다.

- 불도무상서원성(佛道無量誓願成) : 불도보다 훌륭한 것이 없으니 불도를 이루기를 원하옵니다.

11) 폐식 - 영결식의 모든 절차가 끝났음을 알립니다.

불교에서는 화장을 하기 때문에, 주례승이 화장터까지 따라가 독경을 하는 것이 원칙이다. 독경은 시신을 분구에 넣을 때부터 시작하여 다 끝날 때까지 그치지 않는다. 시신이 다 타면 주례승이 흰 창호지에 유골을 받아서 상제에게

주어 쇄골을 하며, 이 후에 이를 절에 봉안하고 사십구제,
백일제, 3년상의 제사를 지낸다. 3년의 제사가 끝나면 봉
안도를 떼는데 일반적인 전통 상례의 삼년상과 크게 다르
지 않는 방식이다.

제5장

천도교식 상례(喪禮)

오래도록 내려온 유교적 전통과는 달리 우리나라 가정의 례준칙에 의하며 상례란 임종에서 탈상까지의 의식 절차이다. 장례식은 사망 후 매장 완료나 화장(火葬) 완료시까지 행하는 의식이라 규정하고 있어 상례를 간소화하고 있다. 그러나 장례식 자체는 전통적인 유교적 장례식과 크게 다르지 않는데 이는 그만큼 장례란 예를 갖추어 행해야하는 중요하면서도 엄숙한 예식이기 때문인 것 같다.

천도교에서는 사람의 죽음을 환원(還元) 이라고 한다. 장례의 절차는 ≪천도교의절(天道敎義絶)≫에 따른다.

1. 수시

환원 직후에 청수(淸水)를 봉전(奉奠)하고 온 가족이 심고(心告)한 후 시신을 염습한다. 심고란 교인들이 어느 동작을 할 때마다 먼저 한울님(하느님)께 마음으로 고하는 일종의 기도로 내용은 다음과 같다.

"성령(性靈)이 우리의 성령에 융합되어 길이 인계 극락(人界極樂)을 향수(享受 : 복을 받아 누림)하옵소서."

2. 수조(受弔)

정당(正堂)에 청수를 올려놓을 탁자를 마련해 놓으며 조객들이 그 앞에서 심고한 다음 상주에게 조의(弔意)를 표한다.

3. 입관(入棺)

天敎道 神男(女) 某氏之柩

입관하기 전에 명정을 만드는데, 교직(敎職)과 도당호(道堂號)가 있다면 "신남(神男)", "신녀(神女)" 대신에 고인의 교직이름과 도당호를 쓴다. 입관식을 마친 후에는 청수를 봉전하고 심고를 한다.

4. 성복식(成服式)

청수를 봉전하고 상복을 입은 후 심고한다. 상복은 검정색이며 천은 구애없이 자유롭게 선택한다.

5. 운구(運柩)

청수의 봉전을 마치면 심고한 다음에 운구하고 영결식을 고인의 자택에서 행할 때는 운구식을 생략하며 영결식은 발인할 때에 행한다. 고인의 자택이나 특정(特定)한 장소에서 영결식을 행할 때의 식순(式順)은 다음과 같다.

1) 개식(開式)

2) 청수봉전(淸水奉奠)

3) 식사(式辭)

4) 심고(心告):식장에 참석한 모든 사람이 한다.

5) 주문(呪文): 3회를 병독(竝讀: 아울러 읽음)한다.

6) 약력보고(略歷報告)

7) 위령문낭독(慰靈文朗讀)

8) 조사(弔辭): 내빈 중에서 대표로 나와 읽는다.

9) 소향(燒香)

10) 심고(心告)

11) 폐식(閉式)

6. 상기(喪期)와 기도식(祈禱式)

배우자의 부모와 부부의 상기는 105일이고 위령기도는 환원일로부터 7일, 31일, 49일이 되는 날에 한다. 조부모와 숙부, 형제자매의 상기는 49일이며 기도식의 순서는 다음과 같다.

1) 재계(齋戒)

2) 청수봉전(淸水奉奠)

3) 심고

4) 주문(呪文) : 150회를 묵송(默誦)한다.

5) 심고(心告)

6) 폐식(閉式)

7. 제복식(除服式)

상기가 끝나 상복을 벗는 의식으로 환원 후 105일째 되는 날 오후 9시를 기하여 행하는데, 순서는 다음과 같다.

1) 재계(齋戒)
2) 청수봉전(淸水奉奠)
3) 제복(除服)
4) 식사(式辭)
5) 심고(心告)
6) 주문(呪文) : 21회를 묵송(默誦)한다.
7) 추도사(追悼辭)
8) 심고(心告)
9) 폐식(閉式)

영성체를 행한다.

제6장

전통상례

일반적인 개념에서 상례는 죽은 사람을 장사지낼 때 수반되는 모든 의례를 말한다. 사람은 태어나면 언젠가 죽기 마련이다. 이 죽음은 인간이라면 누구나 겪어야 할 숙명의 길이다.

인간이 죽는다는 것은 그동안의 생활은 물론이고 일생동안 살아온 모든 것을 버리는 것이며 친구, 친척, 친지와 영원히 이별하는 것이다. 그 죽음을 맞고 그 주검을 갈무리해 장사를 지내고, 근친(近親)들이 죽은 이를 슬픔을 다해 기리는 의식까지를 상례라고 말한다. 장례라는 말이 있지만 상례라는 말이 조금 더 포괄적이다.

우리는 효도를 전통의 으뜸으로 삼았기에 돌아가신 후에도 효도를 다해 3년상을 애절한 마음을 담아 빈소(殯所)를 만들고 조석으로 상식(上食)을 올리고 곡을 하며 묘막(墓幕)을 지어 보모의 묘를 수호했다. 시묘(侍墓)가 조상숭배(祖上崇拜)와 효도의 도리였으므로 가산 탕진을 마다하지 않고 상례의 의미를 되새기고 소홀하지 않았다. 예를 다함에 만전을 기하지만 지나친 것도 좋지 않으니 진실된 마음으로 경건하게 치러야 한다.

현실적인 어려움과 문화의 발달과 변화, 혹은 종교의 습합으로 많은 것이 변하고 있다. 그 예법 또한 달라지고 있으나 오늘에 옛 것을 되살려 살펴 그 의미를 아는 것 또한 중요하다. 이에 옛날식의 장례를 정리하여 그 의미를 살피는 것 또한 의의가 있다.

상례는 관혼상제에서 여타의 행위나 행사, 혹은 예법에 비교해 그 범위가 크고 상황에 따라서는 제법 오랜 시간 이어진다. 보통의 경우 죽음을 현실로 수용하는 초종례(初終禮)부터 시작하여 매장에 이르기 전까지 시신을 처리하는 습(襲)과 염(簾)의 의례, 죽은 자를 일정한 매장지로 이동하여 저승으로 보내는 발인(發靷)과 매장(埋葬)에 따르는 구간의 의례, 상주들이 죽은 조상을 산에 매장하고 돌아와 제사를 지내고 탈상(脫喪)까지의 과정으로 구분된다.

오래도록 이 땅의 상례는 ≪주자가례≫에 의한 유교적 의례가 위주가 되지만 동시에 불교와 민간신앙(民間信仰)의 요소가 공존하고 있다. 겉으로 드러나는 일상의 상례 식순과 행위는 유교적인 것으로 보이지만 내적으로는 민간신앙은 물론이고 불교의 색채가 깊숙하게 녹아있다.

상례는 단순히 어느 한 의례를 이야기하는 것이 아니다. 우리 사회에서 상례는 인간의 4대 통과의례의 하나로써, 구성원으로 살고 있던 사람이 운명(殞命)하여 여러 가지 순서에 따른 절차를 마치고 땅에 묻힌 다음, 시기에 따라 대상(大祥)을 지내고 다시 담제(潭祭)와 길제(吉祭)를 지내는 것으로서 탈상(脫喪)하게 되는 3년 동안의 모든 의식을 말한다.

사람은 세상에 태어났다가 언젠가는 저승길로 영원히 떠나, 이 세상에 남은 가족, 친척, 친지에게 슬프고 비통함을 남긴다. 따라서 우리의 많고 많은 관혼상제(冠婚喪祭)의

의례 중에서 상례는 가장 엄숙하고 정중하여 그 절차가 까다롭고 이론이 구구하다.

우리의 상례는 그 시작을 알기 어렵다. 그러나 중국의 문화와 이론적 배경을 받아들였음을 부정할 수 없다. ≪중용(中庸)≫에 이르기를, '죽은 자를 섬기기를 산 사람과 같이 하고, 없는 자를 섬기기를 있는 사람과 같이 해야 한다'고 했다. 상(喪)은 본시 죽었다는 말이기는 하나, 흔히 쓰이는 사(死)라 쓰지 않고 상(喪)이라 쓰는 것은 효의 마음으로 사(死)라 쓸 수가 없기 때문이다.

≪예기(禮記)≫에 이르기를 부모를 섬기는 데는 3년 동안 상사(常事)를 치르고, 임금에게는 3년의 복(服)을 입으며, 스승에 대해서는 3년 동안 심상(心喪)을 입는다고 했다. 상례는 오례(五禮)의 하나에 속한다. 길례(吉禮), 흉례(凶禮), 빈례(賓禮), 군례(軍禮), 가례(嘉禮) 중에 속하는데 어느 예와 비교해서도 매우 중요하게 다루어진다.

옛날 애공(哀公)같은 임금도 공자(孔子)에게 물어 상장(喪葬)을 결정했다. ≪예기≫의 상례에 대한 설명으로 보아 그 연혁은 아주 오래 되었을 것이며 조선의 경우도 ≪주자가례≫에 의거하여 조선조 500년 동안 준수되어 왔다.

문화의 발달과 인지의 발달, 산업 사회의 발달에 따른 변화는 상례도 변화시켰다. 근세(近世)로 내려오며 상례는 간소화되어 작금에 이르러서는 간단한 의식으로 변화되고 종교적 영향도 많은 영향을 미쳤다. 특히 기독교식 상례는 기도와 찬송으로 대신하기에 이르렀다. 과거와 같이 3년복을 입는 경우는 거의 사라지고, 백일(百日)에 탈상(脫喪), 49재 탈상, 백일 탈상, 심지어 삼우재 탈상도 나타난다. 이에 소상, 대상은 물론, 담제, 길제의 의식도 사라지고 있다.

상례는 표면적으로 유교에 의한 예법을 준수한 듯 보이나 장례 절차에서 보이듯 토속신앙(土俗信仰)과 불교 의식이 많이 가미되어 있었다.

고려시대 이전에는 국시(國是)가 보여주듯 불교식 의례가 주였다. 조선 시대는 국시가 주자학(朱子學)으로 정해짐에 따라 유교의례(儒敎儀禮)가 본격적으로 보급됐다. 조선 중기 이후 주희의 《가례(家禮)》를 중심으로 하는 유교적 의례가 보편화되었다. 조선말에 천주교와 기독교의 전래에 따라 천주교식, 기독교식 상례가 보급되기 시작하였다. 일제 강점기 때인 1912년에 발표한 '화장취체규칙(火葬取締規則)', 1934년에 발표한 '의례준칙(儀禮準則)' 등에 의해 화장이 보급되고 유교의례가 간소화되었다.

본격적인 상례규범의 간소화는 1961년의 '의례준칙', 1969년 '가정의례준칙'의 제정을 계기로 이루어졌으며, 여기에 산업화, 도시화된 사회적 여건도 상례의 변화에 많은 영향을 끼쳤다. 이후 장의사(葬儀社)와 장례식장(葬禮式場 : 영안실) 등 전문 상장례 대행자가 등장하면서, 가가례(家家禮)로 통칭되던 상장례 방식이 규격화되는 현상이 나타났다. 그럼에도 아직은 극히 일부 지역에서 전통방식이라고 할 수 있는 상례가 치러지고 있으며 그 의미를 되새길 필요성은 높아진다.

1. 천거정침(遷居正寢)

환자의 병세가 위급해 도저히 회춘(回春)할 가능성이 없으면 환자를 정침(안방)으로 옮긴다. 집 안팎을 깨끗하게 청소하고 환자를 깨끗한 옷으로 갈아입히고 환자의 머리는 북쪽으로 얼굴은 동쪽을 향하게 하여 북쪽 문 밑에 편안하게 모신다(佛子의 경우 얼굴을 서쪽으로 한다).

환자의 팔과 다리를 주무른다. 천거정침(遷居正寢)은 가주(家主)에만 해당되고 가주 이외의 사람은 자기가 거처하던 방으로 옮긴다.

2. 유언(遺言)

예부터 유언은 죽는 자의 마지막 생각이며 말로써 매우 중요하게 다루어졌다. 과거의 유언은 임종에 이르렀을 때 주변에 누군가는 지키고 있었다는 증거가 되기도 하였다. 따라서 임종시 유언을 받은 사람을 임종자식이라 부르기도 했다.

유언이란 통속적으로는 죽음에 임하여 남기는 말을 뜻하기도 한다. 병자나 노환자가 위급에 빠지거나 연로자가 위급한 상황에 빠지면 가족들은 조용하고 침착한 태도로 주위를 정돈하고 기다린다. 이때 병자나 노환자에게 물어볼 말이 있으면 간략하게 물어 대답을 간략하게 하도록 하여 받아 적거나 녹음을 하고 유언문을 쓰는 것이 좋으나 쓸 수 없을 때는 대리자를 정하고 주변에서 살펴보는 가운데 대

리로 적는다. 유언은 임종시의 마지막 말이므로 가족 모두
가 따르고 조용하게 경청해야 한다.

예나 지금이나 다름없이 사람은 원래 사후의 신분상 및
재산상의 조처를 강구하려고 염원하고 있으며 자손이나 근
친은 죽은 자의 의사를 존중하여 그 실현을 도모할 것이 도
의상 요구된다. 유언은 고대사회에서부터 행하여진 것으로
미개민족 사이에는 그 자취가 보이지 않는다. 우리나라에
서는 일찍부터 유언이 관행되었으며, 조선 시대의 여러 법
전에는 이에 관한 규정이 산재하고 있다.

즉, ≪경국대전≫의 〈형전사천조(刑典私賤條)〉에는 "조
부모와 부모의 유서만이 효력이 있다(用祖父母以下遺書)."
라고 규정되어 있다. ≪속대전≫의 〈형전문기조(刑典文記
條)〉에는 "외조부모의 유서도 모두 통용된다(外祖父母書,
並皆通用)"라고 규정하였고 소유재산인 노비(奴婢), 전택
(田宅) 등을 자손에게 분급(分給)하기 위하여 유언할 수
있는 자는 조부모, 부모, 외조부모에 국한되었다.

이 시기의 유언방식은 조부, 부, 외조부는 자필의 유서를
작성하여야 하고, 조모, 모, 외조모는 족친 중의 현관(顯
官)이 대필하여 증인이 되어야 하였다. 또 조부, 부, 외조
부일지라도 일반인이 무식자로 인정하거나 질병자인 경우
에는 족친 중의 현관자가 대필하고 증인이 되어야 유언이
효력을 발생하였다. 이처럼 유언에 요식주의를 취한 것은
유언의 위조를 방지하고 소유재산의 분급에 관한 조부모,
부모, 외조부모의 유언이 중요하고, 이러한 유언이 아닌 경

우 유언 내용이 지극히 불공정하거나 가산을 외부로 유출시키는 등의 이른바 난명(亂命)이 아니라면 어떠한 형식에 의한 유언이라도 유효하다고 해석했다.

3. 임종(臨終)

한국의 상례(喪禮)에서는 부모의 죽음을 지켜보는 것을 임종이라 한다. 운명의 순간이 다가오면 부모 형제나 가까운 친척에게 연락하여 곁에서 지켜보도록 한다. 병이 위중하면 남자는 정침(正寢), 여자는 내침(內寢)으로 옮겨 머리를 회생을 바라는 뜻에서 만물의 소생 방위인 동쪽으로 두고 북쪽 창문 밑에 눕힌다. 유언(遺言)을 엄숙히 듣기 위해서 조용히 하고 절대로 큰소리로 울어서는 안된다. 조선시대는 내외법으로 그 법이 엄격했으므로 남편은 함부로 안채 안방에 드나들지 않았고 임종시 바깥채에서 숨을 멈추어도 객사로 칭했다.

임종이 다다르면 침상(寢床)을 치우고 바닥에 눕히는데 이때 새 옷으로 갈아입힌다. 아들딸이 곁에서 손발을 잡고 운명(殞命)을 지켜보며 유언을 듣는다. 남자는 여자의 손에 운명하지 않고, 여자는 남자의 손에 운명하지 않는다. 자식이 곁에 없어 부모의 임종을 지키지 못하면 큰 불효로 생각하였다.

운명(殞命)은 별세(別世), 종명(終命)이라고도 하는데 운명할 때는 안팎으로 조용히 하고 형제나 가까운 친척이 부모의 손발을 잡고 숨을 거두는 것을 지켜본다. 곡성을 내지 않고 경건한 자세로 고인의 눈을 쓸어 감겨준다.

4. 속광(屬纊)

환자의 손과 발을 잡고 환자가 마지막 숨을 거두는 것을
분명하게 알기 위해 깨끗한 햇솜을 코끝에 대고 마지막 숨
을 거두었는지를 확인한다. 아울러 운명하는 순간에는 통
곡(痛哭)을 삼간다.

솜이 움직이지 않으면 완전히 숨을 거두었다는 것이다.
환자가 완전히 숨을 멈추지 않았을 때 곡성이 요란하면, 운
명하는 이가 순간이나마 마음이 불안하고 정신이 혼란할까
염려되므로 가족은 울음을 참고 조용하고 경건한 마음으로
속광한다.

5. 곡(哭)

이불로 머리까지 덮는다. 자손들은 비통하게 가슴을 치
고 발을 구르며 곡을 한다.

6. 수시(收屍)

달리 천시(遷屍), 소렴이라고도 하며 운명 즉시 시신을
시상판(屍床板) 위에 옮겨 바르게 뉜 다음 시체가 굳기 전
에 지체(肢體)를 주물러서 곧고 바르게 하고 입, 코 등을
막는다. 얇은 옷을 접어 머리를 괴고, 백지로 두 어깨의 하

절(下節) 부분, 두 정강이, 두 무릎의 윗부분을 묶어 홑이 불을 덮고 병풍으로 가려 염습(殮襲)할 때까지 둔다. 지금은 임종 후에 의사의 사망진단을 받고 수시가 이루어진다.

1) 죽은 이의 눈을 아래로 가볍게 쓰다듬어 감게 해준다. 깨끗한 탈지면이나 거즈에 알코올을 묻혀서 얼굴과 손발을 깨끗하게 닦아 좋은 모습으로 남도록 한다. 악취오수의 유출을 막기 위해 깨끗한 한지나 탈지면 등으로 코와 귀를 막고 입을 다물게 한다.

2) 시신을 정중히 그리고 위생적으로 닦아 정결하게 하고 깨끗한 옷을 입혀서 턱을 받쳐 입을 다물게 한 다음 베개를 약간 높이 하고 손과 발을 정 위치에 고정시키며 몸을 똑바로 잠자듯 눕혀준다.

3) 시신이 굳기 전에 손발을 고루 주물러서 손은 모아 배 위로 나란히 하고 자세를 바르게 하여 눕힌 다음 백지로 얼굴을 덮는다.

4) 남자는 왼손을 위로, 여자는 오른손을 위로 가도록 하고, 발은 나란히 모아 발끝이 위로 향하게 한다.

5) 시신이 굳기 전에 화선지나 베로 자세가 어그러지지 않도록 묶는다.

6) 하얀 천이나 이불로 시신을 덮어 방 윗목에 모시고 병풍이나 가리개로 가린다. 이때 사용하는 병풍은 화려한 그림이 있는 것은 피하고 글씨만 있는 것이 좋다. 한겨울이라 하더라도 시신이 있는 방에는 불을 때지 않고 차게 해야 한다.

○ 시상도(尸床圖)

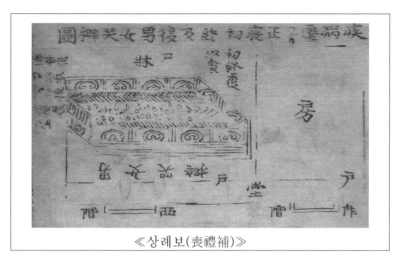

≪상례보(喪禮補)≫

7. 고복(皐復)

상을 당하였을 때 죽은 이의 이름을 부르면서 초혼(招魂)하는 것으로 몸에서 떠난 죽은 사람의 혼백을 다시 불러서 몸에 붙게 한다는 뜻이다. 여기서 고(皐)는 길게 빼어 부르는 소리를 뜻하고, 복(復)은 초혼하는 것인데 ≪예기(禮記)≫〈예운편(禮運篇)〉에 따르면 사람이 죽었을 경우 "지붕 위에 올라가 혼을 불러 말하기를, 아아! 아무개여 돌아오라 하고 소리친다〔升屋而號告曰皐某復〕"라고 기록하고 있다.

운명 즉시 여상(女喪)에는 여자, 남상(男喪)에는 남자가 고인이 평소에 입던 웃옷을 가지고 집 앞 처마에 사다리를 놓고 지붕으로 올라가 선다. 왼손으로는 옷깃을 오른 손으로는 옷 허리를 잡고 북쪽을 향해 휘두르면서 크고 길게 부른다.

"고(故) 학생(學生) 모관모공(某貫某公) 복(復)! 복(復)! 복(復)!"

"고(故) 유인(孺人) 모관모씨(某貫某氏) 복(復)! 복(復)! 복(復)!"

때에 따라서는 현대식으로 초혼 할 수도 있다.

"경기도 구리시 인창동 학생(學生) 000공(公) 복! 복! 복!"

관작이 있으면, 예를 들어 공직에 있었다면 달리 부른다.

"모관모공(某官某公) 복! 복! 복!"

"고(皐) 모부인모관모씨(某婦人某官某氏) 복! 복! 복!"

"사바세계 해동 대한민국 ００ (도.시) ００ (군.구) ００ (읍.면.동)００ 번지 ００호 (학생.유인)본관 ０００(공.씨)００세 ００년 ００ 월０ ０일 ０ ０시０ ０분 별세 복! 복!복!"

고복을 할 때 부르는 모관모공은 본관과 성씨를 말한다. 즉 김해김씨의 남자의 경우 김해김공(金海金公)이며, 여자의 경우 김해김씨(金海金氏)이다. 만약 벼슬이 있으면 남자의 경우 학생(學生)대신 벼슬 이름을 붙이고, 여자의 경우 남편 벼슬에다 부인을 붙여 부른다. 예를 들자면 "고 교육부장관 김해김공 복! 복! 복!", "고 내무장관부인 김해김씨 복! 복! 복!"과 같은 방법으로 고복한다.

고복을 할 땐 효자는 잠시 곡을 멈추고 혼이 돌아오기를 기다리고 정성을 다하는 것이 예의이다. 초혼 후 옷은 지붕 위에 두거나 그 옷을 가져다가 시신 위에 덮어 두었다가 입관 후에는 관에 덮어둔다. 지붕 위로 올라가는 것은 혼이 위에 있기 때문이고 이를 부르는 것은 유탈한 혼을 불러 다시 몸에 접신(接身)시키기 위한 것이다. 이렇게 해도 살아나지 않으면 죽은 것으로 확인한다.

만약 지붕이 높거나 올라갈 수 없는 상황이라면 마당 한 켠에서 해도 된다. 따라서 병원에서 운명하여도 이와 같이 마당이나 야외 주차장에서 고복할 수 있다. 고복에 사용한 옷은 상례가 끝나면 유품으로 간직하거나 태워버린다. 그러나 초혼 의례는 지방마다 집안마다 다르기도 하며 하지 않는 지방도 있는데, 근래에는 병원이나 장례식장에서 하기 때문에 그 절차가 생략되는 경우가 많다.

고복은 수시와 거의 동시에 이루어지는 과정이다. 고복이 있고 난 후 사자반상이 놓아지면 집사가 시상과 병풍을 준비하여 시신은 시상으로 옮기고 시신의 머리를 남쪽으로 하고 시신을 반듯하게 한 다음 병풍이나 포장으로 가리고 바람을 막아준다. 이때 헌옷으로 턱을 괴어 치아를 버텨주고 두 손은 복부로 모아 부드러운 천으로 결박하여 고정시켜주며 코와 귀는 탈지면으로 닦는다. 시신을 침구로 덮어 파리와 곤충의 침입을 방지하고 사방을 막는다.

이어 상주(喪主), 주부(主婦), 호상(護喪), 사서(司書), 사화(司貨)를 정하여 일을 분담한다. 상주와 주부는 옷을 갈아입고 음식을 입에 대지 않는다. 주부는 대부분 맏며느리의 역할인데 맏며느리가 없으면 주부는 정하지 않는다.

호상은 주인을 대신하여 장례를 주관하며 사서는 부조금 명단을 비롯하여 모든 기록을 전담하고 사화는 장례 절차에 필요한 모든 물품을 관리한다.

8. 사자반상(使者飯床)

사람이 죽으면 그의 혼을 인도할 저승사자가 온다. 사자반상은 흔히 '사자밥'이라 하여 망자를 데려갈 저승사자에게 고인을 편안히 모셔가라고 먹고 갈 것과 신고 갈 것을 대접하기 위한 것이다.

밥 세 그릇과 짚신 세 켤레를 채반에 받쳐 마당 한가운데 놓는데 때로 고복한 옷을 옆에 두기도 하고 나물과 약간의 돈을 올려놓기도 한다. 이 돈은 사자들의 노자로 사용하는 돈이며 신은 대문 쪽으로 향해 놓는다.

밥을 세 그릇 놓는 것은 사자가 셋이라고 보는 것으로 무속의 삼신사상(三神思想)에 기인한 것이라는 이론과 인간에게 존재하는 삼혼칠백(三魂七魄)에서 세 명의 사자가 삼혼을 데리고 간다는 이론이 존재한다. 나중에 사자밥은 먹지 않고 버리며 신은 태우고 돈은 상비에 쓴다.

○ 역할분담

수시와 초혼이 끝나면 유족들은 상례에 관한 역할을 분담한다. 먼저 상주(喪主)를 세우고 상제(喪制), 주부(主婦), 복인(服人), 호상(護喪), 사서(司書), 사화(司貨)를 정한다.

1) 상주(喪主)

상주란 주상(主喪)이라고도 하며 상가(喪家)의 대표자를 말한다. 부모상에는 장자(長子)가 맡는데 장자가 없을 경우에는 장손(長孫)이 아버지 대신 상주가 된다. 장자나 장손이 없을 경우는 차자가, 차자도 없을 경우는 차자의 장손이 상주가 된다. 아들 상에는 아버지, 부인상에는 남편이 되기도 하나 집안에 따라서는 다른 경우도 있다. 자손이 없는 경우는 가장 가까운 친척이 상주가 된다.

2) 상제(喪制)

상제란 상주를 비롯한 고인의 배우자와 직계의 모든 자손들을 말한다. 고인의 직계 자손이 없을 경우는 가장 가까운 친척들이 상제가 된다.

3) 주부(主婦)

주부란 고인의 처를 말하는데, 그 처가 죽고 없을 경우는 상주의 처가 대신한다.

4) 복인(服人)

복인이란 본래 초상이 나고 1년이 되는 기년(朞年)까지 상복을 입는 사람을 말한다. 친가 쪽 복인의 범위는 고인의 8촌 이내의 친족이며, 외가는 외사촌 이내, 처가는 부모에 한한다.

복인들 중 남자 상제들은 흰 두루마기를 입되 부상이면 왼쪽 소매, 모상이면 오른쪽 소매에 팔을 꿰지 않고 소매를 빼서 뒤로 넘긴다. 그리고 앞섶을 여미지 않은 채 안옷고름으로 조금 매기만 한다. 여자 상제들은 머리를 풀고 흰 옷을 입는다. 오늘날은 초상 때만 두루마기를 입거나 완장을 차거나 또는 두건을 쓴다.

5) 호상(護喪)

호상이란 장례위원장으로 상주를 대표해서 장례에 대한 모든 일을 다스리는 사람을 말한다. 상주는 친척이나 문중 어른이나 타성이라도 상례에 경험이 많고 예절을 잘 아는 사람으로 하여금 장례에 관한 모든 절차를 주관하게 한다. 호상으로 선정된 사람은 장례에 관한 안내, 연락, 사망신고, 매장허가 신청, 장의사 선정 등 모든 일을 책임지고 주관한다.

상례를 거행할 때 처음부터 끝까지 모든 절차를 제대로 갖추어 잘 치를 수 있도록 하기 위하여 상가 안팎의 일을 지휘하고 관장하는 책임을 맡은 사람, 호상으로는 죽은 사람과 상주의 집안사정 및 인간관계를 잘 아는 친척이나 친우 가운데에서 상례절차를 잘 알고 또 절차에 따른 일들을 잘 처리할 수 있는 사람을 골라 모신다. 그렇게 하여 상주가 다른 일에는 신경을 쓰지 않고 단지 상주로서의 의무만을 제대로 이행할 수 있도록 도와주는 구실을 하기 때문에 호상이라고 부른 것으로 보인다.

초상이 나면 먼저 호상소(護喪所)를 차려, 호상의 이름으로 부고(訃告)를 띄워 알린 다음, 사화(司貨), 사서(司書)로 하여금 신종록(愼終錄)과 부의록(賻儀錄)을 작성하도록 한다. 신종록이란 상례의 절차에 따라 맡은 사람의 이름, 거행 일시와 함께 그 절차에 따라 미리 마련할 물품과 사용될 재화의 목적과 수량 등을 적은 것을 말한다.

부의록은 조의록(弔儀錄) 또는 애감록(哀感錄)이라고도 하는데, 문상객의 이름과 주소, 그리고 부의의 내용을 적은 것을 말한다. 또한, 여러 절차에 따라 읽어야 할 축문(祝文)과 예서(禮書)를 참고로 하여 미리 마련하고, 축관으로 하여금 제대로 준비를 하도록 한다. 뿐 아니라 욕자(浴者)와 염습자(殮襲者)와 함께 산역(山役)을 맡을 사람들을 미리 골라 일을 맡긴다. 그리고 무덤을 쓸 장소와 위치도 미리 상주와 지관과 의논하여 정하기도 한다. 또한, 상가에 조문하러 온 귀한 손님을 접대하는 책임도 맡는다. 따라서 호상은 상주를 대신하여 상가를 대표할 수 있는 식견이 높은 사람이라야 맡을 수 있었다.

조선 시대부터 양반계층에서 수신(修身)의 구체적인 행동규범이었던 주자(朱子)의 ≪가례(家禮)≫ 가운데에서도 특히 상례는 효성의 기준으로 평가되었기 때문에, 상가와 상주의 명예가 달린 상례를 총괄하는 호상의 지위와 자질은 상당히 높지 않으면 안 되었다고 하겠다.

6) 사서(司書)

사서는 서류를 관장하는 사람이다. 상주는 자제나 혹은 친우 중에서 사서와 사화를 선정하여 조문객의 내왕, 장례 비용의 출납 등의 사무 처리를 맡긴다. 사서와 사화 업무를 각기 다른 사람이 할 수도 있고 한 사람이 하는 경우도 있다. 이 중 사서는 조문객의 출입을 적는 책에다 부상(父喪)에는 조객록(弔客錄), 모상(母喪)에는 조위록(弔慰錄)이라 쓴다. 부의금(賻儀金)의 출납을 적는 책은 다같이 부의록(賻儀錄)이라고 쓴다. 장례시 장의사에서 준비해 주기도 하고 부의함을 비치해 준다. 사서는 상례에 필요한 축문(祝文)도 미리 준비해 두어야 한다.

7) 사화(司貨)
사화는 장례에 필요한 재물을 책임지고 관장하는 사람이다.

9. 발상(發喪)

고복이 끝나면 시체를 시상에 안치하고 나서 하는 행위로 상주(喪主)를 세우고 자손들이 상제(喪制)의 모습을 갖추며 상주는 머리를 풀고 곡을 하여 초상이 발생했음을 이웃에 알리는 의례이다.

상주는 머리를 풀어헤치고 맨발에 흰 옷을 입는다. 상주는 백색 천으로 만들고 옷 가장자리에 검정비단으로 선을 두른 심의(深衣)를 입는 것을 원칙으로 하나, 심의가 없으면 흰 도포나 두루마기를 입어도 격을 갖춘 것으로 본다.

아버지 상을 당했을 때는 왼쪽 소매를, 어머니 상에는 오른쪽 소매를 꿰지 않는데 죄인이란 의미를 나타내며 부모가 돌아가시니 옷을 제대로 갖추어 입을 수 없을 정도로 정신을 잃었다는 의미를 지닌다. 또한 복을 입는 사람들도 모두 금은과 같은 패물과 장식품을 거두고, 흰 옷으로 갈아입는다. 차림새뿐 아니라 음식도 금하도록 되어 있다.

망자의 아들, 딸, 며느리는 사흘을 굶고, 기년(朞年)이나 대공복(大功服)을 입는 사람은 세 끼를, 소공(小功)이나 시마복(緦麻服)을 입는 사람은 두 끼를 먹지 않는다. 친척이나 마을 사람이 미음이나 죽을 쑤어 먹이거나, 어른이 먹으라고 권하면 조금 먹어도 된다. 때문에 과거에는 초상난 집에 팥죽을 쑤어 가는 풍습이 있었다. 발상하여 슬퍼한다고 하여, '발상거애(發喪擧哀)'라는 말이 있다.

○ **역복**(易服)

역복은 옷을 갈아입는 다는 의미가 있는 말인데, 초상이 나자 바로 상복으로 갈아입는 것이 아니라 우선 검소한 옷으로 갈아입고 근신하며 애도하는 것이다. 옛날의 법에는 두루마기의 한편 팔을 꿰지 않은 모습으로 맨발로 있었는데 상을 당하여 옷을 제대로 입지 못할 정도로 슬프고 애통하다는 뜻이다.

근래에는 한복인자 두루마리를 입는 경우는 매우 드물어 보기 힘들어졌으며 그 의복도 달라졌다. 현대의 일반적인 장례 절차에서 남자는 대부분 검정 계통의 양복을 입고, 여자는 검정색이나 회색 또는 흰색의 평상복이나 치마저고리를 입는 것이 보통이다. 옛날에는 아들, 딸, 며느리는 머리를 풀었으나 최근에는 단정하게 빗어 내리는 것으로 대신한다.

○ 전(奠)

상례에는 전(奠)이라는 글씨가 상당히 다양하고 곳곳에서 사용된다. 이것은 입관이 끝나고 성복할 때까지는 돌아가신 분이라도 생전과 똑같이 모신다는 뜻에서 생시에 쓰던 그릇에 주과포혜(酒果脯醯)를 올리는 것이다. 주과포혜는 술, 과일, 포, 식혜를 말한다.

전을 올릴 때는 시신을 가린 병풍 앞에 상을 놓고 백지를 깐 다음 주과포혜를 올린다. 평소에 즐기던 음식을 올려도 상관이 없으며 하루에 한 번씩만 한다. 그러나 어떤 음식을 올리더라도 그 기본은 주과포혜이다. 전에 올리는 음식에서 마른 음식이나 일반 과일은 껍질을 벗기지 않지만 과일은 위아래만 도려낸다. 고인이 생전에 좋아하던 꽃을 제상 양 옆에 놓아 드리는 것도 무방하다.

집사(執事)가 포(脯)와 식혜(食醯), 과일 등을 탁자 위에 놓으면 축관(祝官)이 손과 술잔을 씻고 술을 따라 올린다. 술은 잔에 가득 차게 부어 시신의 오른쪽 어깨 가까운 곳에 놓는다. 이것을 염습이 끝날 때까지 날마다 한 번씩 행한다. 집사와 축관이 전을 올리는 이유는 주상은 슬프고 애통하므로 자신이 올리지 못하기 때문에 집사가 대행하는 것이다. 단, 절은 하지 않는다. 밥상, 어포, 과일, 채소, 술, 식혜, 대야, 수건이 필요하다.

○ 치관(治棺)

치관이란 관을 만드는 것을 말하는데 과거에는 급히 제작하거나 미리 만들어 두기도 하였지만 최근에는 기성품을 사용한다. 호상이 장의사에 연락하거나 장례식장이라면 장제사업자를 통해 망자에게 알맞은 관을 준비한다.

호상이 목수나 관장(棺匠)을 시켜 나무를 골라 관을 만들게 한다. 나무 중에는 유삼(油杉)이 제일이고 잣나무, 은행나무, 소나무, 그리고 오동나무 순으로 사용한다. 관재(棺材)는 천판(天板), 지판(地板)을 한 장씩, 사방판(四方板)은 네 장을 준비한다. 두께는 세 치(약 9cm)나 두 치반(약 7.5cm)으로 하며, 높이와 길이는 시신의 길이와 부피에 맞도록 한다. 옛날에는 부모가 회갑이 지나면 이미 관재를 준비하고 옻칠을 하여 소중히 보관했다가 사용하는 경우가 많았다.

○ 칠성판(七星板)

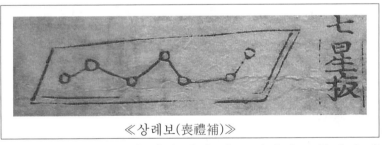

≪상례보(喪禮補)≫

칠성판은 염습할 때 시신 밑에 까는 널빤지로 두께가 다섯 푼이다. 송판에 북두칠성 모양의 구멍 7개를 뚫어 옻칠을 한 것으로 구멍은 동그스름하나 약간씩 각이 졌다. 칠성판에 북두칠성 모양의 구멍을 뚫는 것은 죽음을 관장하는 북두신에 빌어 죽음을 구제받기 위한 것이다. 관 밑에 칠성판을 쓰는 것은 방상이나 무덤 앞의 석인과 같이 광중의 사귀를 쫓기 위한 것이라 할 수 있다.

○ 장지(葬地) 결정

망자의 시신을 묻을 자리를 정해야 한다. 장지는 미리 선정해두는 것이 좋다. 따라서 좋은 산과 지사가 있다면 가묘(假墓)를 만들어 놓는 것도 좋은 방법이다. 아울러 종중산도 좋은 조건이지만 좋은 장소를 찾아 두는 노력이 필요하다. 돌아가신 다음 장지를 선정하려면 시간과 장소의 제약이 있다. 장지가 미리 정해져 있으면 산역까지 해 놓고 상을 당한 후에는 점검만 하는 것이 바람직하다.

상황이 공원묘지로 장지를 택했을 경우는 사망신고시 〈신체매장신고증〉 또는 〈화장신고증〉을 발급받아 공원묘지 관리사무소에 제출하여야 한다. 또한 석물을 사용하는 것을 신경써야 하므로 망인의 출생년월일, 사망년월일, 본관성씨, 이름, 자손의 성명 등을 알려주어 비석이나 묘표에 새기도록 한다. 선산이나 사설 묘지로 장지를 택하는 경우에도 매장 및 묘지 등에 관한 법률과 산림법에 저촉 되지 않아야 한다.

풍수적으로는 돌을 사용하지 않는 것이 좋다. 때로 돌로 관을 만들어 석관을 사용하면 산소 안에 물이 들거나 물이 차게되는 원인이 된다. 또한 공동묘지의 경우에 묘역이 협소하다는 이유로 묘역을 돌로 둘러싸는 경우가 많은데 이는 광중(壙中)에 물이 들어가게 하는 원인이 되므로 돌을 사용하지 않는 것이 현명하다.

○ 장일(葬日) 결정

장사일은 가족의 환경이나 가문의 전통에 따르는 것이나 현대 장례에서는 보통 사망한 날로부터 3일장으로 한다. 경우에 따라서는 5일장, 7일장으로도 한다. 우수(偶數), 즉 음의 날인 짝수를 쓰지 않고 양의 날이며 홀수인 기수(奇數)를 쓰며 중상일(重喪日) 등과 같이 흉살이 많은 날은 피한다. 과거에는 아주 오랜 기간에 걸쳐 장사를 지내기도 했는데 이는 택일과 장지의 문제였다. 심지어 장사지내기까지 한 달, 혹은 석 달이 걸리는 경우도 있었다. 해안지방의 장사에서 택일이 맞지 않으면 초분(草墳)을 지어놓고 몇 년간 장사를 지내지 못하는 경우도 있었다.

초상에 반드시 피해야 할 날											
區分	寅 1월	卯 2월	辰 3월	巳 4월	午 5월	未 6월	申 7월	酉 8월	戌 9월	亥 10월	子 11월	丑 12월
重喪日	甲	乙	己	丙	丁	己	庚	辛	己	壬	癸	己
復日	庚	辛	戊	壬	癸	戊	甲	乙	戊	丙	丁	戊
重日	巳亥	巳亥	巳亥	巳亥	巳亥	巳亥	巳亥	巳亥	巳亥	巳亥	巳亥	巳亥

특히 택일에 중상일은 피해야 한다. 중상일(重喪日)은 상(喪)이 거듭 된다는 뜻으로 이날에 장사하면 사람이 연이어 죽거나 후손이 연이어 사망한다는 의미이니 장사(葬事)는 절대 불가하여 3일장 예정이라도 중상일을 피해 5일

장을 택할 수도 있고 때로는 더욱 길어지기도 한다. 복일
(復日)과 중일(重日)은 흉사(凶事)에는 더욱 흉하고 길사
(吉事)에는 더욱 길하다는 날로 가능하다면 꺼리는 것이
좋다.

10. 부고(訃告)

사람의 죽음을 알리는 통보를 말하는 것으로 부음(訃
音), 고부(告訃), 부문(訃聞), 통부(通訃), 흉보(凶報)라
고도 한다. 장지와 장일이 결정되면 호상은 상주와 상의하
여 친지, 알려야 할 사람들에게 부고를 낸다.

부고장은 백지에 붓글씨로 쓰고 장수가 많으면 인쇄도
가능하며 봉투는 붓글씨로 정중하게 써야 한다. 부고를 전
달하는 방법에는 구두, 전화, 인터넷, 우편 또는 사람을 직
접 보내거나 신문에 광고를 내는 경우 등 다양하다. 단 신
문에 부고를 내는 경우는 가정의례준칙에 따라 행정기관,
기업체, 기타 직장이나 단체의 명의를 사용하지 못한다. 또
한 사당이 있는 집에서 상을 당했을 경우에는 사당에도 부
고해야 한다. 부고는 호상의 이름으로 내며 상주 성명은 맏
상주의 이름을 쓴다.

≪예서(禮書)≫에 부고가 나타나는 것으로 볼 때, 우리
나라에도 유교식 가례가 수용된 고려 말 이후로 부고의 의
식이 행하여진 것으로 보여진다. ≪사례편람≫에 부고의
형식이 있으니, "某親某公以宿患不幸於今月幾日某時別世

專人(爲書)訃告(00공이 오래 병을 앓으시다가 불행히 금월 0일 0시에 별세하였으므로 사람을 시켜알립니다)."라고 기록되어 있다.

다음에 연호와 보내는 날짜, 호상 이름, 받는 자의 이름을 쓰고 있는데 오늘날의 관행은 ≪예서≫와 약간의 차이가 있다.

옛날에는 유월장(踰月葬)을 하였으므로 지금과는 달리 부고에 장례의 날짜를 기록하지 않고 계고(啓告)라 하여 따로 통보하였다. 또한 옛날에는 부고에 상주, 사위, 손자 등의 이름을 기록하지 않았다. 하지만 지금은 상주, 형제, 사위, 손자들의 이름까지 명시하는 방법으로 바뀌고 있다. 과거 호상이 부고를 내는 법에서 상주 가족이 부고를 내는 형식으로 바뀌고 있음을 보여주는 것이다.

'부고달아매기'라고 하여 부고를 받은 사람은 대문 밖에서 펴본 뒤 대문 밖의 처마 밑이나 담장의 틈새에 꽂아두고, 절대로 집안으로 들여놓지 않는 풍습이 있었다. 문상갔다가 돌아오며 대문 밖에 모닥불을 피워놓고 그 위를 넘어 집안으로 들어오는 행위가 있었다. 최근에는 게발을 싸가지고 가서 버리고 오거나 돌아오는 현관 밖에서 소금과 고춧가루를 뿌리는데 이는 상문살을 두려워해서 하는 일이며 불길한 마음 때문이다.

1) 부고의 첫 머리에 상주의 성은 쓰지 않고 이름만 쓴다.

2) 호상이 상주의 8촌 이내이면 호상의 위치에서 상주와의 관계를 나타내는 칭호를 이름 위에 쓴다.

3) 8촌이 넘으면 상주와의 관계를 쓰지 않고, 상주의 이름으로부터 시작한다.

4) 어머니는 "大夫人"이라 쓰고, 할아버지가 승중(承重) 했을 때는 "王大人", 할머니는 "王大夫人"이라 한다.

5) 망인이 노인이 아닐 때에는 숙환(宿患)이라 하고, 별세를 기세라고도 한다.

6) 사람을 시켜 부고를 보내지 않고 다른 방법으로 부고를 보낼 때에는 전인(專人)이라 하지 않고 위서(爲書)라 한다.

6) 망인의 아들과 손자는 이름만 쓰며, 딸은 출가 했으면 사위의 성명을 쓰나, 출가하지 않은 딸은 쓰지 않는다. 동생이나 조카는 쓰지 않는다.

○ 전인부고의 예

某親 某人 以幾月 幾日 得病 不幸於
모친 모인 이기월 기일 득병 불행어

幾月 幾日 別世 傳人 訃告
기월 기일 별세 전인 부고

年　　月　　日
년　　월　　일

護喪　　　上
호상　　　상

某位　座前
모위　좌전

○ 우편부고의 예

訃 告

000(맏아들이름) 大人 綾城具公 **00(고인의 함자)**以 老患
十月 二十四日(陽曆十二月二十九日)
午前 七時十二分於 光州赤十字病院別世
玆以訃告
永訣式:陽曆 月 日 午前 時
永訣式場 :
發靷 : 當日 午前 十時
葬地 :
年 月 日

嗣者 :000
次子 :000
三子 :000
孫 :000
壻 :000
護喪 :000 拜上

座下

○ 상주가 직접 내는 부고

일반적으로 부고는 호상이 보내는 것인데 망인 칭호에
있어 상주의 아버지이면 대임(大人), 어머니이면 대부인(大
夫人), 할아버지이면 왕대인(王大人), 할머니는 왕대부인
(王大夫人), 아내이면 합부인(閤夫人)이나 망실(亡室), 상제

의 동생은 망제(亡弟)라고 쓴다.

　늙은 사람이 돌아가시면 노환(老患), 병환으로 돌아가시면 숙환(宿患), 뜻밖의 사망에는 사고급사(事故急死)라고 쓰며 별세(別世)는 달리 운명(殞命), 기세(棄世)라고도 쓰며 사람이 직접 전할 때는 전인(傳人), 우편이나 다른 방법으로 전할 때는 자이(玆以)라고 쓴다.

訃告(부고)

000(상주성명)　親00以　0000年　0月　00日　00時　00分　於自宅

宿患　不幸於　別世　玆以　訃告

永訣式 : 0000年　0月　00日　00時

永訣式場 : 00市　00洞　00番地　自宅

發靷 : 0000年　0月　00時

葬地 : 00道　00郡　00面　00里　先塋下

　　　　　　　　　　　　년 월 일

　　　　　　　嗣子(사자) 00

　　　　　　　次子(차자) 00, 00, 00

　　　　　　　孫(손) 00

　　　　　　　哀子(애자) 00 泣血(읍혈)

○ 부고 봉투

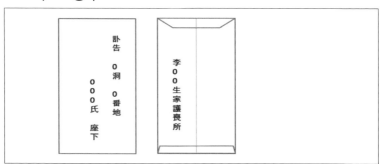

11. 염습(殮襲)

습(襲)이란 시체를 목욕시키고 일체의 의복을 입히는 것을 의미하며, 소렴은 시체를 옷과 홑이불로 싸서 묶는 것이며, 대렴은 시체를 아주 묶어서 관에 넣는 것을 말하는 것으로, 습과 렴을 총칭하여 염습이라고 부른다.

습은 향탕수로 시신을 정갈하게 씻기는 것이다. 향나무를 삶은 물이 향탕수이지만 쑥을 삶은 물을 사용하기도 한다. 남자 시신은 남자가 씻기고 여자 시신은 여자가 씻긴다. 시신의 옷을 벗기고 홑이불로 가리고 씻긴 다음 시신을 시상으로 옮겨 방에 모신다. 습은 운명하신 다음날 하는 것이 일반화된 원칙이지만 당일에 하는 경우도 있다. 장례식장에서 할 경우에는 이불이 없으므로 흰 천으로 가리고 하기도 한다.

○ 목욕(습, 沐浴) 준비

염습할 때는 방 안팎을 깨끗하게 치우고 집안의 모든 사람은 근신하는 태도로 기다린다. 수의를 갖다 놓는다. 염습할 때 상주는 눈물이 수의에 떨어지지 않도록 주의한다.

- 물그릇 둘 : 시신의 위쪽과 아래쪽에 놓는다.
- 새 솜과 새 수건 세벌 : 시신의 머리, 상체, 하체를 닦을 것으로 나누어 놓는다.
- 주머니 다섯 개 : 목욕 시킨 후 머리카락과 좌우 손톱, 발톱을 깎아 넣을 주머니
- 빗 : 머리를 빗기는데 사용

○ 목욕(沐浴) 실시

습이라고도 하며 남자 시체는 남자가 시키고, 여자 시체는 여자가 시킨다. 향을 삶은 물이나 알코올을 거즈나 솜에 묻혀 얼굴을 비롯한 전신을 깨끗이 닦는다. 다섯 개의 작은 주머니(수의에 포함되어 있음)에 손톱, 발톱, 머리털을 잘라 왼쪽 오른쪽을 구분하여 각각 넣는다.

목욕을 시킬 때는 시자가 손을 씻고 더운 물을 가지고 들어가면 상주와 상인은 모두 방 밖으로 나가 북쪽을 향하여 서 있는다. 시자는 목욕을 시킨 후에 수건으로 닦고 머리를 빗긴다. 머리를 빗어 빠진 머리카락은 준비해 두었던 주머니에 담고 손톱과 발톱을 깎아 주머니에 각각 넣어 두었다가 대렴후에 이불 속에 넣는다. 목욕한 후 물과 수건, 빗은 구덩이를 파고 묻으며, 이 절차가 모두 끝나면 상주들이 들어온다.

○ 염을 위한 준비

습이 끝나면 염을 위한 준비를 한다. 시자는 손을 씻은 후 침상을 장막 밖에 따로 마련해 두고 수의(壽衣)를 펴 놓는다. 수의의 종류는 제법 그 가짓수가 많은데 차례로 참고하여 분비하고 차질없이 하여야 한다.

복건, 망건, 심우, 도포, 두루마기, 원삼, 당의 띠, 과두, 솜저고리, 곳적삼, 속저고리, 겉저고리, 솜바지, 속속곳, 고쟁이, 단속곳, 행전, 신, 명목, 악수, 솜버선, 거포(겨드랑 밑에 마포), 충이(귀마개), 천금(이불), 지금(요)등이 모두 필요하다.

- 복건(幅巾) : 복건(幅巾)이란 수의의 한 종류로 검은 명주로 만든, 머리를 싸서 덮는 모자 모양의 수건을 말한다.

사인시음 / 강희언작
조선 시대 강희언의 그림으로 선비들이 모여 나무 밑에서 글을 짓고 책을 읽는 모습을 표현하고 있다. 서 있는 선비 머리에 쓴 것이 복건이다.

- 두건(頭巾) : 머리에 씌우는 수건

- 망건(망건) : 상투를 틀 때 머리카락이 흘러내려오지 않도록 하기 위하여 머리에 두른 운두 10cm 가량의 그물처럼 생긴 물건으로 검정 비단으로 만든다.

- 명목(暝目) : 멱목(冪目), 멱모라고도 한다. 주검의 얼굴을 가리기 위한 것으로 검은색의 비단에 자주색 날명주를 쓰기도 하고, 푸른색 비단에 붉은 날명주를 쓰기도 한다. 크기는 사방 한 자 한 치에서 한 자 세 치(약 33~39cm) 안팎의 네모난 꼴로 만든다. 관습에 따라 남성의 경우는 안감을 남색으로, 여성의 경우는 안감을 다홍색으로 한다.

- 악수(握手) : 손을 싸매는 작은 주머니, 비단으로 만드는 데 길이는 한 자 두 치, 폭은 대략 다섯 치(15cm)로 하여 각각 좌우 2개를 준비한다.

- 충이(充耳) : 새 솜을 대추씨만하게 만들어 준비하는데 귀를 막는데 쓴다.

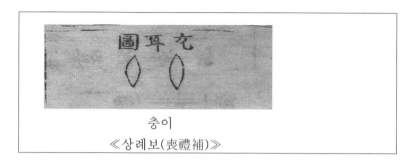

충이

≪상례보(喪禮補)≫

 - 속옷 : 속적삼과 속바지

 - 겉옷 : 바지. 저고리, 버선, 대님, 허리띠, 바지를 입을
때 간편하게 하기 위하여 정강이에 꿰어 무릎 아래에 매는
것으로 형태는 네모나게 소맷부리처럼 만들고, 위쪽에 두
개의 끈을 달아 돌려 매게 하는 행전(行纏), 두루마기, 허리
에 매는 띠로 대대(大帶)보다 가는 실띠의 모양을 지닌 조
대(條帶), 대대, 토수, 명주에 종이를 붙여 만든 신.

 - 행전 : 바짓가랑이를 좁혀 보행과 행동을 간편하게 하
기 위하여 정강이에 감아 무릎 아래에 매는 물건.

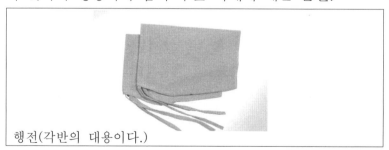

행전(각반의 대용이다.)

- 천금(天錦) : 시신을 덮는 홑이불

- 지금(地錦) : 시신 밑에 까는 겹이불

- 속포(束布) : 시신을 묶는 것으로 한지나 삼베를 이용한다.

- 반함(반함) : 버드나무 숟가락 1, 쌀 1홉, 구멍없는 구슬이란 의미의 무공주(無孔珠) 3, 동전 3,가 필요하다.

- 여자 수의는 저고리, 적삼은 붉은색, 노란색, 녹색으로 하고, 속곳, 단속곳, 바지, 큰 허리띠를 준비해서 겹으로 바르게 펴 놓는다.

○ 수의를 입힌다.
수의의 모든 깃을 여밀 때 오른편으로 한다. 이는 산 사람과는 반대편이다. 수의를 입힌 후 시신을 홑이불로 싸서 방 가운데로 옮기고 상제 중 남자는 시신의 동쪽, 여자는 서쪽에 서서 반함(飯含) 준비를 한다.

- 남자는 먼저 침상을 펴놓고 그 위에서부터 두루마기와 바지를 입혀서 오른쪽으로 여민다. 그리고 아직 복건이나 속옷은 입히지 않고 신도 신기지 않는다.

– 여자는 속바지와 적삼을 입히고 망건을 씌우고 버선을 신긴 다음 네 사람이 시신을 들어 침상으로 옮긴다. 겹쳐서 펼쳐 놓은 겉옷을 위로 좌우 손을 옷소매에 꿰고 옷을 여미고 고름은 매지 않는다. 다시 이불을 덮는다. 옷은 붉은 치마인 모홍상, 푸른치마인 청상, 원삼 조대, 대대, 머리가리는 관두, 명목, 악수, 버드나무 비녀 등이다.

12. 설전

전(奠)이란 고인이 살아 있을 때와 같이 섬기기 위하여 생시와 다름없이 올리는 음식이다. 설전(設奠)은 고인의 영혼이 의지할 수 있도록 전을 차려 제사를 올리고, 혼을 위한 간단한 음식을 차려놓는 것이다. 집사(執事)가 왼쪽에 포(脯), 오른쪽에 식혜(食醯), 과일 등을 탁자 위에 놓는데 시신 동쪽에 놓아야 한다. 축관(祝官)이 손을 씻고 술을 잔에 따라 올린다. 술은 잔에 가득 차게 부어 시신의 오른쪽 어깨 가까운 곳에 놓는다. 애통함이 깃든 곡에 이어 상주가 이 술을 받아 입에 물려준다.

상주는 시상의 동쪽에 앉아서 북쪽을 향하여 제사 지내고 남자 상제들 중에서 3년상을 입은 사람들은 그 아래에 순서대로 앉는다. 같은 성(性)으로 기년복이나 대공복, 소공복 이하는 차례로 뒤에 앉는데 모두 서쪽을 향한다.

주부와 여자들은 시상 서쪽에 앉는데 같은 성의 여자들은 역시 복의 차례대로 그 뒤에 앉아서 동쪽을 향한다. 첩이나 종은 여자들 뒤에 서며 이들 사이에 포장을 쳐서 안팎을 가른다. 다른 성의 남자들은 포장 밖 동쪽에 앉고, 다른 성은 포장 밖 서쪽에 앉는다.

집사와 축관이 전을 올리는 이유는 주상은 슬프고 애통하여 자신이 올리지 못하기 때문에 집사가 대행하는 것이다. 단 절은 하지 않는다. 죽은 사람이라도 밥 먹을 때에 그대로 지나기에는 너무나 슬픈 일이므로 아침과 저녁에 시신의 오른쪽 어깨 옆에 상을 차려 올리는 것을 설전(設奠)이라 한다.

전을 드릴 때의 준비물은 밥상, 어포, 과일 또는 채소, 술, 식혜, 세숫대야, 수건 등이다. 밥이나 국, 반찬 등 상하기 쉬운 것은 차리고 잠시 후에 치우지만 과실, 포, 술은 다음 전까지 두었다가 새로 전을 올릴 때 먼저 것을 치운다.

영좌 설치와 설전 입관이 끝나면 영좌를 설치하고 혼백이나 영정을 놓고 고인을 살아계실 때와 똑같이 모신다는 의미로 염습전을 올린다. 최근에는 많이 간소해져 이와 같은 설전이 매우 약해지거나 간소하게 치러진다.

13. 반함(飯含)

반함이란 망자에게 마지막 음식을 올리는 절차다. 염을 하기 전에 시신의 입에 구슬 또는 엽전과 쌀을 떠 넣어 주는 의식이다. 집안에 따라 생략하는 경우도 있다. 불린 쌀 세 숟갈과 동전 세 닢을 준비한다.

상주가 손을 씻고 곡을 하며 왼쪽 소매를 벗어 오른쪽 허리에 꼽고 무공주 3개를 담은 그릇을 받들고 깨끗하게 씻은 쌀을 담은 그릇에 버드나무로 만든 수저를 꽂아 들고 시신 앞으로 다가간다. 명건으로 얼굴을 덮고 시신의 동쪽 발치로부터 서쪽으로 올라와 동쪽을 향해 앉아 시신을 덮은 명건을 들고 버드나무 수저로 쌀을 왼편으로부터 떠서 오른편 입에 넣으며 무공주도 넣고, 왼편 입 순으로 넣은 다음 마지막으로 한 가운데 넣는다. 무공주도 같은 순으로 넣는다. 쌀을 한번 넣을 때마다"천석이요!" 두 번째 넣을 때는 "만석이요!"세 번째 넣을 때는"십만석이요!"한다. 또 동전을 물릴 때도 한번 넣고 "천냥이요!" 두 번 넣고 "만냥이요!" 세 번 넣고 "십만냥이요!"한다. 이는 망인의 저승길에 식량과 노자를 드리는 의식이다. 이와 같은 순서가 끝나면 깨끗한 솜을 명주에 싸서 턱 아래를 채운다.

이후 복건을 씌우고 충이로 좌우의 귀를 막은 다음 명목을 덮고 신을 신기며 심의를 거두어 여미는데 옷깃은 산 사람의 반대로 하여 오른쪽으로 여민다. 이어 조대, 대대를 동심결로 매고 악수를 맨다.

이상으로 습례(襲禮)는 모두 끝나고 염을 기다려야 한다. 시신을 다시 이불로 덮어 시산에 모신다. 염습이 끝나면 모든 기물을 추려 태울 것은 태우고 묻을 것은 묻는다. 이어 영좌를 꾸미고 혼백을 접으며 명정을 만들어 세운다. 이제부터는 곡을 한다.

○ 혼백(魂帛)

혼백은 신주(神主)를 만들기 전에 임시로 만들어 영좌(靈座)에 봉안하는 신위(神位)를 말하는 것으로 1자 2치의 흰 명주나 모시를 아홉 칸으로 접어 만드는데 첫 칸부터 여덟째 칸까지 폭을 1치 5푼으로 하고 아홉째 칸은 1치로 한다. 위에는 3푼 넓이의 백지를 두르고 윗부분에 '上'자를 쓴 다음 혼백상자에 세운다. 혼백상자는 백색으로 만들되 뚜껑 앞에 '前'자를 쓰고 가운데에 손잡이를 달아 여닫기에 편하도록 한다.

혼백은 신을 의빙(依憑)하게 하는 것이며 시체를 가린 병풍 밖에 등메를 깐 다음 교의(交椅)를 놓고, 복의(復衣)를 백지에 싸서 교의 위에 놓고 그 위에 혼백상자를 서상(西上)하여 봉안하고 흰 명주보를 덮는다. 교의 앞에는 제상을 놓고 위에 촛대 한 쌍을 놓는다. 그 앞에는 향상(香床)을 놓는다.

근래에는 신주를 만들지 않는 경우에 빈소에 모셨다가 대상이 지난 후에 묘소에 묻는 것이 일반화 되었는데 간혹 성분이 이루어진 다음이나 삼우제를 지내고 묻는 경우가 있다. 대상이 지난 후에 묻는 것이 일반화된 것이며, 혼백은 오색실로 만든 동심결을 끼워 혼백함에 모시는데 깨끗한 백지에 고인의 옷을 싸고 지방을 써서 함에 넣기도 하고 사진으로 대신하기도 한다.

○ 혼백 접기

九	八	七	六	五	四	三	二	一

혼백 접는법

혼백은 접기도 힘들고, 동심결을 흉사(凶事)에 접을 수 있는 경우가 많지 않기 때문에 대부분 기성품을 사용하고 있다. 혼백은 삼베나 화선지를 이용하는데 전 폭을 4길이한자 세치를 사용한다. 한 치 다섯 푼으로 여덟 번을 접고 한 치가 남아 9칸이 된다. 이것을 펴서 그림과 같은 순서로 접는다.

전체 폭은 1자 3치이고 길이는 1자로 한다.
- 1을 2와 마주 닿게 한다.
- 3을 이등분하되 3이 보이게 접어 1의 뒷면에 가게 접는다.
- 4를 접되 4가 보이게 하여 2의 뒤에 가도록 접는다.
- 5의 중간을 접되 5가 속으로 들어가게 저어서 1의 뒷면에 가서 3과 마주되게 접으면 5는 보이지 않는다.
- 6과 4가 서로 맞닿게 접으면 6은 자연히 보이지 않게 된다.
- 7은 접어서 6의 뒷면에 붙이면 7이 보이게 된다.
- 8을 7과 마주 닿게 붙여서 접는다.
- 4와 6 사이를 벌리고 가로의 윗변을 한 치 접어서 4와 6에 붙게 안으로 접는다.
- 7과 8 사이를 벌리고 가로의 아랫변을 한 치 접어서 7과 9를 안으로 접고 벌리기 전 대로 접는다.
- 9를 접되 4의 아랫변과 윗변 접는 것을 싸서 꼽는다.
- 그림처럼 위를 백지로 표시하지만 8의 뒷면이 앞으로 가게 한다.

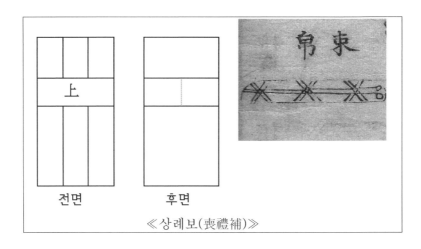

≪상례보(喪禮補)≫

○ 혼백상

혼백을 넣어 모시는 상자를 혼백상이라 한다. 혼백상은
한지를 넣어 서너 겹 붙여서 만든다.

- 밑바닥은 사방 여섯 치로 한다.
- 높이는 다섯 치 내지 여섯 치이다.
- 앞에 前이라 쓴다
- 뚜껑의의 한복판에 손잡이를 만든다.
- 혼백상은 항시 닫아놓아야 하며 상식과 상망에는 연다.
- 기성품을 사용해도 된다.

○ 흉사동심결

다른 이름으로는 사동심결(死同心結)이라 부르는데 생동심결매
듭을 맺고 맺어진 생동심결매듭을 뒤집어 생동심결매듭을 다시
한번 맺으면 사동심결매듭이 된다. 사동심결매듭은 생동심결매
듭에서 보이는 양쪽 2개의 작은 귀의 날개가 없어진다 하여 사
동심결매듭이라 한다. 죽은 사람의 유품을 싸서 불태울 때 쓰인

매듭으로 죽은 사람을 염한 다음 마지막 당의를 입히고 허리를
맬 때 쓰는데 끈목색은 진회색이나 진고동색이다.

≪상례보(喪禮補)≫

○ 경사 동심결

달리 생동심결이라 부른다. 동심결(同心結)이란 영원이라는 뜻
을 지니고 있으며 누구나 쉽게 맺을 수 있는 매듭으로 사주단자
를 싼 사주보, 보석함 비녀함 등을 쌀 때 생동심결매듭을 3개
연달아 맺어 아래위로 끈을 길게 늘어뜨려 묶기도 하며, 회갑,
진갑용 폐백보 싸개끈으로도 맺고, 가렛날 가마섶에 매달기도
한다. 주로 길일에 쓰이는 물건에 이용되었고 부채끈과 쾌자띠
를 맺을 때에도 많이 사용하였다.

○ 혼백 매듭

다홍과 쪽빛의 색실 두 가닥을 꼬아서 사람이 운명하려고 할 때 그 머리맡에 서서 이 매듭을 맺어 혼이 육신을 떠날 때 이 매듭 속에 모셔 둔다고 한다.

혼백매듭의 특징은 앞은 정(井)자형, 뒤는 십자형으로 맺어지며 생 쪽매듭과 같고 고가 셋 있으며 아무리 조여도 꼭 조여지지 않고 고가 어느 쪽으로나 마음대로 움직여 죽은 후에 혼이나마 자유롭게 시원히 떠돌아다니라는 뜻으로 고가 사통팔달(四通八達)한다. 혼백매듭은 혼백상자에 담아 발인할 때 상여 앞에 세우는 요여에 모셔 빈소에 놓고 탈상할 때 태워 그 재를 산소 옆에 묻는다고 한다.

14. 소렴(小殮)

상례 절차에서 반함(飯含)이 끝난 후 시신에 수의(壽衣)를 입히는 일을 총칭한다. 수의를 입히고 얼굴을 가리고 시신을 쌌으면 끈으로 위, 아래, 중간 순으로 일곱 번 묶는 것을 염이라 한다.

염이 끝나면 남은 쌀, 습하고 염할 때 썼던 물건 등은 묻을 것은 묻거나 태운다. 3일장을 기준으로 하고 있는 요즘에도 전과 다름없이 사망한 이튿날 아침에 행하는데, 집안이나 지방에 따라 방법이 조금씩 다르다.

일반적인 순서는 대동소이한데, 수의를 준비한 후 주과포혜(酒果脯醯)로 상을 차려 제(祭)를 올리고 나서 소렴을 시작한다.

돗자리를 깔아 놓고 장포(長布)를 편 다음 그 위에 시신을 쌀 겹이불로 바닥에 까는 지금(地衾)을 펴고 수의를 입히기 쉽게 하기 위해서 미리 겉옷 속에 속옷을 끼워서 펴놓는다.

시신을 옮겨 놓고 베개를 받친다. 수의는 아랫도리를 먼저 입힌 다음 윗도리를 입힌다. 산 사람과 반대로 하니 옷깃은 왼쪽에서 오른쪽으로 여미고, 옷고름은 감기만 할 뿐 매듭은 짓지 않는다.

손을 악수(握手)로 싸매고, 두 귀와 콧구멍은 깨끗한 솜으로 틀어막는다. 그리고 혹시 시신에 아물지 않은 상처구멍이 있으면 깨끗한 솜으로 막아 준다.

눈은 명목(瞑目)으로 싸맨 다음 머리는 두건(頭巾), 복건, 망건(網巾)의 순서대로 싼다.

두 손은 배 위에 가지런하게 모으고 이불로 시신을 고르게 싼 다음 장포의 긴 쪽 양쪽 끝을 세 갈래로 찢어서 서로 잡아당겨 맨다. 가로로 일곱 가닥으로 째고 각 가닥을 다시 각각 세 쪽으로 짼 다음 발쪽에서부터 머리 쪽으로 올라가면서 양쪽 가닥을 꼭꼭 동여맨다. 이때 양쪽 다리 사이나 팔, 목, 어깨 사이 등에 각종 옷이나 창호지 또는 황토를 싼 창호지 등을 끼워 넣어 시신을 반듯하게 한다.

총 21개의 매듭이 생기는데 관 속에서 시신이 썩어서도 흔들리지 않게 하기 위해서다. 수의를 입히는 동안 상제들은 곡을 하지 않고 소렴이 끝난 후에 한다.

고인이 여자라면 수의만 여자가 입히고 나머지 과정은 남자가 한다. 이것으로 모든 소렴 과정은 끝이 난다.

남자 상제들은 시신의 동쪽에서, 주부는 시신의 서쪽에서 시신을 향한다. 죽은 사람의 자식은 부모를 더 볼 수 없기 때문에 시신에 기대어 울고, 손아랫사람은 집안 어른이 돌아가셨으니 우리는 누구를 의지하고 살 것이냐는 의미에서 시신을 붙들고 울며, 손윗사람은 이제 자신이 이끌어 가겠다는 의미에서 시신을 잡고 운다.

죽은 사람의 며느리는 시신을 받들어 잡고, 시어머니일 경우에는 시신의 가슴 언저리를 어루만지며 곡을 한다. 그러나 형제자매의 배우자일 경우에는 시신에 손을 대지 못한다.

한참 곡을 하고 나면 원장소로 시신을 옮기고 상주들은 자리를 잡는데, 이때부터 대렴(大殮) 때까지는 곡이 그치지 않아야 한다.

곡을 한 다음 상제들은 머리 푼 것을 걷어 올리고 남자는 포두건(布頭巾), 배중단을 입고 자리에 나아가 곡을 한다.

집사는 전(奠)을 올리는데 이것은 고인에 대한 최후의 봉사에 해당하므로 상주와 근친은 정성을 다한다.

○ 악수

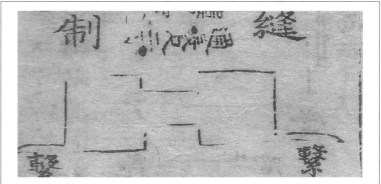

손을 싸는데 쓴다. 존체 넓이는 5치, 길이는 1자 2치이다. 중
앙의 오목한 부분은 3치를 유지한다.

≪상례보≫

○ 속포와 장포

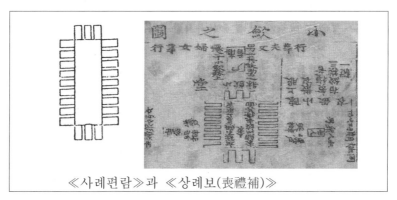

≪사례편람≫과 ≪상례보(喪禮補)≫

15. 대렴(大斂)

대렴은 소렴이 끝난 후 대렴금으로 다시 묶고 입관(入
棺)하는 의식이다. 소렴이 끝난 다음 입관하는 것으로 이튿
날, 즉 옛날에는 소렴을 한 다음날 즉 사망 3일째 되는 날

하는 것이 원칙이었다. 그러나 근래에는 사망 다음날 소렴이 끝나면 바로 입관한다. 입관길시(入棺吉時)를 가려 입관 후 시신이 흔들리지 않도록 한지 등 깨끗한 종이로 공간을 채운다. 관 뚜껑을 덮고 나무 못을 박는다. 관상명정(棺上銘旌)을 쓴 다음 장지로 싸고 끈으로 관을 묶는다. 입관이 끝나면 초혼 때 사용했던 옷을 관에 덮어 놓는다.

옛날 방식이라면 삼일째 새벽 동틀 때하는 의식에 해당한다. 대렴이 사흘만에 치러진 것은 대렴(大殮)의식에 필요한 기구를 준비하는 시간을 생각한 점도 있으나 죽은 고인이 되살아날 수 있기에 기다리고 살아나기를 바라는 심정에서 사흘을 기다렸다는 것이다. 일종의 사망에 대한 확인절차라고도 할 수 있다.

먼저 집사자가 대렴할 옷과 이불을 준비하여 탁자를 동벽 아래에 설치하고 옷과 이불을 가져다놓는데, 옷은 가짓수의 많고 적음에 구애되지 않으며 이불은 솜이 든 것을 사용한다. 상(牀), 자리(席), 요(褥), 탁자(卓子), 이불(衾), 상의(上衣), 산의(散衣), 대야(盥盆), 수건 등이 필요하고 모든 기구를 사용화는 방법은 소렴 때와 같은 방식이다. 관을 들고 시신을 안치한 방에 들어가 방 가운데서 조금 서쪽으로 치우친 곳에 놓는다. 죽은 자가 신분이 낮거나 어린이라면 별실에서 행한다.

집사자는 먼저 영좌(靈座)와 소렴전(小殮奠)을 관 옆에 옮겨놓는다. 관 뚜껑을 열고 죽은 사람이 평소에 입던 옷을 관 안 바닥에 골고루 가도록 평탄하게 깔고 칠성판(七星板)

을 깐 뒤 그 위에 요를 깐다. 이어 대렴이 시작되는데 종사(從事)와 자손, 부녀자들은 모두 손을 씻고 시신을 대렴상(大殮床) 위에 옮긴 뒤 베개를 빼고 이불을 걷고 먼저 발을 여미고 다음에 머리를 여미되 왼쪽을 먼저 하고 오른쪽을 나중에 한다. 그 다음 장포(長布)를 묶고 다음에 횡포(橫布)를 묶은 뒤에 시신을 들어서 관 속에 넣는다. 시신이 모로 되거나 조금이라도 기울어져서는 안 된다.

이어 살아 있을 때 모아두었던 머리털과 치아(齒), 목욕시킬 때 빠진 머리털과 손톱, 발톱도 함께 관의 모서리에 넣는다. 틈이 나거나 빈 곳은 보공(죽은 사람의 옷)을 말아서 채워 시신을 고정시킨다. 본인이 사용하던 패물을 관에 넣는 경우가 있지만 예(禮)에서는 이를 금하고 있다. 이는 묘를 헤치는 일을 방지하고자 하는 것으로 도둑들로부터 시신과 묘를 보호하고자 함이다.

입관이 끝나면 천금(天衾)을 덮는데, 이 때 상주와 주부가 관을 잡고 슬피 곡을 한다. 곡을 마치고 부인들이 상차(喪次)로 돌아가면 장인(匠人)을 시켜서 뚜껑을 덮고 은정(隱釘 : 나무못)을 사용하여 고정시킨다. 틈은 옻칠을 해서 메운다. 이어 상을 걷고 옷으로 관을 덮는데, 두꺼운 종이로 싸고 끈을 꼬아서 관을 묶는다. 겨울철에는 두꺼운 가죽이나 솜 같은 것으로 두껍게 싸며 기름종이나 밧줄을 가지고 묶은 뒤 다시 이불을 덮는다.

축관이 명정(銘旌)을 가져와 관의 동쪽에 세우고 다시 영좌를 걷어 제자리에 옮긴 뒤 상주는 막차(幕次)로 돌아

오고 부인 두 사람을 그 곳에 머무르게 하여 관을 지키게
한다. 시체를 옮기고 관을 들 때는 모두 소리내어 슬피 통
곡하여야 하지만, 소렴과 대렴을 할 때는 곡을 그치고 시신
과 소렴, 대렴의 절차를 자세히 지켜본다. 영상(靈牀)을 널
의 동쪽에 설치하고 전물(奠物)을 준비하면 대렴은 모두
끝난다.

○ 대렴에 필요한 물건
- 널(棺)을 올려놓는 등상(발의 높이는 3~4치 정도로
괴므로 굄목이라고도 한다)
- 볏짚을 태워 만든 재 또는 숯가루
- 백지(白紙)
- 칠성판(七星板)
- 지요(地褥:물들인 명주로 만들고 길이와 너비는 칠성
판에 맞춘다)
- 베개(물들인 명주로 만든다)
- 산의(散衣:말아서 빈 데를 채우는 옷가지)
- 천금(天衾:물들인 명주로 만든 이불)
- 구의(柩衣:관을 덮는 것으로 무명베로 만들며, 겉은 검
정색, 안은 붉은색으로 한다)
- 매포〔大斂布:빨아서 다듬이 한 가는 베를 쓴다
- 종교(縱絞:세로로 묶는 매포)
- 횡교(橫絞:가로로 묶는 매포) 등이다.

○ 염의 순서

- 널을 방안에 배치한 등상 위에 올려놓는다.
- 마른 수건으로 널 안을 닦은 뒤에 볏짚 재나 숯가루를 고루 편다.
- 백지를 빈틈없이 덮는다.
- 그 위에 칠성판을 깐다.
- 지요를 편다.
- 중목(中木) 3개를 상중하로 널 위에 걸쳐 놓고, 횡교 2폭 반을 중목 위에 안배하고 다시 종교를 편다.
- 소렴한 시체를 그 위에 놓되, 어느 한쪽으로 기울지 않게 한다.
- 옷이나 피륙을 말아서 비어 있는 곳을 채운다.
- 발, 머리, 몸의 왼쪽과 오른쪽의 순으로 몸을 가리고, 먼저 세로매를 묶고 나서 가로매를 묶는다.
- 상, 중, 하의 횡교를 똑같이 들고 걸쳐 있는 중목을 빼내고 입관한다. 입관할 때에는 조심하여 시체를 들어 넣어서 조금이라도 어느 한쪽으로 기울지 않게 하여야 한다.
- 가로매와 세로매의 매듭을 풀어서 시체 위에 펴놓는다.
- 생시에 빠진 치아와 머리털, 깎은 손톱과 발톱을 작은 주머니에 담아 널 귀퉁이에 넣고, 옷이나 피륙을 말아서 널의 빈 곳을 채운다.
- 천금으로 널 안을 덮는다.
- 이렇게 하여 대렴의 절차가 끝나면 주인과 주부 이하의 사람이 곡한 다음에 천판(天板 : 널뚜껑)을 덮고 은정(隱釘)을 박는다.

   - 명정을 관 동쪽에 세우고 장지로 관을 싸서 노끈 50발로 내결관한다. 이후 다시 짚자리로 싸고 백지를 감은 가느다란 동아줄로 외결관 한다. 천금으로 관을 덮는다.

   - 병풍으로 가린다. 시체를 옮기거나 널을 움직일 때와는 달리 염할 때에는 곡을 그쳐야 한다. 염은 주인과 주부가 반드시 지켜보아야 한다.

○ 입관시

입관길시							
일진	입관길시			일진	입관길시		
子일	甲子	甲子	庚午	甲戌	丑일	乙丑	辛巳	乙酉	
	丙子	庚寅	甲午			丁丑	辛丑	乙巳	辛亥
	戊子	甲寅	庚申			己丑	乙丑	辛未	乙亥
	庚子	庚辰	甲申			辛丑	辛卯	乙卯	
	壬子	庚子	甲辰	庚戌		癸丑	乙卯	辛酉	
寅일	丙寅	癸巳	乙未		卯일	丁卯	壬寅	丙午	
	戊寅	癸丑	乙卯			己卯	丙寅	壬申	
	庚寅	癸未	乙酉			辛卯	壬辰	丙申	
	壬寅	癸卯	乙巳			癸卯	壬子	丙辰	壬戌
	甲寅	乙丑	癸酉	乙亥		乙卯	丙子	壬午	丙戌
辰일	戊辰	甲寅	丁巳		巳일	己巳	乙丑	庚午	乙亥
	庚	丁	甲	丁		辛	庚	乙	

일	辰	丑	申	亥
	壬辰	甲辰	丁未	
	甲辰	甲子	丁卯	甲戌
	丙辰	甲午	丁酉	
午일	庚午	丁丑	癸未	丁亥
	壬午	癸卯	丁未	
	甲午	丁卯	癸酉	
	丙午	癸巳	丁酉	
	戊午	癸丑	丁巳	癸亥
申일	壬申	癸卯	甲辰	
	甲申	甲子	癸卯	甲戌
	丙申	癸巳	甲午	
	戊申	癸丑	甲寅	癸亥
	庚申	癸未	甲申	
戌일	甲戌	庚午	壬申	
	丙戌	庚寅	壬辰	
	戊戌	壬子	庚申	壬戌
	庚戌	庚辰	壬午	
	壬戌	庚子	壬寅	庚戌

일	巳	寅	未	
	癸巳	乙卯	庚申	
	乙巳	庚辰	乙酉	
	丁巳	庚子	乙巳	庚戌
未일	辛未	辛卯	乙未	
	癸未	乙卯	辛酉	
	乙未	辛巳	乙酉	
	丁未	辛丑	乙巳	辛亥
	己未	乙丑	辛未	乙亥
酉일	癸酉	壬子	丁巳	壬戌
	乙酉	丁丑	壬午	丁亥
	丁酉	壬寅	丁未	
	己酉	丁卯	壬申	
	辛酉	壬辰	丁酉	
亥일	乙亥	辛巳	乙酉	
	丁亥	辛丑	乙巳	辛亥
	己亥	乙丑	辛未	乙亥
	辛亥	辛卯	乙未	
	癸亥	乙卯	辛酉	

○ 영좌(靈座)

일반적으로 대렴이 끝나면 관을 정침에 모시는데 그 앞에 휘장을 친다.

상 위에 혼백을 모시고 그 앞에 제상, 향상을 놓으며 향로, 향합, 사기그릇, 촛대 한 쌍, 고인의 유품을 차리는데 이를 영좌라 한다.

○ 빈소(殯所)

현대의 장례에서는 시신을 안치한 곳과는 별도의 장소에 영좌를 설치하는데 이를 빈소라고 한다.

실내에 병풍을 치고 그 앞에 교의(交椅, 신위를 모시는 의자), 제상(祭床, 제물을 진설하는 발이 높은 상), 향안(香案, 향로와 향합을 올려놓는 소반)을 놓고 교의에 영정사진을 올려놓는다.

촛불을 밝히고 향을 피우고 주과포(酒果脯)를 진설한다. 명정을 대나무 막대에 묶어 영좌 오른편에 의지하여 세워둔다.

○ 신위

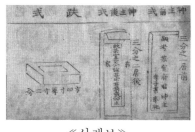

≪상례보≫

○ 명정(銘旌)

명정은 고인의 명패(名牌)로서 폭은 온폭이나 길이는 1m60cm 정도이며 붉은색 비단에 흰 글씨로 쓴다. 옛날에는 벼슬에 따라 명정의 길이가 달랐는데 3품 이상은 9척, 5품 이상은 8척, 6품 이상은 7척이었다.

명정은 붉은 비단에 백분(白粉)과 아교를 섞거나 금분(金粉)으로 고인의 관직과 성명을 세로로 쓴 것을 말한다.

근래에는 병원 영안실이나 장례식장에 빈소가 마련되어 있으며 명정도 별도로 준비해주므로 영정 사진만 가지고 가면 된다. 장례기간 내에는 관을 모신 동쪽에 걸어놓으며 운구 시에는 앞에 걸고 가거나 앞서 가도록 하며 하관이 끝나면 관 위에 덮고 묻는다.

| 內務長官全州李公之柩 |
| 內務長官夫人金海金氏之柩 |

| 學生金海金公之柩 |
| 孺人金海金氏之柩 |

○ 명정

≪상례보≫

○ 공포(功布)

관(棺)을 묻을 때, 관을 닦는 데 쓰는 삼베 헝겊. 발인할 때에 명정(銘旌)과 함께 앞에 세우고 간다.

공포(功布)라고 하는 것은 최대 2m 길이의 삼베 천을 장대에 매단 깃발로 길이 좋고 나쁨을 알리는 신호기 역할을 하는 것이다.

상여의 길잡이 역할을 하며 잘라서 명정처럼 대나무에 매단다.

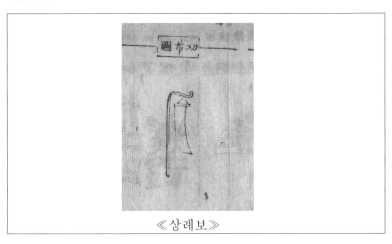

≪상례보≫

16. 성복(成服)

상을 당한 뒤 초종(初終), 습(襲), 소렴(小斂), 대렴(大斂)등을 마친 후에 상복으로 갈아입는 절차를 성복이라 한다. 대렴의 다음날, 즉 상을 당한 지 4일 만에 행하는 것을 원칙으로 한다. 4일째 대렴과 상복을 동시에 치르는 경우도 있으나 이것은 예와는 어긋나는 것이다.

4일째 되는 날의 날이 밝아오면 참최(斬衰), 자최(齊衰)에서 시복(緦服)까지의 모든 복인들은 지정된 상복으로 갈아입는데 망건을 벗고 효건(孝巾)이라 불리는 두건을 쓰며 중복인은 머리와 허리에 짚과 삼으로 만든 테를 띠고 지팡이를 짚는다.

남자들은 관의 동쪽에 늘어서서 서쪽을 향하며 부인들은 관의 서쪽에 늘어서서 동쪽을 향한다. 이때 서는 순서는 나이와는 관계없이 오복제(五服制)의 참최, 자최, 대공, 소공, 시마순으로 선다. 이때 망인보다 서열이 위가 되는 어른이 생존해 있으면 모든 자손들이 그 어른 앞에 나아가서 꿇어앉아 곡하고 부인어른에게도 이와 같이 한다. 이때 부녀자들도 남자의 예에 따라 바깥어른과 안어른을 찾아뵙고 슬피 울면서 곡을 한다.

옛날에는 신혼곡(晨昏哭)을 하는 이른 아침에 성복을 하기 때문에 절은 하지 않아도 되었으나, 근래에 와서는 풍속이 크게 변해서 대부분 아침 상식(上食) 때 성복을 하게 되므로 절을 하게 되는데, 이것은 예의 본래의 뜻과는 어긋난다. 그런데 상중에 또 상을 당할 경우 망자와의 관계에 따라 또 다른 상복을 입어야 한다.

전통 예법에 따라 삼베로 상복차람을 했는데 남자의 경우 쇠상(衰裳 : 깃겹바지 저고리에 깃두루마기를 입고 중단과 제복을 입는다)을 입고 교(絞)를 띠고, 행전(行纏)을 치고, 효건(孝巾)과 상관을 쓰며, 머리에 수질을 매고 요질을 매고 짚신을 신고 장기 이상의 복인은 상장이라 부르는 지팡이를 집는 것을 말한다. 수질은 삼을 꼬아 만들고 요질은 삼에 짚을 섞어 왼쪽으로 꼬아 만든다.

여자의 경우는 쇠상(衰裳 : 깃치마와 깃저고리에 중담을 입고 그 위에 제복을 입는다)을 입고, 삼으로 만든 허리 띠인 수질과 요질을 메고, 짚신을 신고, 지팡이를 짚었다. 근래에는 발상 후부터 남자는 검은 양복 차림을 하고 여자는 흰 저고리나 검정 양장을 하고 조객을 맞이하는 경우가 많아졌다. 복인은 검정 양복을 입고 삼베로 만든 완장을 두른다.

상복은 삼베를 사용하는데 복제에 따라 굵은 삼베와 가는 삼베, 삶은 베와 삶지 않은 베를 사용한다. 오복(五服)에 따라 굵고 가는 것을 골라 쓴다. 정상적인 친족 관계에 있는 사람이 부친상을 당하였을 때, 혹은 아버지가 안 계시는 아들이 할아버지상을 당하였을 때 3년 동안 입는 참최(斬衰)는 솔기를 꿰매지 않고 재최는 솔기를 꿰맨다.

참최는 상복이다. 증조부·고조부상을 당하였을 때에도 같은 방식으로 상복을 입게 된다. 부친상을 당하였을 때에는 자녀 모두가 입었고, 아버지가 안 계실 경우 할아버지나 증조부의 상을 당하였을 때에는 장손이 입었다.

참최의 상이면 대나무로 상장하고 재최이면 오동나무로 상장한다. 직계(直系) 어머니가 사망하였을 때는 자녀 모두가, 조모, 증조모에 대하여는 장손이 재최라 하여 3년 복을 입었다.

어린아이가 상복을 입을 때에는 건과 수질만 쓰지 않고

모든 것은 같다. 어린아이는 상장을 집지 않으나 가례에 따르면 3년상에 아이도 상장을 집는 것이 옳다고 보인다.

시자는 중단에 건만 쓰며 첩이나 비녀는 배자에 대나무 비녀를 꽂는다. 의(義)로써 입는 옷을 의복이라 하고 핏줄로 입는 옷을 정복이라 하는데 아버지가 복을 벗기 전에 죽으면 아들이 나서서 아버지의 복을 이어 입는데 이를 대복(代服)이라 한다.

≪사례편람(四禮便覽)≫에는 부모, 계모, 장자 상에는 3년, 조부모, 백숙부, 형제, 차자, 장자부, 처의 상에는 1년, 종형제, 고모, 차자부에는 9개월, 증조부모, 재종형제, 외조부모, 외숙에는 5개월, 고조부모, 재종조부모, 처부모, 외종형제, 서모 등에는 3개월동안 복을 입는 것으로 적혀 있다.

성복을 하면 성복제전을 올리는데 조상식에 겸하여 하기도 한다. 상복이 준비되지 않으면 따로 제상을 차려 영좌 앞에서 제사를 지내기도 한다. 상주 이하 복인인 자서제질(子壻弟姪)의 순서대로 잔을 올리고 재배한다.

성복이 끝나면 "애고(哀告)! 애고(哀告)!"하고 곡(哭)을 한다.

○ 남자 상복

1) 최의
최의는 상복의 상의이다. 원래 '최(衰)'란 최(摧)의 의미로 '최'를 가슴에 다는 것은 효자가 슬픔을 억누르는 애최(哀摧)의 뜻을 표현한 것이다.

이것은 심장이 있는 왼쪽 가슴에 달았는데, 그 뒤 이것을 '눈물받이'라고도 하여 양쪽 앞가슴에 달기도 하였다. '최'는 너비 4촌, 길이 6촌의 베 조각을 가슴에 다는 것을 가리키지만, 최의(衰衣) 전체를 '최'라고도 한다.

최의의 형태는 ≪사례편람≫, ≪세종실록≫ '상복조(喪服條)'에 있는 도양(圖樣)을 보면, 길이는 2척2촌이고, 폭은 한쪽이 2척2촌, 좌우의 폭이 소매를 포함하여 각각 4척4촌이다. 소매폭은 2척2촌인데 소매의 부리가 1척2촌이고 그 밑의 1척은 꿰맨다. 여기에 애최의 표현인 최(衰), 부판(負版), 적(適, 辟領)의 세 가지를 붙인다.

최는 심장의 슬픔을 나타내는 것으로, 너비 4촌, 길이 6촌의 삼베를 심장이 있는 왼쪽 가슴에 다는 것이며, 때로 눈물받이로 쓰기 위하여 양쪽 가슴에 달기도 한다. 부판은 슬픔을 등에 짊어진 것을 나타내는 것으로 사방 1척8촌의 삼베를 등 쪽의 옷깃[領] 밑에 단다.

적은 슬픔을 어깨에 짊어진 것을 나타내는 것으로서 벽령(辟領)이라고도 하며, 각기 사방 8촌의 삼베를 사용하여 그 양쪽을 꺾어 서로 붙여서 너비가 4촌이 되게 만들어 꿰맨다.

이 세 가지 외에도 가령(加領), 겁(袷, 동구래깃), 임(衽), 대하척(帶下尺)이 있다. 가령은 깃으로서 너비 8촌, 길이 1척6촌의 삼베에서 양쪽 밑의 사방 4촌을 잘라내고 중간 위를 정점으로 하여 좌우로 접어내려 앞깃으로 달고 뒷부분은 활중(闊中 : 뒷목둘레)에 꿰맨다.

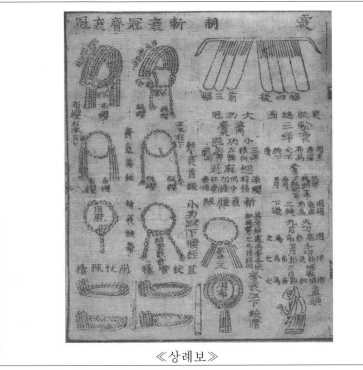

≪상례보≫

　겁은 가령 속에 들어가는 속깃이다. 임은 양쪽 옆에 붙이는 옷섶으로서 3척5촌의 삼베를 사용하여 오른쪽 아래에서 1척을 남겨놓고 6촌을 잘라 들어가고, 왼쪽 위에서 1척을 내려와 남겨놓고 6촌을 잘라 들어가서, 자른 곳까지 서로 맞닿게 비스듬히 잘라서, 이것을 반대로 양쪽 좌우를 서로 마주보게 의(衣)의 양쪽 옆에 꿰매고 이를 아래로 향하게 하는데, 형상이 제비꼬리[燕尾] 와 같이 상(裳)의 옆을 가린다.

대하척은 임을 붙이고 남는 부분에 대는 것으로 앞 길이
는 1척으로 하나 너비는 임을 붙이고 남는 아래쪽의 너비에
맞춘다.

이러한 최의 형태는 조선왕조 말기로 오면서 지방에 따
라 약간씩 변하게 된다. 최의에 있어서 참최에서 시마까지
모두 형태가 같으나, 참최와 자최에는 최·부판·적이 있고
대공 이하는 그것이 없다. 오복의 차이는 삼베의 거칠고 고
움에 있어, 참최는 극추생마포로 만들고 단을 꿰매지 않는
다. 자최는 차등추생마포로, 대공은 초숙포로 만들고 단을
꿰매며, 소공은 초숙세포로, 시마는 세숙포로 각각 만들고
단을 꿰맨다.

2) 최상

치마는 앞쪽 3폭, 뒤쪽 4폭으로 하여 전부 7폭이며 길이
는 키에 맞춘다. 매 폭마다 3첩(첩)의 주름을 잡는데, 그
주름은 한번은 오른쪽으로 접고 또 한 번은 왼쪽으로 접어
맞닿는 곳을 꿰매어 그 속을 비게 한다. 한 폭의 너비를 2
척 2촌으로 하여 2촌이 시접으로 들어가 2척이 되므로, 앞
쪽은 6척, 뒤쪽은 8척이 되어 전체 치마폭은 14척이 된다.

치마의 앞쪽 3폭은 기수(奇數)로 양(陽)을 상징하고, 뒤
쪽 4폭은 우수(偶數)로서 음(陰)을 상징한다. 포(布)의 생
숙(生熟)은 최의(衰衣)의 등급에 따라서 최의와 같이 하
며, 참최인 경우는 최의와 같이 최상도 가장자리를 꿰매지
않고, 자최 이하인 경우는 가장자리를 꿰맨다.

3) 상관

상관은 굴건(屈巾) 또는 굴관(屈冠)이라고도 하는데, 상관 속에는 효건(孝巾)이라고 하는 두건을 받쳐 쓴다. 상관은 최의보다 고운 베로 만드는데 3년상은 생마포(生麻布)로 만들고, 기년 이하는 숙포(熟布)로 만든다.

상관은 폭이 5촌2푼반 정도 되는 심지에 베를 싸는데 길이는 머리 크기에 따라서 머리 위를 충분히 씌울 수 있는 길이로 한다. 세로로 3개의 주름(三辟積, 三梁)을 잡아서 대공 이상은 오른쪽으로 향하도록 접어서 음의 방향인 우향의 흉(凶)을 상징하고, 소공 이하는 왼쪽으로 접어서 양의 방향인 좌향의 길(吉)을 상징하게 한다.

상관의 받침인 무(武)는 참최는 마승(麻繩) 한 가닥을 사용하여 이마 위로부터 이를 묶어 정수리의 뒤에 이르러 교차하여 앞을 지나 각각 귀에 이르러 이를 맺어서 무를 만든다.

굴관 양쪽 끝을 무 안으로 넣어 밖으로 향해 도로 꺾어 무에 꿰매고 무의 남은 끈은 아래로 드리워서 영(纓)을 만들고 턱 아래에 맨다. 자최의 관은 참최의 관과 형태는 같으며, 무영(武纓)을 삼베 1촌 정도로 접어서 만드는 것이 차이가 다르다.

참최의 무영이 마승이고, 자최에서 소공까지는 포영(布纓)이며, 시마는 조영(澡纓)으로 한다.

상관 속에 받쳐 쓰는 효건은 두건의 형태인데 머리 둘레의 폭을 뒤 중심에서 꿰매어 양쪽을 접어 머리 높이를 충분히 쓸만한 길이에서 위를 꿰맨다.

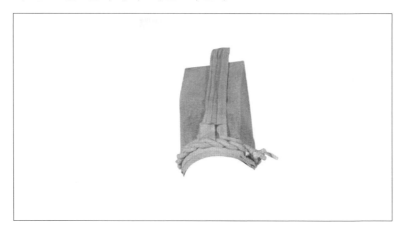

4) 수질

수질은 관 위에 쓰는 것으로서 참최의 경우는 씨 있는 삼(苴麻 : 有子麻)으로 만들고 자최 이하는 씨 없는 삼(枲麻 : 無子麻)으로 만든다.

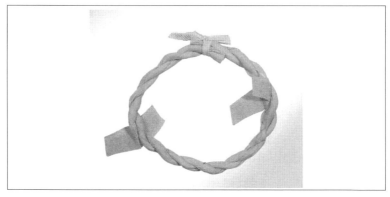

참최의 경우 삼의 밑둥치를 왼쪽 귀에 오도록 한 다음 이마 앞에서부터 오른쪽을 향해 이를 둘러서 정수리 뒤를 지나서 그 끝을 밑둥치의 위에 가하게 하고 노(繩)로써 영을

두 가닥 만들어, 끈 하나로는 왼쪽 포개진 부분을 단단히 매어 밑으로 늘어뜨리고, 또 한 끈은 오른쪽에 묶어 늘어뜨린다.

자최 이하는 삼의 밑둥치를 오른쪽 귀에 오도록 한 다음, 이마 앞을 돌아 그 끝이 밑둥치 아래에 포개지게 한 다음 두 가닥의 포영으로 좌우를 각각 묶어 아래로 늘어뜨린다. 수질의 영은 상관에서의 영과 같이 턱 밑에서 맨다. 참최의 수질의 둘레(굵기)는 9촌이며, 자최 이하는 5분의 1씩 줄어든다.

5) 요질

요질은 허리에 매는 대(帶)의 기능을 하는 것으로서, 참최의 요질은 수질과 같이 씨 있는 삼으로 만드는데, 둘레(굵기)는 수질보다 5분의 1을 줄인 7촌2푼으로 한다. 자최 이하는 여기에서 5분의 1씩 줄어든다.

요질은 두 가닥의 삼을 꼬아서 만드는데, 허리를 두르고 양쪽 밑둥치가 앞에서 교차하여 맺으며, 각각 삼의 밑둥치

를 내려뜨리는데, 그 밑둥치에 있는 뿌리 가닥을 산수(散垂)라고 하며, 그 길이를 3척으로 한다. 맞잡아맨 곳의 양 옆에는 각각 가는 노로 묶는다. 50세 이상인 사람과 부인들과 소공 이하는 산수하지 않고 묶는다.

6) 교대

교대는 허리에 매는 띠로서 요질 아래에 맨다. 참최의 교대는 씨 있는 삼을 사용하여 굵기가 요질보다 줄어든 5촌7푼으로 한다. 약 18척 정도되는 한 가닥의 노를 가운데를 꺾어서 양고(兩股)를 만드는데 각 1척 남짓하게 하며, 허리를 둘러서 왼쪽으로부터 뒤를 돌아 앞에 이르러 그 오른쪽 끝으로 양고 사이를 뚫어서 도로 오른쪽으로 당겨 요질 아래에 오게 한다.

자최 이하의 교대는 베로 만드는데 자최의 교대는 너비 4촌의 베를 호아 오른쪽 끝을 1척 정도 접어서 수질과 같게 한다.

교대는 혁대를 본떠서 한쪽 머리에 고리가 있게 가운데를 꿰어 이에 묶는다. 베의 폭은 대공 이하로 차차 좁아지고 생숙은 상복과 같이한다.

7) 상장

상장은 지팡이로서, 상제가 상중에 슬퍼한 나머지 병들게 되므로 지팡이에 몸을 기대어 3년상을 치르게 하기 위함이다.

참최에는 저장(苴杖)을 짚는데, 저장은 거무스름한 대나무로 만든 지팡이다. 대나무로 지팡이를 만드는 것은 아버지는 아들에게 있어서는 하늘이니 대가 둥근 것으로 하늘을 상징하기 때문이다.

안팎에 마디가 있는 것은 아들이 아버지를 여읜 슬픔이 안팎에 슬픔이 있음을 뜻하며, 대나무가 사시를 통하여 변하지 않는 것은 아들이 아버지를 여읜 슬픔이 추운 때나 더운 때를 지나도 변하지 않음을 나타내는 것이다.

자최에는 삭장(削杖)을 짚는다. 삭장은 오동나무로 만든 지팡이로 위는 둥글고 아래는 네모나게 만드는데, 위의 끝이 둥근 것은 어머니를 위하여 속마음으로 슬퍼함이 아버지와 같음을 뜻하는 것으로, 동(桐)은 동(同)의 뜻을 가진다. 아래를 네모나게 만든 것은 땅을 상징하는 것이다.

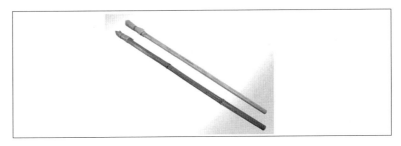

8) 구(屨)

구는 신발인데 참최에는 관구(菅屨)를 신는다. 관구는 왕골로 만든 신이다. 자최에는 소구(疏屨)를 신는데, 소구는 짚으로 만든 신이다. 자최부장기 이하는 승구(繩屨)를 신는다.

9) 행전

행전은 행등(行藤)이라고도 하는데, 무릎·종아리에 치는
것으로서 베로 만든다. 참최에서 시마에 이르는 오복의 등급
에 따라 각각 그 복과 같은 등급의 베를 사용하여 만든다.

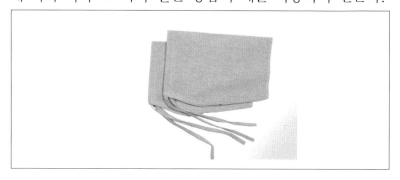

○ 여자상복

1) 대수장군

대수장군은 큰 소매가 달린 상의와 긴 치마를 연결하여
만든 의상연의(衣裳連衣)이다. 남자들의 최의와 같이 길에
큰 소매를 달아서 상의를 만들고, 치마 12폭은 상의 앞 좌
우 길에 3폭씩 하여 앞쪽 6폭, 뒤쪽 6폭의 12폭 치마 [裳,
長裙] 를 연결시킨다. 가슴 앞에 최를 달고, 등에는 부판,
어깨에는 적을 달아 애최를 표현한다. 깃도 다는데 임과 대
하척은 달지 않는다.

대수장군의 참최복은 극추생마포로 만들고 가장자리를
꿰매지 않고 시접을 밖으로 보낸다. 자최복은 차등추생마

포로 만들고 가장자리를 꿰맨다. 대공은 초숙포로 만들고, 소공은 초숙세포로 만들며, 시마는 세숙포로 각각 만들고, 자최 이하는 모두 가장자리를 꿰맨다.

길이는 키에 따라 맞게 한다. 남자의 최의는 길이 2척2촌, 소매가 2척2촌인데, 여자에게는 너무 크고 길므로 입을 사람에 따라 품과 길을 맞게 하고 소매는 1척2촌 정도로 하여 체형에 맞게 만든다.

2) 개두

개두는 머리에서부터 써서 몸을 가리는 너울과 같은 것으로 3폭의 가는 베로 만든다. 개두 대신에 여립모(女笠帽)를 쓰기도 하는데, 여립모는 대나무로 위를 뾰족하게 만들고 밑을 넓게 만들어 그 위에 12폭의 베를 꿰매어 씌워서 만든다. 또한 개두 대신에 소(素)족두리를 쓰기도 하는데, 소족두리는 백목으로 족두리 모양을 만들어 베로 싸는 것이다.

여인들의 머리에 쓰는 것은 남자들의 상관에 해당하는데, 여인들은 시대와 신분에 따라 머리에 쓰는 것이 다르기 때문에 너울을 쓰던 사람은 개두를 쓰며, 입모(笠帽)를 쓰던 사람은 입모를 최관과 같이 오복에 따라 같은 등급의 베로 만들어 쓴다. 족두리를 쓰던 사람은 소색(素色 : 베의 색)의 족두리를 만들어 쓴다.

3) 포총

포총은 머리를 묶는 헝겊인데, 베의 생숙(生熟)은 남자의 상관과 같이 오복 등급에 따라 한다. 길이는 참최에는 6촌이며, 자최 이하는 그보다 조금 길다. 이 포총은 속칭 백댕기[白唐只]라고 하며 상기가 끝날 때까지 계속하여 드리운다.

4) 계

계란 비녀를 말하는데, 참최에는 대나무비녀[箭筓]를 꽂고, 자최에는 개암나무비녀[榛筓]를 꽂는다. 그밖에 수질·요질·교대·상장·구는 모두 남자의 것과 같으나 크기가 약간 작고 가늘게 만든다. 또한 요질에는 산수가 없다.

일제시대를 지나는 동안 이러한 전통 상·장례는 많은 변화를 거쳐 간소화되었다. 일제시대에 편찬된 ≪현토주해사례편람 懸吐註解四禮便覽≫에는 신식상례라고 하여 종교인과 비종교인으로 구별하여 행해지는 상례를 기록하였다. 그 당시에도 종교인이나 비종교인을 막론하고, 실상 완고한 사람 이외는 대공·소공·시마복은 그 명칭도 아는 사람이 없는 지경에 이르렀다고 한다.

해방과 6·25 이후 서구 문물의 영향으로 급격한 생활양식의 변화에 따라 상례는 매우 간소화되었다. 1956년 재건국민운동본부에서 '표준의례'를 제정하였는데 상례는 성복제(成服祭), 명정(銘旌), 우제(虞祭), 졸곡(卒哭), 상식(上食), 삭망(朔望), 소상(小祥), 담제(禫祭)를 폐지하고 3일장을 기준으로 삼았다

○ 상복 규정
가정의례준칙 제14조(상복 등)

1) 상복은 따로 마련하지 아니하되, 한복일 경우에는 흰색으로, 양복일 경우에는 검은색으로 하고, 가슴에 상장(喪章)을 달거나 두건을 쓴다. 다만, 부득이한 경우에는 평상복으로 할 수 있다.

2) 상복을 입는 기간은 장일까지로 하고, 상장을 다는 기간은 탈상할 때까지로 한다.

○ 음식
성복(成服)한 날 주인 형제(主人 兄弟)들이 처음으로 죽을 먹는다. 아들들은 죽을 먹고 처나 첩, 또는 기녀(妓女)나 아홉 달 복을 입는 사람들은 거친 음식을 먹고 물을 마시며 말에 베 안장을 하거나 흰 가마에 베 주렴 한 것을 탄다

17. 복제(服制)

상복을 엄숙하게 갖추어 입는 것은 인간의 생명에 대한 존엄성을 나타내는 것으로서, 삶과 죽음의 갈림길에서 죽은 사람을 예로써 보내기 위한 산 사람들의 예의 표현방법이다.

상복을 입는 것을 성복(成服)한다고 하는데, 초종(初

終), 습(襲), 소렴(小殮), 대렴(大殮)이 끝난 다음날 성복한 다. 성복은 상복을 입어야 할 유복자(有服者)들이 각기 해당 되는 상복을 입는 것으로써, 죽은 사람에 대한 유복자들의 친소원근(親疎遠近)과 존비(尊卑)의 신분에 따라서 참최(斬衰), 재최(齊衰), 대공(大功), 소공(小功), 시마(緦麻) 등 다섯 가지의 상복, 즉 오복(五服)을 입는 것이다.

참최는 3년, 재최도 3년, 장기(杖朞)는 5개월, 부장기(不杖朞)는 3개월, 대공(大功) 9개월, 소공(小功) 5개월, 시마(緦麻)는 3개월의 상복기간이 주어진다. 근래는 통상적으로 사용하지 않는 경우가 많다.

○ 복제기간
1) 참최
참최의 상복을 입는 기간은 3년이며 그 대상은 아버지와 큰아들이다. 가계를 이어나가는 종법사회(宗法社會)에서 당연한 수직관계의 혈통의 존엄성을 표현한 것이다.

참최는 오복 중에서 가장 중복(重服)으로서 상복을 가장 상징적으로 나타낸 것이다. 그 재료로는 가공을 전연 하지 않은 마포인 극추생마포(極麤生麻布)를 사용하여 상의(上衣)와 하상(下裳)을 만든다. 자른다는 뜻의 '참(斬)'자가 의미하는 것과 같이 옷의 가장자리를 꿰매지 않고 자른 대로 놓아두고 시접을 밖으로 나오게 하여 슬픔의 극한상태를 나타내고, 모든 장식을 하지 않는다.

비록 승중(承重)은 되었으나 3년을 못 입는 까닭에는 네

가지가 있다.

- 첫째 : 적자(適者)가 폐질(廢疾:못된 병)이 있어서 종묘(宗廟)에 주장(主張)을 다하지 못하는 사람.

- 둘째 : 가계(家繼)에 전통(傳統)을 잇는 것을 전(傳)하는데 정실(正室)의 몸이 아닌 것 다시 말해서 서손(庶孫)이 후계(後繼)가 된 사람.

- 셋째 : 몸이 정실(正實)이 아닌 것. 즉 서자(庶子)를 세워서 후계(後繼)를 삼았을 때.

- 넷째 : 정실(正實)이되 몸이 아닌 것. 즉 적손(適孫)을 세워 후계(後繼)를 삼은 경우 등(境遇 等)이다.

2) 자최

자최의 상기는 3년, 장기(杖朞), 부장기, 5월, 3월의 다섯 가지가 있다. 자최 3년의 대상은 어머니이다. 자최 3년은 참최 3년과 같이 부모를 위하여 입는 3년상인 것에서는 같지만, 상복을 만드는 재료에 차이를 두어서 아버지와 큰아들보다는 약간 중하지 않게 표현한 것이다.

자최 장기의 대상은 처(妻)로 상기는 1년이다. 3년상인 부모, 큰아들 다음으로 무거운 상복이다. 자최부장기의 대상은 할아버지, 할머니, 백숙부모(伯叔父母), 고모, 형제자매, 큰아들이 아닌 아들과 딸들, 큰며느리, 조카, 장손, 장증손, 장고손으로 상기는 1년이다.

자최 5월의 대상은 증조부와 증조모이고, 자최 3월의 대상은 고조부와 고조모이다. 자최의 재료로는 약간 가공을 하였으나 거친 마포인 차등추생마포(次等麤生麻布)를 사용하여 상복을 만드는데, '재(齊)'가 '가장자리를 꿰맨다.'는 뜻을 가지고 있는 것과 같이 상복의 가장자리를 꿰맨다.

3) 대공

대공의 상기는 9월이며, 대상은 종형제, 종자매, 조카며느리, 큰며느리가 아닌 며느리, 장손이 아닌 손자이다. 대공의 재료로는 공을 들여 잘 가공한 삼베, 곧 초숙포(稍熟布)를 사용한다.

4) 소공

소공의 상기는 5월이며, 그 대상은 종조부모(從祖父母), 종조고모(從祖姑母), 종숙부모(從叔父母), 종고모(從姑母), 형제의 처, 재종형제자매, 종질녀, 종손, 장손부, 종손녀, 장증손부(長曾孫婦), 장고손부(長高孫婦), 장현손부(長玄孫婦)이다. 소공의 재료는 공을 들여 손질한 세소포(細小布)인 초숙세포(稍熟細布)를 사용한다. 소공의 의미는 정밀하고 섬세하게 손질하고 다듬은 것으로 장식이 가장 적은 것이다.

5) 시마

시마의 상기는 3월이다. 그 대상은 종증조부모(從曾祖父母), 종증조고모(從曾祖姑母), 재종증조부모(再從曾祖父母), 재종증조고모(再從曾祖姑母), 재종숙부모(再從叔父

母), 재종고모, 삼종형제자매, 재종질(再從姪), 재종질녀(再從姪女), 종질부(從姪婦), 재종손(再從孫), 종손부(從孫婦), 중손부(衆孫婦), 재종손녀, 종증손(從曾孫), 중증손(衆曾孫), 중증손부(衆曾孫婦), 종증손녀(從曾孫女), 중고손(衆高孫), 중현손(衆玄孫), 중고손부(衆高孫婦), 중현손부(衆玄孫婦)이다. 시마의 재료로는 지극히 공을 들여서 손질한 아주 고운 15승의 삼베인 세숙포(細熟布)를 사용한다. 시마는 오복 중에서 가장 고운 베를 사용하여 만드는 것으로 실과 같이 고운 베[布]의 질감으로서 이름 붙여진 것이다.

6) 심상(心喪)

심상은 상복(喪服)을 입지 않지만 상제(喪制)와 같은 마음으로 말과 행동을 삼가고 조심함을 이른다.

≪예기(禮記)≫에서는 "부모님이 돌아가시면 삼년상(三年喪)을 치르고, 스승이 돌아가시면 심상(心喪) 3년을 한다"고 하였다. 심상이란 실제로 상복을 입지 않은 채 마음으로 3년 동안 슬퍼하는 것이다.

원래는 스승을 위하여 행하는 것이나 아버지가 계실 때 어머니를 위해서나 또는 적모(嫡母 : 서자가 아버지의 정실을 이르는 말)나 계모(繼母), 재가(再嫁)한 어머니를 위해서도 심상을 행한다. 공자(孔子)가 73세를 일기로 세상을 하직하자 제자들은 모두 3년간의 심상을 하였다.

7) 요절한 경우의 상(喪)

아이 죽은 것을 위해 입는 복(服)은 차례로 한 등(等)씩 내려간다. 보통 8세에서 11세 사이에 죽은 경우는 하상(下喪 "일찍 죽을 喪")이라 한다.

12세에서 15세 사이에 죽은 경우는 중상(重喪)이라 한다. 16세에서 19세 죽은 경우는 장상(長上)이라한다.

8세가 못되면 복(服)이 없는 상이니 그저 곡만 한다. 3세 미만에 죽으면 곡도 없다. 그러나 아이로 죽은 것이 기년(朞年) 복(服)에 친(親)이면 열흘에 사흘씩 곡을 하고, 시마(緦麻)에 친(親)이면 사흘로 제한(制限)한다. 낳은 지석 달 미만은 고(告)도 하지 않는다. 단 약혼(約婚)했거나 결혼(結婚)했다면 20살 이전에 죽은 것을 의미하는 상(殤)이라 할 수 없다. 그러나 예라는 것은 사람의 정으로 인연한 것이라 골육의 정이라는 것은 어른이나 어린이나 다를 것이 없으니 아이들이 죽은 복(服)이 있게 마련이다.

8) 오복제도

禮記(예기)에는 喪服(상복)을 결정하는 원칙으로'친친(親親), 존존(尊尊), 명(名), 출입(出入), 장유(長幼), 종복(從服)'을 제시한다.

친친(親親)은 혈연적 유대감의 차이에 따라 복을 줄이거나 깎아 내는 원칙, 존존(尊尊)은 군주를 정점으로 하는 정치적 신분관계에 따라 복을 결정하는 원칙, 명(名)은 백모 숙모 등 직접적 혈연관계가 없는 친족의 배우자에 대한 복을 결정하는 원칙, 출입(出入)은 혼인, 혹은 후계자의 옹립으로 인해 귀속되는 종(宗)에 변화가 있을 경우에 복을 결정하는 원칙, 장유(長幼)는 성년이 되기 전에 죽은 친족에 대한 복을 결정하는 원칙, 종복(從服)은 직접적 혈연관계나 신분관계가 없지만 간접적인 관계로 인해 복을 입을 경우 복을 결정하는 원칙을 말한다.

상복의 종류를 말하는 상장(喪裝)에는 재료를 인위적(人爲的)으로 가공(加工)하지 않는 순서에 따라 참최(斬衰), 재최(齊衰), 대공(大功), 소공(小功), 시마(緦麻)의 오복(五服)이 있다.

상복의 착용 기간을 의미하는 상기(喪期)에는 3년, 1년, 9개월,5개월, 3개월 등이 있다.

혈연적 유대관계와 신분적 상하관계가 깊으면 깊을수록 상기는 길어지고, 상장은 인위적인 재단과정이 생략되어 거칠다. 혈연적 거리가 멀수록 복이 가볍고, 가까울수록 복이 무겁다는 말이다.

오복제도(五服制度)가 우리나라에서 문헌으로 나타난 것은 《경국대전》이다. 그리고 오복제도가 널리 알려지고 일반에 시행되기는 성종 16년(1458년) 이후다.

오복은 참최, 재최, 대공, 소공, 시마를 말하는데 이것은 복을 입는 기간을 표준으로 한 것이며, 상복을 짓는 마포의 베 가닥의 곱거나 거칠거나 하는 생김을 표준으로 해서 정한 것이기도 하다.

사망자	복제	상기	비고
재종자매(再從姉妹)	소공	5개월	출가한 여자는 소공 5개월★·˙
삼종자매(三從姉妹)	시마	3개월	출가한 여자는 복이 없음
큰아들(長子)	참최	만2년	
둘째·세째아들(衆子)	기년	1년	
딸(女)	기년	1년	출가한 여자는 대공 9개월
큰며느리(長子婦)	기년	1년	
둘째며느리(衆子婦)	대공	9개월	
큰손자(長孫子)	대공	9개월	
둘째손자(衆孫子)	소공	5개월	
적모(嫡母)	재최	만2년	
계모(繼母)	재최	만2년	
서모(庶母)	시마	만2년	
외조부모(外祖父母)	소공	5개월	
처부모(妻父母)	시마	5개월	
외숙(外叔)	소공	5개월	
외숙모(外叔母)	시마	3개월	
내종형제자매(內從兄弟姉妹)	시마	3개월	
외종형제자매(外從兄弟姉妹)	시마	3개월	
이종형제자매(姨從兄弟姉妹)	시마	3개월	
사위(서)	시마	3개월	
생질(甥姪)	소공	5개월	
생질부(甥姪婦)	시마	3개월	
생질녀(甥姪女)	소공	5개월	
외손(外孫)	시마	3개월	
외손부(外孫婦)	시마	3개월	
큰손부(長孫婦)	소공	5개월	
둘째손부(衆孫婦)	시마	3개월	

○ 친척들의 복제(服制) 기간

사망자	복제	상기	비고
고조부모(高祖父母)	재최	3개월	
증조부모(曾祖父母)	재최	5개월	
종증조부모(從曾祖父母)	시마	3개월	
종증대고모(從曾大姑母)	시마	3개월	출가한 여자는 복이 없음
조부모(祖父母)	재최	1년	
종조부모(從祖父母)	소공	5개월	
재종조부모(再從組父母)	시마	3개월	
종대고모(從大姑母)	소공	5개월	출가한 여자는 복이 없음
아버지(父)	참최	만2년	
어머니(母)	재최	만2년	아버지 생존시는 만1년
백숙부모(伯叔父母)	기년	1년	
종숙부모(從叔父母)	소공	5개월	
재종숙부모(再從叔父母)	시마	3개월	
형제(兄弟)	기년	1년	
형수·계수(兄嫂·季嫂)	소공	5개월	
고모(姑母)	기년	1년	출가한 여자는 대공 9개월
종고모(從姑母)	소공	5개월	출가한 여자는 시마 3개월
재종고모(再從姑母)	시마	3개월	출가한 여자는 복이 없음
종형제(從兄弟)	대공	9개월	
종형수·종계수(從兄嫂·從季嫂)	시마	3개월	
재종형제(再從兄弟)	소공	5개월	재종형수·계수는 복이 없음
삼종형제(三從兄弟)	시마	3개월	삼종형수·계수는 복이 없음
남편(夫)	참최	만2년	

아내(妻)	시마	1년	
자매(姉妹)	기년	1년	
종자매(從姉妹)	대공	9개월	출가한 여자는 소공 5개월
재종자매(再從姉妹)	소공	5개월	출가한 여자는 소공 5개월
삼종자매(三從姉妹)	시마	3개월	출가한 여자는 복이 없음
큰아들(長子)	참최	만2년	
둘째·세째아들(衆子)	기년	1년	
딸(女)	기년	1년	출가한 여자는 대공 9개월
큰며느리(長子婦)	기년	1년	
둘째며느리(衆子婦)	대공	9개월	
큰손자(長孫子)	대공	9개월	
둘째손자(衆孫子)	소공	5개월	
적모(嫡母)	재최	만2년	
계모(繼母)	재최	만2년	
서모(庶母)	시마	만2년	
외조부모(外祖父母)	소공	5개월	
처부모(妻父母)	시마	5개월	
외숙(外叔)	소공	5개월	
외숙모(外叔母)	시마	3개월	
내종형제자매(內從兄弟姉妹)	시마	3개월	
외종형제자매(外從兄弟姉妹)	시마	3개월	
이종형제자매(姨從兄弟姉妹)	시마	3개월	
사위(서)	시마	3개월	
생질(甥姪)	소공	5개월	
생질부(甥姪婦)	시마	3개월	
생질녀(甥姪女)	소공	5개월	
외손(外孫)	시마	3개월	
외손부(外孫婦)	시마	3개월	

큰손부(長孫婦)	소공 5개월
둘째손부(衆孫婦)	시마 3개월

9) 문상(聞喪)

객지(客地)에 나가 있다가 부모(父母)의 상(喪)을 듣고 돌아오는 것을 일컫는다. 부음(訃音)을 듣는 즉시 곡(哭)을 하며 부고(訃告)를 가지고 온 사람에게 절을 하고 흰 옷으로 갈아입는다. 집에 돌아오면 상복(喪服)으로 다시 갈아입고 시신(屍身) 앞에 나아가 슬피 곡(哭)을 한다. 그리고 4일만에 성복한다. 만약 부득이하여 돌아가지 못한다면 영위(靈位)는 만들어 모시나 제물은 올리지 않으며, 성복한다.

서둘러 집에 도착하였으나 장례가 끝났다면 먼저 묘소에 가서 곡하고 절하는데 의식은 집에서 하는 것과 같다. 성복을 하지 못했다면 묘소에서 변족(變服)하고 집에 돌아가면 영좌 앞에서 곡하고 절한다.

재최 이하의 부인이 분상(奔喪)하지 않았다면 3일 동안 영위를 만들어 곡하고 4일째는 성복을 한다. 매달 초하루마다 영위를 만들어 곡하고 복입은 달수가 차면 다음 달 초하루에 영위를 만들어 곡하고 복을 벗는다. 초상에 참례하지 못한 경우에 한하며 상가에 갈 수 있다면 영좌에 곡하고 복을 벗는다.

18. 조상

성복이 끝난 후에 비로소 조문객을 받는다. 성복전에는 망인에게 배례(拜禮)도 안하고 상주에게도 절을 안하는 것이다. 다만 위로 인사만 하는 것인데 이는 망인이 다시 소생할지 모른다는 기대감 때문이다. 그래서 성복전 조문을 회춘인사(回春人事)라고도 하였다.

조문객은 빈소에 들어 망인의 영정 앞에 꿇어앉아 분향하고 두 번 절한다. 다음 상주와 상제들을 향해 서로 절하고 인사를 나눈다. 본래는 어머니 상에는 망인과 지면이 없으면 영정에 절을 하지 않고 상주하고만 절을 하는 법이다.

조문객이 먼저 "상사(喪事)를 당하시어 얼마나 망극하겠습니까?" 하면 상주는 "망극하기 한이 없습니다"한다. 남편 대신 아내가 조문하는 경우는 "공교롭게도 주인이 출장 중이기 때문에 실례인줄 알지만, 제가 대신해서 왔습니다"라고 반드시 사정을 설명한다.

주의할 점은 계속해서 유족에게 이야기를 거는 일이 없도록 해야 하며, 고인의 사인이나 사망 경과 등을 묻지 않는 것이 예의다. 어색한 자리라도 무의미한 미소를 짓지 않아야 하며, 상가에서 반가운 친지나 친구를 만나도 큰소리로 말하지 않는다.

조문객의 복장은 수수한 양복을 입고 가면 되고, 생전에 많은 도움을 주었던 분이 돌아가신 경우는 부부가 같이 문상(問喪)을 한다. 부의금(賻儀金)은 미리 깨끗한 흰종이에 단자를 써서 봉투에 넣어 가지고 간다. 접수처에 가서 직접 돈을 꺼내는 것은 실례가 된다.

○ 조문절차

성복제를 지내면 조문을 받는다. 성복(成服)한 뒤에 손이 와서 정식으로 조상하고 상주(喪主)는 조문을 받는다. 조문할 때에는 흰 옷을 입는 것이 예법이다. 손이 명함을 전하면 상주 형제가 여막(廬幕)에서 상장(喪杖)을 짚고 곡(哭)한다. 손이 영좌(靈座) 앞에 나아가서 곡하고 재배한 뒤 상주 앞으로 오면 상주 형제는 곡한다. 손도 따라서 곡하다가 먼저 그치면 상주 형제가 손을 향해 재배하고, 손은 상주를 향해 답배한다. 손이 상주에게 "상사 말씀은 무슨 말씀을 하리까" 또는 "얼마나 망극하십니까" 하고 인사말을 하면, 상주 형제는 "망극합니다" 또는 "애감(哀感)합니다"라고 대답한다. 이런 절차가 끝난 뒤에 손이 일어서면 상주 형제는 일어나서 다시 재배하고, 손은 답배한 뒤에 물러간다. 상주 형제는 여막에서 곡하여 보내고 손이 문을 나간 뒤에야 그친다.

최근에는 간단하게 의식이 치러지는데 영좌 앞으로 나아가 향을 피우고 재배하고 돌아서 상주에게 와 절하면 상주가 마주 절한다. 상주와의 절은 과거와 달리 1배로서 마무리하며 곧 인사말을 한다.

전통 상례에서는 내상(內喪)에는 친척이 아니면 영좌에 나가지 않는다. 외상(外喪)에도 상주만 알고 망인(亡人)을 모르면 상주에게만 조문하고, 망인만 알고 상주를 모르면 영좌에 나아가 곡하고 재배할 뿐이다.

친척 또는 친한 벗의 죽음을 조상할 때에는 제문(祭文)을 짓고, 향, 초, 실과, 포(脯), 술 등 간소한 제물을 갖추어 가지고 가서 전(奠)을 드리기도 한다. 친히 가서 조상하지 못할 경우에는 서면(書面)으로 조문하는데 이것을 조장(弔狀)이라고 한다.

1) 빈소에 도착하면 분향 전 밖에서 외투나 모자 등을 벗는다.

2) 상제에게 가볍게 목례를 한 후 영정 앞에 무릎을 꿇고 앉는다.

3) 분향 시 향을 한 개 또는 두 개를 집어 불을 붙인 후 손으로 바람을 불어 끄거나 살짝 흔들어 끄도록 하고 입으로 불어 불을 끄면 안 된다. 향은 두 손으로 공손하게 향로에 향을 꽂도록 하며, 선향이 하나가 아닌 여러 개일 경우, 반드시 하나씩 꽂도록 한다.

4) 영좌 앞에 일어서서 잠깐 묵념 하고 두 번 절을 한다.

5) 영좌에서 물러나 상제에게 절한다. 이 때 상제도 함께 절한다. 종교에 따라 절을 하지 않는 경우에는 정중히 고개를 숙여 예를 표해도 된다.

6) 상제에게 조문 인사말을 건넬 경우 낮은 목소리로 짧게 위로의 말을 건네되 고인의 사망과 관련 된 질문을 하는 것은 좋지 않다.

7) 조문이 끝나고 물러나올 때에는 두세 걸음 뒤로 물러난 뒤, 몸을 돌려 나오는 것이 예의이다.

○ 조전, 조장

불가피한 사정으로 문상을 갈 수 없을 때에는 편지나 조전(弔電)을 보낸다. 부고(訃告)를 냈는데도 문상을 오지 않았거나 조장 또는 조전조차 보내오지 않은 사람과는 평생 말도 않고 대면도 하지 않는 것이 예전의 풍습이었다.

- 우체국을 직접 방문하거나 인터넷 우체국을 이용하여 "경조카드"를 보낸다

- 국번 없이 115번을 이용(KT전화에 한함), 상담원과 상의하여 조전을 보낼 수 있다.

○ 조전 문구

- 삼가조의를 표하오며 고인의 명복을 빕니다.

- 삼가조의를 표하오며 고인의 유덕이 후세에 이어져 빛나기를 빕니다.

- 뜻밖의 비보에 슬픈 마음 금할 길 없습니다. 머리 숙여 고인의 명복을 빕니다.

- 평소 고인의 은덕을 되새기며 삼가 고인의 명복을 빕니다.

- 큰 슬픔을 위로하오며 삼가 고인의 명복을 빕니다.

- 부친의 별세를 애도하오며 삼가 고인의 명복을 빕니다.

- 모친의 별세를 애도하오며 삼가 고인의 명복을 빕니다.

- 고인의 명복을 비오며 장례에 참석하지 못하여 죄송합니다.

- 부득이한 사정으로 문상치 못하여 죄송하오며 삼가 고

인의 명복을 빕니다.

   - 삼가 조의를 표하오며 주님의 위로와 소망이 함께하기를 기원합니다.

   - 삼가 조의를 표하오며 서방정토 극락세계에 왕생하시기를 빕니다.

   - 고인의 각별한 정을 떠올리며 삼가 조의를 표합니다.

   - 진심 어린 마음으로 고인의 명복을 빕니다.

○ 곡하는 요령

장례식에서 곡소리는 고인에 대한 슬픔을 표현하는 것으로 너무 짧아도 또는 너무 길어도 좋지 않아 언제까지 해야 할지 난감하다. 상주가 곡소리를 할 때 "아이고 아이고 아이고"라고 하는 경우가 있는데 원래 곡소리는 "아이고"가 아니라 "애고, 애고, 애고"라고 하는 것이 맞다. "애고"는 '슬플 애'와 '외로울 고'의 글자이기 때문이다.

조문객의 곡소리는 "어이 어이 어이"라고 하는 것으로 알려져 있는데 "어이"가 아니라 "허희, 허희, 허희"라고 하는 것이 옳다. "허희"는 '흐느낄 허'와 '한숨 쉴 희'라는 글자이기 때문이다.

곡을 하는 횟수는 일정 범위가 정해져 있는데 천자국에서는 세 번 씩 곡을 하여 5회를 하고, 제후국에서는 세 번 씩 3회를 하는 것이 나름의 규정이다. 우리나라의 경우에 따르면 고종 황제 이전에는 제후국의 상례에 따라 세 번 씩 3회를 하는 것이 옳다. 물론 중국의 영향이고 중국의 주장에 따른 것이기는 하나 당시의 정치 상황이 그랬다. 그러던 것이 고종황제가 대한제국을 창업해 천자국이 되어 천자국의 행례에 따라 15번을 행하게 되니 지금도 15번 하는 것이 맞다

○ 조문 하는 법

조문객은 먼저 궤연(机筵)에 곡을 하고 재배한 다음 상주와 절을 한다. 그리고 꿇어 앉아 정중한 말로 다음과 같이 말한다.

1)부모상 또는 숭중상

조객) 병환이 위중하시더니 상사까지 당하시니 얼마나 망극하십니까.

상주) 망극하기 이를 데 없습니다.

조객) 친환(親患)으로 그처럼 고민하시더니 상사까지 당하시어 얼마나 망극하십니까?

상주) 그처럼 오래 신음하시다가 영영 회춘하시지 못하시니 참으로 망극하오이다.

조객) 춘추(春秋)는 높으시어도 항상 강녕(康寧)하시더니 졸연상사(卒然喪事)를 당하시니 얼마나 망극하오리까.

상주) 수일간 신상이 불편하시다고 하셨으나 식사도 여전하시고 출입도 여전하시더니 어느 날 저녁에는 '내가 아마 죽을 것 같으니 다른 데 가지 말고 이방에서 자라'고 하시여 조금도 다를 바 없이 주무시더니 새벽 2시쯤 되어서 별안간 식구들을 깨우라고 하시더니 자세한 유언을 하시고

새벽에 별세하시어 시탕(侍湯) 한 번 못하여 드린 것이 더욱 망극하오이다.

조객) 항상 객지에서만 계시다가 뜻밖에 상사를 당하시니 더욱 망극하시겠습니다.

상주) 직무에 얽매여 슬하에서 봉양 못한 것이 원한이 됩니다.

2) 처상(妻喪)
위문1) 상후(喪後)인사 여쭐 말씀이 없습니다.
위문2) 얼마나 섭섭하십니까?
위문3) 고분지통을 당하여 얼마나 애통하십니까.
대답1) 상봉하솔에 앞이 캄캄합니다.
대답2) 신세한탄이 간절합니다.

3) 부상(夫喪)
조문1) 상사(喪事)말씀 무슨 말로 여쭈오리까.
조문2) 천붕지통(天崩之痛)이 오죽 하오리까.
상주1) 꿈결인가 하나이다.
상주2) 저의 박복으로 장부(丈夫)의 요사(夭死)한 것이 유감입니다.

4) 자상(子喪)
조문) 참척(慘慽)을 보시니 오죽이나 비감하오리까.
대답1) 인사받기가 부끄럽습니다.

대답2) 가운(家運)이 불길하여 이 지경을 당하니 비참할 따름입니다.

5) 형제상

위문) 백씨상(伯氏喪)을 당하니 오죽이나 비참하시겠습니까.

대답) 평소의 생각에 수한(壽限)이 그렇게 짧으실 줄 몰라 의외입니다.

위문) 중씨상(仲氏喪)을 당하시니 오죽이나 비감하오리까.

대답) 부모 앞에 득죄한 것이 이루 말할 수 없습니다.

위문) 계씨상(季氏喪)을 당하니 할반지통(割半之痛)이 오죽하오리까.

대답) 저의 수한이겠지만 비감하기 한이 없습니다.

6) 조부모 백숙부모상

위문) 복제(腹制)말씀 뭐라 여쭈오리까.

대답) 여쭐 말씀이 없습니다.

7) 소, 대상(小.大祥)

위문) 소상(小祥) 혹은 대상(大祥)을 당하여 오죽 망극하오리까.

대답) 망극하오이다.

○ 조상(弔喪), 문상(問喪), 조문(弔問)

옛날에는 조상과 문상을 구분하였다.

1) 조상은 남자의 상에 고인(영좌)에게 분향재배하고, 상제에게 인사는 것을 말한다.

2) 문상은 여자의 상에 고인(영좌)에게는 분향재배하지 않고, 상제에게만 인사하는 것을 말한다.

3) 조문은 조상과 문상을 총칭하는 말이다. 요즘은 조상과 문상을 구분하지 않고 다같이 고인(영좌)에게 슬픔을 표시하고, 상제에게 인사를 하고 있다. 그래서 이를 합하여 조문이라고 한다.

○ 부의(賻儀)

초상난 집에 조문하고 부조하는 뜻으로 보내는 돈이나 물건이다. 부의로 보내는 돈을 부의금이라 한다. 상가에 부의를 보낼 때는 백지에 단자(單子)를 써서 봉투에 넣어 보내야 한다. 단자를 쓰지 않을 때는 봉투에 물목(物目)을 기록한다. 부의는 반드시 현금이 아니어도 상관없으며 상가에서 사용되는 물품으로 하여도 구애됨이 없다.

원불교의 《예전》에는 조위 하는 법과 상장에서의 호상하는 것에 대한 '부의'의 예를 나타내고 있다. "상가(喪家)에 도착하면, 먼저 호상소의 안내를 얻어, 영위(靈位)와 상주 있는 곳에 조문한 후, 다시 호상소에 나와서 조객록 기록과 부의를 하며, 만일 의식을 집행중일 때에는 폐식 후에 조문

인사를 할 것이요"라고 하였다.

○ 부의 봉투 쓰기 1

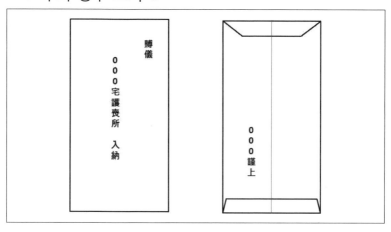

○ 부의 봉투 쓰기 2

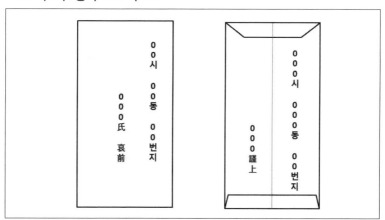

○ 문상시 수례서식(壽禮書式, 부의 봉투)

賻儀	謹弔	奠儀	弔意	香燭代
부의	근조	전의	조의	향촉대

○ 조장예문 1

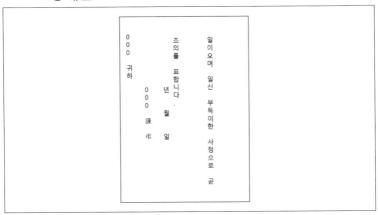

○ 조장예문 2

○ 단자예문 1

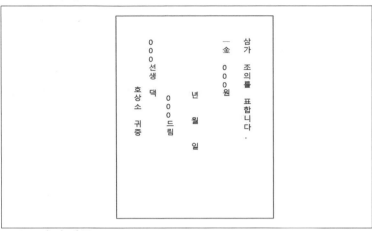

삼가 조의를 표합니다.

一金 0000원

년 월 일

0000드림

0000선생 댁

호상소 귀중

○ 단자예문 2

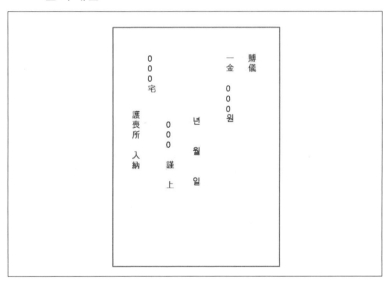

賻儀

一金 0000원

년 월 일

000 謹上

0000宅

護喪所 入納

19) 조석전(朝夕奠)

전(奠)이란 고인을 생시와 똑같이 섬긴다는 의미에서 상에 술과 과일, 포를 올리는 것을 말하는데 아침, 저녁으로 올리는 것을 조석전이라고 한다.

아침에 올리는 것이 조전(朝奠), 저녁에 올리는 것이 석전(夕奠)이다. 아침 해가 뜨면 조전을 올리고, 저녁에 해가 진 뒤에 석전을 올린다. 조전이나 석전이 끝나면 음식을 치우고 술과 과일 등만을 남겨놓는다. 식사시간에는 상식을 올린다.

매일 새벽에 상주 이하 가족 친지들은 해가 뜨면 어른은 앉아서, 아랫사람은 서서 곡을 하니 이것이 조곡이다. 시자는 혼백을 영좌에 모시고 집사가 주과포혜를 진설한 후 축관이 향을 피우고 술을 따라 올리면 일동 재배하고 곡을 하는데 이것이 조전이다. 해가 지면 올리는 것은 석전이다. 저녁 전은 해질 무렵에 올리는데 아침 전을 걷고 새로 차려 올린다. 조전과 석전은 제를 올리고 술과 과일만 남기고 음식은 치운다.

○ 상식

성복이 끝나고 나서는 조전(朝奠), 석전(夕奠)으로 전(奠)을 올리고 곡(哭)을 하는데 이를 조석전(朝夕奠)이라 하며, 매 식사 때는 생시와 같이 밥상을 올리는 데 이를 상식(上食)이라 하고 초하루 보름에 삭망전(朔望奠)을 올리기도 하고. 성복을 한 후에 조상(弔喪 / 問喪)을 하였다.

매 끼니 때마다 올리는 밥상으로 술을 잔에 따라 올리고 밥그릇 뚜껑을 열어 수저를 바르게 한 다음 조금 기다렸다가, 국대신 숭늉을 올린다. 잠시 후 상을 치운다. 슬픈 마음이 있다면 상식에도 곡을 한다.

매월 초하루 아침에는 고기, 생선, 국수, 쌀밥, 떡, 국 등을 올리는데 이를 삭전(朔奠)이라 한다. 보름에도 상을 올리는데 이는 우리만의 고유한 풍습이며 예법으로 《예기》에도 기록된 바가 없다.

새로 나온 음식이 있으면 상식할 때 올리는데 이를 천신(薦新)이라 한다. 오곡이나 백곡은 밥을 지어 올리고 과일은 그대로 천신한다.

21) 영결(永訣)

죽은 사람과 살아있는 사람이 서로 영원히 이별하는 것으로 산 사람이 죽은 사람을 저승으로 보내는 일이다. 영결식이라고도 하는데 다양한 과정으로 이루어져 있다.

○ 치장(治葬)

옛날에는 석 달 만에 장사를 지냈는데, 이에 앞서 장사를 지낼 만한 땅을 골라야 했다. 묘 자리를 정한 후에야 이어서 장사 지낼 날짜를 잡는 것이 관례였다.

날짜가 정해지면 영역(靈域)에 산역(山役)을 시작(始作)하고 토신(土神)에게 사토제(沙土祭)를 지낸다. 사토제는 달리 산신제라고도 한다.

치장은 제법 긴 시간으로 택지를 정하고 성분하는 과정까지를 모두 포함한다. 장사를 치르기 위해 묘역의 위치를 정하는 과정을 "택지"라 하고, 상주 이외의 자식 중에 한 사람이 내정된 곳에 직접 가서 시신을 편히 모실 장소인지 살펴 정한다.

예부터 산역의 장소를 미리 정하거나 종중산에 정해놓는 경우도 많으며 때로 가묘(假墓)를 하여 준비하는 경우가 많으므로 확인은 그다지 어려운 일이 아니었다. 지난날 지사(地師)가 잡았던 자리인지를 살피고, 햇볕은 잘 드는 장소인지, 혹은 돌이 많아 파기 어려운지, 물기가 많아 성분 후에 황천수(黃泉水)가 의심되지는 않는지, 봉분을 이루기에 무리 없이 흙을 파올 수 있는지 파악한다.

여러 가지 검토를 통해 묘지가 결정되면 장사지낼 날자를 정한다. 날자가 정해지면 친척과 친구, 형제, 친지들에게 알리고 영연(靈筵)에 고사를 지낸다.

○ 영연에 고하는 제사

今已得地於 某郡某面某坐之原 將以 幾月幾日 襄奉 敢告
금이득지어 모군모면모좌지원 장이 기월기일 양봉 감고

〔풀이〕
이미 땅을 00면 00리 00좌에 얻어 장차 장사를 지내겠사옴을 아뢰옵니다.

○ 사토제

땅을 파고 나무를 베는 일체의 산역에 앞서 사토제를 지내야 한다. 장지에 공사를 시작하면 상주는 조곡을 마치고 친척이나 친지 중에 선정된 집사와 함께 묘지 자리의 네 곳

모서리에 구멍을 파고 말뚝을 세운다.

그 말뚝 중간에 신위를 남쪽으로 설치하고 주과포혜를 설치하고 사토제를 지낸다. 산역을 할 때는 시작하기 전에 복인이 아닌 사람 중에서 시체를 안 본 사람이 제물을 차려 놓고 고축하며 사토제(산신제)를 지낸 다음 시체를 묻기 위한 구덩이를 파기 시작한다.

즉, 먼 친척이나 손님, 친구 중에 한 사람을 가려 토지신에게 고하도록 하고 신위는 동시에 설치하는 것이다. 이때 상주는 참례치 아니한다.

○ 토지신에게 고하는 축(산신축)

維歲次(太歲) 0月干支朔 00日干支
유세차(태세) 0월간지삭 00일간지

某官00 敢昭告于 土地之神 今爲某官姓名
모관00 감소고우 토지지신 금위모관성명

營建宅兆 神其保佑 俾無後艱 謹以淸酌脯醢 祇薦于神 尙
영건택조 신기보우 비무후간 근이청작포혜 지천우신 상

饗
향

〔풀이〕

00해 00달 00날 00의 벼슬을 한 00이가 감히 고하나이다. 토지의 신이시여, 00 벼슬한 00의 광중을 세우노니 토지의 신께서는 후환이 없도록 지켜 주소서. 삼가 맑은 술과 포혜를 올리오니 흠향하소서.

○ 동강선영축문(同岡先塋祝文)

장지가 중종산이나 선영일 경우는 이미 많은 조상들의 묘역이 자리하고 있다. 서조의 묘역 부근에 묘역을 조성하고자 묘를 팔 때는 선조의 묘에도 간단하나마 주과포혜를 진설하고 축을 하여야 한다.

維歲次(太歲) 0月干支朔 00日干支
유세차(태세) 0월간지삭 00일간지

孤子某(봉사자) 敢昭告于
고자모(봉사자) 감소고우

顯考某官府君之墓 今爲 某官府君 營建宅兆于
현고모관부군지묘 금위 모관부군 영건택조우

某所 謹以 酒果用伸 虔告謹告
모소 근이 주과용신 건고근고

〔풀이〕

00해 00달 00날 00일가의 00는 감히 00일가 00벼슬을 지내신 이의 무덤을 세우기로 하여 주과를 펴놓고 아뢰옵니다.

○ 광중(壙中)

사토제(沙土祭)가 끝나면 드디어 땅을 파기시작(始作)하여 광중(壙中)을 만든다. 묘를 쓸 곳을 파는 것이므로 달리 천광(穿壙)이라고도 한다.

광중(壙中)을 팔 때는 달리 금정틀이라 부르기도 하는 금정기(金井機)를 땅 위에 놓고 역사(役事)를 시작한다.

금정기(金井機)는 나무 막대기 네 개를 가지고 정(井)자 모양으로 만들어 놓은 것인데, 관(棺)의 크기를 짐작하여 반듯하게 놓고서 네 모퉁이에 말뚝을 박아 표시(表示)한 뒤그 모양(模樣)대로 파 들어간다.

묘를 쓸 혈지에다 외광(外壙)과 내광(內壙)을 파는 작업으로 좌향의 중심을 정중앙으로 하고 금정틀을 고정시켜 놓고 금정틀 안쪽을 파내려 가되 혈심법에 구애받지 말고 홍황자윤(紅黃滋潤)한 진혈토가 나올 때까지 흙을 파낸다.

다만 진혈지가 아니면 혈토가 나오지 않는 법이니 그 혈지에서는 1m30cm~1m50cm정도 파서 생토가 나오면 그곳에 내광을 짓는다. 내광의 깊이와 넓이는 시신의 크기에 따라 약간 다르기는 하나 대략 넓이 50cm, 길이 185cm, 깊이 35cm 정도면 충분하다. 구덩이를 다 파고 나면 석회(石灰)에 모래를 섞어 발라서 棺 이 들어갈 정도(定度)의 크기의 곽(槨)을 만든다.

때로는 탈관을 하고 시신만 모시므로 그에 맞추어 크기를 조절한다. 석회가 빨리 굳고 단단하게 하기 위해 기 비율을 정하여 만드니 석회3 : 황토2 : 모래1의 비율이 적당하며 흔히 석회는 석회석을 구운 것으로 일부 지역에서는 강회(强灰)라 부른다.

부부를 같이 모셔 합장을 할 때는 남좌여우의 법칙을 벗어나지 않도록 한다. 즉 서쪽이나 왼쪽을 상으로 하여 남자의 자리를 배치하고 우와 동을 하의 자리로 삼아 여자를 배치한다.

옛 법의 예법에 따라 품자의 형태로 쓰지 않았으므로 계배(繼配)를 한 곳에 모시거나 품자로 쓰거나 한 봉분에 세 분을 함께 모시는 것은 옳지 않은 장법이다.

○ 내광의 규격(단장, 합장)

내광의 넓이는 50cm정도가 좋으며 깊이는 35cm 이상이어야 한다. 좌우로는 횡대걸이를 만드는데 단봉일 때는 20cm 이상이면 된다.

합장하여 봉분을 만들 때는 양쪽으로 횡대를 거는데 횡대의 길이가 70cm이므로 두 장을 걸려면 총 140cm이상이 필요하다. 따라서 양 옆의 횡대걸이는 20cm~25cm가 필요하다.

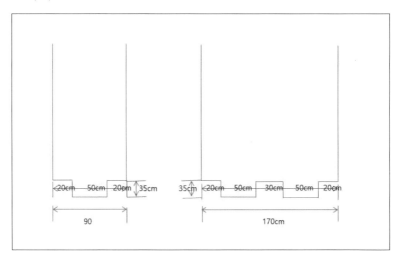

○ 합장

앞에서 보아 좌측이 남자, 우측이 여자

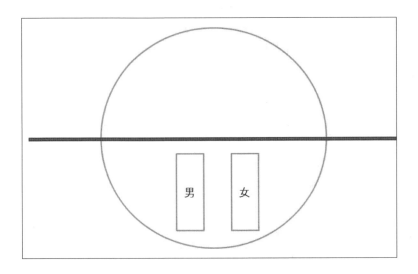

○ 합장 고유제

1) 합장고유는 부부합장으로 매장할 때 먼저 묻힌 묘에 고유하는 것이다. 모친의 묘에 부친을 합장할 경우는 모친의 묘 앞에서 주상이 고유한다.

합장은 부모의 묘를 하나의 봉분으로 조성하는 것을 말한다.

2) 제수는 주, 과, 포, 혜를 차린다.

3) 축은 고유자(제주)의 좌측에서 동향으로 꿇어 앉아 고유문(축문)을 읽는다.

4) 합장고유 순서 : 강신(분향재배-뇌주재배)-참신재배-헌작-정저-독축-헌자재배-하저-사신재배-철

○ 합장 축문

維歲次干支 幾月干支朔 幾日干支 孤哀子 00 敢昭告于
유세차간지 기월간지삭 기일간지 고애자 00 감소고우

顯妣(본관 氏)之墓 00 罪逆凶釁
현비(본관 씨)지묘 00 죄역흉흔

先考見背 日月不居 葬期已屆 今以 合封于墓右 昊天罔極
선고견배 일월불거 장기이계 금이 합봉우묘우 昊天罔極

謹以 酒果用伸 虔告謹告
근이 주과용신 건고근고

〔풀이〕

00년 0월 0일 고애자 00는 어머님 경주김씨의 묘에 감히 고하옵니다. 아버님께서 세상을 버리시어 장례를 모실 때가 되었습니다. 이제 어머님의 오른쪽에 합장하고자 하오니 슬픈 마음 하늘과 같이 끝이 없습니다. 삼가 술과 과실을 차려 경건한 마음으로 삼가 고하옵니다.

- '고애자'는 부모가 모두 별세 하였을 때의 호칭이다.
- 부친의 묘에 모친을 합장할 경우는 '현비유인경주김씨지묘'를 '현고학생부군지묘'로 '선고'를 '선비'로 '墓右'를 '墓左'로 각각 고친다.
- 여기에서 좌우는 선망자의 묘를 기준으로한 좌우이다.

○ 쌍분고유(雙墳告由)

1) 쌍분고유는 부부쌍분으로 매장할 때 먼저 묻힌 묘에 고유하는 것이다. 모친의 묘에 부친을 쌍분으로 모실 경우

는 모친의 묘 앞에서 주상이 고유한다.

　2) 축은 고유자(제주)의 좌측에서 동향으로 꿇어 앉아 고유문(축문)을 읽는다.

　3) 제수와 봉행 순서는 합장고유와 같다.

○ 쌍분고유 축문

維歲次干支 幾月干支朔 幾日干支 孤哀子00 敢昭告于
유세차간지 기월간지삭 기일간지 고애자00 감소고우

顯妣孺人(본관氏)之墓
현비유인(본관氏)지묘

先考 不幸於捐世 禮當合祔而 年運有拘 將用雙墳之制 昊天罔極
선고 불행어연세 예당합부이 년운유구 장용쌍분지제 호천망극

謹以 酒果用伸 虔告謹告
근이 주과용신 건고근고

〔풀이〕

00년 0월 0일 고애자00는 어머님 (경주김씨)의 묘에 감히 고하옵니다. 아버님께서 불행히 세상을 버리시어 당연히 합장하여 모셔야 하나 당해의 운이 맞지 않아 쌍분의 예로 모시고자 하오니 슬픈 마음 하늘과 같이 끝이 없습니다. 삼가 술과 과실을 차려 경건한 마음으로 삼가 고하옵니다.

　- 부친의 묘에 모친을 쌍분할 경우는 '현비유인경주김씨지묘'를 '현고학생부군지묘'로 '선고(先考)'를 '선비(先妣)'로 각각 고친다.

　- 부친의 묘에 모친을 쌍분할 경우 부친의 묘 좌측(동쪽)

에 모친을 모신다. 밑에서 묘를 바라보면 우측이 된다.

○ 합장축

維歲次干支 幾月干支朔 幾日干支 某官姓名 敢昭告于 유세차간지 기월간지삭 기일간지 모관성명 감소고우 土地之神 今爲某官姓名 營建宅兆 神其保佑 비無後艱 토지지신 금위모관성명 영건택조 신기보우 비무후간 謹以 淸酌脯醢 祗薦于神尙 饗 근이 청작포혜 지천우신상 향

〔풀이〕

00년 00월 00일 고애자 00가 감히 아버님 묘에 고합니다. 어머니가 돌아가셔서 어느덧 장삿날이 되었아옵기에, 장차 00월 00일에 아버님의 묘 왼편에 모시겠습니다. 하늘같이 넓고 큰 부모의 은혜를 가슴에 새기며, 삼가 주과를 펴놓고 아룁니다.

○ 합장축

維歲次干支 幾月干支朔 幾日干支 孤哀子某 敢昭告于 유세차간지 기월간지삭 기일간지 고애자모 감소고우 先비見背 日月不居 葬期已届 선비견배 일월불거 장기이계 將以某月某日부合 于墓左 장이모월모일부합 우묘좌 昊天罔極 謹以 酒果用伸 虔告謹告 호전망극 근이 주과용신 건고근고

〔풀이〕

00년 00월 00일 고애자 00가 감히 아버님 묘에 고합니다. 어머니가 돌아가셔서 어느덧 장삿날이 되었아옵기에, 장차 00월 00일에 아버님의 묘 왼편에 모시겠습니다. 하늘같이 넓고 큰 부모의 은혜를 가슴에 새기며, 삼가 주과를 펴놓고 아룁니다.

22. 천구(遷柩)

천구는 영구를 상여 또는 운구차로 옮기는 것을 말한다. 발인 하루 전 저녁에는 천구할 것을 집안 사당에 제사를 지내며 고한다. 이때 읽는 축을 조전축(祖奠祝)이라 한다.

근래에는 이를 생략하는 경우가 많다. 발인하는 날 아침에 빈소에 조전(朝奠)을 올리고 천구할 것을 고한다. 이때 읽는 축을 계빈축(啓殯祝)이라 한다.

천구의 고사가 끝나면 영구를 받들고 사당에 가서 뵌 후, 마루로 옮기고 대곡(代哭)을 진행한다. 복을 입은 사람은 모두 모여 상복을 입고 곡을 한다.

조전을 올릴 때는 축관이 술을 따르고 북쪽을 향하여 무릎 꿇고 엎드려 고사를 읽고 일어나면, 상주 이하 모두 슬피 곡하고 두 번 절한다.

조전을 올리고 영구를 옮길 때에 부인들은 피하고 상주 이하 모두 서서 지켜본다. 축관이 혼백을 받들고 앞서 사당에 가서 뵈면 집사가 제물을 진설하고 명정이 뒤따르고 일꾼들이 영구를 모신다. 상주를 비롯해 모든 가족이 곡을 하며 뒤따르는데 혼백으로 영구를 대신해도 마찬가지다.

혼백으로 대신할 때는 제물이 앞에 가고 명정이 뒤따르며 혼백이 마지막으로 따르는데 사당에 이르면 혼백을 북쪽으로 향하도록 제자리에 놓는다.

사당에 고함을 마치고 영구를 다시 옮길 때에는 집사가 마루에 포장을 치고 왼쪽으로 돌아 영구를 모시는데 머리를 남쪽으로 하고 축관은 영좌를 마련하여 영구 앞에 제물 올릴 상을 준비하고 상주 이하 모두 제자리에 앉아 곡을 한다. 모든 제물을 진설하였다가 해가 지면 조전(祖奠)을 올린다. 조전(祖奠)은 조전(朝奠)처럼 지내는데 때로 저녁 상식을 겸해 지내기도 한다.

○ 계빈축 1

永遷之禮 靈辰不留 今奉柩車 式遵祖道
영천지례 영신불류 금봉구거 식준조도

〔풀이〕

영원히 가시는 예이오며 좋은 때가 머무르지 아니하와 이제 상여를 받들겠사오니 먼 길을 인도하여 주소서

○ 계빈축 2

今以吉辰 遷柩敢告
금이길신 천구감고

〔풀이〕

오늘 좋은 날을 맞아 관을 옮기려고 삼가 고하옵니다.

○ 천구청사축

날이 밝으면 널을 상여로 옮겨 간다. 이때도 축을 읽는다. 이를 천구청사축(遷柩廳事祝)이라 한다.

請 遷柩于聽事 청 천구우청사

〔풀이〕

관을 밖으로 옮기기를 청하옵니다.

○ 천구취여축

관을 상여나 운구차에 옮겨놓고 천구취여축(遷柩就轝祝)을 읽는다.

今遷 柩就轝敢告 금천 구취여감고

〔풀이〕

이제 널을 상여로 옮겼음에 삼가 고합니다.

23. 발인(發靷)

발인은 출상이라고도 하며 영구가 장지를 향해 떠나는 것을 말한다. 이때 견전(遣奠)이라 하여 조전 때와 같이 제물을 올리고 축문을 읽는데 요즘은 이것을 발인제라고 한다. 이는 고인과의 마지막 작별을 하는 의식으로 상가 뜰이나 별도의 장소를 마련하여 행하는 수도 있다.

병원이나 장례식장에는 영결식장이 따로 마련되어 있는 곳도 있다.

상제나 복상제들이 방에 들어가 널을 들고, 방 네 귀퉁이에 "넘세"하고 소리치며 부딪친 다음 방문을 나선다.

이때 문지방에 한 번 걸치면서 마루 아래 쪽박이나 바가지를 엎어놓고 밟아 깨뜨리며 나온다. 이것은 잡귀를 쫓는 의미라고 한다. 널을 상여의 장강(長杠) 위에 모시고 발인제를 지낸다.

영구를 모시고, 그 옆에 명정을 세우며, 제상에는 영정 사진을 모시고 촛대, 향로 및 향합을 준비한다. 축관이 술을 따라 올리고, 무릎 꿇고 축문을 읽고 나면 상주 이하 모두 곡하고 절한다.

제사가 끝나면 집사가 포(脯)를 거두어 상여에 넣는 경우도 있다. 이는 효자의 마음이 잠시라도 차마 신도(神道)가 의지할 곳이 없게 되면 어쩔까 염려되어 행하는 일이다. 고축(告祝)이 끝나면 모두 풀어서 상두꾼에게 먹인다.

과거에는 대여(大輿)를 사용하였는데 가난한 사람은 어려운 일이므로 상여(喪輿)를 사용하였다. 요여(腰輿)는 신위를 모시는 작은 여(輿)이고 대여와 상여는 영구를 운반하는 여(輿)이다. 대부(大夫)는 불삽(黻翣)을 쓰고 선비는 운삽(雲翣)을 세운다. 삽이라는 것은 원래 깃털로 만든 부채모양이나 후세에 와서는 네모꼴의 화포(畵布)에 깃털로 만든 다섯 자의 자루를 달고 긴 털을 장식한다. 일부 지역에서는 운삽과 불삽을 모두 사용하는데 달리 운아(雲亞)라고도 하여 글씨로 쓰기도 한다.

신주는 밤나무로 만들고 궤는 옻칠을 한다. 날이 밝으면 영구를 상여에 모시고 견전을 지낸다. 견전은 영구를 상여에 옮겨 실은 뒤 마지막으로 올리는 전으로 현대 장례에서는 발인제, 혹은 영결식이라고도 한다.

견전의 의식은 조전과 다르지 않고 축관이 술을 따라 올리고 무릎을 꿇고 견전축을 읽어 고한다.

축이 끝나면 상주 이하 가족들은 곡을 하고 의식에 따라 술을 따르고 재배한다. 일꾼들이 상여를 옮겨 상여에 싣고, 새끼줄로 튼튼히 결박한다. 상주는 영구를 따라 곡하며 영구의 움직임을 살피고 부인들은 장막 안에서 곡한다.

영구가 출발하면 가장 앞에 방상(方相)이 서서 길을 인도해 간다. 방상이란 초상 때 묘지에서 창을 들고 사방 모퉁이를 지키는 사람을 말한다. 상여 앞에는 공포가 서고, 운삽을 세운다. 뒤이어 혼백, 만장, 요여, 요여배행, 영구, 영구시종, 상주, 복인, 조객의 순으로 출발한다. 요여배행은 복인이 아닌 친척이 하는 것이 예이며 영구의 시종은 조카나 사위가 하는 것이 예이다.

○ **견전**(遣奠)
발인전이라고도 한다.

1) 견전은 상여(영구)가 집에서 장지로 떠날 때 올리는 전이다. 발인전이라고도 한다.

2) 상여 앞에 영좌를 설치하고 상을 차린다. 혼백상자 뒤에 사진과 신주를 담은 상자를 놓는다. 이때 혼백상자를 앞에 두는 것은 신주는 아직 글씨를 쓰지 않았기 때문에 혼령

이 깃들어 있는 혼백상이 중요하기 때문이다.

3) 장례 전이므로 분향만 하고, 뇌주(지하의 체백을 인도하기 위하여 술을 모사기나 땅에 붓는 의식)는 하지 않는다.

4) 참신재배는 하지 않는다. 상제들이 다같이 곡하는 것으로 참신재배를 대신한다.

5) 축이 술을 올리고 주상의 우측에서 서향으로 꿇어앉아 '견전고사(遣奠告辭)'를 고유한다.

6) 상제들은 모두 곡을 하면서 재배 한다.

○ 견전고사 고유축

靈輀既駕　往卽幽宅　載陳遣禮　永訣終天
영이기가　왕즉유택　재진견례　영결종천

[풀이]

혼령을 상여에 모셨사오니 이제 가시면 유택이옵니다. 보내드리는 예를 올리오며 영원한 이별을 고하옵니다.

– 위와 같이 〈사례편람〉에 견전(발인전)은 단헌으로 간략하게 고유하는 것으로 되어 있으나 요즘은 삼헌으로 행하기도 한다.

– 현대의 삼헌으로 행하는 견전(발인전)순서는 다음과 같다.

강신(분향재배)-초헌(헌작-정저-독축-초헌재배)-철주-아헌(헌작-아 헌재배)-철주-종헌(헌작- 종헌재배)-하저-사신재배-철

– 요즘은 발인 후에 별도의 장소에서 영결식을 거행하는 경우가 있으므로 그 순서를 간단하게 기술한다.

○ 발인(發靷)순서

발인제 순서는 집안이나 종교에 따라 다르나 대략 다음과 같다.

1) 개식(開式)

2) 상주(喪主) 및 상제(喪制)들의 분향(焚香)

3) 고인(故人)의 약력소개(略歷紹介)

4) 조객분향(弔客焚香)

5) 폐식(閉式)

○ 발인시 조문객들의 분향 방법

1. 자기 순서가 되면 주위 사람들에게 가볍게 목례를 하고 조용히 자리에서 일어난다.

2. 분향대 앞으로 나가기 전에 유족에게 가볍게 목례로 인사를 한다.

3. 분향대 3보쯤 앞에 서서 영정을 한번 바라보고, 한발짝 나가 목례를 한다.

4. 오른손 엄지, 집게, 중지 세 손가락으로 향을 조금 집는다.

5. 집은 향을 가슴 위 정도로 올리고 왼손으로는 오른손을 가볍게 받는다.

6. 손을 내려 향로에 가만히 떨어뜨린다.

7. 분향 후 영정에 정중히 고개 숙여 인사한다.

8. 몸을 앞으로 한채 뒤로 3보 정도 물러서서 유족에게 가볍게 목례하고 자리로 돌아간다.

○ 발인도

발인지도(發引之圖)

창이나 큰 칼을 들고 탈을 쓴 방상이 앞서고 뒤이어 명기,
명정, 요여(영여)가 따른다. 뒤에 공포가 따른 후에 상여가
이어진다. 이후 백색의 천으로 만들어진 장막이 따르니 그
속에 상주와 상제 주인 등이 따른다. 그 뒤로 존장들이 마차
를 이용해 따르고 복을 입지 않은 친인들이 따르며 마지막으
로 빈객이 따른다.

≪상례보(喪禮補)≫

○ 운삽과 불삽

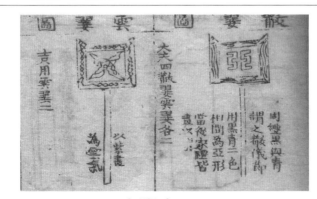

운(불)삽도

≪상례보(喪禮補)≫

○ 방상

≪상례보(喪禮補)≫

24) 운구(運柩)

발인 후 상여를 장지로 운반 이동하는 것을 운구 또는 운상이라 하거나 '행상 나간다'고 한다.

운구를 담당하는 일꾼은 '상두꾼'이라 하며, 손에 요령을 들고 상여 노래의 앞소리를 하는 사람을 '선소리꾼'이라 한다. 상여 앞에는 공포가 서고, 운삽을 세운다. 뒤이어 혼백, 만장, 요여, 요여배행, 영구, 영구시종, 상주, 복인, 조객의 순으로 출발한다.

옛날 상여 행렬에는 명정(銘旌), 공포(功布), 만장(輓章), 혼마(魂馬), 혼교(魂轎), 영정(影幀), 상여인도자(喪輿引導者), 상여(喪輿), 상주(喪主), 상제(喪制), 복인(服人), 조객(弔客) 순이었다. 지방에 따라 상여의 행렬에서는 순서는 약간의 차이가 있을 수 있다. 혼백은 영거에 모시나, 영거가 없는 경우에는 사위가 모신다.

상여는 집을 떠나기 전에 상두꾼이 상여 앞쪽을 돌려 집으로 향하게 한 뒤 상주와 집을 향해 상여를 세 차례 올렸다 내렸다하여 가족들에게 마지막 인사를 하되 이에 상주들은 절하여 답한다.

이어 상여 머리를 돌려 대문을 나서면 맨 앞쪽에 죽은 이의 이름을 쓴 명정을 든 이가 서고, 다음에 죽은 이의 영혼을 태운 영여(靈輿)를 멘 이가 따른다.

영여 다음에는 죽은 이의 업적을 기리는 공포(功布)와 만장(輓章)을 든 이가 서고 그 뒤에 운(雲)자와 아(亞)자를 쓴 정방형의 종이패로 이루어진 불삽과 운삽을 각각 장대에 꽂아든 이가 따르며 이어서 상여가 선다.

상여 뒤로 상주와 복을 입은 사람들 그리고 일반 문상객들이 따른다.

여자 상주들은 동구까지만 따라 나왔다가 묘지에 가기 전에 집으로 들어가고 남자 상주들은 장지까지 계속 동행한다.

상여 행렬 맨 앞에 방상씨(方相氏) 탈이 서기도 한다. 방상씨는 황금색의 눈을 네 개나 가진 귀신 쫓는 탈로서, 두 사람이 이 탈을 쓰고 긴 칼이나 창과 방패를 들고 앞장을 서서 칼을 휘둘러 잡귀를 몰아내는 구실을 한다.

일반적으로 장례행렬 가운데 특히 눈길을 끄는 것은 영여와 상여이다. 영여는 죽은 이의 영혼을, 상여는 주검을 운반하는 가마이다.

영여는 달리 요여(腰輿)라고도 불리는 가마로써 2인교

가마를 메듯이 끈을 가위표로 엇걸어 어깨에 걸고 두 손으로 가마채를 잡을 수 있도록 된 작은 가마인데 여기에는 혼백상자와 향로, 영정 등을 실어 영혼이 타고 가는 것을 상징한다.

영여의 지붕에는 녹색바탕에 붉은색의 연꽃 봉오리가 달려있고 옆면에도 연꽃망울이 피지 않은 상태로 그려져 있다.

정면에는 여닫이문이 쌍으로 달려있으며 문 앞에 흰 고무신 한 켤레를 얹어 두기도 한다.

뒷면에는 태극을 그려두었는데 음과 양을 상징한다. 상여는 장지까지 주검을 운반한 다음 곧 해체되거나 불태워 버리지만 영여는 그대로 온전하게 둔다.

주검은 묘지에 묻었지만 영혼은 집으로 다시 모셔가야 하기 때문이다.

선소리꾼은 종을 치면서(손으로 흔드는 요령) 앞에서 상여를 인도하고 상여를 맨 사람들이 후렴구식으로 받으며 상여를 메고 간다.

상여가 떠나면 집안에서는 곧 이어 죽은 사람이 쓰던 일용품을 태워버린다.

운구하는 도중에는 상주 이하 모두가 곡을 하면서 따라간다. 다만 장지가 멀어서 도저히 걸어서 갈 수 없는 경우에는 상주나 자질(子姪)들이 모두 화려하지 않은 수레를 타고 가다가 묘소 300보쯤 떨어진 곳에서 내려 걸어간다.

○ 상여(대여)

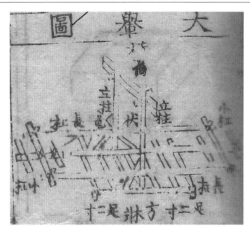

상여

달리 대여(大輿)라고도 한다. 이 틀을 조립한 후 위에 관을
실어 이동한다.

≪상례보(喪禮補)≫

○ 공포(功布)

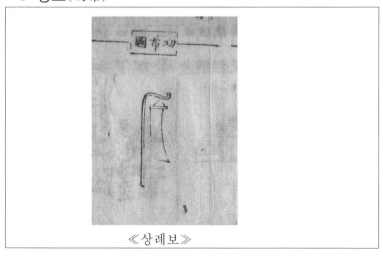

≪상례보≫

장지에서 관을 묻거나 탈관하고 시신을 묻기 전, 관을 닦을 때 쓰는 삼베로 만들어진 헝겊이다. 발인할 때 명정과 같이 앞에 세우고 간다.

○ 만장(輓章)

고인의 학덕, 선행 등을 추모하는 의미로 친구나 친척, 제자들이 한시를 지어 애도를 표시하는 깃발이다.

즉, 고인을 애도하여 지은 글로서 달리 만사(輓詞), 만시(輓詩)라고 부르기도 하며 비단이나 비단종이에 써서 기(旗)를 만들어 상여의 뒤를 따르도록 한다. 오래도록 이어져 오고 있으며 가문의 융성함과 주변의 신망을 보여주는 척도가 되기도 하였다. 가정의례준칙에서는 사용을 금지하고 있다.

만사의 규격은 일정하지 않으며, 오언절구와 오언율시 또는 칠언절구와 칠언율시로 쓰는 것이 일반적이지만 때에 따라서는 고시체를 본떠서 장문시의 글을 짓거나 4자체로 쓰는 경우도 있다.

내용은 일반적으로 망인의 학덕, 이력, 선행, 문장, 직위 등에 대한 칭송과 망인과 자기와의 친분관계 등을 표시하고, 평소에 다정하게 지냈던 일이나 특별한 일을 떠올려 두 사람의 관계를 밝히기도 한다.

만장의 길이와 폭은 규격으로 정해지지는 않았으나 길이는 8자, 폭은 2자 내외이며, 색상도 가지가지여서 백, 청, 홍, 황 등 다양하게 사용한다.

만장의 위와 아래는 적은 축대를 사용하고 대나무로 깃대를 만든다. 깃대의 머리에는 약간의 수식을 하고 아래쪽의 공란에는 연꽃무늬를 그려 넣는다.

장례의 행렬에는 반드시 영정의 뒤를 따르게 하고, 장례가 끝난 뒤에는 빈청(殯廳)에 보관하며, 망인의 문집을 발간할 경우 부록에 원문을 수록한다.

만장의 첫머리에는 '謹弔'라 쓰고, 만장의 본문을 쓴 다음, 맨 끝에 쓴 사람의 성명을 쓰되, "OO(본관)後人 OOO(성명) 哭 再拜"라 쓴다.

○ 각종 만장 문구

上帝 沈가重	使君 命九丹
醫與 斯人去	刀圭 何處觀

慟哭君靈 淚不輕	如何先我 上帝京
遙憶簫湘 寒夜月	忍何隻雁 咽鳴聲

青雲龍閣 顯君忠	爲國謨猷 卓越功
上帝應召 任治政	飄然駕鶴 一隅空

羨君威武 自平時	忍胡歸天 使我悲
統合三韓 人莫說	西風淚落 海東湄

先生昨夜 辭塵緣	國失蓍龜 鄕失賢
後人從此 依何處	月滿空山 星滿天

陽翟大名 聞古今	君於斯術 亦浮沈
如何遽作 黃泉客	使我悽愴 向故林

以酒爲生 以酒死	生時豪傑 死時仙
黃泉今日 平安去	應入竹林 會七賢

少時修習 每同筵	晚境戱諧 相老年
無斷忽然 仙化去	送君揮淚 夕陽天

25. 노제 (路祭)

노제는 달리 노전(路奠), 친빈전(親賓奠)이라고 부른다. 상여가 절친한 친지, 친구 집을 지날 때면 그 집에서 상여를 세우고 노제(路祭)를 지내며, 또 개울이나 고개를 지날 때도 상여를 세워 노제를 지내기도 한다.

노제는 친구나 친척집에서 차린다. 이는 고인과 친한 조객이나 친척 중에서 뜻있는 사람이 스스로 음식을 준비했다가 지내는 것이다.

개울이나 언덕이 있을 때는 정상(停喪)을 하고, 그 때마다 복인들은 술값이나 담뱃값을 내놓는다. 일반적으로 고인과 절친했던 친구나 친척이 조전자(弔奠者)가 되어 제물을 준비했다가 올리는데, 운구 도중 적당한 장소에 장막을 치고 제청을 꾸민 뒤 영여(靈輿)를 모시고, 조전자가 분향 후 술을 올리고 제문을 읽으면, 모두 두 번 절을 한다.

상여로 운구시 묘소가는 도중에 노제를 지내기도 하는

데, 만일 묘소가 멀 때는 매 30리마다 영구 앞에 영좌를 만들고 조석으로 곡하며 제사를 올린다. 또 조석 식시 때가 되면 상식을 올리고, 밤이면 상주 형제는 모두 영구 곁에서 잔다. 노제를 지낼 때는 노제축(路祭祝)을 읽는데 고인의 제자(弟子)나 우인(友人) 등이 고인을 보내는 고별인사로 제문을 읽어 고인의 유덕(遺德)을 추모하고 업적(業績)을 찬양하는 내용이다.

○ 노제의 순서

1) 노전은 장례행렬 도중에 고인의 제자나 친구 등이 고인의 유덕을 추모하여 올리는 전(奠)이다. 친빈전이라고도 한다.

2) 상여 앞에 영좌를 설치하고 상을 차린다. 혼백상(상자) 뒤에 사진과 신주를 담은 상자를 놓는다.

3) 노전의 제주는 주상이 아니고 노전을 준비하고 주관하는 제자나 친구 등이다.

4) 장례 전이므로 분향만 하고, 뇌주(지하의 체백을 인도하기 위하여 술을 모사기나 땅에 붓는 의식)는 하지 않는다.

5) 축은 제주의 우측에서 서향으로 꿇어 앉아 제문을 읽는다.

6) 노전 순서 : 강신(분향재배)-헌작-정저-독축-헌자재배-하저-사신재배 -철

신주
《상례보(喪禮補)》

○ 노제 축문

운구(運柩) 도중 상여를 멈추고 노제(路祭)를 지낼 경우 읽는 축이다.

고인을 보내는 고별인사로 제문을 읽어 고인의 유덕(遺德)을 추모하고 업적(業績)을 찬양하는 내용이다.

維歲次 干支 幾月干支朔 幾日干支 幼學000(제주성명)敢昭告于
유세차 간지 기월간지삭 기일간지 유학000(제주성명)감소고우

學生某官某公之靈 謹以 酒果恭伸 奠儀 尙
학생모관모공지영 근이 주과공신 전의 상

饗
향

〔풀이〕

0年 0月 0日 00은 본관(本貫) 성(姓)公의 상여(喪輿) 앞에서 고인의 유덕(遺德)을 추모하고 업적(業績)을 높이 찬양하오니 흠향하옵소서

維 歲次 (0年) (0)月 (干支)朔 (0)日 (干支) (姓名)
유 세차 0년   0월 간지 삭 0일   간지   성명

敢昭告于 (本貫) (姓)公之柩
감소고우 본관   성 공지구
(고인의 유덕(遺德) 추모, 업적(業績)을 찬양)

尚
상
饗
향

○ 한글 노제 축문

路祭祝文
유세차 幾年 幾월 干支삭 幾일 干支 000 감소고우
某官某公 관직 영구 앞에 우리 모두는 술 한 잔을 올리며 고 합니
다. 아! 슬프다. 인간백세시대에 좋은 의술 어디가고 떠나가는
그대를 못 잡아 드리고 작별을 고하려 하니 눈물이 앞을 가립니
다.
그동안 살아왔던 세월들이 주마등처럼 떠올라 한 잔의 술과 소박
한 다과로 영전에 작별을 고하오니 보고 있다면 대답하소서. 인
간백세는 하늘이 내린 바니 00년의 세상을 살면서 의로움과 정으
로 친족들과 가족들을 보듬고 자상하던 그 모습이 엊그제 같은데
차고 어두운 관 안에 지금 누워계심이 믿어지지 않습니다.
살아생전 성품이 온후하여 성실히 제가하고 정도를 지켰으며 예
절법도에 따라 조상을 공경하고 친족들에게 정 많던 그 모습을
이제 다시는 뵈올 수 없겠지요. 어느 날 득병하여 백약이 무효라
일가친척 많다한들 어느 누가 대신할까. 허무함이 인생인가 팔
순도 못 미쳐 가는 것을 고매한 유덕은 대외에 명성을 떨치고 사
방에 충만하니 천추에 길이 남을 지어다.
선영하에 유택을 자리 잡아 만년이 되도록 극락왕생 하소서. 호
곡소리 진동한데 이로써 작별이라. 눈물 흘려 적시 우며 이별의
잔을 올리오니 흠양하옵소서. 尚
饗

26. 영막(靈幕)

영막은 상여가 묘소에 도착하기 전에 혼백을 모실 천막을 치고 조문을 받는 곳을 말한다. 묘소 부근 평평한 곳에 차일을 치고 그 아래에 병풍을 펴고 제사상을 놓고 영정을 모신 다음 조객의 문상을 받는다.

이보다 앞서 산에 상여가 묘지에 도착하면 횡대(橫帶)를 깔고 널을 안치소에 모시어 하관 때까지 조객을 맞이한다. 이때 방상이 앞서서 장지에 이르면 창으로 광중의 네 모서리를 치고 상여가 도착하면 축관이 혼백을 모셔 영좌에 모신다. 신주 상자는 혼백 뒤에 모시고 술과, 과일, 포, 식혜로 진설하는데 견전에서 남은 포는 이때 치운다.

영구가 도착하면 먼저 집사가 나서서 광중 남쪽에 자리를 깔아놓는다. 모역의 방향이 남북이 아닐 때는 묘역 하부에 깐다. 영구를 모셔 이 자리에 머리를 북쪽으로 모시는데 묘역의 상부를 북으로 가정하고 모시며 축관은 공포를 가져다 관의 먼지가 없도록 털어낸다.

장지에서도 곡을 하는데 상주와 남자들은 광중의 동쪽에 서서 서쪽을 향하고 여자들은 광중의 서쪽에 마련된 장막쪽에 서서 동쪽을 향한다.

손님들은 문상을 하고 돌아가는데 주인이 폐백을 올린 후에 돌아간다. 손님들은 영구 앞에 나아가 곡하고 두 번 절한다. 상주가 손님들에게 절하면 손님들도 마주 절한다.

○ 제주불복방(祭主不伏方)

근본적으로 제주불복방(祭主不伏方)은 장사를 지내 해(年)와 월(月)의 지지(地支)를 기준 하여 묘를 중심으로 상주가 있어서는 안 되는 방위이다. 그러나 묘만 아니라 빈소에도 해당된다.

상주(喪主)가 엎드려서 절을 하지 못하는 방향이다. 상주가 엎드려 절하는 방향은 묘에 국한되지 않고 빈소에도 해당되므로 이 방향에 제주가 엎드리도록 빈소를 설치하지 않는다.

년월을 기준으로 하여 각기 삼살방과 양인방으로 설치할 수 없다. 그러나 요즈음은 장례식장에서 장례를 치르므로 마음대로 설치할 수 없으므로 참고사항이 된다. 그러나 묘역을 조성하여 장례를 치를 때에는 적용함이 옳다.

1) 삼살방(三殺方)

삼살방			
년, 월	申子辰	巳酉丑	寅午戌	亥卯未
방위	巳午未	寅卯辰	亥子丑	申酉戌

삼살방은 해마다 바뀌는 신살로써 삼합의 중심세력과 대충되는 방향이다. 癸巳年이라면 巳가 속해 있는 삼합, 즉 巳酉丑의 酉와 沖되는 卯方, 동쪽이 올해의 삼살방이다. 좋지 않은 방향이므로 제주불복방에 적용된다.

그 해의 년에 따른 태세지지가 신자진년이거나 신자진월에 해당하는 경우라면 사오미방에 빈소를 설치하지 않는다. 혹은 묘역에서 절을 하는 방향을 설치하지 않는다. 이는 묘의 방향과는 다른 것이다.

2) 양인방(羊刃方)

양인방									
연간	甲	乙	丙	丁	戊	己	庚	辛	壬	癸
양인	卯	辰	午	未	午	未	酉	戌	子	丑

양인살(羊刃殺)은 태양빛에 빛나는 칼날을 뜻하는 양인(陽刃)과 선량한 양(羊)을 잡기 위한 칼날을 뜻하는 양인(羊刃)으로 두 가지로 사용되지만 주로 양인(羊刃)으로 표현한다. 역시 좋지 않은 방향이므로 제주불복방에 적용된다. 역시 년을 기준으로 한다.

장례를 치르고자 하는 해에서 년간(年干)을 따진다. 년간이 갑(甲)이라 하면 5가지가 나온다. 갑자(甲子), 갑술(甲戌), 갑신(甲申), 갑오(甲午), 갑진(甲辰), 갑인년(甲寅年)이다. 이와 같이 갑이 들어가는 해에는 묘방(卯方)에 빈소를 설치하지 않으며 아울러 묘역에서도 절을 하는 방향으로 선택하지 않는다. 역시 묘의 좌향과는 관계없다.

만약 을(乙)이 들어가는 태세라면 을축(乙丑), 을해(乙亥), 을유(乙酉), 을미(乙未), 을사(乙巳), 을묘년(乙卯年)이 해당 된다. 이처럼 을이 있는 태세에는 진방(辰方)에 빈소나 묘역에서 절을 하는 방위로 선택하지 않는다.

○ 정상기방(停喪忌方)

정상기방				
장사 년, 일	巳酉丑	申子辰	寅午戌	亥卯未
정상기방	丑艮寅	辰巽巳	戌乾亥	未坤申

艮方(동북방)	巽方(동남방)	乾方(서북방)	坤方(남서쪽)

시신을 묘지로 운반하기 위해 상여나 영구차를 대기시킬 경우 상여나 영구차를 세우는 것을 꺼리는 방위를 말한다. 또 묘지에서는 광중(壙中)을 기준 하여 상여 또는 관(棺)을 안치하지 않는 방위를 정상기방(停喪忌方)이라고 한다.

정상기방은 하관 전에 묘지에서 필히 조심해야 하는 방향이다. 묘지를 조성하고 하관하기 전에 상막(喪幕)을 설치하자 말아야 하는 방향이며 운구되어 온 상여(喪輿)나 관곽(棺槨)을 임시로 놓아두는 곳으로 선택해서는 안되는 방향이다. 년과 일을 기준으로 삼는다.

정상기방을 살펴보면 동서남북의 정방위는 빠져있다. 따라서 정상기방을 피하려면 동서남북 방향에 상여(喪輿)나 관(棺)을 안치하면 된다.

27. 하관(下棺)

하관은 관을 광중(壙中)에 넣는 일로 하관길시(下棺吉時)를 골라 한다. 광중은 풍수지리가의 자문을 받아 전날 또는 아침 일찍 미리 파놓아야 한다. 하관 때는 호충(呼冲)에 해당되는 사람은 잠시 피해야 한다.

하관할 때는 상주와 부인들은 곡을 그치고 널을 싼 종이와 결관 끈을 벗기고 광중의 곽 안에 모신다. 이때 널이 삐뚤어지지 않았는지, 다른 물건은 떨어지지 않았는지 살핀다. 일부 지방에서는 관을 벗겨내고 시신만 모시는 탈관(脫

棺, 혹은 폐관(廢棺))을 하여 모시기도 하는데 관으로 모시는 것과 그 순서나 방법은 동일하다.

하관의 의식에서 가장 먼저 가느다란 나무 두 자루를 회를 깐 바닥에 놓고 긴 나무 두 개를 광중 위에 가로 놓는다. 이어 영구 위의 명정과 구의를 벗겨 가로지른 나무 위에 올려놓는다. 다시 무명 두 가닥으로 관 밑바닥을 머리와 발쪽에서 들어 올려 장목을 치운 후에 서서히 내려 보낸다

광중에 관이 놓일 때는 바로 놓이는가 살피고 나무토막을 치우고 광중으로 내려 보낸다. 일부 지방에서는 흰 천이나 솜으로 관을 깨끗이 닦고 이어 구의와 명정을 반듯이 덮는다. 때론 일부 지방에서는 명정을 나중 횡대를 덮은 후에 깔기도 한다. 일부 지방에서 7장으로 이루어진 횡대를 덮는다. 삽은 광중 양 옆으로 세워둔다. 분금을 맞추는 등 하관이 완료되었으면 관의 산폐(山幣)를 드린다. 산폐란 산신에게 드리는 현(玄), 훈(纁)과 운(雲), 아(亞)를 말한다.

현훈이란 폐백으로 쓰는 것으로서 파란 빛과 붉은 빛의 비단인데 이것을 색실로 동심결로 묶은 것이다, 집사가 현훈(玄纁)을 가져다 상주에게 주면 상주는 다시 축관에게 준다. 일부 지방에서는 7장의 횡대 중 3번째 장에 현훈을 올려 두 번 절하고 내밀면 축관이 받는다. 축관은 현훈을 받들고 들어가 관의 동쪽, 즉 죽은 사람의 왼쪽에 바친다. 또 다른 예는 현은 동쪽에 올리고 훈은 서쪽 아래에 올리는 것이다. 현은 검정이나 파랑색의 폐백이고, 훈은 붉은 색의 폐백이다. 운과 아는 종이에 글씨를 쓴 것이다. 관의 좌상 측

옆에 운(雲)과 현(玄), 우상 측 옆에 아(亞)와 훈(纁)을 놓는다. 상주가 두 번 절하고 나면 모든 사람이 슬피 곡한다.

이후 명정을 축관이 상주에게 주면 상주는 정중하게 명정 상머리를 관머리에 덮고 다시 축관에게 주면 축관은 명정을 정중히 관을 덮는다. 관 위에 명정을 덮고 횡대(橫帶)로 그 위를 덮은 다음 생토방(生土方)에서 퍼온 흙으로 채운다. 지표면과 거의 일정한 높이까지 흙이 채워지면 지석(誌石)을 묻는다. 지석이란 훗날 무덤의 주인을 쉽게 찾아내도록 죽은 사람의 본관과 이름, 생일, 사망일, 행적, 무덤의 좌향, 자녀들의 이름과 벼슬 등을 적어 묻는 판석(板石)을 말한다. 깨끗한 돌에 글자를 새기거나 기왓장, 또는 사기를 사용하기도 한다.

이어 석회가 혼합된 흙을 채운다. 석회(石灰)를 처음 넣을 때는 관 위에 횡판(橫板, 橫帶)을 대서 회가 직접 관에 닿지 않게 한다. 백회로 관 위를 채운 지석(誌石)대 위에 망자 본관 및 공적을 쓰는 수도 있다. 그리고 상주는 두루마기나 옷자락에 깨끗한 흙을 담아 관의 상하 좌우로 "취토, 취토, 취토"라고 세 번 외치면서 먼저 흙을 관 위에 덮는다. 흙을 채울 때는 한 자쯤 (30cm)채운다. 일꾼들은 회다지를 한 후 지석을 묻고 성분(成墳)을 한다.

○ 하관길시

황도시(黃道時)에 귀인시(貴人時)를 겸하면 좋고 마땅치 않으면 그냥 황도시(黃道時)만 가려 쓴다. 황도시(黃道

時) 일진(日辰)의 지지를 기준 한다. 귀인시(貴人時)는 일진(日辰)의 천간을 기준 한다.

황도 귀인시			
黃道時		歸仁時	
일진	황도시	일진	귀인시
寅申(1,7)일	子 丑 辰 巳 未 戌 時	甲 戊 庚 日	丑 未 時
卯酉(2,8)일	寅 卯 午 未 酉 子 時	乙 己 日	子 申 時
辰戌(3,9)일	辰 巳 申 酉 亥 寅 時	丙 丁 日	亥 酉 時
巳亥(4,10)일	午 未 戌 亥 丑 辰 時	辛 日	寅 午 時
子午(11,5)일	申 酉 子 丑 卯 午 時	壬 癸 日	巳 卯 時

○ 하관(탈관 후 시신만 매장시)

1) 내광에 시신을 분금을 맞추어 안치한 다음 한지 등 종이로 시신이 움직이지 않도록 고정한다. 고정이 되지 않고 틈이 벌어지면 육탈 후 백골이 분금을 벗어날 수 있다.

생토방(生土方)에서 취토(取土)한 흙을 시신의 가슴이 약간 보일 정도로 8부 정도 채운다. 이때 흙은 혈토(穴土) 혹은 생토(生土), 여의치 않으면 타 지역의 흙이라도 좋은 흙을 채워야 한다.

2) 그 위에 명정(銘旌)을 덮는다. 명정은 썩는 것이라야 하는데 그렇지 않으면 육탈(肉脫) 후 백골(白骨)과 엉켜 흉하다(명정은 횡대를 댄 후에 덮기도 한다).

3) 그 다음 횡대(橫帶, 횡대가 없으면 天板을 사용한다)를 덮는다. 횡대를 하지 않으면 내광과 봉분(封墳)을 다질 때 시신이 상할 염려가 있다.

4) 강회와 생토를 강회3 : 황토2: 모래1의 비율로 섞은 흙을 채운다. 이는 충해(蟲害)와 목근(木根, 나무뿌리)의 침해를 방지하고 내광의 습기를 조절해 주는 역할을 한다. 석회석을 하는 이유는 목근과 뱀, 개미 등의 침범을 방지하기 위해서이다. 석회는 수분의 흡수와 방출이 원활하여 습도 조절을 해주는데 반하여 석곽(石槨)은 땅속 흙과 돌의 온도 차이로 인하여 이슬 등 습기가 생겨 유골이 수침을 당하므로 흉하다. 진혈지(眞穴地)의 완전한 혈토(穴土)에는 목근이나 개미, 뱀 등 충해가 침범할 수 없기 때문에 석회를 안 해도 된다.

5) 사토방(死土方)에서 취토(取土)한 깨끗한 흙(生土)으로 외광(外壙)을 채우는데 중간 중간 잘 밟아 평토(平土)한다.

6) 사토방(死土方)에서 취토한 깨끗한 흙으로 봉분을 만든다.

7) 합장(合葬)할 경우를 대비해서 광중(壙中)을 만들어 놓는다면 생토(生土)로 채운다.

○ 지석(誌石)

지석(誌石)은 죽은 사람의 인적사항이나 묘의 위치를 기록하여 무덤 앞이나 옆에 묻는 판석(板石)이나 도판(陶板)이다. 지석(誌石)은 돌, 회벽돌 또는 질그릇으로 하고 글자를 쓰거나 새긴다.

지석에 쓰는 글은 위쪽에 누구의 묘라는 것을 쓰고 바닥 밑에는 약력과 인적관계를 쓴다. 돌에 새기거나 도자기를 만들어 글로 새긴 다음 굽는다. 대체로 죽은 사람의 성명과 자(字), 출생지, 선대계보, 출생년월일, 관직 약력과 부임지(赴任地), 행적, 덕망, 사망일, 묘의 위치, 가족관계 등을 적는다. 때로는 사기그릇과 같은 넓은 그릇에 붓글씨로 쓴 것도 발견되고 있다.

장례시 무덤에 묻어 오랜 세월이 지난 후에도 묘의 주인공이 누구이며, 그의 행적이 어떠했는지를 전하기 위한 목적에서 만들어진다.

지석에 실리는 글은, 사실을 적은 산문체의 글인 묘지(墓誌)와 운문체의 글인 묘명(墓銘)으로 구분된다. 묘지는 일반적으로 지석을 대신하여 부르며 묘지와 묘명이 함께 있을 때는 묘지명(墓地銘)이라고 부른다.

○ 지석 뚜껑에 새기는 글

성명, 생졸(生卒) 연월일, 행적, 무덤의 좌향 등을 기록하는 것으로써, 돌 두 쪽에 회(灰)로 글씨를 쓰거나, 새기거나, 오지그릇에 글을 새겨 구워서 광중 앞 가까운 곳에 묻는 것을 말한다. 뚜껑이 되는 돌을 지개석(誌蓋石)이라 하고, 바닥이 되는 돌을 지저석(誌底石)이라 한다.

某官 某公 諱某之墓
모관 모공 휘모지묘

○ 지석 밑바닥에 새기는 글

여자의 지저석(誌底石)에서 관향과 성씨, 혼인할 때의 나이, 남편의 관향 성씨, 봉(封)을 받았으면 봉함을 받은 이름과 사망한 연월일, 묘의 좌향, 아들의 이름, 사위의 관향과 성명을 쓴다. 지저석의 글귀와 지석함은 다음과 같다.

某官 某公諱某 字某
모관 모공휘모 자모

某州某縣人 考諱某母某氏 某封 某年月日生 經歷
모주모현인 고휘모모모씨 모봉 모년월일생 경력

某年月日卒 某年月日 葬于
모년월일졸 모년월일 장우

某鄉 某里 某處 娶某氏 某人之女 子男某 某官
모향 모리 모처 취모씨 모인지녀 자남모 모관

女適某官某人
여적모관모인

---

28. 제주(題主)

미리 만들어 두었던 신주에 글씨를 쓰는 것이다.

1) 제주는 신주에 고인의 인적사항을 쓰는 것을 말한다. 신주는 운명 후 장례 전에 만들어 두었다가 하관 후에 묘지

에서 글씨를 쓰는 것이다.

2) 하관하면 체백이 광중에 묻히므로 혼령이 머무를 곳이 없게 된다. 그래서 즉시 신주를 써서 혼령이 신주에 깃들도록 해야 한다.

3) 부친신주의 서식

　-함중식 ： 故學(某官某公)諱康哲字仲甫神主

　-분면식 ： 顯考學生府君神主

　　　　　　孝子00 奉祀

4) 모친신주의 서식

　-함중식 ： 故孺人(某官某公)諱任順神主

　-분면식 ： 顯妣(本官　氏)神主

　　　　　　孝子00 奉祀

5) 신주는 앞판(분면식)을 뒤판(함중식)의 턱에 끼워 합쳐서 받침에 꽂아 세운다. 최근에는 대체로 신주를 만들지 않고 지방으로 대신하기도 한다.

○ 제주전(題主奠)

반혼전이라 하기도 하고 평토전이라 하기도 한다. 지표면과 같은 높이로 흙을 채웠으면 제수를 진설하고 평토제축(平土祭祝)을 읽으며 망인에게 예를 올린다. 평토제가 끝나면 상주는 영막으로 가서 조문을 받는다. 이때 유족들은 봉분이 다 완성되지 않더라도 다른 사람들에게 뒷일을 맡기고 영정을 모시고 귀가해도 된다.

장례 때 광중의 흙이 평토가 되면 신주를 만들어 그 앞에 모셔놓고 지내는 것을 평토제라 한다. 산에서 지내는 마지막 제사로 곳에 따라서는 평토제는 생략하고, 성분제라 하여 성분 후에 제사를 지내기도 한다. 평토제와 성분제 중 한 가지만 지내도 된다.

1) 제주전은 신주에 글씨를 쓴 후에 묘 앞에서 올리는 전이다. 반혼전, 평토전이라고도 한다.

2) 묘 앞에 상을 차리고 신주를 모신다. 신주 뒤에 혼백상(상자)과 사진을 모신다. 제주전은 주상이 고유한다. 이때 신주를 앞에 두는 것은 이미 신주에 글씨를 썼기 때문에 신주가 더 중요하다고 생각하기 때문이다.

3) 축은 제주의 우측에서 서향으로 꿇어 앉아 축문을 읽는다.

4) 제주전 순서 : 강신(분향재배-뇌주재배)-헌작-정저-독축-헌자재배-하저-사신재배-철

5) 제주전을 올린 후에 주상은 신주와 혼백상(상자), 사진을 모시고 집으로 돌아온다.

○ 제주전 축문

維歲次干支 幾月干支朔 幾日干支 孤哀子00(주상이름)敢昭告于 유세차간지 기월간지삭 기일간지 고애자00(주상이름)감소고우
顯考學生府君 形歸窀穸 神返室堂 神主既成 伏惟 현고학생부군 형귀둔석 신반실당 신주기성 복유
尊靈 舍舊從新 是憑是依 존영 사구종신 시빙시의

〔풀이〕

00년 0월 0일 고애자 00는 아버님에게 감히 고하옵니다. 남기신 몸체는 묘에 묻혔사오니 혼령께서는 집으로 돌아가십시다. 신주를 이미 조성하였사오니 존령께서는 옛것을 버리시고 새로움을 따르시어 신주에 깃드시고 신주에 의지하시옵소서.

 - 신주를 만들지 않고 혼백만을 모셨으면 '신주기성'을 '神主未成'으로, '사구종신 시빙시의'를 '魂箱猶存 仍舊是依'으로 각각 고쳐 쓴다. 즉 "신주를 만들지 못하였으나 혼백상(상자)이 있사오니 존영께서는 옛날과 같이 혼백상에 의지 하시옵소서"라는 뜻이다.

29. 성분(成墳)

하관이 끝난 후에 명기와 지석 등을 묻고 흙과 회로 광중을 채우고 흙으로 봉분을 만드는 과정을 말한다. 봉분이 완성되면 묘 앞에 제물을 진설하여 평토제(성분제 또는 제주제)를 올린다. 예부터 이른바 신종추원(愼終追遠)이라 하여 부모의 상을 당하게 되면 만사에 신중하고 장례를 극진히 치르며 조상의 제사는 최대한 정성을 다해 모셔야 하는 것으로 알았다. 또 후장(厚葬)이라 하여 간혹 분에 넘치게 장례를 치르기도 하였는데 이것이 잘못 전해져 후에 오면 호화 장례식으로 변질되기도 하였다.

성분도(成墳圖)

≪상례보(喪禮補)≫

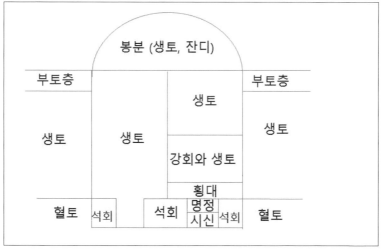

○ 취토방

하관 때에 광중에 처음 넣을 몇 줌의 흙을 떠는 생토방과 성분(成墳)할 때의 사토방을 정해 모자란 흙을 파와야 한다.

취토방											
년	子	丑	寅	卯	辰	巳	午	未	申	酉	戌	亥
방위	午	亥	戌亥	午	寅	辰	子	丑	卯	子	寅	辰

30. 토지신제 (土地神祭)

봉분이 이루어지면 평토 후 산신제를 먼저 지낸다. 토지신제는 하관 후에 토지신(산신)에게 지내는 제사이다. 달리 평토제라고도 한다.

토지신제의 제주는 먼 친척이나 외인이 한다. 즉 복제도에 의한 복이 없는 사람이다. 묘의 동북쪽에 제단을 차려 북향하여 지낸다. 제수는 주, 과, 포, 혜를 차린다. 토지신은 신위를 1위로 본다.

토지신은 하늘에 있는 것이 아니고 당연히 지하에 있을 것임으로 분향은 하지 않고 뇌주만 한다. 그러나 분향을 하기도 한다. 축은 제주의 좌측에서 동향으로 꿇어 앉아 축문을 읽는다. 토지신제 순서는 강신(뇌주재배)-참신재배-헌작-정저-독축-헌자재배- 하저-사신재배-철의 순서로 이어진다.

註 : '편람'에 상례편의 토지신제(산신제)는 분향이 없는 것으로 되어 있다. 하늘과 땅의 신에게 제사하는 천제(天

祭)와는 다르다는 의미일 것이다.

○ 토지신제 축문

維歲次干支 幾月干支朔 幾日干支 幼學000(제주성명)敢昭告于 유세차간지 기월간지삭 기일간지 유학000(제주성명)감소고우
土地之神 今爲 學生(某官某公) 窆玆幽宅 神其保佑 俾無後艱 토지지신 금위 학생(모관모공) 폄자유택 신기보우 비무후간
謹以 淸酌脯醢 祗薦于 神 尙 근이 청작포해 지천우 신 상
饗 향

〔풀이〕

00년 0월 0일 유학 000는 토지신에게 감히 고하옵니다. 오늘 이곳에 학생전주이공의 묘를 조성하였습니다. 신께서는 보호하고 돌보아 주시어 훗날에 어려움이 없도록 하여 주시기를 바라옵니다. 삼가 맑은 술과 포와 혜를 공손히 받들어 올리오니 흠향하시옵소서.

- 합장이면 '폄자유택'을 '合窆旣畢'로 고쳐 쓴다.

31. 성분제(成墳祭)

달리 후토제(后土祭)라 부르기도 한다. 평토제 혹은 제주제라고도 한다. 하관을 마치고 난 후, 달구질을 하고 봉분을 만들고 나면 묘 앞에 제물을 진설하여 제사를 지내는데 이를 성분제라 한다. 즉 봉분이 완료되었으므로 토지의 신에게 제사를 지낸다. 묘 왼편에다 주과포(酒果脯)를 진설하고 성분제축을 읽는다. 이때는 상주가 아닌 다른 사람이 해도 무방하다.

○ 성분제 축문

維歲次(干支) 幾月干支朔 幾日(干支) 執事者 姓名 敢昭告于
土地之神
유세차(간지) 기월간지삭 기일(간지) 집사자 성명 감소고于
토지지신

今爲學生 (本貫)(姓)公 窆玆幽宅 神其保佑 俾無後艱 謹以淸酌
脯醢 祗薦于神 尙
금위학생 (본관)(성)공 폄자유택 신기보우 비무후간 근이청작
포혜 지천우신 상

饗
향

〔풀이〕

某年 幾月 幾日 某人은 토지 신에게 감히 고하옵니다. 이제 이곳에 本貫 某公의 묘를 정하였사오니, 신께서 도우셔서 후환이 없도록 지켜주소서. 삼가 맑은 술과 포혜로서 공경히 올리오니, 흠향해 주소서.

32. 반우(返虞)

반우란 반혼(返魂), 반곡(返哭)이라고도 하며 반곡이라는 말이 일반적으로 널리 쓰이는 경향이 있다. 혼백을 모시고 다시 상가로 돌아오는 의식이다. 상여가 나갔던 길로 그대로 돌아 귀가한다. 만약 길을 바꾸면 혼백이 따라오지 못한다 하므로 주의해야 한다. 집안에서 안상주들은 대문 밖으로 나와서 혼백을 맞이하여 안팎 상주가 서로 읍곡하면서 혼백을 빈소에 모신다.

장례 후에 신주를 모시고 집으로 돌아오는 의례를 말한다. 일부 지방에서는 이를 흉제(凶祭)라고도 부르고 있다. 장례 후에 신주를 모시고 집으로 돌아오는 의례로서 장례 후 만2년이 되는 대상(大祥)까지의 모든 의례를 포함하는 넓은 개념이다. 전통적인 유교 의례에서는 3년 상이라 하여 대상을 지낸 후 탈상을 하는 것까지를 상례로 규정한다. 현대상례에서는 간소화되어 반우와 관련된 유교식 의례는 거의 사라지고 불교식 의례인 49재로 보편화되고 보편적인 탈상(脫喪) 의례로 정착되고 있다.

시신을 무덤에 묻고 집으로 돌아와서 죽은 사람을 생각하며 곡을 하는 것도 반곡이라 한다. 반곡은 주인은 당에서 행하는데, 그것은 돌아가신 분이 활동하던 곳이 바로 당이므로 주인이 당에서 곡을 행하고, 주부는 방에 들어가서 곡을 하는데, 이는 돌아가신 분이 봉양을 받던 곳이 바로 방 안이기 때문이다. 반곡을 하고 나면 기년(朞年)과 9월의 상복을 입는 자는 술을 마시고 고기를 먹을 수 있지만 잔치는 할 수 없다. 소공과 대공의 상복을 입는 사람이 따로 살 경우에는 반곡 이후에 사는 곳으로 돌아갈 수 있었다. 돌아가는 길에 조상하는 사람이 있어도 길에서 조례(弔禮)하지 않고 집에 돌아온 뒤에 한다. 집을 지키고 있던 사람은 반드시 영좌 앞에 나가서 재배한다.

장례 후에 신주를 모시고 집으로 돌아오면 여상주들이

곡(哭) 마중을 나온다. 장지(葬地)로부터 집에 돌아올 때까지 곡이 끊어지면 안 된다고 여겼으며, 이를 '반곡제'라고도 하였다. 반혼한 혼백은 그동안 마련해 둔 상청에 모셨다가 지방을 써서 붙인 다음에 맏상제가 모시고 밖에 나가 분향재배한 다음에 태워 버린다. 상청에 돌아와서 반혼제를 지낸다.

33. 우제(虞祭)

우제(虞祭)는 장례 뒤에 이루어지는 돌아가신 분에 대한 의례이며, 날과 달, 해를 기준으로 제각기 이루어지되 3이라는 주기를 지킨다는 점에서 통일성을 지진다. 출상(出喪) 당일부터 3일째 되는 날까지 세 차례 제사를 지내고 이를 우제(虞祭)라 한다.

우제(虞祭)는 시신을 묘지에 묻었기 때문에 시신을 떠난 영가(靈駕)가 방황할 것을 우려하여 편안하게 빈소(殯所)에 안착할 수 있도록 하기 위하여 올리는 제사이다. 우제(虞祭)에는 초우제(初虞祭)와 재우제(再虞祭), 삼우제(三虞祭)로 나눈다.

장례를 치르고 성분이 끝나면 시묘가 남는다. 과거에는 산소의 서쪽에다 여막(廬幕)을 지어 놓고 3년 동안 복상(服喪)하였으니 소위 삼년시묘(三年侍墓)는 죽은 부모에 대해 바치는 가장 효성스러운 행위로 여겼다. 물론 이후부터는 매년 기일이 되면 빠짐없이 기제사(忌祭祀)를 올렸으며 이것으로도 부족하여 무덤을 찾아 돌보고 예를 올렸으니 이를 배분(拜墳) 또는 배소례(拜掃禮)라고 했다. 지금으로는 성묘다.

아주 오래전에는 단오(端午), 한식(寒食), 추석(秋夕) 등 4대 명절에 배분했는데 지금은 간소해져 봄과 가을 두 차례로 줄었다. 즉 봄에는 한식에 맞춰서 하는데 이때는 초목이 잘 자라도록 하는 데에 목적이 있고 추석에 하는 성묘는 이듬해에 잘 자랄 수 있도록 정비하는 데에 목적이 있다. 대체로 봉분을 찾아 주위의 나무나 풀을 잘라내 깨끗이 정리하는 것으로 벌초(伐草)라고도 한다. 그런 다음 간단한 음식을 올리게 되는데 이를 천신(薦新)이라고 한다. 하지만 객지에서 바쁘게 살아가는 요즘은 조상의 묘를 찾기도 쉽지 않다. 그래서 1년에 한 번만 하는 것으로 줄었는데 그나마 제때에 하기가 어려워 미리 성묘를 다녀오는 수가 많다.

1) 초우제(初虞祭)

초우란 묘소에서 하관이 끝난 뒤 영정을 모시고 집으로 돌아와 그날 중에 영좌(靈座)에 지내는 제사를 말한다. 만약 묘가 멀어서 여관 등에서 자는 경우라면 그곳에서 그날 중에 지낸다.

제사를 지내면서 초우제축을 읽는다. 순서는 진설(陳設), 강신(降神), 초헌(初獻), 독축(讀祝), 아헌(亞獻), 종헌(終獻), 유식(侑食) 순이다. 상주(喪主) 이하 모두가 목욕은 해야 하지만 빗질은 하지 아니하며, 목욕을 할 수 없을 경우에는 간단하게라도 몸을 씻는다. 초우제(初虞祭)부터는 정식으로 제사로 드리는 것이다.

집의 서쪽 뜰 서남쪽 위에 세숫대야와 수건을 준비해 놓고 대야는 탁자 위에 놓고 수건은 줄에 메어 걸어 놓는다. 술병은 영좌(靈座) 동남쪽에 탁자를 놓고 그 동쪽에 두며, 술잔과 잔 받침도 그 위에 놓고, 퇴주 그릇도 함께 놓는다. 화로는 영좌 서남쪽에 놓으며, 그 서쪽 탁자에는 축판(祝板)을 놓고 향로에 불을 담아 놓고, 모사(茅沙)와 띠 또는 짚도 조금 묶어 놓는다.

날이 어두워지면 촛불을 켜고 제물은 조전(朝奠) 때와 같이 진설하고 제물 외에 채소와 과일은 집사 앞 쪽으로 놓고 수저는 그 안쪽 중앙에 놓으며, 술잔은 그 서쪽, 술은 병에 채워 놓는다. 상주와 상제들은 방밖에 지팡이를 짚고 서며 그밖에 제사에 참여한 사람들은 모두 영좌 앞에 가서 곡한다. 이들은 모두 북쪽을 향하고, 복(服)의 차례대로 줄지어 선다.

만약 초우제(初虞祭)를 낮에 지냈으면, 저녁에 상식을 다시 올리는 것인데, 이는 상식과 우제가 다른 행사이기 때문이나 우제가 늦게 끝나면 상식은 생략해도 된다. 제사가 끝나면 축문은 가져다가 집사와 같이 깨끗한 곳에 묻는다.

발인할 때 신주(神主)가 혼백 뒤에 있고, 반혼(返魂)할 때는 혼백이 신주 뒤에 있게 되는 것이므로 혼백을 묘소 부근에 묻는 것은 잘못된 것이라 할 수 있다. 초우제가 끝나면 이때부터 조석전(朝夕奠)은 올리지 않고 삭망(朔望), 즉 매월 초하룻날과 보름날 아침에만 음식을 올린다.

○ 강신(降神)

강신(降神)이라는 용어 자체에 위에서 아래쪽으로 신령이 이동하는 것이 전제된다. 하늘 또는 산의 정상으로부터 신령이 인간세계로 하강하도록 유도하는 절차이다. 강신은 하늘로 올라간 신을 땅으로 내려오게 하기 위한 제사의 절차인데, 사람이 죽으면 혼은 하늘로 올라가고 백은 땅으로 내려간다고 믿으니 축관은 곡을 그치도록 한다.

상주는 서쪽 뜰로 내려가서 손을 씻고, 한 사람은 술병을 들고 상주의 오른쪽에 서고 또 한 사람은 탁자 위에 있던 잔반(盞盤)을 들고 상주의 왼쪽에 선다. 복인들은 곡을 그치고, 상주는 영좌 앞에 가서 분향하고 두 번 절을 한 후 무릎을 꿇고 앉는다.

그러면 왼쪽에 있는 집사가 잔반(盞盤)을 상주에게 주고, 오른쪽에 있는 집사가 강신잔(降神盞)에 술을 반잔쯤 붓는다. 상주는 그 술잔을 받아, 향이 솟아오르는 향로 위로 술잔을 들어 정중하고 천천히 작은 원을 세 번 그리듯 향을 쏘이고 모사(茅沙)에 술을 조금씩 세 번 나누어 붓고, 왼쪽 집사에게 주면 빈 잔반을 제자리에 놓는다. 지하에 계신 분께서 왕림하시도록 청하는 의식이다. 강신잔이 별도로 준비된 경우에는 강신잔을 이용하며, 강신잔이 준비되지 못한 경우에는 제상위의 잔을 이용하기도 한다. 제상 위에 있는 잔을 이용하였을 경우에는 강신 후 잔을 원래 있던 위치로 일단 올려놓아야 한다. 그 다음 상주가 조금 물러나서 두 번 절을 하면, 모두 같이 두 번 절을 한다. 이렇게 강신이 끝나면 축관과 집사가 제물을 올린다. 제물을 올리는 순서는 먼저 어(魚), 육(肉)을 진설하고, 다음에 반(飯), 갱(羹), 면(麵), 미식(米食)의 순으로 진설한다.

○ 초헌(初獻)

분향(焚香) 및 강신(降神)의 예(禮)가 끝나고 처음으로 고인께 술잔을 올리는 절차로, 제상 위에 있는 술잔을 내려 이곳에 술을 가득 채운 다음, 잔을 조금만 기우려 술잔 윗부분의 잡티를 제거할 정도로 모사기에 아주 조금씩 세 번 나누어 덜어 내어 잔에 80~90% 술이 담겨있는 상태를 유지한다. 그리고 다시 제상위의 원래 잔이 있던 위치로 술잔을 올린다. 잔을 올리는 순서는 양위(兩位)일 경우에 고위(考位-남자분)를 먼저 그 다음 비위(妣位-여자분)전에 올리는 것이다.

초헌(初獻) 초헌은 제사에서 첫 번째 잔을 올리는 것으로, 상주가 제반에 놓인 주전자를 들고 영좌 앞에 서면 집사가 영좌 앞의 잔반을 들고 상주의 왼쪽에 선다. 상주가 주전자를 있던 자리에 다시 놓고 영좌 앞에 나가 꿇어앉으면 집사가 영좌 앞에 있는 잔반을 가져다주고 술을 따른다. 상주는 잔반을 받아 왼손으로 잔대를 잡고 오른손으로 잔을 들어 향로 위에서 술잔을 왼쪽으로 원을 그리듯 세 번 돌린 후 모사 위에 세 번씩 조금 붓고 반쯤 남겨 집사에게 건네준다.

왼쪽 집사가 술잔을 받아 제상에 올리고, 밥그릇은 뚜껑을 열어서 남쪽에 두고 제자리로 돌아온다. 집사는 젓가락을 수직으로 들어 시접 그릇에 "톡, 톡, 톡" 하고 세 번 두드리고 제수 위나 시접 그릇 위에 수평으로 올려놓는다. 상주이하 일동이 꿇어앉으면 축관이 독축(讀祝)하고, 축관이 물러나면 일동 일어나서 곡을 한다. 그러면 상주가 두 번절을 하고 꿇어 앉아 있으며, 집사가 술잔을 퇴주그릇에 술을 붓고 빈 잔을 제자리에 놓는 것으로 초헌이 끝난다.

영좌에는 신주와 사진만 모신다. 운명 시에 초혼한 고인의 윗 속옷은 혼백과 함께 묻지 않고 영좌에 신주, 사진과 함께 대상 때까지 둔다. 초우제 후에는 아침, 저녁 전(奠)은 폐하고 아침, 저녁 상식(식사)과 초하루, 보름 삭망전만 올린다.

○ 초우제 축문

維歲次干支 幾月干支朔 幾日干支 孤子某 敢昭告于 유세차간지 모월간지삭 모일간지 고자모 감소고우
顯考某官府君 日月不居 奄及初虞 夙興夜處 哀慕不寧 현고모관부군 일월불거 엄급초우 숙흥야처 애모불녕
謹以 淸酌庶羞 哀薦 祫事 尙 근이 청작서수 애천 협사 상
饗 향

〔풀이〕

00년 00월 00일 고자00는 돌아가신 아버님께 감히 밝게 고합니다. 세월이 흘러 어언 초우가 되었습니다. 밤낮으로 돌아가신 아버님을 슬피 사모하고 편안치 못하여, 삼가 맑은 술과 음식으로 제사를 올리오니 흠향하소서.

- 여기서 고자(孤子)라는 말은 졸곡 때까지만 쓰고, 그 후는 종자(宗子)이면 효자(孝子), 큰아들이 아니면 자(子)라고 쓴다. 고인이 벼슬이 없는 학생, 고인이 아버님일 때는 현고(顯考)이며, 어머님일 때는 "현비유인(顯妣孺人)00씨"라 쓴다.

- 고애자는 부모가 모두 돌아가신 경우 주상의 호칭이다. 孤子는 부상의 호칭이고, 哀子는 모상의 호칭이다. 그러나 부 생존 모상에는 부가 주상이 되므로 哀子는 우제 축문에 사실상 쓸 일이 없는 것이다.

- 승중상(부친이 먼저 돌아가신 후 조부모상)이면 고애자00는 孤哀孫 00으로 쓰고, 현고는 顯祖考로 쓴다.

- 고인이 방친이면 고애자00는 姪00로 쓰고, 현고, 현비는 顯伯(叔) 父, 顯伯(叔)母로 쓰고, 애천은 薦此로 쓴다.

- 아내이면 고애자00는 夫000(성명)로 쓰고, 감소고우는 昭告于로 쓰고, 현비는 亡室(혹은 故室)로 쓰고, 숙흥야처 애모불영은 '비도산고(悲悼酸苦) 부자승감(不自勝堪)(슬프고 쓰린 마음을 스스로 견디지 못함)'으로 쓰고, 근이는 玆以로 쓰고, 애천은 陳此로 쓴다.

- 형이면 고애자00는 弟00로 쓰고, 현고는 顯兄으로 쓰고, 숙흥야처 애모불영은 '비통무이(悲痛無已) 지정여하(至情如何)(슬프고 아픔이 끝이 없고 지극한 정을 어찌할 수 없음)'로 쓴다.

- 동생이면 고애자00는 兄으로 쓰고, 형의 이름은 쓰지 않으며, 감소고우는 告于로 쓰고, 현고는 亡弟學生00로 쓰고, 즉 府君은 쓰지 않고 성은 빼고 동생의 이름을 쓴다. 숙흥야처 애모불영은 '비통외지(悲痛猥至) 정하가처(情何可處)(슬프고 아픔이 한이 없고 정의의 마음 어찌 할 바를 모름)'로 쓰고, 근이는 茲以로 쓰고, 애천은 陳此로 쓴다.

- 아들이면 고애자00는 夫로 쓰고, 부의 이름은 쓰지 않으며, 감소고우는 告于로 쓰고, 현고는 亡子學生(혹은 秀才) 00로 쓰고, 府君은 쓰지 않고 성은 빼고 아들의 이름을 쓴다. 숙흥야처 애모불영은 '비념상속(悲念相屬) 심언여휘(心焉如燬)(슬픈 생각이 서로 뒤엉켜 마음이 불타는 것 같음)'로 쓰고, 근이는 茲以로 쓰고, 애천은 陳此로 쓴다.

○ 아헌(亞獻)

아헌은 두 번째 잔을 올리는 것으로 축이 없다. 아헌은 주부가 하는데, 모든 절차는 초헌 때와 같고, 절은 네 번 한다. 만일 장자가 사망해 장손자가 승중했을 경우에는 손부가 해야 된다.

○ 종헌(終獻)

종헌은 상주 다음으로 가까운 사람이 하는데 남녀 어느 쪽이든 무방하다. 그 절차도 아헌 때와 같고 제주는 반만 채우며, 술잔은 그대로 둔다.

○ 첨작(添酌)

종헌이 끝나면 첨작과 유식을 하는데, 첨작은 종헌 때 반만 채운 제주잔에 마저 술을 채워 올리는 것으로, 석 잔으로는 서운하니 조금 더 드시라는 뜻이다.

○ 유식(侑食)

유식(侑食)은 메에 숟가락을 수직으로 꽂고 (삽시:揷匙) 젓가락을 초헌 때와 같이 하여 두 번 절을 한 다음, 국그릇을 물리고 숭늉을 올린 후에 숟가락으로 메를 조금씩 세 번 떠서 물그릇에 말아놓는 것을 말한다.

○ 합문(闔門)

첨작이 끝나면 상주 이하 모두가 문 밖으로 나오고, 축관이 문을 합문(문을 닫는다는 말)한다. 문이 없을 때는 발을 내린다. 상주는 밖에 나와 동쪽에서 서쪽을 향해 서고 그 밖의 남자 복인은 그 뒤에 선다. 주부 이하 여자 복인은 서쪽에서 동쪽을 향해 2~3분 정도 서 있는데 이는 신위께서 밥을 아홉 숟가락 떠 드시는 시간이라 한다.

○ 계문사신(啓門辭神)

계문사신이란 신과 작별하고 돌아가게 하는 것을 말하며, 합문 시간이 지나면 축관은 세 번 기침을 한 뒤 문을 열고 들어간다. 집사는 국을 거두고 냉수를 차려놓고 3초반(밥을 세 번 떠서 물에 마는 것)을 한다. 축관이 상주 오른쪽에 서서 서쪽을 향해 이성(利成)을 고한다.

○ 이성(利成)

이성이란 신위에게 음식 올리는 일을 끝났음을 알리는 것으로 집사가 수저를 대접에 내려놓고 밥그릇 뚜껑을 덥고 자기 자리로 간다. 상주 이하 모두 따라 들어가 곡을 하고, 일동 두 번 절을 한다. 축관은 축문을 사르고, 모두 물러가면 집사는 제물을 물린다. 신주가 없으면 혼백으로 신주를 대신하므로 탈상시까지 영좌에 모신다.

제사가 끝나면 축관은 혼백을 가져다가 집사와 같이 깨끗한 곳에 묻는다. 돌아오는 도중에서 초우제를 지냈을 때는 반드시 집에까지 와서 혼백상자를 묻는다. 이렇게 해서 초우제가 끝난다. 조석전은 올리지 않으나 조석으로 상식(上食)을 올리며 곡한다.

2) 재우제(再虞祭)

재우는 장사 지낸 그 이튿날 식전에 지내는데, 그날의 일진이 천간의 강일(剛日 : 甲, 丙, 戊, 庚, 壬)이면 그 다음날인 유일(柔日)에 지낸다. 유일(柔日)이란 일진(日辰)의 천간(天干)이 둘째 번으로 음수인 을(乙), 정(丁), 기(己),

신(辛), 계(癸)에 해당(該當)하는 날이다. 따라서 재우제 날짜는 하루가 달라질 수가 있다. 곧 초우제 바로 다음날일 수도 있고 그 다음날일 수도 있다.

조석전(朝夕奠)을 올리지 않더라도 슬픈 마음이 들면 언제라도 곡하는 것이 또한 예의다. 이때의 제사를 올리는 방법과 절차는 초우 때와 같으며, 하루 전날 제기를 정결하게 닦고 제수를 장만한다. 당일 동이 틀 때 일찍 일어나서 채소와 과일, 술, 반찬 등을 진설하고 날이 밝으려 할 때 제사를 올린다. 재우제를 지낼 때도 축을 읽는다.

○ 재우제 축문

維歲次干支 某月 干支朔 某日干支
유세차간지 모월 간지삭 모일간지

孤子(喪主名) 敢昭告于 顯考學生府君
고자(상주명) 감소고우 현고학생부군

日月不居 奄及再虞 夙興夜處 哀慕不寧
일월불거 엄급재우 숙흥야처 애모불령

謹以 淸酌庶羞 哀薦祫事 尙
근이 청작서수 애천협사 상

饗
향

〔풀이〕

00년 00월 00일 고자00는 돌아가신 아버님께 감히 밝게 고합니다. 세월이 흘러 어언 재우가 되었습니다. 밤낮으로 돌아가신 아버님을 슬피 사모하고 편안치 못하여, 삼가 맑은 술과 음식으로 제사를 올리오니 흠향하소서.

3) 삼우제(三虞祭)

삼우는 재우를 지낸 그 다음날 아침에 지내는데 만약 그 날의 일진이 천간으로 유일(柔日)이면 그 다음날인 강일(剛日)에 지낸다. 강일(剛日)이란 일진의 천간이 양수인 갑(甲), 병(丙), 무(戊), 경(庚), 임(壬)에 해당(該當)되는 날을 일컫는다. 제사를 올리는 방법과 절차 역시 초우 때와 같은데, 재우(再虞)와 삼우(三虞)의 날짜 차이가 많이 날 것으로 생각할 터이나 유일(柔日)의 다음 날이 반드시 강일(剛日)이 되는 것이니 삼우(三虞)는 곧 재우일(再虞日)의 다음 날이라 할 수 있다. 또한 3년상 중에 삭망(朔望)이나 죽은 사람의 생일이 돌아오면 조상식에 전을 겸해 제를 올린다.

○ 삼우제 축문

維歲次干支 某月 干支朔 某日干支
유세차간지 모월 간지삭 모일간지

孤子(喪主名) 敢昭告于 顯考學生府君
고자(상주명) 감소고우 현고학생부군

日月不居 奄及三虞 夙興夜處 哀慕不寧
일월불거 엄급삼우 숙흥야처 애모불령

謹以 淸酌庶羞 哀薦成事 尙
근이 청작서수 애천성사 상

饗
향

〔풀이〕

00년 00월 00일 고자00는 돌아가신 아버님께 감히 밝게 고합니다. 세월이 흘러 어언 삼우가 되었습니다. 밤낮으로 돌아가신 아버님을 슬피 사모하고 편안치 못하여, 삼가 맑은 술과 음식으로 제사를 올리오니 흠향하소서.

30. 졸곡제(卒哭祭)

삼우제를 지내고 3개월 이내의 강일(剛日)에 졸곡제를 지낸다. 졸곡이란 슬픔을 견디지 못하여 수시로 곡하던 것을 멈추고 조석상식에만 곡을 하는 예로 삼우제가 끝나고 3개월이 지난 다음에 맞는 강(剛)일을 골라 아침에 지낸다. 현대식 장례에서 졸곡을 석달만에 지내지만 예법에 따르면 대부는 석 달 만에 지내고 사(士)는 한 달 만에 지낸다.

졸곡 전에 그릇과 음식을 준비하고 동이 틀 때, 채소, 과일, 술과 반찬을 진설한다 . 축관이 오면 상주와 일동은 들어가 곡을 하고 강신한다. 상주와 주부가 반찬을 올리고 초헌, 아헌, 종헌을 마치고 유식, 합문, 계문사신의 순서이니 초우제와 크게 다르지 않다. 졸곡이란 이름 그로 곡을 마치는 것이니 이 제사가 끝나면 곡을 하지 않는다. 상주형제들은 채소와 밥을 먹고 물을 마신다. 과일은 먹지 않는 것이 다르며 모든 절차는 여타의 우제와 크게 다르지 않게 진행한다.

졸곡제축을 읽는다.

○ 졸곡제 축문

維歲次干支 幾月干支朔 幾日干支 孤子某 敢昭告于
유세차간지 모월간지삭 모일간지 고자모 감소고우

顯考某官府君 日月不居 奄及卒哭 夙興夜處 哀慕不寧
현고모관부군 일월불거 엄급졸곡 숙흥야처 애모불녕

謹以 淸酌庶羞 哀薦 成事 來日祔祭于 祖考學生府君 尙
근이 청작서수 애천 성사 래일부재우 조고학생부군 상

饗
향

〔풀이〕

아버님이 돌아가시고 어언 졸곡에 이르렀습니다. 밤낮으로 슬피 사모하여 편할 수가 없어 삼가 맑은 술과 여러 음식을 올리며 명일이 부제일임을 알리나이다.

- 졸곡제 전에는 축문에 상주를 "疏子00"라 쓰지만 졸곡 후에는 "孝子00"라고 쓴다.
- 來日祔祭于 祖考學生府君尙를 모친이면 祖妣孺人慶州崔氏라고 쓴다
- 졸곡제부터는 축이 제주의 좌측에서 동향으로 꿇어앉아 축문을 읽는다. 역시 축은 제주의 좌측에서 동향으로 서서 고이성 한다.

34. 부제 (祔祭)

부제(祔祭)는 조상의 신주를 모신 사당에 죽은 이가 남자면 할아버지, 여자이면 할머니의 신주 앞에 죽은 이의 신주를 붙여서 모시는 제사로 졸곡을 지낸 다음날 거행한다.

졸곡과 같은 방식으로 지내나 사당에서 지내는 것이 다르며 사당이 좁으면 대청에서 지내기도 하지만 신주와 사당을 모시지 않았으면 지낼 필요가 없다.

제주의 증조고비(증조부모: 고인에게는 조부모)의 신주를 제청(대청) 북쪽에서 남향으로 모시고, 고인(제주의 부친)의 신주는 동쪽에서 서향으로 모신다. 만약 모친상이면 증조고(증조부)의 신주는 모시지 않는다.

사당은 4대의 신주를 모시는데, 잘못 전해지는 행위 중에 하나가, 4대 봉사를 한다는 집안에 가보면, 나를 포함한 봉사가 있다는 것이다. 본인 제주를 빼고서 얘기를 해야 할 부분이다. 만약 나를 중심으로 위로는 부모님, 조부모님, 증조, 고조 이렇게 해야 4대 봉사가 된다. 그래서 보통은 3대봉사라고 하는 말이 부모, 조부모, 증조만 모시기 때문에 나온 말이기도 하다. 가문에 따라 3대 봉사가 있고 때로는 5대 봉사를 하는 가문도 있다.

부제부터는 제주의 호칭을 '孝子'로 칭한다. 부제 순서는 초우제와 같다. 단 강신 앞에 참신을 먼저 한다. 다른 상중 제사에는 참신재배가 없지만 이때(부제)의 참신은 증조고비에 대한 참신재배이다. 절차는 먼저 증조고비에게 헌작-계반개-독축-재배하고, 다음에 고위(고인: 제주의 부친)에게 헌작-계반개-독축-재배한다. 아헌, 종헌의 절차는 초헌과 같이 하되 '계반개'와 '독축'이 없다.

상주 이하가 목욕하고 할아버지와 할머니의 위(位)를 사당의 북쪽에 남향으로 받들고 죽은 사람의 위도 동쪽에서 서향으로 마련한다. 어머니의 부제는 할아버지의 자리는 마련하지 않는다. 술병을 탁자 위에 준비하고 다른 탁자에 화로도 준비한다. 모든 음식 준비는 졸곡 때와 같으며 세 분의 몫으로 나눈다. 어머니 초상이라면 할머니만 뫼기에 두 분 것으로 나눈다. 먼저 할아버지의 신주를 받들어 영좌에 놓고 여집사가 할머니의 신주를 받들어 그 동쪽에 내어 놓는다.

어머니 초상에는 지방을 쓰는데 크기는 폭 두 치, 길이는 일곱 치 정도가 적당하며 해서(楷書)로 중앙에 가늘게 써서 교위 위에 놓는다. 이 절차가 끝나면 상주와 일동이 다시 영좌 앞에서 곡하고 축관은 신주함을 받들고 들어간다.

부제를 마치면 신주는 원래 모신 장소로 각각 모신다. 즉 증조위의 신주는 사당으로, 고위(고인)의 신주는 영좌로 모신다. 고인(제주의 부친)의 신주는 대상까지 영좌에 모시는 것이 관습이다. 그래서 고인의 신주를 조부(제주의 증조)의 신주 곁에 祔(붙여 모심) 하는 의식(부제)만 치르고 고인의 신주는 다시 영좌로 모시는 것이다. 새 신주를 모실 때는 향을 피우지 않는다. 만약 고인이 장자가 아니면 사당에 부(祔)할 곳이 없으므로 부제를 지내지 않고 고인의 집 사당에 바로 모실 수도 있다.

이 의식이 끝나면 차례로 서서 참신하고 강신한다. 참신은 자리에 있는 모든 사람이 두 번씩 절하여 할아버지와 할머니는 뵙는 것이다. 아헌, 종헌이 끝나면 역시 전의 신주를 옆자리에 놓고 새 신주를 모신다. 축관이 제물을 올리면

초헌하고 축문을 읽는다. 축문이 끝나면 상주는 두 번 절한
다. 다음에 축관이 새 신주 앞으로 가서 다시 남향으로 엎
드려 축문을 읽는다. 다 읽고 나면 상주는 두 번 절하고 곡
은 하지 않는다. 아헌 종헌 때는 졸곡과 같이 축문은 읽지
않는다. 유식, 합문, 계문사신도 졸곡 때와 같으나 곡은 하
지 않는다. 망인이 차손인 경우는 부제가 없다.

○ 신주를 내올 때 축문

孝曾孫某 今以際紳先考 有事于 **효증손모 금이제부선고 유사우**
顯曾組考 某官府君 敢請 **현증조고 모관부군 감청**
顯曾組考 顯曾組妣 神主出就于座 **현증조고 현증조비 신주출취우좌**

〔풀이〕

이제 죽은 아버지를 증조고 00 벼슬한 어른께 증고조와 증
조비의 신주에 붙일 일이 있어 내가기를 감히 청하옵니다.

○ 부제 축문(증조고비위)

維歲次(干支) 幾月干支朔 幾日干支 孝曾孫 00 **유세차(간지) 기월간지삭 기일간지 효증손 00**
謹以 淸酌庶羞 適于 **근이 청작서수 적우**
顯曾祖考學生府君 隮祔孫學生 尙 **현증조고학생부군 제부손학생 상**
饗 **향**

00년 0월 0일 효증손 00는 삼가 맑은 술과 여러 음식으로 증조할아버님께 제사를 올리면서 손자 학생을 부하겠사오니 흠향하시옵소서.

○ 부제 축문(고위)

維歲次(干支) 幾月干支朔 幾日干支 孝子00
유세차(간지) 기월간지삭 기일간지 효자00

謹以 淸酌庶羞 哀薦 祔事于
근이 청작서수 애천 부사우

顯考學生府君 適于 顯曾祖考學生府君 尙
현고학생부군 적우 현증조고학생부군 상

饗
향

〔풀이〕

00년 0월 0일 효자 00는 삼가 맑은 술과 여러 음식으로 부사로서 아버님께 제사를 올립니다. 증조위를 쫓으시고 흠향 하시옵소서.

○ 상식(上食)과 조석곡(朝夕哭)

매일 새벽에 일어나 주인 이하가 모두 해당하는 복을 입고 들어가 자리로 나아간다. 존장은 앉아서 곡을 하고, 낮은 이는 서서 곡을 한다. 시자가 손을 씻고 빗질할 용구를 영상(靈床)의 곁에 놓는다. 혼백을 받들고 나와 영좌에 나아간 뒤에 조전을 드린다. 집사자가 채소와 과일, 포(脯), 젓갈(醢)를 진설하고, 축이 손을 씻고 향을 사르고 술을 따른다. 주인 이하가 재배하고 곡을 하여 슬픔을 다한다. 석전은 조전 때의 의절과 같다. 마치고 나서 주인 이하가 혼백을 받들고 들어가 영좌(靈座)로 나아간다. 곡을 하여 슬픔을 다한다.

상식은 식사와 함께 올린다. 찬물은 고기, 어물(魚物), 면식(麵食), 미식(米食), 국, 밥 각 1그릇이다. 혹은 메(밥), 갱(국), 찬(반찬), 다(숭늉)등이다. 예는 조전(朝奠) 때의 의절(儀節)과 같다. 탁자에 상식을 진설하고 메그릇 뚜껑을 연 다음 숟가락을 꽂고 젓가락을 수저 그릇 위에 나란히 올려 놓는다. 한참 곡을 한 다음 갱(국)을 물리고 숭늉을 올리고 메를 세 숟가락 떠서 숭늉에 만다. 잠시 후 상을 치운다. 잔과 잔반은 그대로 둔다.

35. 인사

장례를 치르는 동안 애써 주신 친지들과 호상이 돌아가실 때에는 감사의 인사를 드리도록 한다. 이때 상주는 물론 상제들도 인사를 잊어서는 안된다. 경우에 따라서는 사례도 해야 한다. 이러한 일은 주부들이 알아서 할 일이지만, 상주도 인사말은 반드시 해야 한다. 돌아가는 것을 미처 보지 못했다면 나중에라도 찾아가서 인사를 한다.

특히 호상을 맡아본 친지나 어른에게는 반드시 찾아가 인사를 드리는 것이 예의이다. 멀리 있어서 장례식에 참석하지 못하고, 조장을 보내온 사람에게는 답조장을 보내야 한다. 그리고 점차 안정이 되면 고인의 유품을 정리하고, 가족회의를 열어 유언에 따라서 해야 할 일과 재산 상속 등을 의논한다.

○ 답조장 1

답조장은 졸곡제를 지낸 다음에 조문 왔던 손님들에게 보내는 사례문이나 인사장을 말한다. 요즘은 답조장을 잘 보내지 않고 신문 등에 감사문을 게재하기도 한다.

家門凶禍
가문흉화

先考 奄忽棄背 昊天罔極 仰承仁恩 特賜慰問 其爲哀感 但切
不懷 恭惟
**선고 엄홀기배 호천망극 앙승인은 특사위문 기위애감 단절
불회 공유**

大兄尊體萬福 謹奉狀陳謝 不宣謹狀
대형존체만복 근봉장진사 불선근장

年　月　日
孤子 **000** 再拜

000先生 座下

〔풀이〕

저희 집안의 흉화로 아버님께서 홀연히 세상을 떠나시니 끝없는 슬픔을 감당할 길이 없습니다. 우러러 어지신 은혜로 위문의 말씀을 내리심을 받자와 슬픈 마음을 가눌 수가 있었습니다. 선생님께서는 존체만복 하시기를 빌면서 삼가 글월로서 사례하고자 하오나 다 펴지를 못하겠습니다.

- 모친상이면 '先考'를 '先妣'로 고친다.

○ 답조장 2

삼가 올리나이다.
저희 집안의 흉화로 아버지께서 홀연히 이승을 버리시고 떠나시니 끝없는 슬픔을 감당할 길이 없습니다.
우러러 어지신 은혜로 위문의 말씀을 내리심을 받자와 슬픈 마음을 가눌 수 있었습니다.
날씨 고르지 못하온데 제위께서 존체만복하시기를 빌면서 삼가 글월로 사례하고자 하오나 다 펴지를 못하겠나이다.
이천십년 시월 일
참복인 000
00
00
00
000
000
000 아룀

귀하

○ 답조장 3

답조장(答弔狀)

어머님의 명복을 빌어주신 조문에 마음 깊은 곳에서부터 진심으로 감사를 드립니다. 황망함을 당하여 도와주신 은혜 잊지 않고 마음 깊이 새길 것입니다.
"언제라도 성공하여 잘 모시자." 고 미루고 미루어 살아계실 때에 정성을 들이지 못함이 회한(悔恨)으로 가슴에 사무칩니다. 장례를 치르는 동안 저희 남매는 사무치도록 많이 울었습니다만, 우리 남매들은 이 시간에도 눈물이 나고 일이 제대로 손에 안 잡히고 허탈하기가 그지없습니다.
지난날 어머님께서는 한평생을 가난과 싸우시며 아버지를 위하고 자식들을 위해 아픔을 마다하고 심신을 혹사하셨습니다. 어머님께서는 어린 나이에 안씨 가문에 혼례를 올리고 이 서글픈 강원도 첩첩산중으로 오셔 모진 고생과 가난과 싸우시며 상급학교에 진학하겠다고 철없이 공부만 하는 아들과 철없이 떠돈 자식들 뒷바라지에 하루도 심신 편할 날이 없었습니다. 늘 "열심히 살아야 한다" 고 목메어 말씀하시던 어머님

당신의 그 때 그 모습을 지금에 와서 생각하면 처연하기까지 합니다.

어느 누구보다도 몸 고생 마음고생이 많으셨던 어머님! 저희 남매는 어머님의 뜻을 받들어, 어머님의 뜻을 이루기 위해 최선의 노력을 다할 것을 다짐합니다.

미천(微賤)한 예(禮)로나마 무사히 장례를 치르도록 도와주신 친지, 형제분들, 그리고 애써주시고 도와주시며 조문하신 여러 어르신들께 다시 한번 깊은 감사의 말씀을 올립니다. 대소사(大小事)에 꼭 연락 주십시오.

년 . 월 . 일

우민한 자식   000, 000,   000 올림

36. 집상(執喪)

부모상(父母喪)은 3년상이라 하여 만 2년 간 상주 노릇을 하는 것이 원칙이다. 부재모상(父在母喪)에는 만1년을 집상하여 왔다. 이 기간 중 상주는 죄인으로 자처하여 매사에 근신하고 상복 또는 흰옷을 입었으며 다음과 같은 행사를 갖는다.

1) 상식(上食)

매일 조석(朝夕)으로 식상(食床)을 마련하여 궤연(几筵)에 올려놓고 분향하고 곡을 한다.

2) 삭망(朔望)

매월 1일과 15일에는 주과포혜 및 기타 음식을 특별히 마련하여 궤연에 차려 놓고 분향하며 곡을 한다.

3) 소상(小祥)

운명 후 1년이 되는 날에 지내는 제사가 소상이다.

4) 대상(大祥)

운명 후 만2년이 되는 날 제사가 대상이다. 2주기(二週忌)이며 탈상제(脫喪祭)라고도 한다.

5) 매백(埋帛)

대상 제사를 지낸 다음 궤연에 모셨던 혼백을 묘소 앞에 묻는 것을 말한다.

6) 담제(禫祭)

대상 후 3개월 만에 정일(丁日)이나 해일(亥日)에 제사를 지내는 것이 담제다.

7) 길제(吉祭)

담제 후 1개월 만에 정일(丁日)이나 해일(亥日)에 제사를 지내는 것이 길제다.

37. 소상(小祥)

소상은 운명일로 부터 1년이 되는 기일에 지내는 제사이다. 기일 새벽에 영좌에서 지낸다. 윤달과 상관없이 13개월 만에 지내는데 옛날에는 날을 따로 받아 지내기도 하였으나 지금은 첫 기일에 지내고 있으며 상례의 간소화로 점차 없어져 가는 추세이다.

아버지가 살아 계시는데 먼저 가신 어머니 초상의 경우 11개월 만에 연사(練詞)를 지내고 13개월에는 소상을 지내며 15개월에 담사(禫詞)를 지낸다. 11개월 만에 연사를 치르는 것도 기년(朞年)의 개념이다.

소상을 치르는 순서는 초우제와 같다. 제사 하루 전에 상주 이하 모두 목욕하며 제기와 음식을 준비한다. 이때는 변복으로 연복(練服)을 입기 때문에 옷을 준비해야 한다. 남자는 수질(首絰), 부판, 벽력 등을 벗고 주부는 요질(腰絰)을 벗는다. 기년복만 입는 사람은 길복(吉服)으로 갈아입어야 하나, 아무리 기년복을 입는 사람이라도 소상을 치르는 달이 모두 가기 전에는 비단이나 화려한 옷, 빛깔 있는 옷을 입지 않는다.

소상의 제사가 끝나면 조석곡을 하지 않으며 오직 삭망에만 곡을 한다. 이것도 아직 복을 벗지 않은 사람에 한하고 상식 때는 당연히 곡하고 절하는 절차는 이어진다. 소상은 물론이고 대상에도 친척이나 상주가 오면 상주가 먼저 곡하고 기다린다. 이전에 상식으로 진설했던 제수(祭需)는 자정 전에 집사가 거두고 다시 새로운 제수로 제사를 지낸다. 소상 후에는 아침, 저녁 곡을 거치고 초하루, 보름, 삭망에만 곡을 한다.

○ 연복(練服)

연복이란 깨끗하게 빨아서 다듬은 옷을 일컫는다. 제사를 지낼 때는 강신이 이루어지기 전에 모든 복인이 연복으로 갈아입고 기년복을 입는 사람은 길복을 입고 들어가 곡하고 절한다.

○ 소상축

維歲次干支　幾月干支朔　幾日干支　孝子00敢昭告于
유세차간지　기월간지삭　기일간지　효자00감소고우

顯考學生府君　日月不居　奄及小祥　夙興夜處　哀慕不寧
현고학생부군　일월불거　엄급소상　숙흥야처　애모불영

謹以　淸酌庶羞　哀薦常事　尙
근이　청작서수　애천상사　상

饗
향

〔풀이〕

00년 0월 0일 효자 00는 아버님에게 감히 고하옵니다. 세월은 머물지 않아 어느덧 소상을 맞이하오니 밤낮으로 슬프고 사모하는 마음에 편안할 때가 없습니다. 삼가 맑은 술과 여러 음식을 차려 애통한 마음으로 소상의 제사를 받들어 올리오니 흠향하시옵소서.

○ 소상탈상 축문

만약 소상에 탈상하려면 축문을 다음과 같이 고쳐 쓴다.

維歲次干支　幾月干支朔　幾日干支　孝子00敢昭告于
유세차간지　기월간지삭　기일간지　효자00감소고우

顯考學生府君　日月不居　奄及朞年　夙興夜處　哀慕不寧　三年奉喪
현고학생부군　일월불거　엄급기년　숙흥야처　애모불영　삼년봉상

於禮至當　事勢不逮　今期脫喪　謹以　淸酌庶羞　哀薦常事　尙
어례지당　사세불체　금기탈상　근이　청작서수　애천상사　상

饗
향

〔풀이〕

00년 0월 0일 효자 00는 아버님에게 감히 고하옵니다. 세월이 흘러 어느덧 돌아가신지 일년이 되었습니다. 밤낮으로 슬프고 사모하는 마음에 편안할 때가 없습니다. 삼년상을 받드는 것이 당연한 도리이오나 사정이 여의치 못하여 금번에 탈상하고자 하옵니다. 삼가 맑은 술과 여러 음식을 차려 애통한 마음으로 상사의 제사를 받들어 올리오니 흠향하시옵소서.

 - 삼우 탈상이면 '奄及朞年'을 '奄及三虞'로 '哀薦常事'를 '哀薦成事'로 고친다.

 - 졸곡 탈상이면 '奄及朞年'을 '奄及卒哭'으로 '哀薦常事'를 '哀薦成事'로 고친다.

38. 연제 (練祭)

연제는 처의 상에 운명 후 11개월 만에 일진에 丁이나 亥가 드는 날을 택하여 새벽에 영좌에서 남편이 지내는 소상 제사이다. 처의 상에는 남편이 주상이되므로 운명 후 1년 만에 탈상, 즉 대상을 지내는 관계로 소상은 11개월 만에 지낸다. 이 소상제사를 연제라고 한다. 연제의 순서는 초우제와 같다.

○ 연제 축문

維歲次干支 幾月干支朔 幾日干支 夫000 昭告于
유세차간지 기월간지삭 기일간지 부000 소고우

亡室孺人(본관명)氏 日月易流 奄及練祭 悲悼酸苦
망실유인(본관명)씨 일월역류 엄급연제 비도산고

不自勝堪 玆以 淸酌庶羞 陳此奠儀 尙
불자승감 자이 청작서수 진차전의 상

饗
향

[풀이]

00년 0월 0일 부 000는 부인 (본관명)씨께 고합니다. 부인 께서 세상을 떠난 후 세월이 흘러 어느덧 연제일이 되오니 슬프고 쓰린 마음 스스로 감내 할 길이 없습니다. 이에 맑은 술과 여러 음식을 차려 드리오니 흠향하시기 바랍니다.

39. 대상(大祥)

대상은 운명일로 부터 2년이 되는 기일에 지내는 제사이다. 기일 새벽에 영좌에서 지낸다. 상을 당했을 때부터 이 때까지 윤달은 계산에 넣지 않고, 모두 25개월이 된다. 또한 단지 두 번째 맞는 기일에 제사를 지낸다. 대상 순서는 초우제와 같다. 남편이 지내는 아내의 대상은 13개월 만에 지내는 것으로 이것이 첫 제사다.

하루 전에 목욕하고, 제기를 진설하고, 찬물을 갖춘다. 이 모든 것은 소상 때와 다르지 않다. 막차를 설치하여 담복을 늘어놓는다. 일단 흰 베로 된 건(巾)과 흰 직령(直領) 을 단 상의, 흰 띠를 쓰고, 부인은 순수하게 흰옷과 흰 신발을 쓴다. 흰 갓, 흰 옷, 흰 띠를 쓰는데, 이는 상제(祥祭)를 지낸 뒤의 담복(禫服)이다.

하루 전날 목욕하고 제수를 준비하고 연복을 마련하는데 날이 밝을 무렵 소상 때와 다름없이 제사 지낸다. 축관이 신주를 받들어 사당에 모시면 상주 이하 모두 곡하며 따라가다가 사당 앞에서 그친다. 사당 문을 열고 신주를 모시면 모두 두 번 절한다. 축관이 문을 닫으면 모두 물러난다.

3년 상은 이것으로 모두 끝나는데 옛 법에 따르면 영좌를 치운다. 지팡이를 부러뜨려 외진 곳에 버린다. 조천(祧遷)한 신주를 받들고 가서 묘소의 옆에 묻는다. 비로소 술을 마시고 고기를 먹으며, 다시 침소에 든다. 일설에는 담제를 지난 후에 이처럼 하는 것이 옳다는 이견도 있다.

대상 후에 일이 있건만 불가피하여 부(紺)하지 못하면 담제일에 한다. 아버지가 계신 어머니 상에는 재기(再忌)를 지내며 기제에 의해 거행하고 삼헌(三獻)과 사신(辭神)에는 곡을 하지 않는다.

○ 대상 축문

維歲次干支 幾月干支朔 幾日干支 孝子00敢昭告于 유세차간지 기월간지삭 기일간지 효자00감소고우
顯考學生府君 日月不居 奄及大祥 夙興夜處 哀慕不寧 현고학생부군 일월불거 엄급대상 숙흥야처 애모불영
謹以 淸酌庶羞 哀薦祥事 尙 근이 청작서수 애천상사 상
饗 향

[풀이]

00년 0월 0일 효자 00는 아버님에게 감히 고하옵니다. 세월은 머물지 않아 어느덧 대상을 맞이하오니 밤낮으로 슬프고 사모하는 마음에 편안할 때가 없습니다. 삼가 맑은 술과 여러 음식을 차려 애통한 마음으로 소상의 제사를 받들어 올리오니 흠향하시옵소서.

○ 처의 대상 축문

維歲次干支 幾月干支朔 幾日干支 夫000 昭告于	
유세차간지 기월간지삭 기일간지 夫000 소고우	
亡室孺人(부인본관) 日月易流 奄及朞祀 玆以今日 恭行祥事	
망실유인(부인본관) 일월역류 엄급기사 자이금일 공행상사	
悲悼酸苦 不自勝堪 玆以 淸酌庶羞 陳此奠儀 尙	
비도산고 불자승감 자이 청작서수 진차전의 상	
饗	
향	

[풀이]

00년 0월 0일 부 000는 부인 (부인본관)께 고합니다. 부인께서 세상을 떠난 후 세월이 흘러 어느덧 일년이 되었습니다. 오늘 상사의 예를 드리니 슬프고 쓰린 마음 스스로 감내 할 길이 없습니다. 이에 맑은 술과 여러 음식을 차려 드리오니 흠향하시기 바랍니다.

○ 사당에 고하는 축문

請入于 祠堂
청입우 사당

〔풀이〕

감히 사당으로 들이기를 청하나이다.

- 〈편람〉에 따르면 신주를 만들었으면 혼백상은 초우제
(≪상례비요≫에는 삼우제) 후에 묘소에 묻는 것이 아니고
정결한 땅에 묻는다고 하였으며, 신주만 영좌(궤연)에 대
상 때까지 모셨다가 대상 후에 사당으로 모신다. 4대가 지
나면 신주는 묘소의 우측(묘소 기준 : 서쪽) 아래에 묻는다
고 하였다. 그러나 신주를 만들지 않고 혼백상을 모시고 대
상까지 마친 경우에는 〈편람〉의 규정은 없지만 혼백상(혼
백상자)을 묘소의 우측(묘소기준 : 서쪽) 아래에 묻어도
되는 것으로 보인다.

- 시대의 변화에 따라 탈상기간도 줄어들고 있다. 삼년을
치르는 경우는 거의 찾아보기 힘들어졌다. 대상까지 지내
는 예법은 차츰 사라져가는 것이 현실이고 때로는 삼우에
탈상하는 경우도 적지 않다. 아무리 세속에 따라 탈상기간
을 마음대로 정하고 바쁜 일상으로 그 기간을 줄인다 해도
소상이나 졸곡(운명일로부터 3개월)까지는 영좌를 모시는
것이 효도의 근본을 따르고 조상을 생각하는 후인의 마음
가짐이 아닐까 한다.

○ 소상, 대상의 수례서식(壽禮書式)

薄儀	菲品	菲儀	奠儀	香奠
박의	비품	비의	전의	향전

40. 담제 (禫祭)

담제는 복제도에 의한 복을 벗고 평상시로 돌아가는 제사이다. 대상 후 仲月(음력2, 5, 8, 11월)에 일진에 丁이나 亥가 드는 날을 택하여 새벽에 사당에서 신주를 출주하여 별도의 제청(대청)에서 지낸다. 운명일로 부터 27개월째이다. 대상을 지낸 다음 다음 달에 지내기도 한다.

초상이 겹쳤을 때는 먼저 초상의 담제는 지내지 않으며 아버지가 생존한 어머니 상이나 처상의 담제는 15일 만에 지낸다.

대상 후에는 신주를 사당으로 모셨기 때문에 담제는 사당에서 신주를 출주하여 별도의 제청(대청)에 서 지내는 것이다. 담제 순서는 초우제와 같지만 ≪가례≫에는 다른 상중제사와 같이 참신재배가 없고, ≪편람≫에는 참신 재배가 있는 것 같다.

3년의 상기(喪期)를 마친 뒤 상복을 벗고 평상으로 돌아감을 고하는 제례 의식으로 담제(禫祭)는 대상(大祥 : 죽은 지 두 돌 만에 지내는 제사)을 지낸 뒤 두 달 뒤 혹은 백일이 다가오는 정일(丁日)이나 해일(亥日)을 택일하여 지낸다. 담사(禫祀)라고도 한다.

≪조선왕조실록≫에 따르면 대상(大祥)을 치른 다음다음 달 하순에 지내므로 삼년상의 경우에는 초상(初喪) 후 27개월, 기년상(期年喪)의 경우 15개월 만에 행하였는데, 윤달은 계산하지 않았다. 담제가 끝나면 담복(淡服)을 벗고 보통 옷인 길복(吉服)을 입었으며, 비로소 술과 고기를 먹었다.

하순(下旬)의 첫날에 다음 달 삼순(三旬, 상순, 중순, 하순)의 각 하루를 택하되, 정일(丁日)이나 해일(亥日)로 한다. 제주(祭主)는 하루 전에 목욕을 하고, 사당의 문 밖에 탁자를 설치하고, 그 위에 향로(香爐), 향합(香盒), 배교(珓玟, 대나무뿌리로 만든 점치는 도구)와 반(盤)을 놓되, 서쪽을 향하게 한다.

주인은 상복 대신 연한 빛깔의 옷이라고 할 수 있는 담복(禫服)을 입고 서쪽을 향한다. 여러 주인들이 그 다음에 서되, 조금 물러서고, 북쪽을 윗자리로 한다. 자손은 그 뒤에 서되, 여러 줄로 하고, 북쪽을 윗자리로 한다. 집사자는 북쪽을 향하되, 동쪽을 윗자리로 한다.

주인이 분향(焚香)하고 교(玟)를 향 연기에 쐬며, 상순(上旬)의 날을 택하여 말하기를, "아무개가 장차 모월(幾月) 모일(幾日)에 공손히 선고 모관 부군에게 담사(禫祀)를 올리고자 하는데, 흠향(歆饗)하실 것인가?"하고, 즉시 교를 반에 던져 하나는 아래로 향하고 하나는 위로 향하는 것을 길한 것으로 본다.

불길하면 다시 중순(中旬)의 날을 점친다. 또 불길하면,

그냥 하순의 날을 쓴다. 주인이 마침내 사당에 들어가 본 감실 앞에서 재배한다.

자리에 있는 자들이 모두 재배한다. 주인이 분향한 뒤, 축이 축사를 잡고 주인의 왼쪽에 서서 꿇어앉아 고하기를, "효자 아무개가 장차 모월(幾月) 모일(幾日)에 공손히 선고 모관 부군에게 담사(禫祀)를 올리고자 하여, 점을 쳐서 이미 길일을 잡았습니다. 감히 고하옵니다."라고 한다. 주인이 재배하고 내려와 자리에 있는 자들과 더불어 모두 재배한다.

축관이 문을 닫고 물러난다.

모든 절차는 대상과 다르지 않다. 담제 하루 전에 목욕을 하고 신위(神位)를 설치하고, 제기를 진설하고 찬물을 갖춘다. 영좌가 원래 있던 곳에 신위를 설치한다. 그 다음날 행사하기를 모두 대상 때의 의절처럼 한다.

다만 주인 이하가 사당에 나아가면, 축이 주독(主櫝, 신주와 독)을 받들고 서쪽 계단의 탁자 위에 놓은 다음, 신주를 꺼내어 영좌(靈座)에 놓는다. 삼헌 하는 동안 곡을 하지 않고 사신(辭神)할 때 곡한다.

주인 이하가 모두 곡을 하여 슬픔을 다한다. 분향(焚香, 향을 피움), 배(拜, 절하기), 헌(獻, 술잔 올리기), 독축(讀祝, 축문 읽기)의 순서로 지낸다. 일반 삭망제과 같이 제사를 지내되 축문을 읽는 것이 다르다..제사가 끝나면 비로소 술을 마시는데, 우선 식혜를 마시고 고기를 먹기 전에 건육을 먹는다.

담제는 상례 절차로는 마지막에 이루어지는 것으로 이날 비로소 영혼이 인간 세상을 완전히 떠나는 것으로 믿는다.

이에 따라 상주들은 상복을 벗고 여자들은 '머리창'을 실로 바꾼다. 메와 갱의 순서를 제사 때와 같이 바꾸어 놓는 것도 이때부터이다. 옛날에는 담제를 지낸 후에야 비로소 신주를 사당에 모셨다. 상주는 상복을 입었다가 제사가 끝나면 완전히 상복을 벗는다. 이제 상제는 죄인에서 일반인이 되었으므로 이후 길제를 지낸다.

○ 담제 축문

維歲次干支 幾月干支朔 幾日干支 孝子00敢昭告于
유세차간지 기월간지삭 기일간지 효자00감소고우

顯考學生府君 日月不居 奄及禪事 夙興夜處 哀慕不寧
현고학생부군 일월불거 엄급담사 숙흥야처 애모불영

謹以 淸酌庶羞 哀薦 禪事 尙
근이 청작서수 애천 담사 상

饗
향

〔풀이〕

00년 0월 0일 효자 00는 아버님에게 감히 고하옵니다. 세월은 머물지 않아 어느덧 담제를 맞이하오니 밤낮으로 슬프고 사모하는 마음에 편안할 때가 없습니다. 삼가 맑은 술과 여러 음식을 차려 애통한 마음으로 소상의 제사를 받들어 올리오니 흠향하시옵소서.

41. 길제(吉祭)

길제는 조상의 위패를 모신 가정에서 모든 조상의 신주를 고쳐 쓰고 죽은 이의 신주를 사당에 안치하기 위해 지내는 제사이다. 그러므로 사당을 모신 가정에서는 매우 중요한 제례이다.

담제를 지낸 다음 상주가 담제 날짜를 정할 때와 같이 날짜를 정하는데, 한 달 뒤에 정일(丁日)이나 해일(亥日)의 날을 정해 지내는 것이 일반적이다. 그러나 담제를 지낸 달이 중월(仲月 : 2, 5, 8, 11월)이면 그 달에 지내게 되는데, 그것은 이 달들이 정제(正祭)의 달이며 상제(喪祭)를 마친 뒤 길제를 빨리 지내야 되기 때문이다. 그러므로 윤달이라도 피하지 않는다.

날짜가 정해지면 담제 때와 같이 먼저 사당에 고하며, 길제를 지낼 때 입는 길복(吉服)은 3년상을 다 마친 다음에 입는 평복을 말한다.

제사가 다가오면 3일 전에 목욕하고 집 안팎을 깨끗이 청소한 뒤에 옷을 갈아입으며, 마음을 정갈하게 하여 맛이 좋은 음식을 먹거나 음악을 듣지 않는다.

하루 전날 사당에 개제(改題)를 고유(告由)하고 정침의 북쪽에 5대의 조부모의 자리를 조부는 서쪽에 조모는 동쪽에 가도록 차례로 마련하고, 죽은 부모의 신위는 동벽(東壁) 아래 서향하여 마련하는데, 고위(考位)는 북쪽에 비위(妣位)는 남쪽에 마련한다.

담제를 지낸 달에 길제를 지내게 되면 아버지와 어머니

의 신위를 따로 모시지만, 담제를 지낸 다음 달에 길제를 지내는 경우는 부모의 신위를 한자리에 모신다.

진설하는 제수는 시제(時祭)나 대상(大祥) 때와 같으며, 채소와 과일은 위(位)마다 따로 차린다. 사당이 있는 가문은 대부분 5대 고조와 고조비까지 있으므로 이하 모든 신위에 차리며 신위를 모셔 차리는 것은 설위(說位)라고 한다.

주인과 제사에 참여한 사람들이 모두 길복(吉服)으로 갈아입고 사당에 나가서 신주를 모시고 나오는데, 주인은 고위의 신주를 부인은 비위의 신주를 모시고 나온다.

복색은 벼슬에 있는 사람은 사모(紗帽)와 단령(團領) 등 계급에 따른 복장을 하며, 벼슬이 없는 사람은 갓을 쓰고 도포를 입고 가죽신을 신으며, 부인은 대의(大衣)와 장군(長裙)을 입는다.

참신(參神)과 강신(降神)의 절차는 다른 제사 때와 같으나, 다만 강신 때 주인이 동쪽 계단으로 내려온다.

진찬(進饌)은 시제 때와 같고, 주인 이하가 5대 고조비 이하 고비의 위에 시접, 잔반, 소, 과, 포, 혜와 현주, 모사그릇을 진설한다.

초헌, 아헌, 종헌, 유식(侑食), 합문(闔門), 계문(啓門), 수조(受胙), 사신(辭神) 등은 모두 시제의 절차와 같다.

의식이 끝나면 신주를 사당에 다시 모셔다 놓은 뒤, 상을 치우고 남은 음식을 나누어 먹는다.

그 다음에는 5대조의 신주를 묘소 곁에 묻는 천주(遷主)의 의식을 가진 뒤, 비로소 내실에 들어갈 수 있게 된다.

○ 사당에 고하는 축

길제의 날짜를 정하고 사당에 고할 때 축문이다.

孝孫某 將以來月幾日 祗薦歲事于 祖考 卜旣得吉 敢告
효손모 장이래월기일 지천세사우 조고 卜旣得吉 감고

〔풀이〕

효성스런 후손 00은 장차 돌아오는 달 00날로 세사(歲事)를 할아버지께 올리고자 날을 정하여 이미 길한 날을 얻어 감히 고하나이다.

○ 길제 축(吉祭改題告廟祝)

維歲次 干支 幾月 干支 朔 幾日 干支
五代孫 (봉사자 이름) 敢昭告于
顯五代祖考(벼슬이름, 없으면 學生) 府君
顯五代祖妣(벼슬이름, 본관)氏
顯高祖考(벼슬이름, 없으면 學生) 府君
顯高祖妣 令人(벼슬이름, 본관)氏
顯曾祖考(벼슬이름, 없으면 學生) 府君
顯曾祖妣 孺人(본관)氏
顯祖考(벼슬이름, 없으면 學生) 府君
顯祖妣 孺人(본관)氏
玆以先考 學生 府君 喪期已盡 禮當 遷主入墓
五代孫 (봉사자 이름) 敢昭告于
顯五代祖考(벼슬이름, 없으면 學生) 府君
顯五代祖妣(벼슬이름, 본관)氏 神主當祧
顯高祖考(벼슬이름, 없으면 學生) 府君
顯高祖妣 令人(벼슬이름, 본관)氏
顯曾祖考(벼슬이름, 없으면 學生) 府君

顯曾祖妣 孺人 **(본관)**氏
顯祖考**(벼슬이름, 없으면 學生)** 府君
顯祖妣 孺人**(본관)**氏
神主 今將改題 世次迭禮 不勝感愴
謹以 酒果用伸 虔告謹告

〔풀이〕

5대손 000는 감히 밝혀 고하나이다. 00벼슬한 5대조 어른과 00에 봉한 5대 고조비 00씨, 00벼슬한 고조할아버지와 00에 봉해진 고조할머니 00씨, 00벼슬한 증조할아버지와 00에 봉해진 증조할머니 00씨, 00벼슬한 할아버지와 00에 봉해진 할머니 00씨, 이제 돌아가신 00벼슬한 아버지의 상기가 다 되어 신주를 옮기어 사당에 들이고자 합니다. 00벼슬한 5대조 어른과 00에 봉한 5대 고조비 00씨는 가까움이 다하여 신주를 체천하여야 하겠으며, 00벼슬한 고조할아버지와 00에 봉해진 고조할머니 00씨, 00벼슬한 증조할아버지와 00에 봉해진 증조할머니 00씨, 00벼슬한 할아버지와 00에 봉해진 할머니 00씨의 신주를 이제 장차 고쳐 쓰게 되어 대의 차례가 옮기게 되었음에 슬픔을 이기지 못하여 삼가 맑은 술과 과일을 펴놓고 정성을 다해 고하나이다.

○ 체천 축

5대 고조와 고조비의 신주를 내리겠다는 축문

五代孫 **(봉사자 이름)** 今以遞遷 有事于
오대손 **(봉사자 이름)** 금이체천 유사우
顯五代祖考**(벼슬이름, 없으면 學生)**府君 顯五代祖妣**(벼슬이름,**

본관)氏
현오대조고(벼슬이름, 없으면 학생)부군 현오대조비(벼슬이름, 본관)씨
顯高祖考(벼슬이름, 없으면 學生)府君 顯高祖妣 令人(벼슬이름, 본관)氏
현고조고(벼슬이름, 없으면 학생)부군 현고조비 영인(벼슬이름, 본관)씨
顯曾祖考(벼슬이름, 없으면 學生)府君 顯曾祖妣 孺人(본관)氏
현증조고(벼슬이름, 없으면 학생)부군 현증조비 유인(본관)씨
顯祖考(벼슬이름, 없으면 學生)府君 顯祖妣 孺人(본관)氏
현조고(벼슬이름, 없으면 학생)부군 현조비 유인(본관)씨
顯考(벼슬이름, 없으면 學生)府君 顯妣 孺人(본관)氏
현고(벼슬이름, 없으면 학생)부군 현비 유인(본관)씨
祔食 敢請 神主 出就正寢 恭伸奠獻
부식 감청 신주 출취정침 공신전헌

〔풀이〕

5대손 00도 이제 체천할 사유를 아룁니다. 顯五代祖考(벼슬이름, 없으면 學生)府君, 顯五代祖妣(벼슬이름, 본관)氏, 顯高祖考(벼슬이름, 없으면 學生)府君, 顯高祖妣 令人(벼슬이름, 본관)氏, 顯曾祖考(벼슬이름, 없으면 學生)府君, 顯曾祖妣 孺人(본관)氏, 顯祖考(벼슬이름, 없으면 學生)府君, 顯祖妣 孺人(본관)氏, 00벼슬한 아버지 어른께 붙이며 00벼슬한 어른과 00에 봉한 00씨로 부하여 잡수시게 신주를 정침에 내오고자 청하오며 공손히 전을 펼치나이다.

○ 5대고조비 축

維歲次 干支 幾月 干支 朔 幾日 干支
유세차 간지 기월 간지 삭 기일 간지

五代孫 (봉사자 이름) 敢昭告于
오대손 (봉사자 이름) 감소고우

顯五代祖考(벼슬이름, 없으면 學生)府君 顯五代祖妣(벼슬이름, 본관)氏
현오대조고(벼슬이름, 없으면 학생)부군 현오대조비(벼슬이름, 본관)씨

玆以先考 學生 府君 喪期已盡 禮當 遷主入墓
자이선고 학생 부군 상기이진 예당 천주입묘

先王制禮 祀期四代 心雖無窮 分則有限
선왕제례 사기사대 심수무궁 분칙유한

神主當祧 埋于墓所 不勝感愴 謹以 淸酌庶羞 百拜告辭 尙
신주당조 매우묘소 불승감창 근이 청작서수 백배고사 상

饗
향

5대 고조와 배위의 신주를 내려 묘소에 묻을 때의 축

00해 00달 00일 5대손이 00벼슬한 5대조 할아버지와 OO에 봉해지신 5대조할머니 00씨께 밝게 고하나이다. 돌아가신 00벼슬한 00 아버지의 상기가 다 되었으므로 이에 마땅이 신주를 옮겨 사당에 들입니다. 이는 선대 임금들이 마련한 예의가 4대 봉사로 그치게 하였기에 마음은 비록 무궁하오나 분별하신 것은 한도가 있기에 신주를 체천하여 묘소에 묻으려 하오니 슬픔을 이기지 못하여 삼가 맑은 술과 음식으로 오늘 백배하면서 고사드리옵니다.

○ 새 신주 축

아버지의 신주를 사당에 들이는 축

```
維歲次 干支 幾月 干支 朔 幾日 干支
유세차 간지 기월 간지 삭 기일 간지

孝子(봉사자 이름) 敢昭告于
효자(봉사자 이름) 감소고우

顯考(벼슬이름, 없으면 學生)府君 喪制有期 追遠無及
현고(벼슬이름, 없으면 학생)부군 상제유기 추원무급

今以告辰 式遵典禮 阼入于廟
금이고신 식준전례 조입우묘

謹以 清酌庶羞 祗薦歲事 尙
근이 청작서수 지천세사 상

饗
향
```

〔풀이〕

효자 00는 감히 밝게 고하나이다. 00벼슬한 돌아가신 아버지의 상을 마련하는 기한이 다 되었으므로 더 미루려 해도 미룰 수가 없습니다. 이제 좋은 날을 택하여 일정한 의식을 받들어 사당에 모시려고 합니다. 삼가 맑은 술과 음식으로써 제사를 드리오니 흠향하소서

42. 이장(移葬)

묘를 쓴 다음에 다시 어떠한 목적에 의하여 새로이 묘지를 택하여 시신을 옮겨 매장하는 것을 말하는데 의식은 초상 때와 다르지 않다. 개장(改葬), 면례(緬禮), 면봉(緬奉),

천장(遷葬)이라고도 한다. 우리나라에서는 이장의 풍습이 있어서 일찍부터 행해져온 것으로 생각되지만 조선 시대에 관혼상제의 규범으로 여겼던 주자의 《가례》에는 이에 관한 절차가 포함되어 있지 않아 일반적으로는 상변례(喪變禮)로 취급되고 있다.

개장에는 개장할 날을 받는 일부터 옛 묘지를 파헤치는 일과 새 묘지를 만들고 그에 따른 여러 가지 일을 마치는 절차가 포함된다. 개장을 하려면 먼저 묘지를 고르고 모든 절차를 초상 때와 같이 준비한 다음 날짜를 택하여 무덤자리를 만든다. 개장하기 하루 전에 사당에 "체백(體魄)을 모실 땅이 아니기 때문에 뜻밖의 환란이 생겨 선령(先靈)을 놀라게 할 것 같아 걱정스러워 개장한다."는 내용으로 고사를 지낸다.

이튿날 내외친 모두 상복으로 갈아입고 옛 묘에서 토지신제와 계묘고사(啓墓告辭)를 올린다. 계묘고사는 주과포혜(酒果脯醯)를 묘 앞에 진설한 뒤 곡과 재배, 분향, 단헌, 곡의 순으로 진행된다. 그 다음에 개분(開墳)을 하는데 자손들이 모두 나아가 곡을 한다. 직계자손일 때에는 상복을 모두 3개월 동안 시마복(緦麻服)을 입으며, 그 밖에는 소복을 한다.

관을 들어내면 명정을 동쪽에 세우고 공포(功布)로써 관을 닦아내고 이불로 덮은 다음 관 앞에 전상(奠床)을 차리고 때가 되면 상식을 올린다. 모든 절차는 초종 때와 같으나 단지 혼백상(魂魄床)이 없을 뿐이다. 관을 열어 시신을 내

모시고 새로이 대렴(大斂)을 하여 상여에 싣는다. 이어서 초상례와 마찬가지로 발인을 한다. 새 묘에 내려 묻고는 그 왼쪽에서 토지신제를 지낸다.

실제의 관행에서는 간소화하여 개장을 한다. 지방에 따라 차이가 있겠지만 민가에서는 묘자리를 마련하고 개장일을 택하여 제물을 준비한다.

묘제(시사) 때와 마찬가지의 제물을 준비한다. 이장의 절차는 개묘에 앞서 토지신제를 지내고 계묘고사를 지낸 다음 새 묘자리로 영구를 운반한다. 새 묘자리에서는 다시 토지신제를 지내고 봉분을 만든 다음 묘 앞에서 간략하게 제사를 지내고 집으로 온다. 이렇게 하여 이장이 끝나면 상복을 벗는 것이 보통이다.

현대의 풍습은 매우 간소해졌는데 날을 받고 구묘지에 가 토지신에게 고한다. 사당에도 하루 전에 고축하고 분묘를 파기 시작한다. 괭이로 서쪽 방향에서 시계 방향으로 4방위의 흙을 찍고 그 때마다 "파묘"라고 소리친다. 이어 흙을 파내고 관을 들어낸다.

칠성판을 미리 준비하여 붓으로 북두칠성을 그리는 것이 일반이나 애초에는 북두칠성의 모습대로 구멍을 뚫었다고도 한다. 시신을 추슬러 칠성판에 올리고 긴 감포로 칠성판과 함께 머리 쪽부터 감아 내려간다. 이와 같이 하여 운구 준비를 한다.

운구가 마쳐져 시신을 새 묘지에 옮기면 역시 토신제를 올린다. 초상 때와 다르지 않고 제사를 지내면 즉시 광중을 파는데 이전에 미리 파 놓을 수도 있다. 초상 때와 다르지 않게 시신을 모시고 성분하며 성분축을 하고 평토제도 지낸다.

성분이 끝나고 집으로 돌아온 주인은 시마복을 입고 주인 이하는 개장할 때 입었던 옷을 입고 사당에 나가서 고하고 신주를 정침으로 옮긴다. 그러나 현대의 개장에서 이마저도 축소하거나 간단하게 의식을 치르는 경우도 많다.

이장에도 축은 사용된다. 옛 법에 따르면 각 과정에 축이 사용되어 20여 가지의 절차에 따른 축문이 있으나 현대의 이장에는 거의 사용하지 않는다. 따라서 묘 이장 시 축문은 산신축 2개와 계묘축, 평토축 총 4개 정도가 많이 사용되고 있다.

산신축은 처음 파묘를 하기 전에 기존에 묻혀 있던 곳의 산신에게 다른 곳에 옮기겠다고 고하고 술 한 잔 바치는 것이고, 이어서 기존의 묘를 파묘하기 전에 그 묘에 대해서 다른 곳으로 옮기겠으니 놀라지 말라는 내용의 계묘축, 그리고 새로운 묘를 쓸 곳의 땅을 파기 전에 그곳의 산신에게 이곳에 새로이 묘를 쓰겠으니 앞으로 잘 보살펴 달라는 산신축, 새로운 장소에 묘를 쓰고 완전히 일을 마친 다음 그 묘에 대해서 앞으로 평안히 계시라는 평토축으로 이루어진다.

○ 구묘 산신 축

묘를 이장하기 위해서 개장 하는 작업을 하기 전 토지신에 바치는 축문, 묘의 오른쪽에서 꼭 묘지의 후손이 아니라도 묘를 옮기는 일을 하는 사람 중의 한 사람이 하여도 된다. 조그맣게 음식(과일과 술 정도도 무방)을 차리고 먼저 술을 부어 묘지 주위의 세 곳에 나누어 부어 버리고 다시 한 잔을 부어 제대에 올린 다음 축문을 읽고 재배하면 된다.

일반적으로 묘소가 있는 산신에게 묘소의 동쪽에서 북향하여 토지지신이라고 신위를 모시고 술 한 잔만 올리며 고한다. 과일은 깎지 않고 자연 그대로 꼭지가 위로 가도록 놓고 포는 통북어를 쓰며 분향은 하지 않고 술만 부어 강신한다.

維歲次 干支 幾月干支朔 幾日干支 **유세차 간지 기월간지삭 기일간지** 某官姓名 敢昭告于 **모관성명 감소고우** 土地之神 今爲 某親某官 宅兆不利 將改葬 神其保佑 **토지지신 금위 모친모관 택조부리 장개장 신기보우** 俾無後艱 謹以 淸酌脯祗薦于神 尙 **비무후간 근이 청작포지천우신 상** 饗 **향**

〔풀이〕

모년 모월 모일 모관 아무개는 감히 토지신령께 아뢰나이다. 지금 모친 모관의 유택이 마땅하지 못하여 개장하고자 하오니 신께서는 도우시고 보우하시어 후한이 없게 하소서. 삼가 맑은 술과 포와 식해로 신에게 올리오니 흠향하시옵소서.

○ 묘 파기 전 드리는 축문(파묘축)

묘를 개장하기 전에 묘에 바치는 축문이다. 앞의 산신축을 바쳤으면 바로 이어서 계묘축을 바치면 된다. 계묘축은 묘에 바치는 축이므로 묘의 정면의 제대에 음식(술과 과일 등)을 놓고 먼저 술을 한 잔 따라 묘의 우측 중앙 좌측에 나누어 뿌린 다음 다시 한 잔을 따라서 제대에 올려 놓고 축문을 읽는다. 축문을 읽고 재배한다.

여자는 4배하는 것이 원칙이나 남녀평등이 더 중요하다고 보아 함께 재배하면 될 듯하다. 계묘축을 바치는 사람은 반드시 묘지의 후손으로 장자가 하는 것이 원칙이나 장자가 없으면 다른 후손이 하여도 된다.

자손은 삼베옷(시마)으로 상복을 갖추고, 기타는 소복을 입고 곡한다. 축관은 파묘할 산소 앞에 주과포를 차리고, 주인은 재배하고 강신과 헌주(獻酒)를 하고 재배하고 돌아오고, 축관은 "으흠" 소리를 3번 한 후 북향하여 무릎 꿇고 파묘축을 읽고 나오면, 주인 이하 곡 재배한다. 묘소를 파기 전 묘소 앞 상석에서 주과포를 올리고 단헌으로 고한다.

維歲次干支　幾月干支朔　幾日干支
유세차간지　기월간지삭　기일간지

某親某官　敢昭告于
모친모관　감소고우

顯某親某官府君　葬于玆地　歲月滋久　體魄不寧　罪逆凶痕
현모친모관부군　장우자지　세월자구　체백부영　죄역흉흔

伏惟尊靈　不震不驚
복유존령　부진부경

〔풀이〕

모년 모월 모일 모관 아무개는 아무 조상 모관 부군께 감히 고하나이다. 이 땅에 장례를 모신 지가 세월이 오래 되어 혼백이 편안치 않으시니 죄송함이 피를 흘려 바르는 흉함이오나, 이제 장차 몸과 뼈를 깨끗이 살라서 편안히 봉안코자 하오니 엎드려 빌건대 높으신 혼령이시여, 부디 진노하거나 놀라지 마시옵소서!

○ 새로운 장지의 산신축

새로운 묘지를 세울 곳의 토지를 파기 전에 토지신에게 드리는 축이다. 그 토지 위에 간단히 음식을 차리고 똑 같이 술 한 잔을 따라 오른쪽 중앙 왼쪽에 뿌리고 다시 한잔을 따라 올려놓은 다음 축을 읽고 재배하면 된다.

```
維歲次干支 幾月干支朔 幾日干支 某官姓名 敢昭告于
유세차간지 기월간지삭 기일간지 모관성명 감소고우

土地之神 今爲 某官 姓名(某親) 建玆宅兆 神其保佑 俾無後艱
토지지신 금위 모관 성명(모친) 건자택조 신기보우 비무후간

謹以 淸酌脯醢    祇薦于神 尙
근이 청작포해    지천우신 상

饗
향
```

〔풀이〕

세월이 흘러 이제 00년 00월 0일 학생 00는 삼가 아뢰나이다. 토지신이시여, (본관)씨 유택이 좋지 못하여 이제 이곳으로 이장하고자 하오니 신께서 보호하고 돌보아 주시어 훗날 어려운 일이 없도록 보살펴 주시기 바랍니다. 삼가 맑은 술과 음식으로 공경하오니 흠향 하옵소서.

○ 새 분묘 완성 후 평토축

새롭게 분묘를 완성하고 그 묘지의 주인에게 이제 새 곳에서 평안하시라는 의미의 내용 축이다.

묘지의 후손이 드린다. 이 때의 음식은 앞의 축을 올릴 때와는 달리 제사상의 기준에 부합하여 마련하거나 적어도 앞 보다는 정성을 드려서 마련하여야 한다.

처음 술잔을 붓는 거나 다음 술잔을 올리고 축을 읽고 재배하는 것은 다른 축과 동일하다. 그리고 다른 때도 마찬 가지이지만 재배를 마치면 예를 다 끝내는 것이므로 제단의 음식을 내려서 일한 사람들과 함께 나누어 먹고 술도 음복한다.

평토축은 묘를 만들고 음식을 쌓아 놓고 절을 하는 절차는 빼 놓을 수 없으므로 이 때에 절을 하기 전에 축을 바치면 되므로 별도로 음식을 준비하지 않고도 진행 할 수 있고 마지막으로 정리하는 의미가 있으므로 축을 하려고 했다면 빼 놓아서는 안되는 절차이다.

維歲次干支 幾月干支朔 幾日干支
유세차간지 기월간지삭 기일간지

孝子 某 敢昭告于
효자 모 감소고우

顯 某親某官府君 之墓 新改幽宅 合祔于先祖考妣 禮畢終虞
현 모친모관부군 지묘 신개유택 합부우선조고비 예필종우

謹以 淸酌庶羞 祗薦虞事 尚
근이 청작서수 지천우사 상

饗
향

〔풀이〕

모년 모월 모일 모관 효자 아무개는 감히 현모친 모관 부군의 묘소에 고합니다. 새로이 유택을 고쳐서 선조 어르신 옆에 봉안하는 예를 다하였습니다. 삼가 맑은 술과 여러 제물을 올리오니 흠향하시옵소서.

○ 화장시 축문

維歲次干支　幾月干支朔　幾日干支
유세차간지　기월간지삭　기일간지

某官姓名　敢昭告于
모관성명　감소고우

土地之神　今爲　某親某官　宅兆不利　將改葬後火葬　神其保佑
토지지신　금위　모친모관　택조부리　장개장후화장　신기보우

俾無後艱　謹以　淸酌脯祇薦于神　尙
비무후간　근이　청작포지천우신　상

饗
향

維歲次干支　幾月干支朔　幾日干支
유세차간지　기월간지삭　기일간지

(본관과　사람　이름)　敢昭告于
(본관과　사람　이름)　감소고우

土地之神　今爲處士府君　追玆宅兆　神其保佑　俾無後艱
토지지신　금위처사부군　추자택조　신기보우　비무후간

謹以　淸酌脯醢　祇薦于神　尙
謹以　청작포혜　지천우신　상

饗
향

모년 모월 모일 모관 아무개는 감히 토지신령께 아뢰나이다. 지금 모친 모관의 유택이 마땅하지 못하여 개장 후 화장하고자 하오니 신께서는 도우시고 보우하시어 후한이 없게 하소서. 삼가 맑은 술과 포와 식해로 신에게 올리오니 흠향하시옵소서.

43. 석물(石物)

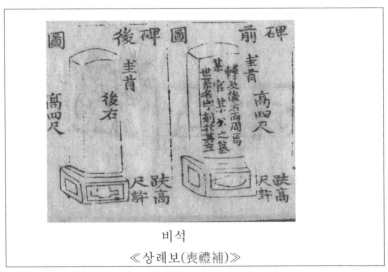

비석
≪상례보(喪禮補)≫

묘역을 조성하고 일정 시간이 지나거나 혹은 그 이전에 석물을 비치하는 경우가 많다. 석물은 비석(碑石), 상석(床石), 망주석(望柱石))등을 말한다. 비석은 누구의 묘인지를 나타내는 표시돌이다. 형식, 내용, 용도에 따라서 묘표, 묘갈, 신도비로 구분한다.

○ 묘표(墓表)

묘표는 단순히 누구의 묘인지를 표시하는 비석이다. 묘의 앞이나 좌측(묘 기준)에 세운다. 표석(表石)이라고도 한다. 대략적으로 규격은 높이 120㎝ 정도이다.

(無官者)	(合葬)	(官職者)	(儒賢)
學生〇아호〇全州李公諱〇〇之墓	孺人〇慶州金氏諱任順〇〇祔左之墓 / 學生〇아호〇全州李公諱〇〇之墓	貞敬夫人慶州金氏〇〇〇아호〇李先生祔左之墓 / 左議政文忠公〇〇〇아호〇李先生之墓	夫人慶州金氏祔左之墓 / 〇〇〇아호〇李先生之墓

※ 무관자

- 남자 앞면 : 學生(본관)李公諱00之墓, 관직이 없으면 학생이나 처사로 쓴다. 학생 대신에 아호를 쓰기도 한다. 남자 좌우뒷면에는 字00, 생년월일, 졸년월일, 장례년월일, 경력, 거주지, 父諱 아버지의 관직, 母, 配位, 子00, 女00 등을 기록한다.

- 여자 앞면 : 學生(본관)李公諱00配孺人(본관)氏諱00之墓, 여자 좌우뒷면에는 堂號00, 생년월일, 졸년월일, 장례년월일, 거주지, 子 00, 女00 등을 기록한다.

- 부부 합장이나 쌍분일 경우는 위의 합장 묘표식을 참고한다.

※ 관직자

- 左議政文忠公00(아호)李先生之墓, 혹은 左議政諡文忠公00(아호)李先生之墓, 左議政贈諡文忠公00(아호)李先生之墓 라고 쓰기도 한다. 옛날에는 묘표, 묘갈, 신도비의 앞면에는 姓만 쓰고 본관과 이름은 안 쓰기도 하였다.

※ 유현(儒賢)

00(아호)李先生之墓라고 쓴다.

※ 묘표의 앞면은 신주나 지방식과 같이 考西妣東으로 쓰는 것이 옳다고 본다. 묘표는 묘갈이나 신도비처럼 문장

을 지어서 고인의 행적을 기록하는 것이 아니고, 단순히 누구의 묘인지를 표시하는 표석이다.

실제로 묘에 묻힘 모양도 고서비동으로 묻힌다. 고비의 묘표를 각각 만들어 좌우에 따로 세운다면 당연히 고서비동으로 하여야 할 것이다. 그러나 考東妣西로도 많이 쓰고 있다. 정리가 필요하다.

○ 묘갈(墓碣)

묘갈은 고인의 세계(世系), 행적 등에 대하여 추모하고 찬양하는 내용으로 문장을 지어 기록한 비석이다. 대체로 묘의 좌측(묘 기준)에 세운다. 묘갈과 신도비의 글씨는 우측부터 시작하여 좌측으로 쓴다.

○ 신도비(神道碑)

신도비는 종2품 이상 관리나 선사, 유현의 세계(世系), 행적, 유적, 사적을 추앙하고 기리는 내용으로 문장을 지어 기록한 비석이다. 묘갈 보다는 크고 이수귀부(螭首龜趺)로 장식하며, 신령의 길이란 의미로 대체로 묘의 진입로 입구 동남쪽에 세운다.

이수귀부는 비석의 머리는 뿔 없는 용(교룡 : 용 새끼) 모양이고 받침에는 거북모양의 짐승 형태를 조각하고 무늬를 새긴 것을 말한다. 따라서 현대처럼 누구나 마구잡이로 신도비를 세우는 것이 아니다.

○ 상석(床石)

상석은 묘 앞에 제물을 차리기 위하여 설치하는 넓적한 장방형의 돌로 된 상을 말한다. 상석에는 원칙적으로 글씨를 새기지 않는다. 그러나 묘표(비석)가 없을 경우는 상석에 글씨를 쓰기도 한다.

상석 뒤에는 작은 석판을 이용한 혼유석(魂留石)을 배치하고 상석의 앞에는 향로석(香爐石)을 배치한다. 현대의 묘역 조영에서 향로석 좌우로는 화병석을 놓기도 한다.

상석을 놓을 때 받침돌을 사용하는 고석(鼓石)을 2장 이상 사용하는 경우도 있는데 이는 지극히 불경한 것으로 고석을 4장 사용하는 것은 황제, 왕의 예에 속한다.

○ 망주석(望柱石)

망주석은 묘 앞의 좌우에 세우는 한 쌍의 돌기둥이다. 묘소가 있는 곳을 표시하고 묘소를 호위하는 의미이다.

이 돌기둥은 풍수적으로 문을 의미하고 교쇄를 의미하므로 가능한 묘역 가까이 붙여야 한다. 또한 망주석은 음양을 의미하는 세호(細虎)를 갖고 있으므로 반드시 세우는 것이 좋다.

○ 기타 석물

묘역의 조성에서 다양한 석물이 사용되는데 차일을 치기 위해 상석을 중심으로 각각 동서남북에 박아두는 차일석, 문인석이 있다. 간혹 석관을 넣는 경우가 있는데 이는 물을 불러 시신을 물에 잠기게 하거나 육탈을 방해하므로 사용하지 말아야 한다.

병풍석을 두르는 경우도 있는데 이 역시 묘역 안으로 물이 들어가게 하므로 좋지 않으니 사용하지 않는 것이 좋다. 장명등은 예로부터 밤에 하관하며 만들어진 것이므로 사용하지 않아도 된다.

제4부,

제례

祭禮

제1장
제례의 정의

1. 정의

조상에 대한 숭앙심과 추모에 뜻을 두고 기념하는 것이 제사이다. 현대에 이르러 물질주의 영향으로 말미암아 조상에 대한 공경심이 고갈되어 가고 있어 제대로 지켜지지 않는 것이 현실이다. 제례는 그 의미가 조상을 추모하는 뜻에 있으나 일부에서는 조상에 대한 근본이념을 버리고 조상에 대한 최소한의 도의마저 저버리고 있으며 1년에 한번 오는 기일마저 회피하고 성의도 보이지 않으니 참으로 안타깝다. 오늘의 나를 존재하게끔 해 주신 조상의 은혜에 성심으로 감사할 줄 아는 진정한 추모의 정을 지녀야 한다.

제례란 사례(四禮) 중의 하나이며, 제사(祭祀)를 지내는 예를 말한다. 제사는 조상이나 신령에게 음식을 올리고 정성을 표하는 예절의 의식으로 제사를 지내는 순서, 형식을 총칭하기도 한다. 제례는 곧 조상숭배제의(祖上崇拜祭儀)이며, 조상 숭배는 오늘의 나를 있게 해주신 조상을 기리는 관념에 바탕을 둔 것으로 가신신앙(家神信仰)으로까지 승화된 것이며 이러한 조상 숭배는 곧 국가에 대한 사랑으로 이어지는 것이다. 사람이 죽으면 그 자손 이하 친족, 친지가 슬픔 속에서 장사를 지내고 조상의 은덕을 추모하여 정성으로 기념하는 것이 제사이다.

제례는 복잡한 형식보다 그 마음가짐이 더 중요한데도 불구하고 제대로 지켜지지 않고 있는 것은 현대 문물에 의

하여 조상에 대한 현대인들의 공경심이 희박해진 결과라 할 것이다.

나를 낳아 길러주시고 돌봐주신 부모님들이나 오늘의 나를 존재하게끔 해주신 조상에 대하여 정성을 다하고 예로써 모시는 것이 자손으로서의 당연한 도리이다. 생활이 복잡하고 일에 쫓기는 현대인이라도 1년에 한 번 돌아오는 기일(忌日)에는 보은의 뜻으로 예를 지켜야 할 것이다.

2. 유래

이 땅에 사람이 살아온 시기는 무궁무진한 시간일 것이나 언제부터 조상 숭배가 시작되었고 조상 숭배의 의식이 틀을 잡았는지는 확실하지 않다. 그러나 역사와 그 흔적이 말해주듯 최소 씨족사회가 이루어지면 하늘에 대한 제사와 땅에 대한 제사가 이루어지며 조상의 영혼을 섬기고, 그를 통하여 후손의 번성을 기원하고 재앙을 방어하기 위해 조상에 대한 일정 형식의 숭상은 이루어졌을 것으로 보인다. 그러던 것이 고려 말 조선 초기에 들어 주자학의 전래와 국시가 유교가 되며 조상 숭배는 최고의 선으로 지칭되었고 풍수지리의 음택 발달과 더불어 조상 제사는 더욱 빛을 발하였을 것이다. 특히 유교와 더불어 전래된 ≪주자가례≫는 이 땅에 제례의 형식을 정형화 시킨 것으로 보인다.

유학, 즉 주자학의 뿌리가 된 학문적 배경 속에서 탄생한 ≪주자가례≫는 성리학을 바탕에 깔고 있으며 전래된 이후 조선 500년의 역사에 우리의 조상 숭배 사상을 보편화 시키고 풍수지리와 결합하여 조상의 유골이 후손에게 미치는 영향이 지대하여 조상을 가신(家神)의 영역에 머물게 하였다. 이러한 사고는 지배자인 왕은 물론이고 양반계급은 당연시되었고 백성들의 사고에 영향을 미치게 되었다.

조상을 공경하고 모시는 좋은 의미를 가지고 있으나 지나치게 형식에 치우쳐 허례허식의 폐를 가져왔음도 무시할 수는 없다.

예는 마음의 정성(精誠)이 무엇보다 중요한데, 특히 제례에 있어서는 더하다. 우리나라에 제사가 언제부터 조상 숭배의 의식으로 구체적인 틀을 잡았는지는 확실하지 않다. 그러나 씨족 사회 때부터 조상의 영혼을 섬김으로써 후손의 번성을 기원하고, 재앙을 예방하기 위해 행해졌던 것이 조선 시대에 이르러 유교 문화와 더불어 전래되어 제례의 형식으로 정형화되었다고 볼 수 있다.

수 백년 동안 5대 봉사(五代奉祀)로 종손 집 장남이 제사를 지내왔다. 이것은 동방예의지국이라 불리어 온 우리 민족의 자랑이었다. 따라서 남의 이목이나 허영심에서 벗어나 진정한 추모의 마음에서 우러나오는 검소하고 담박, 단정한 제수를 마련하는 것이 옳다. 제사가 갖는 의미를 되새겨 보고, 시대에 맞는 의식 절차를 모색하는 것은 당연한 일이다. 요즘 많은 가정에서 '가정의례준칙'의 영향으로 혈육의 정을 실감할 수 있는 부모(父母), 조부모(祖父母)만 기제(忌祭)를 모시고, 그 위의 조상들은 묘제(墓祭)로 모신다.

일반적으로 제사는 기제사, 묘제사, 절제사로 한다. 이 외에도 가족 진지와 더불어 사회적 관계에 있는 여러 사람이 함께 참여하는 추도식과 위령제가 있다.

3. 제사의 종류

우리의 풍습에서 제사는 다종다양한데 상중에 치러지는 우제(虞祭), 소상(小祥), 대상(大祥), 담제(禫祭)는 물론이고 이후에 계절이나 다양한 이유로 치러지는 제사가 있다. 시제(時祭), 다례(茶禮), 기제(忌祭), 묘제(墓祭), 절사(節祀)가 있다. 초상 중의 제례는 이미 다뤘으므로 나머지 각종 제사에 관해 알아본다.

○ 시제(時祭)

5대조 이상의 조상에게는 시제(時享 : 묘사라고도 함)라 하여 10월 상달에 묘제를 지낸다. 시제는 성묘와 달리 낮에 행하고 가을 추수가 끝난 음력 시월 상달에 지내는 것이 일반적이다. 전에는 시제 날짜를 요일에 관계 없이 정해진 날에 지냈으나 요즈음은 문중의 젊은 직장인들을 참여시키기 위하여 가능한 한 일요일에 지내는 경우가 많아 젊은이들의 참여율이 높아지고 있다고 한다.

○ 다례(茶禮)

절사(節祀) 또는 차사(茶祀)라고도 하며 아침에 올리는 제사이다. 현재는 설과 추석에 가장 많이 지내고 지역이나 가문에 따라 대보름, 한식, 단오, 칠석, 중양절, 동지 등에 지내기도 한다. 조상에게 달, 계절, 해가 바뀌고 새로 찾아옴을 고하고 절식(節食)과 절찬(節饌)을 올리는 의례이다. 폭넓게 보아 연시제와 팔월 추석도 이에 속한다.

○ 연시제(年始祭)

연시제는 정월 초하루 아침에 선영에 세배 드리는 차례를 말한다. 요즘에는 대부분 '설날'이라고 한다. 연시제는 정월 초하룻날을 맞이하여 조상의 영혼을 위안하는 제사로 동서 어느 나라를 막론하고 사실상 공통적인 명절제 라고도 할 수 있다.

○ 절사(節祀)

추석날 아침에 지낸다.

○ 기제(忌祭)

기제는 고인이 돌아가신 날 지내는 제사를 말하는데, 보통 제사라 칭한다. 예부터 받들고 있는 기제의 대상은 4대 즉 고조(高祖)까지를 종가(宗家)에서 모시고, 5대조 이상은 기제를 폐한 다음 매년 10월에 문중의 친척들이 모여서 시향(時享)으로 지낸다. 기제의 4대 봉사(奉祀)는 고(考)와 비(妣)의 기일을 합하여 매년 8회가 원칙이나, 상처(喪

妻) 후에 재취비(再娶妃)를 얻은 경우는 한두 차례가 더 늘어난다. 또 공신(功臣)으로 봉작을 받은 불천지위(不遷之位)가 계시면 4대가 넘어도 계속해서 시제와 기제를 동시에 지낸다.

○ 묘제(墓祭)

묘에서 지내는 제사로 ≪예서≫에는 묘제라고 하나 일상 생활에서는 시사, 시향제라고도 한다. 달리 시제라고 부르기도 하는데 음력10월이나 3월에 자손들이 찾아와 제례를 올린다.

4. 연시제(年始祭)

연시제는 정월 초하룻날 아침에 지내는 설날의 차례(茶禮)인 것이다. 연시제는 정월 초하룻날을 맞이하여 조상의 영혼을 위안하는 제사로 동서 어느 나라를 막론하고 사실상 공통적인 명절제 라고도 할 수 있다. 새로운 1년의 첫번째 맞는 날인 까닭에, 선조에 대하여 감사드리며 앞으로 1년동안 무사를 바라는 마음에서 정성을 다하여 제례를 올린다.

봉사(奉祀) 대상은 각 가정에 따라 다르다. 즉 4대조까지 지내는 집이 있는가하면 3대조로 국한시키는 가정도 있다. 차례를 지내는 방법은 봉사 대상이 되는 여러분을 함께 모시고 제사를 올리지만, 제수의 진설에서 조부모, 부모,

배우자의 제상을 각각 구분하여 마련한다. 이와 같이 합사할 때는 봉사 대상별로 지방을 쓰는 것이 아니고 한 종이에 나란히 쓰는 것이다. 일반 제사와 다른 점은 무축단잔(無祝單盞)이라 하여 축문 없이 술을 한 번만 올리며, 합문 계문은 없다. '가정의례준칙'에서도 이 연시제는 허용하고 있다. 연시제는 "매년 1월 1일 아침에 지내되, 그 대상 장소 참사자의 범위는 기제에 준한다"라고 '가정의례준칙' 제20조에 명시되어 있다.

5. 시제(時祭)

5대조 이상의 조상에게는 시제(時享 : 묘사라고도 함)라 하여 10월 상달에 묘제를 지낸다. 시제는 성묘와 달리 낮에 행하고 가을 추수가 끝난 음력 시월 상달에 지내는 것이 일반적이다. 전에는 시제 날짜를 요일에 관계 없이 정해진 날에 지냈으나 요즈음은 문중의 젊은 직장인들을 참여시키기 위하여 가능한 한 일요일에 지내는 경우가 많아 젊은이들의 참여율이 높아지고 있다고 한다.

○ 시제 순서(가문마다 조금씩 차이가 있을 수 있음)
1) 祭日丑前五刻掌饌者先入實饌具畢(제일축전 오각 장찬자 선입실찬 구필) – 享祀日 丑時五刻前에 陳設所任이 祠堂에 들어가서 祭需를 챙겨 진설도에 의하여 진설한다.
2) 諸執事先詣門外位(제집사 선예 문외위) – 모든 執事

는 먼저 三門 밖의 자리로 나아가세요.

3) 謁者及贊人各引獻官詣門外位(알자급 찬인각인 헌관
예 문외위) - 알자와 찬인은 각각 헌관을 인도하여 삼문 밖
의 정석으로 나아가세요.

4) 贊者引初獻官昇自東階點視陳設(찬자인 초헌관 승자
동계 점시진설) - 찬자(집례)는 초헌관을 인도하여 사당의
동쪽 계단으로 올라가 제수 진설한 것을 점검하세요.

5) 祝開櫝(축 개독) - 축관이 사당에 나아가서 위폐의
독을 여세요.

6) 訖降詣門外位(흘강예 문외위) - 헌관과 축관은 원위
치인 삼문 밖으로 내려오세요.

7) 贊者謁者贊引入就拜位(찬자 알자 찬인 입취배위) -
찬자와 알자 그리고 찬인은 절하는 위치에 나아가세요.

8) 재배(再拜) - 두 번 절을 하세요.

9) 各就位(각 취위) - 각자 맡은 위치로 가세요.

10) 贊引引學生入就拜位(찬인인 학생 입취배위) - 찬인
은 학생을 인도하여 절하는 위치로 가세요.

11) 再拜(재배) - 두 번 절하세요.

12) 鞠躬(국궁) - 몸을 굽히세요.

13) 拜(배) - 절을 하세요. ○ 興(흥) - 일어나세요.

14) 拜(배) - 절을 하세요. ○ 興(흥) - 일어나세요.

15) 平身(평신) - 몸을 바르게 하세요.

16) 贊引引祝及諸執事入就拜位(찬인인 축급 제집사 입
취배위) - 찬인은 축과 모든 집사를 인도하여 절하는 자리

로 나아가세요.

17) 再拜(재배) - 두 번 절하세요.

18) 鞠躬(국궁) - 몸을 굽히세요.

19) 拜(배) - 절을 하세요. ○ 興(흥) - 일어나세요.

20) 拜(배) - 절을 하세요. ○ 興(흥) - 일어나세요.

21) 平身(평신) - 몸을 바르게 하세요.

22) 詣盥洗位(예 관세위) - 찬인은 대축 및 여러 집사를 모시고 손 씻는 자리로 나아가시요.

23) 盥手洗手(관수세수) - 손을 씻고 닦으세요.

24) 各就位(각취위) - 각자 맡은 위치로 가세요.

25) 謁者及贊引各引獻官入就拜位(알자급 찬인각인 헌관 입취배위) -알자 및 찬인은 각각 헌관을 모시고 들어가 절 하는 자리에 나아가세요.

26) 再拜(재배) - 두 번 절하세요.

27) 鞠躬(국궁) - 몸을 굽히세요.

28) 拜(배) - 절을 하세요. ○ 興(흥) - 일어나세요.

29) 拜(배) - 절을 하세요. ○ 興(흥) - 일어나세요.

30) 平身(평신) - 몸을 바르게 하세요.

31) 謁者進初獻官之左白有事謹具請行事(알자진 초헌관 지 좌백유사 근구 청 행사) - 알자는 초헌관 왼쪽에 나아가 동향하여 모든 유사들이 제수를 경허히 진설 하였기에 행 사(行事)하기를 청하세요. (즉 "謹具請行事"라고 헌관에게 고한다)

32) 退復位(퇴 복위) - 다시 제자리로 돌아가세요.

33) 獻官及學生皆再拜(헌관급 학생개 재배) -헌관 및 학생은 모두 두 번 절 하세요.

34) 鞠躬(국궁) - 몸을 굽히세요.

35) 拜(배) - 절을 하세요. ○ 興(흥) - 일어나세요.

36) 拜(배) - 절을 하세요. ○ 興(흥) - 일어나세요.

37) 平身(평신) - 몸을 바르게 하세요.

38) 行奠幣禮(행 전폐례) - 폐백을 드리는 례를 행하세요.

39) 謁者引初獻官詣盥洗位(알자인 초헌관 예 관세위) - 알자는 초헌관을 모시고 손 씻는 자리에 나아가세요.

40) 北向立(북향입) - 북쪽으로 향하여 서세요.

41) 盥手洗手(관수세수) - 손을 씻고 닦으세요.

42) 引詣(00)生神位前(인예 (00)선생 신위전) - (00)선생 신위 앞으로 인도하여 나아가세요.

43) 跪(궤) - 꿇어앉으세요.

44) 三上香(삼상향) - 세 번 향을 올리세요.

45) 祝以幣篚授獻官(축이 폐비 수 헌관) - 축관이 폐비를 초헌관에게 드리세요.

46) 獻官執幣(헌관집폐) - 헌관이 폐비를 받으세요.

47) 以授祝(이수축) - 헌관이 다시 축관에게 주세요.

48) 祝奠于神位前(축 전우 신위전) - 축관은 받은 폐비를 신위 앞에 드리세요.

49) 獻官俯復興(헌관 부복 흥) - 헌관은 몸을 굽혔다가 일어나세요.

50) 次詣(00)公神位前(차예 (00)공 신위전) - 다음은 (00)공 신위 전으로 인도하여 나아가세요.

51) 跪(궤) - 꿇어앉으세요.

52) 三上香(삼상향) - 세 번 향을 올리세요.

53) 祝以幣筐授獻官(축이폐비 수헌관) - 축관이 폐비를 초헌관에게 드리세요.

54) 獻官執幣(헌관집폐) - 헌관이 폐비를 받으세요.

55) 以授祝(이수 축) - 헌관이 다시 축관에게 주세요.

56) 祝奠于神位前(축 전우 신위전)- 축관은 받은 폐비를 신위 앞에 드리세요.

57) 獻官俯復興(헌관 부복흥) - 헌관은 몸을 굽혔다가 일어나세요.

58) 次詣(00)公神位前(차예 (00)공 신위전) - 다음은 (00)공 신위 전으로 인도하여 나아가세요.

59) 跪(궤) - 꿇어앉으세요.

60) 三上香(삼상향) - 세 번 향을 올리세요.

61) 祝以幣筐授獻官(축이폐비 수헌관) - 축관이 폐비를 초헌관에게 드리세요.

62) 獻官執幣(헌관집폐) - 헌관이 폐비를 받으세요.

63) 以授祝(이수 축) - 헌관이 다시 축관에게 주세요.

64) 祝奠于神位前(축 전우 신위전) - 축관은 받은 폐비를 신위 앞에 드리세요.

65) 獻官俯復興(헌관 부복흥) - 헌관은 몸을 굽혔다가 일어나세요.

66) 引降復位(인강복위) - 헌관은 인도를 받아 제자리로 되돌아가세요.

67) 行初獻禮(행 초헌례) - 초헌의 례를 행하세요.

68) 謁者引初獻官詣(00)先生尊所(알자인 초헌관 예 (00)선생 준소) - 알자는 초헌관을 모시고 (00)선생의 제주를 담아 놓은 자리 준소(尊所)로 나아가세요.

69) 西向立(서향입) - 서쪽을 향해 서세요.

70) 司尊擧冪酌酒(사준 거멱작주) - 마개를 걷고 술을 잔에 따르세요.

71) 引詣神位前(인예 신위전) - 초헌관을 신위 앞으로 인도하세요.

72) 跪(궤) - 꿇어앉으세요.

73) 執事亦跪(집사역궤) - 봉작도 같이 꿇어앉으세요.

74) 以爵授獻官(이작수 헌관) - 봉작은 술잔을 헌관에게 드리세요.

75) 獻官執爵(헌관집작) - 헌관은 술잔을 받으세요.

76) 執事受爵(집사수작) - 헌관은 받은 술잔을 다시 전작에게 주세요.

77) 奠于神位前(전우 신위전) - 전작은 술잔을 신위 앞에 드리세요.

78) 開簠簋盖(개보궤개) - 보와 궤의 덮개를 여세요.

79) 獻官俯伏興(헌관 부복 흥) - 헌관은 몸을 굽혀 엎드렸다가 일어나세요.

80) 少退跪(소퇴 궤) - 조금 물러나 꿇어앉으세요.

81) 祝進獻官之左東向跪(축 진 헌관지좌 동향궤) - 축관은 헌관의 왼편으로 나아가 동쪽으로 향하여 꿇어앉으세요.

82) 讀祝(독축) - 축관이 축문을 낭독하세요.

83) 俯伏興(부복 흥) - 헌관이 몸을 굽혀 엎드렸다가 일어나세요.

84) 次詣(00)公尊所(차예 (00)공 준소) - 다음은 헌관이 (00)공의 술 따르는 자리로 나아가세요.

85) 西向立(서향입)- 서쪽을 향해 서세요.

86) 司尊擧冪酌酒(사준 거멱작주) - 마개를 걷고 술을 잔에 따르세요.

87) 引詣神位前(인예 신위전) - 초헌관을 신위 앞으로 인도하세요.

88) 跪(궤) - 꿇어앉으세요.

89) 執事亦跪(집사역궤) - 봉작도 같이 꿇어앉으세요.

90) 以爵授獻官(이작수 헌관) - 봉작은 술잔을 헌관에게 드리세요.

91) 獻官執爵(헌관집작) - 헌관은 술잔을 받으세요.

92) 執事受爵(집사수작) - 헌관은 받은 술잔을 다시 전작에게 주세요.

93) 奠于神位前(전우 신위전) - 전작은 술 잔을 신위 앞에 드리세요.

94) 俯伏興(부복 흥) - 헌관이 몸을 굽혀 엎드렸다가 일어나세요.

95) 次詣(00)公尊所(차예 (00)공 준소) - 다음은 헌관이 (00)공의 술 따르는 자리로 나아가세요.

96) 西向立(서향입)- 서쪽을 향해 서세요.

97) 司尊擧冪酌酒(사준 거멱작주) - 마개를 걷고 술을 잔에 따르세요.

98) 引詣神位前(인예 신위전) - 초헌관을 신위 앞으로 인도하세요.

99) 跪(궤) - 꿇어앉으세요.

100) 執事亦跪(집사역궤) - 봉작도 같이 꿇어앉으세요.

101) 以爵授獻官(이작수 헌관) - 봉작은 술잔을 헌관에게 드리세요.

102) 獻官執爵(헌관집작) - 헌관은 술잔을 받으세요.

103) 執事受爵(집사수작) - 헌관은 받은 술잔을 다시 전작에게 주세요.

104) 奠于神位前(전우 신위전) - 전작은 술잔을 신위 앞에 드리세요.

105) 俯伏興(부복 흥) - 헌관이 몸을 굽혀 엎드렸다가 일어나세요.

106) 引降復位(인강복위) - 헌관은 인도를 받아 제자리로 되돌아가세요.

107) 行亞獻禮(행 아헌례) - 아헌의 례를 행하세요.

108) 謁者引亞獻官詣盥洗位(알자인 아헌관 예 관세위) -알자는 아헌관을 모시고 손 씻는 자리에 나아가세요.

109) 北向立(북향입) - 북쪽으로 향하여 서세요.

110) 盥手洗手(관수세수) - 손을 씻고 닦으세요.

111) 引詣(00)先生尊所(인예 (00)선생 준소) - 알자는 아헌관을 모시고 (00)선생의 제주를 담아놓은 준소로 나아가세요.

112) 西向立(서향입) - 서쪽을 향해 서세요.

113) 司尊擧冪酌酒(사준 거멱작주) - 마개를 걷고 술을 잔에 따르세요.

114) 引詣神位前(인예 신위전) - 초헌관을 신위 앞으로 인도하세요.

115) 跪(궤) - 꿇어앉으세요.

116) 執事亦跪(집사역궤) - 봉작도 같이 꿇어앉으세요.

117) 以爵授獻官(이작수 헌관) - 봉작은 술잔을 헌관에게 드리세요.

118) 獻官執爵(헌관집작) - 헌관은 술잔을 받으세요.

119) 執事受爵(집사수작) - 헌관은 받은 술잔을 다시 전작에게 주세요.

120) 奠于神位前(전우 신위전) - 전작은 술잔을 신위 앞에 드리세요.

121) 俯伏興(부복 흥) - 헌관이 몸을 굽혀 엎드렸다가 일어나세요.

122) 次詣(00)公尊所(차예 (00)공 준소) - 다음은 헌관이 (00)공의 술 따르는 자리로 나아가세요.

123) 西向立(서향입) - 서쪽을 향해 서세요.

124) 司尊擧冪酌酒(사준 거멱작주) - 마개를 걷고 술을

잔에 따르세요.

125) 引詣神位前(인예 신위전) - 초헌관을 신위 앞으로 인도하세요.

126) 跪(궤) - 꿇어앉으세요.

127) 執事亦跪(집사 역궤) - 봉작도 같이 꿇어앉으세요.

128) 以爵授獻官(이작수 헌관) - 봉작은 술잔을 헌관에게 드리세요.

129) 獻官執爵(헌관집작) - 헌관은 술잔을 받으세요.

130) 執事受爵(집사수작) - 헌관은 받은 술잔을 다시 전작에게 주세요.

131) 奠于神位前(전우 신위전) - 전작은 술잔을 신위 앞에 드리세요.

132) 俯伏興(부복 흥) - 헌관이 몸을 굽혀 엎드렸다가 일어나세요.

133) 次詣(00)公尊所(차예 (00)공 준소) - 다음은 헌관이 (00)의 술 따르는 자리로 나아가세요.

134) 西向立(서향입)- 서쪽을 향해 서세요.

135) 司尊擧冪酌酒(사준 거멱작주) - 마개를 걷고 술을 잔에 따르세요.

136) 引詣神位前(인예 신위전) - 초헌관을 신위 앞으로 인도하세요.

137) 跪(궤) - 꿇어앉으세요.

138) 執事亦跪(집사역궤) - 봉작도 같이 꿇어앉으세요.

139) 以爵授獻官(이작수 헌관) - 봉작은 술잔을 헌관에

게 드리세요.

140) 獻官執爵(헌관집작) - 헌관은 술잔을 받으세요.

141) 執事受爵(집사수작) - 헌관은 받은 술잔을 다시 전작에게 주세요.

142) 奠于神位前(전우 신위전) - 전작은 술잔을 신위 앞에 드리세요.

143) 俯伏興(부복 흥) - 헌관이 몸을 굽혀 엎드렸다가 일어나세요.

144) 引降復位(인강복위) - 헌관은 인도를 받아 제자리로 되돌아가세요.

145) 行終獻禮(행 종헌례) - 종헌의 례를 행하세요.

146) 謁者引終獻官詣盥洗位(알자인 종헌관예 관세위) - 알자는 종헌관을 모시고 손 씻는 자리에 나아가세요.

147) 北向立(북향입) - 북쪽으로 향하여 서세요.

148) 盥手洗手(관수세수) - 손을 씻고 닦으세요.

149) 引詣()先生尊所(인예 (00)선생 준소) - 알자는 아헌관을 모시고 (00)선생의 제주를 담아놓은 준소로 나아가세요.

150) 西向立(서향입) - 서쪽을 향해 서 주세요.

151) 司尊擧羃酌酒(사준 거멱작주) - 마개를 걷고 술을 잔에 따르세요.

152) 引詣神位前(인예 신위전) - 초헌관을 신위 앞으로 인도하세요.

153) 跪(궤) - 꿇어앉으세요.

154) 執事亦跪(집사역궤) - 봉작도 같이 꿇어앉으세요.

155) 以爵授獻官(이작수 헌관) - 봉작은 술잔을 헌관에게 드리세요.

156) 獻官執爵(헌관집작) - 헌관은 술잔을 받으세요.

157) 執事受爵(집사수작) - 헌관은 받은 술잔을 다시 전작에게 주세요.

158) 奠于神位前(전우 신위전) - 전작은 술잔을 신위 앞에 드리세요.

159) 俯伏興(부복 흥) - 헌관이 몸을 굽혀 엎드렸다가 일어나세요.

160) 次詣(00)公尊所(차예 (00)공 준소) - 다음은 헌관이 (00)공의 술 따르는 자리로 나아가세요.

161) 西向立(서향입) - 서쪽을 향해 서세요.

162) 司尊擧冪酌酒(사준 거멱작주) - 마개를 걷고 술을 잔에 따르세요.

163) 引詣神位前(인예 신위전) - 초헌관을 신위 앞으로 인도하세요.

164) 跪(궤) - 꿇어앉으세요.

165) 執事亦跪(집사역궤) - 봉작도 같이 꿇어앉으세요.

167) 以爵授獻官(이작수 헌관) - 봉작은 술잔을 헌관에게 드리세요.

168) 獻官執爵(헌관집작) - 헌관은 술잔을 받으세요.

169) 執事受爵(집사수작) - 헌관은 받은 술잔을 다시 전작에게 주세요.

170) 奠于神位前(전우 신위전) - 전작은 술잔을 신위 앞에 드리세요.

171) 俯伏興(부복 흥) - 헌관이 몸을 굽혀 엎드렸다가 일어나세요.

172) 次詣(00)公尊所(차예 (00)공 준소) - 다음은 헌관이 (00)공의 술 따르는 자리로 나아가세요.

173) 西向立(서향입) - 서쪽을 향해 서세요.

174) 司尊擧羃酌酒(사준 거멱작주) - 마개를 걷고 술을 잔에 따르세요.

175) 引詣神位前(인예 신위전) - 초헌관을 신위 앞으로 인도하세요.

176) 跪(궤) - 꿇어앉으세요.

177) 執事亦跪(집사역궤) - 봉작도 같이 꿇어앉으세요.

178) 以爵授獻官(이작수 헌관) - 봉작은 술잔을 헌관에게 드리세요.

179) 獻官執爵(헌관집작) - 헌관은 술잔을 받으세요.

180) 執事受爵(집사수작) - 헌관은 받은 술잔을 다시 전작에게 주세요.

181) 奠于神位前(전우 신위전) - 전작은 술잔을 신위 앞에 드리세요.

182) 俯伏興(부복 흥) - 헌관이 몸을 굽혀 엎드렸다가 일어나세요.

183) 引降復位(인강복위) - 헌관은 인도를 받아 제자리로 되돌아가세요.

184) 飮福授胙(음복수조)

189) 謁者引初獻官詣飮福位(알자인 초헌관예 음복위) - 알자가 초헌관을 인도하여 음복하는 자리로 나아가세요.

190) 北向跪(북향 궤) -북쪽을 향하여 꿇어앉으세요.

191) 祝詣尊所以爵酌福酒(축예준소 이작작 복주) -축관이 준소로 나아가 복주를 술잔에 떠오세요.

192) 進獻官之左(진 헌관지좌) - 축관은 헌관의 왼편에 나아가 꿇어앉으세요.

193) 以爵授獻官(이작수 헌관) - 헌관에게 술잔을 주세요.

194) 獻官飮卒酌(헌관음 졸작) - 헌관은 받은 술을 다 마시세요.

195) 執事受虛爵復於坫(집사수 허작 복어점) - 축관이 빈 잔을 받아 음복상 위에 놓으세요.

196) 祝進減神位前胙肉(축 진감 신위전 조육) - 축관이 제상 위에 나아가서 조육을 덜어오세요.

197) 授獻官(수 헌관) - 축관은 조육을 헌관에게 주세요.

198) 獻官受胙(헌관수조) - 헌관은 조육을 받으세요.

199) 以授執事(이수집사) - 헌관은 받은 조육을 다시 축관에게 주세요.

200) 執事降自東階(집사 강자동계) - 집사는 조육을 받고 동계로 나가세요(이것은 상을 물린다는 뜻이다).

201) 引降復位(인강복위) - 헌관은 인도를 받아 제자리

로 되돌아가세요.

202) 獻官皆再拜(헌관개 재배) - 헌관은 모두 두 번 절
하세요.

203) 鞠躬(국궁) - 몸을 굽히세요.

204) 拜(배) - 절을 하세요. ○ 興(흥) - 일어나세요.

205) 拜(배) - 절을 하세요. ○ 興(흥) - 일어나세요.

206) 平身(평신) - 몸을 바르게 하세요.

207) 祝入撤籩豆(축 입철변두) - 축관이 사당에 들어가
변두를 조금씩 틀어놓으세요.

208) 獻官及學生皆再拜(헌관급 학생개 재배) - 헌관과
학생은 모두 두 번 절 하세요.

209) 鞠躬(국궁) - 몸을 굽히세요.

210) 拜(배) - 절을 하세요. ○ 興(흥) - 일어나세요.

211) 拜(배) - 절을 하세요. ○ 興(흥) - 일어나세요.

212) 平身(평신) - 몸을 바르게 하세요.

213) 行望燎禮(행 망요례) - 망요례를 행하세요.

214) 謁者引初獻官詣望燎位(알자인 초헌관 예 망요위)
- 알자가 초헌관을 인도하여 망요자리로 나아간다. 이때 헌
관은 동계로 올라가 서계로 내려오는데 축관도 같이 내려
가세요.

215) 祝取祝及幣降自西階(축취 축급폐 강자서계) - 축
관이 축문과 폐비를 가지고 서계로 헌관과 내려가세요.

216) 燎於坎(요어감) - 구덩이에서 태우세요.

217) 引降復位(인강복위) - 초헌관은 서계로 올라가 동

계로 내려와 제자리로 되돌아가세요.

218) 謁者進初獻官之左白禮畢(알자진 초헌관지 좌백례
필) - 알자가 초헌관의 좌편에 나아가 예필이라고 고하세요.

219) 遂引初獻官出(수인 초헌관출) - 알자가 초헌관을
인도하여 차래로 삼문 밖으로 나아가세요.

220) 贊引各引獻官出(찬인각인 헌관출) - 찬인이 헌관
을 인도하여 차례로 삼문 밖으로 나아가세요.

221) 學生以次出(학생이 차출) - 학생도 뒤따라 나가세
요.

222) 謁者贊引還復位(알자찬인 환 복위) - 알자 찬인은
삼문까지 인도하고 다시 제자리로 들어오세요.

223) 祝及諸執事皆復拜位(축급 제집사 개복배위) - 축
관과 모든 집사는 다시 절하는 자리로 나아가세요.

224) 再拜(재배) - 두 번 절하세요.

225) 鞠躬(국궁) - 몸을 굽히세요.

226) 拜(배) - 절을 하세요. ○ 興(흥) - 일어나세요.

227) 拜(배) - 절을 하세요. ○ 興(흥) - 일어나세요.

228) 平身(평신) - 몸을 바르게 하세요.

229) 出(출) - 나아가세요.

230) 贊者謁者贊引俱復拜位(찬자 알자 찬인 구복배위)
- 찬자 알자 찬인은 절하는 배석으로 가세요.

231) 再拜出(재배 출) - 두 번 절하고 삼문 밖으로 나아
가세요,

232) 祝闔櫝(축 합독) - 축관은 주독을 닫으세요.

233) 掌饌者率其屬撤饌闔門(장찬자 솔기속 철찬합문) -
장찬자가 이에 속한 집사를 데리고 철찬하고 문을 닫으세요.

6. 다례(차례, 茶禮)

음력으로 매월 초하룻날과 보름날, 명절, 조상들의 생일
등에 간단하게 지내는 제사다. 낮에 거행하는 것이 특징이
다. 그러나 요즘은 대부분의 가정이 초하룻날과 보름날 그
리고 조상들의 생일 등에는 지내지 않지만 명절날에는 거
의 대부분의 가정에서 지내고 있는 것 같다. 이를 차사(茶
祀), 차례(茶禮)라고도 한다.

차례는 제사의 기본인 간소한 약식제사(無祝單酌)로써
음력 매월 초하룻날과 보름날(삭망참(朔望參) 그리고 명절
이나 조상의 생신날에 지냈다. 보통 아침이나 오전 중에 지
낸다. 《가례》를 비롯한 《예서》에는 오늘날과 같은 형
태의 차례는 규정되거나 따로 제사로써 기록된 것은 없다.
우리나라에서 오래전부터 관습적으로 민속 명절에 조상에
게 올렸다. 요즈음은 설에 지내는 연시제(年始祭)와 추석
절의 절사(節祀)가 이에 해당된다.

차례는 기제를 지내는 조상에게 지낸다. 우리나라는 일
반적으로 4대를 봉사하는 경우가 많은데 고조부모, 증조부
모, 조부모, 부모가 차례의 대상이 된다. 즉 시제를 지내는
조상은 차례상에 해당되지 않는 것이다.

차례를 드리는 방법은 봉사의 대상이 되는 여러분을 한

번에 모신다. 지방을 쓸 때는 합사하는 경우 종이 한 장에 나란히 쓴다. 차례도 기제를 지내는 장손의 집에서 지내는 것이 원칙이지만 지방이나 가문의 전통에 따라 한식이나 추석에는 산소에서 지내기도 한다. 추석은 ≪예서≫에는 나타나 있지 않고 율곡은 천신례로 규정하였다. 하지만 관행으로 가장 성행하게 차례를 지낸다. 결국 중국의 풍습이나 예법이 전래되어 자리 잡은 것을 기록한 ≪예서≫보다는 전통적인 관행에 따라 행하여 오고 있다. 즉 중국에서 우리에게 전래되어 자리 잡게 한 ≪주자가례≫가 전부가 아니라는 말이다. 차례에 해당하는 여러 제사법이나 행위 관습은 중국의 예법이 이 땅에 자리하기 이전부터 이 땅에 자리한 관습이다.

설날 차례는 부모님께 세배를 드린 후에 올린다. 생자(生者)가 사자(死者)보다 우선 한다는 이치이다. 가문이나 지방에 따라서는 세배보다 차례를 먼저 지내기도 한다. 제사법도 기제사(忌祭祀)보다 간략하다. 무축단잔(無祝單盞)이라 하여 축문을 읽지 않는다. 오래전부터 전해지는 일부 예법서에 따라서는 명절 제사의 경우에도 축문 서식이 수록되어 있기도 하지만, 현대에는 사용하는 경우를 보기 힘들다. 헌작도 단 1회만 하는 것이 일반화된 형식이지만 가문에 따라서는 기제사처럼 3작으로 한다. 또한 잔을 한 번만 따르기 때문에 헌작 시 잔을 내리지 않고 주전자로 상위의 잔에 직접 따르는 가문도 있으며 첨작, 합문, 계문절차가 없다.

○ 설 차례 상

■설 차례상 차림

신위

시접 / 술잔 / 떡국 / 술잔 / 떡국 / 초접

국수 / 육적 / 소적 / 어적 / 꿀 / 떡

촛불 / 육탕 / 소탕 / 어탕 / 촛불

포 / 나물 / 나물 / 나물 / 간장 / 침채 / 해 / 식혜

과일 / 과일 / 과일 / 과일 / 과일 / 과일 / 과일

북 / 서 / 동 / 남

향로 / 향합

강신잔 / 퇴줏그릇

모사그릇

자료= 성균관 전례연구위원회

7. 절사(節祀)

절사란 절기나 명절을 따라 지내는 차례인 것이다. 절기마다 지내는 제사로 시제(時祭)와는 다르다. 정월 초하루, 정월보름, 한식, 삼진, 단오, 유두, 추석, 중양, 동지 등에 지내며 천신제(薦神祭)라고도 하며 음식은 생(牲)을 쓰지 않고 서수(庶羞)만을 쓰며, 독축을 하지 않고 술도 일헌(一獻)만으로 한다. 흔히 추석이 남아있는 절사의 대표적인 예이다. 절사도 앞에서 말한 연시제와 같이 가정의례준칙에서 허용되고 있는 제사인데, 그 내용을 살펴보면

1) 절사의 대상을 직계 조상으로 한다.

2) 절사는 매년 추석절 아침에 종손의 가정에 지낸다.

3) 절사의 참가자의 범위는 '직계 자손으로 한다'라고 준칙 제 19조에 명시하고 있다.

○ 절사 축문

```
維歲次 干支 幾月干支朔 幾日干支
孝玄孫 00 敢昭告于
顯高祖考學生府君
顯高祖妣孺人(본관)氏
顯曾祖考學生府君
顯曾祖妣孺人(본관)氏
顯祖考學生府君
顯祖妣孺人(본관)氏
顯考學生府君
顯妣孺人(본관)氏
氣序流易 時維仲秋 追感歲時 不勝感慕 昊天罔極
謹以 淸酌庶羞 恭伸奠獻 尙
饗
```

〔풀이〕

00년 0월 0일에 큰 현손자 00는 감히 고하나이다. 고조 할아버님, 고조 할머님(본관)씨, 증조 할아버님, 증조 할머님(본관)씨, 할아버님, 할머님(본관)씨, 아버님, 어머님. 기후의 차례가 바뀌어 때가 추석절이 되니 감동함이 세시 명절을 따라 사모함을 이기지 못하고, 은혜가 하늘과 같이 높고 넓어서 헤아릴 수 없습니다. 삼가 맑은 술과 여러가지 음식을 공경을 다하여 받들어 올리오니 흠향 하시옵소서.

○ 추석 차례상

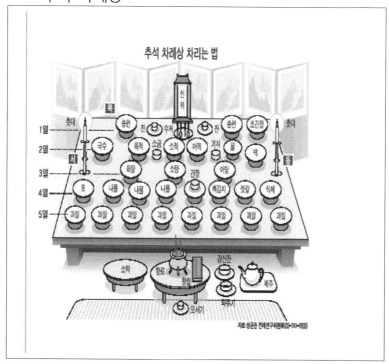

8. 이제 (禰齊)

아버지의 사당에 음력 9월, 즉 계추(季秋)에 지내는 제사를 이제라 하는데 날짜는 전 달의 하순에 정한다. 이같이 날짜가 정해지면 재계(齋戒)하고 하루 전에 신위를 만드는 것이 특징이다. 이제의 의식은 시제와 같다. 계추는 성물지시(成物之始), 곧 만물이 성숙하기 시작하는 무렵이라, 이를 상징해 조상 중에 가장 가까운 아버지 제사를 지낸다.

9. 기제 (忌祭)

3년상이 끝난 뒤에 해마다 죽은날(忌日)에 지내는 제사이다. 시간은 밤 12시에서 1시 사이에 지내는데 이를 흔히 기제사 또는 보통 제사라고도 한다. 기제는 기일제사의 약칭으로 기일 즉, 고인이 돌아가신 날에 해마다 한 번씩 지내는 제사로써 오늘날 제사라면 통상 기제를 말한다. 사대봉사(四代奉祀)라 하여 4대를 지내며 해당되는 신위에만 드린다. 5대조 이상은 기제로 지내지 않고 시제로 지낸다. 기제의 봉사대상은 과거에는 ≪주자가례≫에 따라 4대조까지였으나 현대의 '건전가정의례준칙'에서는 2대 봉사를 권장하고 있다.

제사지내는 시간은 예전에는 고인이 돌아가신 날의 첫시간인 子時(현대의 시간으로는 11:30~01:30경, 돌아가시기 전날밤 11시 넘어서)에 지냈었으나, 요즘은 '건전가정의례준칙'에 따라 시간에 구애받지 않고 돌아가신 날 해가 진 뒤 적당한 시간에 지낸다. 내외분 다 별세 하셨을 경우는 합설(한 분의 제사 때 두 분을 같이 모시는 것)한다. 가묘에서 위패를 정청(큰방)으로 모셔다가 지낸다. 장자손이 주인이 되고 그 아내가 주부가 되어 지낸다.

《주자가례(朱子家禮)》에 따르면 한 위에만 제사 지낸다고 하였다. 즉 아버지 기일에는 아버지만, 어머니 기일에는 어머니 한 위만 만들고 제사 지내는 것이 정당한 예법이라 하였는데, 정자(程子)의 제례에는 고비(考妣)를 함께 지낸다고 하였다. 그러나 대부분의 가정에서는 후자인 정기제의 절차는 다음과 같다

1) 강신
2) 참신
3) 초헌
4) 독축(讀祝)
5) 아헌
6) 종헌
7) 첨작
8) 계반삽시(啓飯揷匙)
9) 합문
10) 계문
11) 헌다(獻茶)
12) 철시복반(撤匙復飯)
13) 사신
14) 철장
15) 음복

○ 신위(神位)

고인의 사진으로 하는 경우가 많다. 옛 법에 따르면 지방
으로 하는 것이 좋고, 지방은 깨끗한 종이에 먹으로 쓰며
길이 22cm, 폭은 6cm정도가 적당하다.

○ 지방

顯高祖考學生府君　神位	顯高祖妣孺人○○氏　神位	顯曾祖考學生府君　神位	顯曾祖妣孺人○○氏　神位	顯祖考學生府君　神位	顯祖妣孺人○○氏　神位	顯考學生府君○○　神位	顯妣孺人○○氏　神位	顯伯父學生府君○　神位	顯伯母孺人○○氏　神位	顯叔父學生府君○　神位	顯叔母孺人○○氏　神位
고조부모		증조부모		조부모		부모		백부모		숙부모	

지방의 폭은 식지, 중지, 무명지를 합한 넓이로 위(位)를
세운다. 이는 천지인의 삼재를 원리로 의미하며 증조와 고
조는 아버지와 할아버지보다 거리가 있다 해서 식지, 중지,
무명지의 세 손가락을 모아 아래에 3번, 위에 두 번 만큼의
길이를 더하는 것으로 한다.

이로써 5대의 예를 나타낸다.

양위를 함께 쓸 때는 '현(顯)'자에서부터 가운데를 세로로

잘라 분리시켜서 남녀가 유별함을 나타내고 상단의 모서리를 약간 잘라내는 것은 금한다.

顯兄學生府君	顯兄妣孺人〇〇〇氏 神位	顯辟學生府君 神位	故室孺人〇〇〇 神位	亡弟學生府君 神位	亡子秀才〇〇 神位	顯曾祖海南郡守府君	顯曾祖妣郡守夫人〇〇〇〇氏 神位	顯祖考第一化學府君	顯祖妣社長夫人〇〇〇氏 神位	顯考陸軍大領府君	顯妣大領夫人〇〇〇氏 神位
형	형수	남편	아내	동생	아들	증조부모		조부모		부모	
벼슬이 없는 경우의 신위						벼슬이 있는 경우의 신위					

○ 사당에서 신주를 모셔 내올 때 축문

今以 顯考某官府君 遠諱之辰 敢請神主 出就正寢
금이 현고모관부군 원휘지신 감청신주 출취정침

〔풀이〕

이제 아무개 부친 아무 벼슬한 어른이 돌아가신 날이 왔으므로 공손히 추모하려고 正寢(정침)으로 내 가기를 감히 청하옵니다.

○ 기제의 축문

1) 조부모

維歲次干支 幾月干支朔 幾日干支
유세차간지 기월간지삭 기일간지

孝孫某 敢昭告于
효손모 감소고우

顯祖考某官府君 顯祖妣某封某氏
현조고모관부군 현조비모봉모씨

歲序遷易 顯考學生府君 諱日復臨 追遠感時 不勝永慕
세서천역 현고학생부군 휘일부림 추원감시 불승영모

謹以清酌 庶垂 恭伸奠獻 尚
근이청작 서수 공신전헌 상

饗
향

[풀이]

00년 00월 00일 손자 000는 감히 고하나이다. 해가 바뀌어 할아버지(할머님) 돌아가신 날이 다시 돌아오니 영원토록 사모하는 마음을 이기지 못하여 삼가 맑은 술과 여러 가지 음식으로 공손하게 전을 드리오니 흠향하시오소서

2) 부모

維歲次干支 幾月干支朔 幾日干支
유세차간지 기월간지삭 기일간지

孝子某 敢昭告于
효자모 감소고우

顯考學生府君 顯妣某封某氏
현고학생부군 현비모봉모씨

```
歲序遷易 顯考學生府君 諱日復臨 追遠感時 昊天罔極
세서천역 현고학생부군 휘일부림 추원감시 호천망극

謹以淸酌 庶羞 恭伸奠獻 尙
근이청작 서수 공신전헌 상

饗
향
```

〔풀이〕

해가 바뀌어 어느덧 00년0월0일이 되었습니다. 효자 00
이 감히 고합니다. 부모님과의 추억을 생각하니 참으로 망
극하기 이를 데 없습니다. 이에 맑은 술과 약간의 안주를
장만하여 바치오니 흠향하여 주시옵소서.

3) 남편의 축문

```
維歲次干支 幾月干支朔 幾日干支
유세차간지 기월간지삭 기일간지

主婦某 敢昭告于
주부모 감소고우

顯辟某官府君
현벽모관부군

歲序遷易 顯考學生府君 諱日復臨 追遠感時 不勝感愴
세서천역 현고학생부군 휘일부림 추원감시 불승감창

謹以淸酌 庶羞 恭伸奠獻 尙
근이청작 서수 공신전헌 상

饗
향
```

〔풀이〕

해가 바뀌어 어느덧 0년0월0일이 되었습니다. 아내 00

이 감히 고합니다. 당신과의 추억을 생각하니 참으로 망극하기 이를 데 없습니다. 이에 맑은 술과 약간의 안주를 장만하여 바치오니 흠향하여 주시옵소서.

4) 아내의 축문

維歲次干支 幾月干支朔 幾日干支
유세차간지 기월간지삭 기일간지

夫某 敢昭告于
부모 감소고우

亡室孺人 000氏
망실유인 000씨

歲序遷易 亡日復至 追遠感時 不自勝感
세서천역 망일부지 추원감시 불자승감

謹以淸酌 庶羞 恭伸奠獻 尙
근이청작 서수 공신전헌 상

饗
향

〔풀이〕

해가 바뀌어 어느덧 0년0월0일이 되었습니다. 남편 00이 감히 고합니다. 아내 00과의 추억을 생각하니 참으로 망극하기 이를 데 없습니다. 이에 맑은 술과 약간의 안주를 장만하여 바치오니 흠향하여 주시옵소서.

5) 형의 축문

維歲次干支 幾月干支朔 幾日干支
유세차간지 기월간지삭 기일간지

弟某 敢昭告于
제모 감소고우

顯兄學生府君
현형학생부군

歲序遷易 諱日復臨 情何悲痛
세서천역 휘일부림 정하비통

謹以淸酌 庶垂 恭伸奠獻 尙
근이청작 서수 공신전헌 상

饗
향

〔풀이〕

　해가 바뀌어 어느덧 0년0월0일이 되었습니다. 아우 00이 감히 고합니다. 형님과의 추억을 생각하니 참으로 망극하기 이를 데 없습니다. 이에 맑은 술과 약간의 안주를 장만하여 바치오니 흠향하여 주시옵소서.

6) 아우의 축문

維歲次干支 幾月干支朔 幾日干支
유세차간지 기월간지삭 기일간지

兄 告于
형 고우

亡 弟某
망 제모

歲序遷易 亡日復至 情何可處
세서천역 망일부지 정하가처

玆以淸酌 陳此 奠儀 尙
자이청작 진차 전의 상

饗
향

〔풀이〕

해가 바뀌어 어느덧 0년0월0일이 되었습니다. 형 00이 감히 고합니다. 동생과의 추억을 생각하니 참으로 망극하기 이를 데 없습니다. 이에 맑은 술과 약간의 안주를 장만하여 바치오니 흠향하여 주시옵소서.

7) 백부모(伯父母) 축문

維歲次干支 幾月干支朔 幾日干支
유세차간지 기월간지삭 기일간지

姪某 敢昭告于
질모 감소고우

顯伯父 學生府君 顯伯母 孺人某氏
현백부 학생부군 현백모 유인모씨

歲序遷易 顯伯父 諱日復臨 追遠感時 昊天罔極
세서천역 현백부 휘일부림 추원감시 호천망극

謹以淸酌 庶羞 恭伸奠獻 尙
근이청작 서수 공신전헌 상

饗
향

〔풀이〕

해가 바뀌어 어느덧 0년0월0일이 되었습니다. 조카 00이 감히 고합니다. 백부님, 부모님과의 추억을 생각하니 참으로 망극하기 이를 데 없습니다. 이에 맑은 술과 약간의 안주를 장만하여 바치오니 흠향하여 주시옵소서.

8) 아들의 축문

維歲次干支 某月干支朔 某日干支
유세차간지 모월간지삭 모일간지

父告于 亡子某(아들 이름)
부고우 망자모(아들 이름)

歲序遷易 亡子 亡日復至 心燬悲念
세서천역 망자 망일부지 심훼비념

玆以 淸酌 陳此奠儀   尙
자이 청작 진차전의   상

饗
향

〔풀이〕

해가 바뀌어 어느덧 0년0월0일이 되었습니다. 아버지 00
이 감히 고합니다. 아들 00과의 추억을 생각하니 참으로 망
극하기 이를 데 없습니다. 이에 맑은 술과 약간의 안주를 장
만하여 바치오니 흠향하여 주시옵소서.

9) 대행축 예시

⊙ 부모의 기일에 장자가 출타 중 차자가 직접 대행할 때

孝子00出未將事/出外未還 代行祀事 次子(효자00출미장
사/출외미환 대행사사 차자)

⊙ 부모의 기일에 병이 나서 그 아들에게 대행시켰을 때

孝子00有病使子00(효자00유병사자00)

⊙ 병이 나서 동생을 대행시켰을 때

病不將事使弟00(병불장사사제00)

⊙ 군입대하여 그 아우가 대행

軍服務使弟(군복무사제)

⊙ 늙어서 아들에게 대행

衰耗不堪事使子(쇠모불감사사자)

⊙ 나이가 어려 삼촌이 대행

幼不將事囑叔父(유불장사촉숙부)

⊙ 형이 사망하고 장조카가 어려서 차자(次子)가 직접 행사할 때

幼不將事介子00攝事(유불장사개자00섭사)

⊙ 조부모 기일에 아버지가 객지에 있어서 자식이 직접 대행할 때

孝子00身在遠方　不能將事孝孫00代事(효자00신재원방 불능장사효손00代事)

⊙ 장손이 어려 자손이 대행할 때

年幼 未能將事 攝行祀事 支孫00(년유 미능장사 섭행사 사 지손 00)

10. 묘제(墓祭)

묘제란 글자 그대로 산소에서 지내는 제사를 말함인데 달리 묘사(墓祀)라고도 한다. 한식이나 시월에 지내는 시 제가 이에 해당된다.

○묘제축

維歲次(干支) 幾月干支朔 幾日干支
유세차(간지) 기월간지삭 기일간지

五代孫(00) 敢昭告于
오대손(00) 감소고우

顯五代祖考學生府君 顯五代祖妣孺人(본관)氏之墓
현오대조고학생부군 현오대조비유인(본관)씨지묘

氣序流易霜露旣降瞻掃封塋不勝感慕
기서유역상로기강첨소봉영불승감모

謹以淸酌庶羞祗薦歲事 尙
근이청작서수지천세사상

饗
향

〔풀이〕

해가 바뀌어 어느덧 0년0월0일이 되었습니다. 오대손
00이 감히 고합니다. 오대조 할아버지와 오대조 할머니 00
씨의 묘에 오니 사모하는 마음을 이기지 못하겠습니다. 이
에 맑은 술과 약간의 안주를 장만하여 바치오니 흠향하여
주시옵소서.

11. 천신(薦新)

이 밖에 천신(薦新)이 있는데 이는 새로 나온 과일이나

새 곡식으로 만든 음식물을 신위에 올리는 제사이다.

12. 한식(寒食)

한식에 묘제를 지내는 풍속은 당나라 때부터 시작되었다
고 한다. 우리나라에서는 고려시대부터 한식을 대표적 명
절로 여겨 국가에서는 종묘(宗廟)와 경령전에서 제사를 지
내고, 관리에게 3일의 휴가를 주었으며, 죄수의 사형을 금
하기도 하였다. 고려 말 이후 주자의 《가례(家禮)》가 수
용되어 사당(祠堂)의 예가 강조되었지만, 민간에서도 묘제
를 지내는 것이[上墓, 上墳] 매우 성하였으므로 설, 한식,
단오, 추석 같은 속절(俗節)에 묘제를 지내는 풍속을 허락
하기도 하였다.

조선 시대에도 국가에서 한식에 종묘와 각 능원(陵園)에
서 제향을 지냈고, 민간에서도 이를 좇아 술, 과일, 포 같은
음식으로 묘소에서 제사를 지냈다. 한식 절사의 장소는 원
칙적으로 묘소이지만, 요즘에 와서는 재실이나 사당에서
지내기도 한다. 절사의 절차는 《가례》 묘제에 준한다. 그
절차는 집안에 따라 조금씩 다르지만, 대략 진설, 강신, 참
신, 초헌, 독축, 아헌, 종헌, 사신, 철상 순으로 진행하며,
산신제도 지낸다.

조선 후기에 이르러 한식이 2월 내지는 3월에 걸치거나,
청명, 삼짇날과 중복되거나 하여 대체로 2월의 시제나 절
일제(節日祭)와 겹치기도 했다. 또한 《가례》의 묘제가 3

월에 택일하는 것으로 되어 있어서 한식에 사당에서 시제를 지내거나 시조와 선조의 묘소에서 제사를 지내기도 하였다. 한식에는 4대조는 물론 5대조 이상 선조의 묘제를 지냈다.

이에 지역에 따라 한식에는 차례를 지내고 4대 조상의 묘제를 지내거나, 5대조 이상 조상의 묘제를 지내기도 한다. 오늘날 한식에는 성묘를 많이 하지만, 일부 지역에서는 아직도 절사(節祀)로서 4대 조상의 묘제를 지내기도 한다.

묘를 살펴보고 사초(莎草)할 경우에는 택일을 하여 제수를 차리고 의식에 따라 제사를 올리는데 사초 전에는 두 가 Tj 고사를 고한다. 개사초할 때에 묘지에 고하고 토지신에게도 고한다. 의식은 주과를 차리고 술을 올린 후 축문을 읽는다.

개사초가 끝나면 사초한 묘 앞에 술과 포혜를 차리고 분향 후 술을 붓는다. 술은 땅에 조금씩 세 번 붓고 두 번 절한 다음 다시 술을 올려놓고 꿇어앉는다. 이에 축을 읽는다. 축을 다 읽으면 제주는 두 번 절하고 집사는 다시 제찬을 묘 왼쪽에 차린다. 제주가 나아가 분향하고 술을 올린다. 다시 축을 읽고 나면 모두 두 번 절한다. 이로써 이식이 끝난다.

○ 사초전 축문
참신재배-강신(분향재배-뇌주재배)-헌작-정저-독축-헌자재배-하저-사신 재배-철

維歲次干支 幾月干支朔 幾日干支 某(奉祀者名) 敢昭告于	
유세차간지 모월간지삭 모일간지 모(봉사자명) 감소고우	
顯祖考某官(學生) 府君之墓 歲月玆久草衰土費 今以吉辰 伏封改莎	
현조고모관(학생) 부군지묘 세월자구초쇠토비 금이길신 복봉개사	
伏惟尊靈 不震不驚 謹以 酒果用伸 虔告謹告	
복유존령 불진불경 근이 주과용신 건고근고	

〔풀이〕

세월이 오래되어 풀도 없어지고 흙도 무너져서 이제 봉분을 더하고 떼를 다시 입히겠사오니 존령은 떨리지 마시고 놀라지도 마소서. 이제 주과를 펴 놓고 고하나이다.

○ 사초전 토지축

강신(뇌주재배)-참신재배-헌작-정저-독축-헌자재배-하저-사신재배-철

維歲次 干支 幾月干支朔 幾日干支 幼學(제주성명)敢昭告于	
유세차 간지 모월간지삭 모일간지 유학 감소고우	
土地之神 今爲 幼學(묘주인 성명) 先考 學生(본관)公 塚宅崩頹	
토지지신 금위 유학 선고 학생 공 총택붕퇴	
將加修治 神其保佑 俾無後艱 謹以 酒果用伸 祇薦于 神 尙	
장가수치 신기보우 비무후간 근이 주과용신 지천우 신 상	
饗	
향	

〔풀이〕

00년 0월 0일 유학 000는 토지신에게 감히 고하옵니다.

00의 부친 학생(본관)공의 묘가 붕괴되어 장차 추봉하여 고치려 하오니 신께서는 보호하고 돌보아 주시어 훗날에 어려움이 없도록 하여 주시기를 바라옵니다. 삼가 술과 과실을 차려 공손히 받들어 올리오니 흠향하시옵소서.

○ 사초 후 축문

維歲次 干支 幾月干支朔 幾日干支 孝子(제주성명) 敢昭告于
유세차 간지 모월간지삭 모일干支 효자(제주성명) 감소고우
顯考學生府君之墓 旣封旣莎 舊宅維新 伏惟 尊靈 永世是寧
현고학생부군지묘 기봉기사 구택유신 복유 존령 영세시영
謹以 酒果用伸 虔告謹告
근이 주과용신 건고근고

[풀이]

00년 0월 0일 효자 00는 아버님께 감히 고하옵니다. 이미 봉분을 더 쌓고 잔디를 심어 묘소가 더욱 새로워졌습니다. 엎드려 생각하옵건데 존령께서는 영세토록 이에 편안하시옵소서. 삼가 술과 과실을 차려 경건한 마음으로 삼가 고하옵니다.

– 개사초와 동시에 석물을 세울 때는 '旣封旣莎' 다음에 "謹具某物(상석, 망주 등) 用衛墓道"를 삽입한다.

○ 비석 세울 때 축문(입석축문)

참신재배-강신(분향재배-뇌주재배)-헌작-정저-독축 –
헌자재배-하저-사신재배-철

維歲次 干支 幾月干支朔 幾日干支 孝子(제주성명)敢昭告于 유세차 간지 모월간지삭 모일간지 효자   감소고우 顯考學生府君之墓 伏以 昔行襄奉 儀物多闕 今至有年 謹具某物 현고학생부군지묘 복이 석행양봉 의물다궐 금지유년 근구모물 用衛墓道 伏惟 尊靈 是憑是寧 용위묘도 복유 존령 시빙시영

〔풀이〕

00년 0월 0일 효자 00는 아버님께 감히 고하옵니다. 옛 장사 때에는 석물을 많이 궐하였음으로 이제 풍년을 맞아 삼가 아무 석물(상석, 망주 등)을 갖추고 묘소의 도리를 호위하오니 엎드려 생각하옵건데 존령께서는 이에 의지하시고 이에 편안 하시 옵소서.

- 만약 상석, 망주를 갖추었으면 '謹具某物'을 '謹具床石望柱'로 고친다.

○ 입석 후 토지신제 축문

維歲次 干支 幾月干支朔 幾日干支 幼學(제주성명)敢昭告于 유세차 간지 모월간지삭 모일간지 유학   감소고우 土地之神 今爲 幼學(묘주인 성명) 先考 學生(본관)公 墓儀未具 토지지신 금위 유학   선고 학생(본관)공 묘의미구 玆將某物 用衛神道 神其保佑 俾無後艱 謹以 酒果用伸 祗薦于神 尙 자장모물 용위신도 신기보우 비무후간 근이 주과용신 지천우신 상 饗 향

〔풀이〕

00년 0월 0일 유학 000는 토지신에게 감히 고하옵니다. OO의 부친 학생(본관)공의 묘에 석물을 갖추지 못하였다가 이에 아무 석물(상석, 망주 등)을 갖추고 신명의 도리를 호위하오니 신께서는 보호하고 돌보아 주시어 훗날에 어려움이 없도록 하여 주시기를 바라옵니다. 삼가 술과 과실을 차려 공손히 받들어 올리오니 흠향하시옵소서.

- 만약 상석, 망주를 갖추었으면 '玆將某物'을 '玆將床石望柱'로 고친다.

○ 산소가 손상되었을 때의 축문

維歲次 干支 幾月干支朔 幾日干支
유세차 간지 기월간지삭 기일간지

孝子某 敢昭告于
효자모 감소고우

顯考某官府君之墓 伏以 守護不勤 野人失火
현고모관부군지묘 복이 수호불근 야인실화

勢成燎原 災延塋域 伏惟震驚 不勝通謀
세성요원 재연영역 복유진경 불승통모

謹以酒果 恭愼安慰
근이주과 공신안위

〔풀이〕

00년 00월 00일에 효자 00는 밝게 감히 아버님의 무덤에 아뢰옵니다. 엎드려 생각하거니와 야인의 잘못으로 불이나 그 형세가 불더미를 이루어 산소까지 화가 미치었습니다. 엎드려 생각하건데 놀라실까 애통한 마음 이기지 못하오며 삼가 술과 과일을 펴놓고 공손히 위로를 드립니다.

○ 실묘했던 산소를 찾았을 때의 축문

維歲次 干支 幾月干支朔 幾日干支
유세차 간지 기월간지삭 기일간지

某官某 敢紹告于
모관모 감소고우

古冢之神 某幾代祖考某官府君之墓 久失其處
고총지신 모기대조고모관부군지묘 구실기처

古來相傳 在於某地 旣無碑表 莫何指的
고래상전 재어모지 기무비표 막하지적

或冀有壙 誌之可以 考證者 不敢不
혹기유광 지지가이 고증자 불감불

略啓塋域 伏願 不震不敬
약계영역 복원 불진불경

〔풀이〕

00년 00월 00일 00벼슬한 00는 감히 밝게 옛무덤의 신계 아뢰옵니다. 0대조인 00벼슬한 어른의 산소가 있던 곳을 잃어버린지 너무도 오래 되었습니다. 예부터 전해오는 어느 땅에 묘가 있었다 하나 비표가 없으므로 지적하기 막연하여 혹시 광중의 지석으로 고증할 것이 있을까 바라는 마음에 감히 묘소를 간략하게 열지 않을 수 없게 되었습니다. 엎드려 바라옵건데 놀라지 마시옵소서

13. 망제(望祭)

먼 곳에서 조상의 무덤이 있는 쪽을 향하여 지내는 제사를 말한다. 정일(定日)이 우천시에는 재실(齋室)이나 묘하

(墓下)의 깨끗한 집에서 봉행하되 절차는 묘제와 같으나 다만 축문(祝文)은 고쳐 써야 한다.

축문가운데 첨소봉영(瞻掃封塋)을 첨망봉영(瞻望封塋)이라 고쳐 쓰거나 축문가운데 불승감모(不勝感慕) 다음에 적치우천(適值雨天) 자행망제(玆行望祭) 근이(謹以) 운운(云云)이라고도 쓴다. 이때 묘소에 가지 못하고 묘제(墓祭) 봉행시는 지방(紙榜)을 써 붙이고 행사하는 속례(俗禮)도 있으나 지방을 쓰지 않아도 무방하다.

망제(望祭)시 축문에 첨소봉영(瞻掃封塋)을 망제봉영(望祭封塋)이라고 쓴 가례도 있다. 망제 행사시 종손이 묘소에서 분향(焚香)을 해 와서 행사할 수 있다고 함은 속례(俗禮)라고 볼 수 있다.

○ 망제축 1

維歲次(干支) 幾月干支朔 幾日干支
유세차(간지) 기월간지삭 기일간지

五代孫(00) 敢昭告于
오대손(00) 감소고우

顯五代祖考學生府君 顯五代祖妣孺人(본관)氏
현오대조고학생부군 현오대조비유인(본관)씨

氣序流易霜露旣降望祭封塋不勝感慕
기서유역상로기강망제봉영불승감모

謹以淸酌庶羞祇薦歲事尙
근이청작서수지천세사상

饗
향

[풀이]

해가 바뀌어 어느덧 0년0월0일이 되었습니다. 오대손00
이 감히 고합니다. 오대조 할아버지와 오대조 할머니 00씨
의 묘에 오니 사모하는 마음을 이기지 못하겠습니다. 이에
맑은 술과 약간의 안주를 장만하여 바치오니 흠향하여 주
시옵소서.

○ 망제축 2

維歲次(干支) 幾月干支朔 幾日 干支
유세차(간지) 기월간지삭 기일 간지

五代孫(00) 敢昭告于
오대손(00) 감소고우

顯五代祖考學生府君 顯五代祖妣孺人(본관)氏
현오대조고학생부군 현오대조비유인(본관)씨

氣序流易霜露旣降瞻掃封塋不勝感慕
기서유역상로기강첨소봉영불승감모

適値雨天玆行望祭謹以淸酌庶羞祗薦歲事尙
적치우천자행망제근이청작서수지천세사상

饗
향

○ 망제축 3

維歲次 干支 幾月干支朔 幾日 干支
五代孫(00) 敢昭告于
顯五代祖考學生府君 顯五代祖妣孺人(본관)氏
氣序流易霜露旣降不勝感慕今日滯雨墓所不就
奉行望祭謹以淸酌庶羞祗薦歲事尙
饗

○ 망제축 4

維歲次 干支 幾月 干支朔 幾日 干支
유세차 간지 기월 간지삭 기일 간지

五代孫(00) 敢昭告于
오대손(00) 감소고우

顯五代祖考學生府君 顯五代祖妣孺人(**본관**)氏之墓
현오대조고학생부군 현오대조비유인(본관)씨지묘

氣序流易雨露旣濡宜享苾芬適値陰雨不得灌薦
기서유역우로기유의향필분적치음우부득관천

玆焉設位瞻望封塋不勝感慕謹以淸酌庶羞祇薦歲事尙
자언설위첨망봉영불승감모근이청작서수지천세사상

饗
향

14. 기타 제례

1) 생신제

돌아가신 부모님의 생신날에 지내는 제사인데 지금은 지내지 않는 가정이 많지만 돌아가신 후 첫 생신에는 지내는 가정이 많다.

2) 사갑제

돌아가신 부모님의 환갑이 돌아오면 지내던 제사이다.

15. 지방 쓰는 법

조상님들 한분 한분을 돌아가신 날밤에 따로따로 모실

때에는 각기 "顯高祖 學生府君 神位"라는 식으로 써야했지만, 설날과 추석 그리고 문중대제와 같이 전 조상님을 한번에 모셔 놓고 지낼 때에는 모두 "현 조상님 여러분 신위"라고 쓸 수 있으며 "顯先代 全祖上임 神位"라고 쓰면 되는 것이고, 부모님 제삿날에도 "현 아버님 어머님 신위"라고 쓰면 되는 것이다. 그러나 야외에서 제사를 지낼 때에는 지방을 쓰지 않는다.

　- 이서위상(以西爲上)

신위를 향해서 좌측이 항상 상위가 된다. 지방을 붙일 때, 고조부는 좌측이고 부친 우측이다. 죽은 사람은 동쪽과 서쪽의 고저를 나눌 때 서쪽이 상석이라는 뜻이다. 이를 "고서비동"이라 한다.

　- 남좌여우(男左女右)

지방모실 때 신위를 향해 남자는 좌, 여자는 우에 모신다. 선친위치에서도 남좌여우는 지켜지며 묘 위치와 동일하게 고서비동 한다.

　- 고서비동(考西妣東)

지방 모실 때, 고(考) 서쪽, 비(妣) 동쪽(음계는 음양이 반대이다. 그 이유는 양은 동쪽으로 가려고 하고, 음은 서쪽으로 가려고 하기 때문에 이렇게 모셔야 더욱 가까워지기 때문이다).

　- 고비합설(考妣合設)

내외분일 경우 남자조상과 여자조상은 함께 차린다. 묘소나 비문의 경우 선대조분이 우측 동쪽에, 근친이 좌측 서쪽에 쓰니 세로읽기 순서와 같다. 각 선친의 고비합설일 경우 우측에 남, 좌측에 여로 있는 그대로 이다. 지방의 경우는 반대로 놓인다. 선대조가 좌측 서쪽, 근친이 우측 동쪽이다. 이를 이서위상이라 한다. 또한 지방의 경우에서 내외분일 경우 할아버님이 좌측 할머님이 우측에 모신다.

- 상하석(上下席)의 기준

① 산 사람은 동쪽이 상석이고, 죽은 사람은 서쪽이 상석이다(生者以東爲上 死者以西爲上 神位以西爲上 子孫以東爲上).

② 북쪽과 남쪽에서는 생사모두 북쪽이 상석이다(尊長南向爲席).

③ 중앙과 양단에서는 중앙이 상석이다(中以爲上 昭穆之序, 丈夫席東 以西爲上 婦人席西 以東爲上).

④ 높은 곳과 낮은 곳에서는 높은 곳이 상석이다.

⑤ 편리한 곳과 불편한 곳에서는 편리한 곳이 상석이다.

⑥ 안전한 곳과 위험한 곳에서는 안전한 곳이 상석이다.

⑦ 상석에 가까운 곳과 먼 곳에서는 상석에 가까운 곳이 상석이다.

⑧ 남자와 여자는 남자가 상석이다(男象天則陽, 女象地則陰).

⑨ 문관과 무관은 문관이 상석이다(武凶器 凶則陰, 文東班 武西班 是爲兩班).

⑩ 위 기준이 상충될 때 의식의 목적에 가까운 기준에 의한다.

- 남좌여우(男左女右)는 남동여서(男東女西)

공수할 때 평상시에 남자는 왼손이 위이고, 여자는 오른손이 위이다. 자기의 왼손이 동쪽이고, 오른 쪽이 서쪽이 된다.

동쪽은 해가 뜨는 곳이니 양(陽)이라, 즉 남자이고, 서쪽은 해가 지는 곳이니 음(陰), 즉 여자이다. 남녀가 함께 의식을 할 때 남좌여우(男左女右), 즉 남동여서(男東女西)에 따른다.

16. 제사의 용어

○ 신명(神明) : 천지의 신 * 제위(祭位) : 제사를 받는 신위

○ 가신(家神) : 집에 딸려 집은 지킨다는 귀신

○ 제주(祭主) : 제사를 주장하는 상제

○ 사초(莎草) : 무덤에 떼를 입혀 잘 가다듬는 일

○ 봉사(奉祀) : 제사를 받들어 모시는 것

○ 합사(合祀) : 둘 이상의 죽은 사람을 한 곳에 모아 제사하는 것

○ 무축단헌(無祝單獻) : 제사를 지낼 때 축문을 읽지 않고 술잔도 한번만 올리는 것

○ 사례편람(四禮便覽) : 조선 영조 때의 학자 이재가 관혼상제의 제도. 절차에 관한 요점을 가려 편찬한 책

○ 오대봉사(五代奉祀) : 5대위의 조상까지 제사를 받들

어 모시는 것

　○ 정자가례(程子家禮) : 중국 송나라 때의 유학자인 정호, 정이 형제가 가례에 관하여 쓴 책

　○ 주자가례(朱子家禮) : 중국 명나라 때 구준이 가례에 관한 주자의 학설을 수집하여 만든 책

　○ 출주고사(出主告辭) : 사당(祠堂)에서 신주(神主)를 모셔 나을 때 읽는 축(祝).

| 今以 顯考 某官 府君 遠諱之辰 敢請神主 出就正寢 (廳事) |
| 금이 현고 모관 부군 원휘지신 감청신주 출취정침 (청사) |

〔풀이〕

오늘이 돌아가신 날이옵니다. 신주(神主)께서 정침(正寢)으로 나아가기를 감히 바라옵니다.

17. 제문용어(祭文用語)

세월이 변함에 그때에 따라 격도 달라져야 하나 조상 대대로 내려오는 제례의 근본을 아는 것은 매우 중요하다. 상례(喪禮)와 제례(祭禮)에 따르는 여러 가지의 축문(祝文)과 고사(告辭)를 사용함에 있어, 흔히 나오는 주요 문구(文句)는 인식하고 이해하여둘 필요가 있다.

　○ 유(維) : '이제'라는 예비음이다. 축문의 첫줄에 단 한 자만을 쓰며, 현(顯), 토(土)자와 같은 높이다.

　○ 세차(歲次) : 해의 차례가 이어 온다는 뜻이다. 유세차(維歲次)는 '이해의 첫머리'라는 뜻으로

　○ 태세(太歲) : 제사 지내는 해의 태세(太歲)이다. 즉,

년(年)의 간지(干支)이다.

○ 삭일(朔日) : 제사 든 달의 초하룻날 일진(日辰)

○ 일진(日辰) : 제사 날의 간지(干支) 1~10일 까지는 앞에 초(初)를 포함한다. 初十日, 2월 1일은 삭일(朔日)이라 함. 11~20일 중순, 21~30일 하순, 31일 그믐날.

○ 제주촌칭(祭主寸稱) : 제사 지내는 자손의 촌칭(寸稱)인데, 초상을 당하면 졸곡(卒哭) 전에는 부상(父喪)에는 고자(孤子), 모상(母喪)에는 애자(哀子). 부모가 모두 돌아가셨을 때는 고애자(孤哀子)로 쓰며, 조부 상에는 고손(孤孫), 조모 상에는 애손(哀孫), 조부모가 모두 돌아가셨을 때는 고애손(孤哀孫)이라 쓴다. 담제 이후에는 효증손(孝曾孫), 고조부모 제사에는 효현손(孝玄孫), 남편의 제사에는 모씨(某氏), 아내의 제사에는 부(夫)라 쓴다.

제위가 현팔대조(顯八代祖)라면 제주자는 운손(雲孫,: 九世孫)으로 표가하며, 제위가 현구대조라면 제주자는 십세손으로 표시하며(~대와 세는 1세가 차이난다), 또한 제위가 현구대조라면 제주자는 구대손으로 표기한다(~대손과 세손은 차이가 있다).

○ 효자(孝子) : 효자(孝子)는 부모 기제(忌祭)에 맏아들이라는 뜻이고 이 효(孝)는 맏이 효자로 제사를 지낼 권리와 의무가 있다는 뜻이다. 효손(孝孫)은 조부모(祖父母) 기제(忌祭)일 때 맏손자라는 뜻이고, 효증손(孝曾孫)은 증조부모(曾祖父母) 기제일 때 쓰며 맏증손자라는 뜻이고, 효현손(孝玄孫)은 고조부모(高祖父母) 기제 일 때에 맏현손

이라는 뜻으로 쓴다.

1代	2代	3代	4代	5代	6代	7代	8代	9代	10代
부친	조부	증조부	고조부	현조부	6대조	7대조	8대조	9대조	10대조
諱鳳默	諱榮善	諱商源	諱光運	諱台亨	諱詩揆	掌禮公	參議公	監正公	司果公
효자	효손	효증손	효현손	효래손	효곤손	효잉손	효운손	9代孫	10대손
孝子	孝孫	孝曾孫	孝玄孫	孝來孫	孝昆孫	孝仍孫	孝雲孫	10世孫	11세손
2世孫	3世孫	4世孫	5世孫	6世孫	7世孫	8世孫	9世孫	10世孫	11世孫

○ 초헌관 : 초헌관은 장자이며 맏이가 아니면 초헌관을 할 수 없다. 적장자를 제외한 아들은 모두 서자다. 초헌관은 모든 재사의 집례와 모든 제사의 절차와 책임의 기준을 삼기 때문이다.큰아들은 효자, 작은아들은 자, 큰손자는 효손, 작은손자는 손, 큰증손자는 효증손, 작은 증손이다.

○ 고사자성명(告祀者姓名) : 산소에서 토지신(土地神)에게 고사를 지낼 때 직접 제주가 아니고, 타인이 지낼 때에는 그 사람의 성과 명을 쓰고, 직접 제주가 지낼 때에는 제주의 이름만 쓴다.

○ 명(名) : 봉사주인(奉祀主人)의 이름이다. 위 사람이나 남편이 주인일 때는 이름을 쓰지 않는 가문도 있다. 만일 봉사주인이 사정이 있어 직접 제사 지내지 못할 때는 대리 시키거나 그 사실을 봉사 주인의 이름 다음에 사유(와

병, 여행, 유고 등), 장사미득사(將事未得使) 관계, 이름, 대행축문일 경우 제주와 관계에 따라 사(使: 손아래일 경우 사자, 사제등일 경우 하여금사 시키다)라 쓴다.

○ 대(代) : 종형처럼 제주와 같은 항렬이지만 손위일 경우 쓴다.

○ 촉(囑) : 제주보다 숙항 이상의 손위일 경우 대행자 명을 쓴다.

○ 감조고우(敢昭告于) : '감이 밝혀 아뢰옵니다'의 뜻으로 처(妻)와 제(祭)에게는 감(敢)자를 쓰지 않고, 조고우(昭告于)라 쓰고, 제(弟) 이하 아들에게는 감조(敢昭)를 쓰지 않고 고우(告于)만 쓴다.

○ 현(顯) : 손위의 기제일 때 쓴다. 자손이 망부(亡父)에 대한 경어로 높여서 말하는 것이다.

○ 망(亡) : 손아래의 기제일 때 쓴다.

○ (亡室) : 부인일 때는 망실(亡室) 또는 고실(故室)이라고 쓴다.

○ 제위(祭位) : 제사를 받으실 당자인데 제주와의 촌수에 따라 각각 달리 쓴다. 부친은 현고(顯考), 모친은 현비(顯妣), 조부는 현조고(顯祖考), 조모는 현조비(顯祖妣), 증조부는 현증조고(顯曾祖考), 증조모는(顯曾祖妣) 현증조비(顯曾祖妣), 고조부는 현고조고(顯高祖考). 고조모는 현고조비(顯高祖妣), 남편은 현벽(顯辟), 처는 현(顯)자 없이 망실(亡室) 또는 고실(故室)이라 쓴다. 형은 현형(顯兄), 형수는 현형수(顯兄嫂), 동생은 망제(亡弟)나 고제

(故弟), 자식은 망자(亡子)이거나 고자(故子)라 쓴다.

○ 모관(某官) : 남자의 경우 관직이 있는 사람은 그 관명(官名)을 쓰고, 없으면 처사(處士), 또는 학생(學生)이라 쓴다.

○ 모공(某公) : 남자의 경우 타인이 말할 때에는 본관(本貫)과 성(姓) 공(公)이 라 쓰고, 자손(子孫)이 직접 제사를 지낼 때에는 부군(府君)이라 쓰며, 연소자에게는 이를 쓰지 않는다.

○ 모봉(某封) : 부인의 경우 옛날에는 남편이 관직에 있었으면 그의 처도 남편의 품계(品階)를 따른 외명부(外命婦)에 따른 관직을 받아 그에 따른 호칭을 썼으나, 없으면 유인(孺人 : 정9품 종9품에 해당 된다.)이라 쓴다. 할머님이 두 분 이상이라면 할아버님이 관직을 받았을 때에 비(妣)에 증(贈)자를 사용한다.

○ 모씨(某氏) : 부인의 경우로서 남편에 따른 외명부(外命婦) 호칭을 쓰고 그 밑에 본관 성씨를 쓴다.

○ 신위(神位) : 신령(神靈), 신명(神明)을 세는 단위의 존칭, 지방(紙榜 :종이에 써서 모신 신위)으로 모실 때 쓴다.

○ 지위(之位) : 신령(神靈) 귀신이나 잡귀를 세는 단위의 존칭, 신주나 위패를 모셔 소각하지 않을 때.

○ 지묘(之墓) : 묘소 앞에서 제를 올릴 때 지방 없이 축문에 쓸 때 "지묘"라 한다.

○ 지단(之壇) : 제단을 모았을 때는 지단이라 쓴다. 산신제 축문에서 주로 사용하지만 화장을 하여 묘가 없고 단

을 사용할 때도 사용한다.

18. 묘제 축문에 쓰이는 문구

　어느 정도 공통적으로 쓰이는 것도 있으나, 가문에 따라서는 별도로 지어서 사용하는 경우도 많다. 따라서 어느 가문이 일정하게 사용하는 대중적인 축문을 사용하지 않았다고 해도 틀렸다는 것은 아니다.

　○ 금이 초목 귀근지시(今以 草木 歸根之時) : 이제 초목이 뿌리로 돌아가는 계절에

　○ 추감세시(追感歲時) : 추모하는 마음이 때때로 일어난다는 의미.

　○ 추구감신(追舊感新) : 옛 일이 그리워 새로이 감복한다는 의미.

　○ 추감미증(追感彌增) : 추모하는 마음이 오랠수록 더한다는 의미.

　○ 추감미심(追感彌深) : 추모하는 마음이 오랠수록 더 깊어진다는 의미.

　○ 추감보본(追遠報本) : 조상을 추모하고 자신의 근본에 보답한다는 의미.

　○ 추유보본(追惟報本) : 추모하는 마음이 오직 근본에 보답하는데 있다는 의미.

　○ 세일소영(歲一掃塋) 세일 : 벼슬 또는 항렬이 높거나 나이가 많은 윗사람에게 한 해에 한번 세배드리는 일

○ 복택길진(伏擇吉辰) : 길한 날을 택하여 일좌합제(一座合祭) 시제를 산소에서 지내지 않고 집에서 지낼 때

○ 세서천역(歲序遷易) : 해가 바뀌었다는 뜻이다.

○ 세천일제(歲遷一祭) : 해가되어 한 번의 제를 드린다.

○ 성상재회(星霜載回) : 묵은해가 넘어갔다는 뜻이다.

○ 기서유역(氣序流易) : 절기가 바뀌었다는 뜻이다.

○ 추감세시(追感歲時) 때, 시간이

○ 증상기체(蒸嘗己替) : 일찍이 무덥던 절기가 바뀌었다는 뜻이다.

○ 정월 : 세율기경(歲律旣景) : 해가 이미 새해로 바뀌어

○ 세율기경(歲聿旣更) : 세월이 흘러서 다시 왔다.

○ 청양재회(靑陽載回) : 봄이 다시 돌아왔다는 의미.

○ 한식 : 우로기유(雨露旣濡) : 봄이 되어 비와 이슬이 내린다는 뜻,

○ 시유중춘(時維仲春) 중충, 봄

○ 우로기강(雨露旣降) : 이슬내리는 계절이 되었나이다.

○ 단오 : 시물창무(時物暢茂) : 모든 만물이 창성하니

○ 초목기강(草木旣降) : 풀과 나무에 잎이 무성하다.

○ 추석 : 백로기강(白露旣降) : 찬이슬이 벌써 내렸다는 뜻

○ 시월 : 상로기강(霜露旣降) : 찬서리가 내렸다.

○ 시유맹동(時維孟冬) : 날씨가 몹시 추운 때를 말한다.

○ 휘일부림(諱日復臨) : 돌아가신 날이 다시 오니 뜻. 아랫사람 아내와 동생은 망일복지(望日復至)라 쓴다.

○ 불승감창(不勝感愴) : 남편(男便)과 백숙부모에게.

○ 불승비고(不勝悲苦) : 아내의 경우에

○ 불승비염(不勝悲念) : 슬픈 마음을 이길 수 없다. 아내

○ 불지승감(不自勝感) : 제 이하(弟 以下)에게

○ 정하비통(情何悲通) : 형(兄)의 경우에

○ 심훼비염(心毀悲念) : 아들의 경우에 쓴다.

○ 생신복우(生辰復遇) : 돌아가신 부모님의 생신날이 다시 옴.

○ 추원감시(追遠感時) : 세월이 흐를수록 더욱 생각이 난다는 뜻이다. 방계 친족의 기제사에는 쓰지 않는다.

○ 담소봉영(膽掃封塋) : 부모님의 산소를 찾아뵈오니 쓰고 쓰다(고통스럽다).

○ 호천망극(昊天罔極) : 흠모하거나 공손함이 클 때만 쓰되(부모)

○ 불승영모(不勝永慕) : 흠모하는 마음 이길 수 없나이다의 뜻(조부 이상)

○ 불승감통(不勝感痛) : 마음에 사무침을 이길 수 없다.

○ 불승비감(不勝悲感) : 슬픈 마음을 참을 수가 없다.

○ 불승우구(不勝憂懼) : 두렵고 근심스러운 마음을 참을 수가 없다는 의미.

○ 비도불감(悲悼不堪) : 비통하고 슬픈 마음 견딜 수 없다는 의미.

○ 비도지회(悲悼之懷) : 비통하고 슬픈 마음

○ 미증감모(彌增感慕) : 날이 갈수록 사모하는 마음이

더한다는 의미.

　○ 미증망극(彌增罔極) : 날이 갈수록 한이 없는 슬픔이 더 한다는 의미.

　○ 몰영감망(沒寧敢忘) : 돌아가셨지만 편안하신지 잊을 수 없다는 뜻.

　○ 불자감승(不自堪勝) : 스스로 견디어 내기 어렵다는 의미.

　○ 신기보우(神其保佑) : 신께서는 부디 보우 하소서

　○ 어천만년(於千萬年) : 천만년에 이르기까지

　○ 유시보우(維時保佑) : 신께서 보호하여 주신다는 뜻.

　○ 실뢰신휴(實賴神休) : 실제로 신의 은혜를 받다.

　○ 감이주찬(敢以酒饌) : 감히 술과 찬을 올립니다.

　○ 영건택조(營建宅兆) : 무덤(광중)을 조성하였다.

　○ 일월불거(日月不居) : 세월이 항상 머물지 않아.

　○ 세월불유(歲月不留) : 세월이 오래 머물지 않아

　○ 엄급주세(奄及周歲) : 어느덧 1년이 돌아 왔다.

　○ 엄급회갑(奄及回甲) : 어느덧 회갑을 맞았다.

　○ 회갑엄지(回甲奄至) : 회갑이 어느덧 이르렀다.

　○ 숙흥야처(夙興夜處) : 아침 일찍부터 밤에 이르기까지

　○ 애모불녕(哀慕不寧) : 슬프고 사모하는 마음으로 편안치 않다.

　○ 우제축문(虞祭祝文) 中에서 "숙흥야처 애모불녕(夙興夜處 哀慕不寧)"을

　－ 백숙부(伯叔父)는 "숙야비통 애모불녕(夙夜悲痛 哀慕

不寧)”,

- 처(妻)“비도산고 불자승감(悲悼酸苦 不自勝堪)”
- 형(兄)“비념무이 지정여하(悲念無已 至情如何)”
- 제(弟)“비통외지 정하가처(悲痛猥至 情何可處)”
- 자(子)“비념상속 심언여훼(悲念相續 心焉如燬)”로 쓴다.

○ 애천상사(哀薦常事) : 슬픈 마음으로 상사(대상제)를 드린다. 애천(哀薦)은 각각 달리 적용되는데

- 처(妻)와 제(弟) 이하는 “진차(陳此)”
- 백숙부(伯叔父) 및 형(兄)과 누이는 천차(薦此)
- 대개“우견(愚見)”, “협사(祫事)”는 초우축(初虞祝)에 쓰고, 재우축(再虞祝)엔 우사(虞事)라 쓴다. 성사(成事)는 삼우(三虞) 및 졸곡축(卒哭祝)에 쓰고, 상사(祥事)는 소상축(小祥祝), 대상축(大祥祝)에 쓴다. 단 “상사(常事)”도 혼용(混用)한다.

○ 축고유길(祝告維吉) : 축해 고하옵고 길일이오며

○ 형의부건(亨儀不愆) : 봉행하는 의식도 허물됨이 없나이다.

○ 예유중제 첨소봉영(禮有中制 瞻掃封塋) : 예문에도 있다. 산소를 깨끗이 단장하고 바라본다.

○ 의당묘제 어례지당(宜當墓祭 於禮至當), “금위 일기 불순 자감 설위봉행(今爲 日氣不順 玆敢 設位奉行)”

○ 시세부득(時勢不得) : 일기불순(日氣不順), 가내행사(家內行祀)의 사유 등.

○ 예제유한(禮制有限) : 예의규범에도 있다.

○ 예불감망(禮不敢忘) : 예의로도 감히 잊을 수가 없다.

○ 존기유경(存旣有慶) : 살아계셨다면 경사스런 날이다.

○ 몰영감망(沒寧敢忘) : 돌아가셨지만 편안하신지 잊을 수 없다.

○ 생시유경(生時有慶) : 살아계실 때와 같이 경사를 베푼다.

○ 기제유한(期制有限) : 기간의 법도가 한계가 있다

○ 예지당사(禮至當事) : 예에 지극히 당연한 일이다.

○ 심수공황(心雖恐惶) : 마음으로는 비록 두렵습니다만

○ 비무후간(비無後艱) : 오로지 뒤에 어려움이 없게 해 주십시오.

○ 영세유방(永世遺芳) : 빛나는 명예가 후세에 영원토록 한다.

○ 명이간정(明夷艱貞) : 어려움을 참고 정절을 지키는 밝음이 땅속 깊이 들어 감

○ 예재서품(禮齋庶品) : 재실의 여러 서품의 예를 밝히다.

○ 자진재실(玆陳齋室) : 재실에서 시제를 지내겠나이다.

○ 명이간정(明夷艱貞) : 어려움을 참고 정절을 지키는 밝음이 땅속 깊이 들어 감.

○ 병기취의(柄棄取義) : 권세를 버리고 의를 택하다

○ 은통재복(隱痛裁服) : 상복을 입고 남몰래 통곡하다.

○ 신영누각(新榮累却) : 나라에서 주는 영예를 여러 번 사양했다.

○ 염립내백(廉立來百) : 청렴함이 百世까지 이르렀다.

○ 영세유방(永世遺芳) : 꽃다운 이름이 후세까지 영원하리라.

○ 생신복우(生辰復遇) : 돌아가신 부모님의 생신날이 다시 옴.

○ 존기유경(存旣有慶) : 살아계셨다면 경사스런 날이다.

○ 요급회갑(邀及回甲) : 회갑 일을 맞이하였다는 뜻

○ 생시유경(生時有慶) : 살아계실 때와 같이 경사를 베푼다.

○ 이자상로(履玆霜露) : 이 서리와 이슬을 밟고

○ 근이(勤以), 근용(謹用), 감이(敢以) : 삼가, 감히. 처와제 이하는 현이(玆以) 자이(慈以) 쓴다.

○ 청작서수(淸酌庶羞) : 맑은술과 여러가지 음식

○ 서수경신(庶羞敬伸) 여러 가지 음식을 공경하는 마음으로

○ 청작시수(淸酌時羞) : 맑은 술과 그 철에 나는 음식이라는 의미(차례)

○ 청작포해(淸酌脯醢) : 맑은 술과 포와 절인 고기

○ 주과용신(酒果用伸) : 술과 과실을 갖추어서 드린다

○ 주과용신건고(酒果用伸虔告) : 제(弟) 이하에는 주과용고궐유(酒果用告厥由)라 쓴다.

○ 공신전헌(恭伸奠獻) : 공경을 다해 받들어 올립니다. 백숙부모에게는 천차전의(薦此奠儀)라 한다. 처와 弟(제) 이하는 신차전의(伸此奠儀), 진차전의陳此奠儀)라 한다.

○ 시수지봉(時羞祗奉) : 그 계절의 음식을 삼가 드린다

○ 서수경신(庶羞敬伸) : 여러 가지 음식을 공경하는 마음으로 차리다.

○ 공수세사(恭修歲事) : 삼가 공손한 마음으로 세사를 올리옵니다.

○ 경신전헌(敬信奠獻) : 공경을 다하여 받들어 제물 제사를 올리오니

○ 지천세사(祇薦歲事) : 공경하는 마음으로 세사를 올리다. 공신세사(恭伸歲事) 지봉상사(祇奉常事)

○ 상(尙) : 흠향하옵소서 뜻이다.

○ 향(饗) : 높이 받드는 문자(文字)이니 줄을 바꾸어 현자(顯字)와 함께 높이 쓴다.

19. 제기와 제구 용어

○ 퇴주기(退酒器) : 헌작한 술을 물릴 때 따라 붓는 그릇

○ 모사기(茅沙器) : 모래와 띠의 묶음인 모사를 담는 그릇으로 보시기와 같이 생겼다.

○ 제상(祭床) : 제수를 진열해 놓은 상

○ 교의(交椅) : 신주나 혼백함을 올려놓는 의자

○ 향탁(香卓) : 향초와 향함을 올려놓는 작은 상

○ 향로(香爐) : 향을 피우는 작은 화로

○ 병풍(屛風) : 글씨로 된 병풍으로 제상 뒤에 친다.

○ 주독(主櫝) : 신주를 모시어 두는 나무 제

○ 신주(神主) : 고인 위패. 고인의 위를 모시는 나무패

○ 축판(祝板) : 축문을 올려놓는 판

○ 탕기(湯器) : 국을 담는 제기

○ 시접(匙楪) : 수저를 올려놓는 제기

○ 변(籩) : 실과와 건육을 담는 제기

○ 두(豆) : 김치 젓갈을 담는 제기

○ 병대 : 떡을 담는 제기

○ 조(俎) : 고기를 담는 제기

○ 촛대 : 두 개를 준비한다.

○ 병대 : 떡을 담는 제기

○ 적대 : 적을 올리는 제기

○ 주주 : 술 주전자

○ 주배 : 술잔 (잔대가 반드시 있어야 함)

○ 돗자리 : 두 장을 준비하여 하나는 제상 밑에 하나는 제상 앞에 깐다.

20. 진설위

○ 고서비동(考西妣東). 양은 동쪽으로 가려하고, 음은 서쪽으로 가려 하기 때문에 부모가 가까워지라고 차리는 형식

○ 이서위상(以西爲上). 지방을 붙일 때, 신위를 향해서 좌측이 항상 상위가 된다. 고조부 좌측 부친 우측 죽은 사람은 동쪽과 서쪽에서, 서쪽이 상석이라는 뜻. "고서비동의 의미"

○ 고비합설(考妣合設). 내외분일 경우 남자조상과 여자조상은 함께 차린다. 반대 고비각설(考妣各設)

○ 시접거중(匙楪居中). 수저를 담은 그릇은 신위의 앞 중앙에 놓는다.

○ 반서갱동(飯西羹東) : 메(밥)는 西로 왼쪽, 갱(국)은 東으로 오른쪽 좌반우갱(左飯右羹), 서반동갱(西飯東羹)

○ 좌면우병(左麪右餠) : 면(麪:국수)은 왼쪽, 편(떡)은 오른쪽,

○ 면서병동(麵西餠東) : 국수는 西에, 떡은 東

○ 적전중앙(炙奠中央) : 고기적은 제사상의 중앙에,

○ 적접거중(炙楪居中) : 구이(적)는 중앙에 놓는다.

○ 두동미서(頭東尾西) : 머리는 양이라 동쪽, 꼬리는 음이라 서쪽, 동두서미(東頭西尾) : (성균관 석전대제) 생선이나 닭의 머리 방향

○ 배복방향(背腹方向) : 닭구이나 생선포는 등은 양이라 위로 배는 음이라 아래로 향한다.

○ 배남복북(背南腹北) : 등은 양이라 남쪽, 배는 음이라 북쪽, 신위에서 보면 배가 보이면 入, 등이면 出 모습

○ 어동육서(魚東肉西) : 생선은 팔딱팔딱 뛰니 양(동쪽), 소 돼지는 느리니 음(서쪽)

○ 생동숙서(生東熟西) : 생(生)김치는 양이라 동쪽, 익(熟)은 나물은 음이라 서쪽

○ 좌포우혜(左脯右醯) : 포(脯)는 죽은 것이니 음(서쪽), 식혜는 살아있으니 양(동쪽), 서포동혜(左脯右醯).

○ 건좌습우(乾左濕右) : 마른 것은 왼쪽 서쪽에, 젖은 것은 오른쪽 동쪽에 놓는다.

○ 조율이시(棗栗梨柿). 대추는 씨가 하나이므로 1왕, 밤은 씨가 3개 이므로 3정승, 배는 씨가 6개이므로 6판서, 감은 씨가 8개이므로 8도관찰사, 씨의 숫자대로 진설. 선 나무과일 후 줄기 과일

21. 제수(祭羞), 제수(祭需)

제수(祭羞)라 함은 제사에 차리는 음식물을 말한다. 제사는 고인을 추모하기 위한 정성의 표시라고 할 수 있다. ≪예문(禮文)≫에 "진기심자(盡其心者) 제지본(祭之本), 진기물자(盡其物者) 제지말(祭之末)"이라하여 마음을 다하는 것이 제사의 근본이지 물질로만 때우려 드는 것은 잘못된 제사라고 하였다.

○ 포(脯)는 주로 문어나 건어를 쓰고,

○ 과실에는 밤, 대추, 배, 감, 은행 등을 쓰되 홀수여야 한다.

○ 그리고 소채(燒菜)로는 두가지의 익힌 나물과 한 가지의 김치를 쓴다.

○ 어물로는 주로 조기를 쓰며 육물(肉物)엔 집짐승의 고기를 쓰는게 좋다.

○ 적(炙)으로는 육(肉)과 간(肝)을 이용하는데, 진찬(進饌)이라고 하여 간을 초헌 때 올리고 육은 아헌과 종헌

때에 올린다.

○ 떡과 간장을 준비하고,

○ 국은 육물, 생선, 채소 등으로 한다.

○ 옛날엔 탕(湯)을 어(魚), 육(肉), 소(蔬) 등으로 3탕을 올렸으나 요즘은 단탕(單湯)으로 위의 재료를 혼합하여 쓴다.

○ 설 차례는 메 대신 떡국을, 추석 차례는 메 대신 송편을 올린다.

○ 제사에 쓰지 않는 음식은 복숭아, 꽁치, 삼치, 갈치, 고추, 마늘 등이며 식혜, 탕, 면 등은 건더기만 사용한다.

○ 밥(반-飯)

제삿밥으로 신위의 수대로 주발 식기에 수북이 담고 뚜껑을 덮는다. 예전에는 밥 외에도 국수를 올렸으나 오늘날에는 생략하는 가문이 많다.

○ 국(갱-羹)

제사 국이다. 신위의 수대로 대접 또는 주발을 담고 뚜껑을 덮는다. 재료는 쇠고기와 무를 네모로 납작하게 썰어서 함께 끓인다. 고춧가루, 마늘, 파 등을 쓰지 않는다.

○ 떡(편)

제사에 쓰는 떡은 현란한 색깔을 피하므로 팥고물을 쓸 때는 껍질을 벗겨 내어 가급적이면 흰 빛깔이 되게 한다. 보통은 백설기나 시루떡을 해서 사각의 접시에 보기 좋게 놓고, 신위의 수에 관계없이 한 그릇만 올리기도 한다.

○ 찌개(탕-湯)

탕은 오늘날의 찌개라고 할 수 있다. 쇠고기, 생선, 닭고기 중 한가지만을 택하여 조리한다. 양념에 파, 마늘, 고추 등을 쓰지 않는다. 예전에는 탕의 수를 1,3,5의 홀수로 하였고 탕의 재료로서 고기, 생선, 닭 등을 사용하였다. 3탕일 경우는 육탕, 어탕, 계탕을 준비하였는데 모두 건더기만 탕기에 담았다. 그러나 지역에 따라 국물과 같이 올리는 경우도 있으므로 편리한 대로한다.

○ 튀김 및 부침(전-煎)

기름에 튀기거나 부친 것으로 육전(肉煎)과 어전(魚煎) 두 종류를 준비한다. 옛날에는 적과 함께 계산하여 그릇 수를 홀수로 만들기 위해 전은 반드시 짝수로 만들었다. 전과 적을 합하여 홀수가 되어야 하는 것은 재료가 고기, 생선 등 천산(天産)이기 때문에 양수인 홀수에 맞춘 것이다. 육전은 쇠고기를 잘게 썰거나 다져서 둥글게 만들어 계란을 묻혀 기름에 부친다. 어전은 생선을 저며 계란에 무치고 기름에 부친다.

○ 구이(적-炙)

적은 구이로서 제수 중 특별식에 속한다. 옛날에는 육적(肉炙), 어적(魚炙), 계적(鷄炙)의 3적을 세 번의 술잔을 올릴 때 바꾸어 구워서 올렸으나 오늘날에는 한 가지만 준비하도록 하고 올리는 것도 처음 진찬 때 함께하고 잔을 올릴 때마다 따로 하지 않는다. 육적(肉炙)은 쇠고기를 2~3 등분하여 길게 썰어 소금구이하듯이 익혀 사각 접시에 담는다. 어적(魚炙)은 생선 2~3마리를 고춧가루를 쓰지 않고 익혀서 사각의 접시에 담는다. 이때 머리는 동쪽으로 하고 배는 신위 쪽으로 가게 담는다.(지방에 따라 반대대로 하기도 한다) 계적(鷄炙)은 닭의 머리, 다리, 내장을 제거하고 구운 것으로 등이 위로 가게 하여 사각의 접시에 담는다. 적을 올릴 때는 적염(炙鹽)이라 하여 찍어 먹을 소금을 접시나 종지에 담아 한 그릇만 준비한다.

○ 나물(숙채-熟菜)

익은 채소이다. 한 접시에 고사리, 도라지나 무, 배추나물 등 3색 나물을 곁들여 담는다. 또는 각기 한 접시씩 담기도 한다. 추석 때는 배추, 박, 오이, 호박도 푸른색 나물로 쓰는데 역시 마늘, 고춧가루는 양념으로 쓰지 않는다.

○ 김치(침채-沈菜)

희게 담은 나박김치를 보자기에 담아서 쓴다. 고춧가루를 쓰지 않는 것이라고 한다.

○ 간장(청장-淸醬)

맑은 간장을 한 종기에 담는다.

○ 과일류

전통적으로 제사에 쓰는 과일은 대추, 밤, 감, 배였으므로 이것들을 꼭 준비하고 그밖에 계절에 따라 사과, 수박, 참외, 석류, 귤 등의 과일을 1~2종 준비하면 충분하다. 바나나, 파인애플, 키위 등 생소한 수입 과일은 일절 사용하지 않도록 한다. 옛날에는 과일이 지산(地産)이라 하여 그릇 수를 음수인 짝수로 하였다.

○ 포(脯)

고기를 말린 육포, 생선의 껍질을 벗겨서 말린 것, 문어나 마른 오징어 중에서 한두 종류를 사각의 접시에 한 그릇만 담는다. 옛날에는 문어다리나 오징어를 가위나 칼로 왕관, 산호, 공작깃의 형태로 오려서 장식하기도 했으나 오늘날에는 생략하기도 한다.

22. 제사 지내는 순서

제사의 진행순서와 예법은 가문과 지역에 따라 차이가 있으므로 참고하여 가문과 지역에서 행하여지는 순서와 예법에 맞게 제사를 진행한다.

1	영신 (迎神)	조상을 모심	(제주) 향을 피운다 (집사) 제주에게 술을 따라준다. (제주) 술을 모사그릇에 조금씩 세 번 붓는다. (제주) 두 번 절한다.	먼저 대문을 열어 놓는다. 제상의 뒤쪽(북쪽)에 병풍을 치고 제상 위에 제수를 진설한다. 지방을 써 붙이고 제사의 준비를 마친다. 예전에는, 출주(出主)라 하여 사당에서 신주(神主)를 모셔 내오는 의식이 있었다.
2	분향강신 (焚香降神)	조상에 대한 인사		영혼의 강림을 청하는 의식이다. 제주(祭主)가 신위 앞으로 나아가 꿇어 앉아 향로에 향을 피운다. 집사(執事)가 제상에서 잔을 들어 제주에게 건네주고 잔에 술을 조금 따른다. 제주는 두 손으로 잔을 들고 향불 위에서 세 번 돌린 다음, 모사 그릇에 조금씩 세 번 붓는다. 빈 잔을 집사에게 다시 건너 주고 일어나서 두 번 절한다. 집

			사는 빈 잔을 제자리에 놓는다. 향을 피우는 것은 하늘에 계신 신에게 알리기 위함이고, 모사에 술을 따르는 것은 땅아래 계신 신에게 알리기 위함이다.
3	참신(參神)	조상에 대한 인사	(전원) 제사 참가자 모두 합동으로 두 번 절한다.	고인의 신위에 인사하는 절차로서 참사자(參祀者) 모두 신위를 향하여 두 번 절한다. 신주를 모시고 올리는 제사일 때는 참신을 먼저 하고 지방을 모셨을 경우에는 강신을 먼저 한다. 미리 제찬을 진설하지 않고 참신 뒤에 진찬(進饌)이라 하여 제찬을 올리기도 한다. 진찬 때는 주인이 육(肉,고기) 어(魚,생선) 갱(羹,국)을 올리고 주부가 면(麵,국수) 편(餠,떡) 메(飯,밥)를 올린다.
4	초헌(初獻)	조상에 대한 인사	(제주) 향을 피운다. (집사) 남자조상 잔을 제주에게 주고 술을 가득 부어준다. (제주) 모사그릇에 조금씩 세 번 붓는다. (제주) 7부 정도 남은 술을 집사에게 준다. (집사) 술잔을 밥과 국 사이에 놓고 젓가락을 음식 위에 놓는다. (제주부인) 메(밥) 뚜껑을 열고 술가락을 메 한가운데 꽂는다(집안에 따라 다르다).	제주가 첫번째 술잔을 올리는 의식이다. 제주가 신위 앞으로 나아가 꿇어 앉아 분향한다. 집사가 술잔을 내려 제주에게 주고 술을 가득 붓는다. 제주는 오른손으로 잔을 들어 향불 위에 세 번 돌리고 모사 그릇에 조금씩 세 번 부은 다음 두 손으로 받들어 집사에게 준다. 집사는 잔을 받아서 메 그릇과 갱 그릇 사이의 앞쪽에 놓고 제물 위에 젓가락을 놓는다. 제주는 두 번 절한다. 잔은 합설(合設,고인의 내외분을 함께 모시는 것)인 경우 고위(考位,남자) 앞에 먼저 올리고 비위(여자) 앞에 올린다. 집안에 따

			(제주) 두 번 절한다.	러서는 술을 올린 뒤 메 그릇의 뚜껑을 연다.
5	독축 (讀祝)	조상에 대한 인사	(전원) 모두 꿇어 앉는다. (제주) 축문을 읽는다. (전원) 두 번 절한다.	축문 읽는 것을 독축이라 한다. 초헌이 끝나고 참사자가 모두 꿇어 앉으면 축관은 제주 좌측에 앉아 천천히 정중하게 읽는다. 축문은 제주가 읽어도 무관하다. 독축이 끝나면 참사자 모두 일어나서 재배하는데 초헌의 끝이다. 과거에는 독축 뒤에 곡을 했다.
6	아헌 (亞獻)	조상에 대한 인사	첫잔드림의 절차와 동일 (단, 모사그릇에 술 따르는 절차 생략한다.	두번째 잔을 올리는 의식이다. 주부가 올리는 것이 관례이나 주부가 올리기 어려운 경우에는 제주의 다음가는 근친자인 남자가 초헌 때와 같은 순서에 따라 올리기도 한다. 이때 모사에는 술을 따르지 않는다. 주부는 네 번 절한다.
7	종헌 (終獻)	조상에 대한 인사	첫잔드림의 절차와 동일 (단, 모사그릇에 술 따르는 절차 생략. 술은 7부로 따른다.)	세번째 술잔을 올리는 의식이다. 아헌자 다음가는 근친자가 올리는 게 원칙이나 참가자 중 고인과의 정분을 고려하여 잔을 올리게 하기도 한다. 아헌 때와 같은 방법으로 한다. 잔은 7부쯤 부어서 올린다.
8	첨작 (添酌)	조상의 음식 드심		종헌이 끝나고 조금 있다가 제주가 신위 앞으로 나아가 꿇어앉으면 집사는 술주전자를 들어 신위 앞의 술잔에 세 번 첨작하여 술잔을 가득 채운다. 집안에 따라서는 집사로부터 새로운 술잔에 술을 조금 따르게 한 다음 집사는 다시 이것을 받아, 신위 앞의 술잔에 세 번으로 나누어 첨

작 하는 경우도 있다.

9	삽시정저 (揷匙正箸)	조상의 음식드심	(제주) 술주전자를 들고 남자조상의 잔과 여자조상의 잔에 술을 가득 따른다. (제주부인) 메(밥) 뚜껑을 열고 숟가락을 메 한가운데 꽂는다(현대에는 초헌시 한다). (제주부인) 젓가락은 손잡이가 서쪽으로 향하게 놓는다. (제주/제주부인) 같이 두 번 절한다.	좌측부터 조부, 조모 순으로 메 그릇의 뚜껑을 열고 숟가락을 밥 위의 중앙에 꽂는 의식이다. 이때 수저 바닥(안쪽)이 동쪽으로 가게 한다. 젓가락은 시접 위에 손잡이가 왼쪽을 보게 놓는다. 제주는 두 번, 주부는 네 번 절한다(현대에는 초헌 후에 4번과 5번의 사이에 한다).
10	합문 (闔門)	조상의 음식드심		영위(靈位)께서 식사하는 시간을 갖게 하는 의식이다. 참사자가 모두 잠시 밖으로 나가고 문을 닫고 몇 분 동안 조용히 기다린다. 대청마루에 제상을 차렸으면 뜰 아래로 내려가 읍(揖, 상견례 때 하는 절)한 자세로 잠시 기다린다. 단칸방의 경우 제자리에 엎드려서 몇 분 동안 있다가 일어선다.
11	계문 (啓門)	조상의 음식드심		계문이란 문을 여는 것을 말한다. 축관(祝官)이 세 번 헛기침을 한 후 방문을 열고 들어가면 참사자가 모두 뒤따라 들어간다.
12	헌다 (獻茶)	조상의 음식	예전에는 식사권유 후 조상께서 편히 식사를 하시라는 의미로 문 밖에 나가 잠시 기다린다	헌다란 차를 올린다는 뜻이다. 갱(국그릇)을 내리고 숭늉을 올려 숟가락으로 메를 세 번 떠서 숭늉에 말고 수저를 숭늉 그릇에 놓는다. 이때

		드심	음 숭늉을 올렸다. 요즘은 집 구조상 참사자들이 잠시 무릎을 끓고 대기한 후 숭늉을 올리기도 한다. (제주) 국을 물리고 숭늉을 올린다. (제주) 밥을 숭늉에 세 숟가락 말아 놓고 젓가락을 고른다.	참사자 모두 읍한 자세로 잠시 동안 끓어 앉아 있다가 제주의 기침소리를 따라 고개를 든다.
13	철시복반(撤匙復飯)	조상을 보내드림		철시복반이란 숭늉그릇에 놓인 수저를 거둔 다음 메 그릇에 뚜껑을 닫는 것을 말하는데 철시복반(撤匙復飯) 때는 제사(祭祀)도 종반으로 접어들어 이미 끝날 때가 되어가며 제주나 참사자들은 사신(辭神) 맞을 준비를 하여야 한다.
14	사신(辭神)	조상을 보내드림	(전원) 제사 참사사 모두 합동으로 두 번 절한다.	고인의 영혼을 전송하는 절차로서 참사자가 신위 앞에 두 번 절한 뒤 지방과 축문을 향로 위에서 불사른다. 지방은 축관이 모셔 내온다. 신주는 사당으로 모신다. 이로써 제사를 올리는 의식 절차는 모두 끝난다.
15	철상(撤床)	조상을 보내드림	(제주) 향 앞에서 지방과 축문을 소각하여 재는 향로에 담는다. 안쪽에 있는 음식부터 차례로 음식을 내린다.	철상(撤床)이란 제사(祭祀)가 다 끝나고 모든 제수를 물리는 것을 말한 것이다. 제수는 여러 가지 음식을 말하는데 제수를 거둘 때는 뒤쪽에서부터 순서적으로 거두며 제주를 비롯하여 참사자들은 음복(飮福)에 들어간다.
16	음	조		참사자가 한자리에 앉아 제

복 (飮 福)	상을 보내 드림		수를 나누어 먹는데 이를 음복이라 한다. 음복을 끝내기 전에는 제복을 벗거나 담배를 피워서는 안된다.

제2장

현대식 제례

1. 현대식 제례는?

1999년 8월 31일 '가정의례준칙'은 폐지하고 '건전가정의례준칙'을 공포했다. '가정의례준칙'이 규제 중심이었다면 '건전가정의례준칙'은 자율적인 정착에 역점을 두고 있다고 볼 수 있다.

대부분 가정에서는 '가정의례준칙'의 영향으로 혈육의 정을 느낄 수 있는 부모와 조부모, 그리고 배우자만 기제사를 모시고 그 위의 조상들은 묘제로 모시고 있다. 기제사는 조부모, 부모 2대 봉사를 원칙으로 하고 묘사의 봉사범위도 2대까지로 하는 것이 좋다.

제사음식은 간소하게 고인이 생전에 좋아하던 음식으로 간단하게 차린다. 차리는 방법은 전통진설법에 유의하여 각 가풍에 따라 다르게 진열하거나 특이한 가정의 음식을 진설해도 무방하다.

한식과 추석 때 산소에 찾아가 음식을 차려놓고 제사를 지내는 묘제는 각자의 편의대로 하되 한 잔만 올리는 절차에 구애 받지 말고 잔을 올리고 싶은 가족은 모두 올리는 것이 좋다. 모든 절차는 각 가정의 풍습대로 하는 것이 좋으며 제사에 임하는 자세가 경건하고 정성스러우면 충분하다.

개정된 '건전가정의례준칙'은 너무 간소하게 되어 있어 현실과 동떨어진 부분이 있다. 향교 등에서 현대식 제례 순서를 만들었는데 그것을 소개하면 다음과 같다.

1) 신위봉안

제상 위에 흰 종이를 깔고 제수를 진설한 뒤 지방을 써서 붙인다. 제주가 분향하고 모사에 술을 부은 뒤 제주와 참석자가 일제히 신위 앞에 두 번 절한다.

2) 첫잔 올림

첫 술잔을 올리는 철차다. 술잔을 채워 두 손으로 받들고 향불 위를 거쳐 밥그릇과 국그릇 사이 앞 쪽에 놓는다. 집사 없이 제주 혼자서 해도 무방하다. 잔을 올린 뒤 두 번 절한다.

3) 축문 읽기

제주는 축문을 읽고 두 번 절한다. 축문을 읽는 동안 다른 참석자들은 모두 꿇어앉아 머리를 약간 숙이고 경건한 마음으로 듣는다.

4) 두 번째 술잔 올리기

축문 읽기가 끝나면 주부가 두 번째 술잔을 올리고 네 번 절한다.

5) 밥에 숟가락 꽂기

제수를 많이 드시라고 비는 의미로 숟가락을 밥에 꽂고 모든 참석자가 고개를 숙여 묵념한다.

6) 숭늉으로 국 바꾸기

숭늉(또는 냉수)을 국과 바꾸어 놓고 수저로 밥을 조금씩 세 번 떠서 물에 만 다음 수저를 물그릇에 가지런히 놓고 잠시 존경의 뜻으로 몸을 굽히고 서 있다가 일어난다.

7) 작별 인사

참사자 일동이 일제히 신위 앞에 큰절을 올린다. 안녕히 가시라는 작별의 인사를 드리는 것이다.

8) 상을 물림

지방을 거두어 축문과 함께 불사르고 상을 물린다.

9) 음식 나눔

참사자들이 제사 음식을 나누어 먹는다. 음복을 함으로써 조상의 복을 받는다는 속신이 있다.

2, 오늘날 제사의 의의

옛날에는 제사가 형식에 치우쳐 낭비적인 요소가 많았다. 자손들이 대부분 흩어져 살 수 밖에 없게 된 오늘날 새로운 각도에서 제사의 의미를 살펴볼 필요가 있다.

제사란 조상에 대한 후손들의 공경심과 효심을 나타내는 의식이다. 따라서 자라나는 자손들에게는 자신의 근본을 깨닫게 할 수 있으므로 그 의미는 여전히 존중되어야 마땅하다. 현재의 나를 있게 해준 조상들에게 정성껏 예를 올리는 것은 자손의 당연한 도리이지 미신적인 차원에서 냉대 받거나, 안 좋게 생각할 일이 아니다. 그러나 지나친 형식과 복잡한 절차를 따르는 것은 지양해야 할 것이다.

제사의 참 의미를 새기고 현대에 맞는 의식 절차에 따라야 할 것이다.

1) 한글 지방과 축

묘제, 위령제, 추도식과 한식 절사(節祀)에는 지방을 쓰지 않으나, 기제와 설, 추석에 지내는 차례에는 지방이 있어야한다. 집에서 제사를 지내는데 지방이 없으면, 누구에게 제사를 지내는지 그 대상을 알 수 없기 때문이다.

오늘날 지방은 고례에 의한 한문으로 쓴 지방을 쓰고 있는데, '건전가정의례준칙'에는 한글로 지방을 쓴다고 되어있다. 한글 세대가 많아진 요즈음 어린 후손들에게 제사의의의와 제사 참례의 참뜻을 전승시키려면, 보고 해득할 수있는 한글 지방이 좋을 것이다.

○ 한글식 지방 쓰는 법

아버님 신위	어머님 신안주씨 신위	부군 신위	망실홍천용씨 신위	선조여러어른 신위	할아버님 전주이씨 신위 / 할머님 밀양박씨 신위
아버지	어머니	남편	아내	절사(節祀)	합사

요사이는 지방을 쓰지 않고 사진이나 초상화를 모시고제사를 지내는 경향이 날로 늘어나고 있다. 이렇게 시대의흐름에 따라 풍속도 바뀌듯이, 한글 세대에게 무슨 뜻인지도 알 수 없는 한자 축문을 그대로 쓰라고 고집할 수 만은없는 것이다.

각 가정에서는 이러한 점을 고려하여 어떻게 할 것인가를 결정해야 한다. 다음은 한글로 쓴 축문이다. 다른 대상의 축문도 아래 것을 보기로 해서 쓰면 될 것이다.

○ 부(父), 조(祖) 기제 축문 쓰는 법(한글식)

```
00년 0월 0일
아버지(또는 할아버님) 신위 전에 삼가 고합니다.
아버님(또는 할아버님)께서 별세하시던 날을 다시
돌아오오니 추모의 정을 금할 수 없습니다.
이에 간소한 제수를 드리오니 강림하시어 흠향하소서
```

○ 아내의 기제 축문 쓰는법(한글식)

```
00년 0월 0일
남편 00는 당신의 신위 앞에 고합니다.
당신이 별세하던 날을 당하니 옛 생각을 금할길없습니다.
간소한 제수를 드리니 흠향하소서.
```

3. 제수와 진설의 방법

1) 제수

제수는 간소하게 차리되 일상 반산 음식에 몇 가지를 더 장만하고 고인이 생시에 좋아하던 음식을 곁들이면 더욱 좋다.

2) 진설

진설방법은 지방마다 가풍 따라 다르나, 대개의 방법은

다음과 같다. 지방을 제일 앞에 모신다.

최근에는 한글 지방을 많이 쓰고 있으며 지방을 많이 쓰고 있으며 지방을 쓰지 않고 사진이나 초상화를 모시고 제사를 지내기도 한다. 이를 기준으로 첫 줄에 메, 술잔, 국을 올린다. 둘째 줄에 채소, 간장, 김치 셋째 줄에 어류 찌개, 육류, 넷째 줄에 과일을 나란히 놓는다.

○ 가정의례준칙에 따른 진설도(제찬도)

한 분을 모실 때 차리는 제사상   부 분을 모실 때 차리는 제사상

○ 경기도 지방 제찬도(진설도)

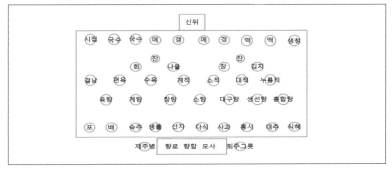

○ 강원도 지역의 제찬도(진설도)

강원도 지역의 제찬도 (진설도)

○ ≪주자가례≫제찬도

주자가례 제찬도(진설도)

○ 율곡의 ≪격명요결≫ 제찬도(진설도)

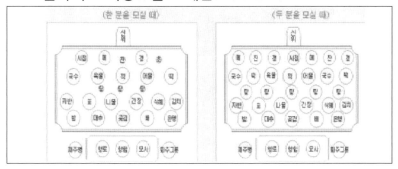

제3장

종교식 제례

1. 기독교식 추도식

기독교에서는 제사를 지내지 않는다. 제사를 지내지 않는다는 것은 죽은 이를 추모하지 않는다는 의미가 아니라 죽은 이를 신격화하여 숭배하지 않는다는 의미이다. 기독교에서 신은 오직 한 분밖에 없기 때문이다.

기일을 맞으면 가족 및 친지가 모여 추도식을 한다. 추도예배는 제주로부터 2대조까지의 고인을 기리는 예배이며, 매년 사망한 날 제주의 가정에서 드린다. 주례로는 목사를 모시거나 장로나 집사가 대행하기도 한다.

1) 준비

① 고인의 사진이 있으면 놓고 촛불이나 꽃으로 장식한다.

② 복장은 검소하고 단정해야 하며 화려한 것을 금한다.

③ 가족들은 둘러앉고 예배인도자는 상 옆에 앉거나 서서 인도한다.

④ 예배인도는 교역자를 모시는 것이 좋으나 가족대표가 해도 된다.

2) 예식사

"이제부터 고 000님의 추도예배를 드리겠습니다."

3) 묵도

"다같이 머리 숙여 고인을 생각하면서 예배를 준비하겠습니다"(인도자는 다음 성구를 선택하여 차분하게 읽는다: 시90:1-10).

4) 찬송

다음 중 한 장을 택하여 부른다: 539. 541. 543. 544장

5) 기도

"살아 계신 하나님, 오늘은 고 000님을 기억하고자 저희들이 이곳에 모였사오니 긍휼히 여기사 주님의 위로와 하늘의 평강으로 채워 주시기를 기도합니다. 사랑의 하나님, 그 동안 저희들의 모든 허물과 죄를 용서하여 주옵시고, 육신의 부모님께, 형제에게 잘못한 것이 많았음을 고백하오니 용서하여 주시옵소서. 저희들로 하여금 세상의 모든 일과 현재의 형편만 생각하여 슬퍼하지 말게 하시고, 하늘의 영원한 소망을 갖고 평안한 마음을 갖게 하여 주옵소서. 우리 모든 가족이 주 앞에 돌아와서 믿음을 갖게 하시고, 굳센 신앙으로 살게 하옵소서. 이 시간 모든 절차를 주님께 맡기오니 성령께서 친히 인도하여 주옵소서. 예수님의 이름을 기도드립니다. 아멘"

6) 성경

같이 교독하여 읽어도 좋고 혼자 봉독해도 좋다. 다음의 성구를 택하여 봉독한다: 고린도전서15:12-19, 잠언 3:1-10, 누가복음16:19-31

7) 설교 혹은 위로의 말씀

"앞서 가신 고 000이 우리에게 바라시는 뜻이 있다면 거룩한 유산을 후손들에게 물려주는 일일 것입니다. 거룩한 유산이란 사랑을 먼저 들 수 있습니다. 사람은 빵으로만 살 수 없고 옷만으로도 살 수 없습니다. 사람은 사랑을 먹어야

합니다. 그리스도께서 우리를 사랑하여 자신의 몸도 아낌없이 주셨듯이, 우리도 가족을 위해서라면 서로의 위치에서 사랑하고 희생해야 할 것입니다. 가족 뿐 아니라 이웃에게 사랑을 베풀면서 평안을 같이 나누어야 합니다.

거룩한 유산이란, 또한 깨끗하고 정직함의 유산을 말합니다. 요한 계시록 22장 12절에 "각 사람에게 그의 일한대로 갚아 주리라"고 기록하고 있습니다. 정직한 행실과 부정한 행실은 하나님이 구별하셔서 심판하시며, 그에 따라 상과 벌이 있음을 알아야 합니다. 세상이 점점 타락되고 부패하여 가는 이때에 우리는 거룩한 유산을 귀히 여길 수 있어야 합니다. 효도하는 가정, 하나님을 잘 섬기는 가정, 사랑으로 화목한 가정을 만들어 조상들이 기뻐할 수 있는 가정, 이웃들이 부러워할 수 있는 가정, 모든 가족이 기쁨으로 감사하는 가정이 될 수 있기를 바랍니다.

오늘 추도일을 통하여 온 가족이 하나되며, 서로의 형편과 사정을 위해서 기도할 수 있는 기회가 되며, 서로 사랑하며, 세계를 향하여 사랑을 베풀 수 있는, 거룩한 유산이 풍요로울 수 있는 가정이 될 수 있기를 바랍니다.

8) 찬송

다음 중 한 장을 택하여 부른다: 293. 433. 434. 545장

9) 추모의 기도

"거룩하신 하나님, 우리들은 눈 앞에 보이는 것만 보고 미래를 볼 줄 모르는 어리석은 인간입니다. 그러나 영원한 나라가 있음을 믿게 하여 주시고, 하늘에 소망을 두고 살게

하여 주시옵소서. 영원한 소망을 두고 항상 이 세상 속에서 어떤 어려움을 만나도 극복할 수 있는 믿음의 용기를 주시옵소서. 우리들이 흩어져 살더라도 믿음으로 하나되게 하시고, 주의 은혜와 축복 속에 살게 하여 주시옵소서. 예수님의 이름으로 기도 드립니다. 아멘"

10) 주기도문

○ 추모예배

추모예배란 제주로 부터 지계 조상을 기리는 예배이며 매년 중추절에 종손의 집에서 드린다.

○ 차례예배

차례는 제주로 부터 2대조까지의 고인을 기리는 예배이며 매년 1월1일에 제주의 가정예배를 드린다. 예식사→묵상기도→찬송→성경교독→추모기도→성경봉독→추모사→찬송→귀영→찬송→주기도문의 순서로 이어진다.

○ 영결식순

개식사→찬송→기도→성경봉독→시편낭독→기도→양력보고→목사의설교→주기도문→출관기도문의 순서이다.

○ 하관식순

기도→성경낭독→산고(상제들이 흙을 집어 관에 던지고 목사는 하나님께로부터 왔다가 다시 돌아감을 선언한다)→

기도→주기도문→축도

2. 천주교식 미사

천주교식 미사는 기독교 미사와 다르다. 기일이 돌아오면 사망일에 맞추어 온 가족이 성당에서 위령미사를 올리는 것이 원칙이다. 가족뿐 아니라 가까운 일가친척 및 교인들에게도 연락하여 미사에 참례할 수 있도록 한다. 또한 사제를 집으로 초빙하여 집에서 전통제사 형식으로 추도미사를 거행할 수도 있다.

행사가 끝나면 사제와 참석자들에게 감사의 인사를 드려야 하며, 미사에 따른 봉헌 예물을 바쳐야 하는데 이는 일종의 제물이다. 천주교에서 행하는 미사는 예수의 "최후의 만찬"을 본받아서 진행하는 성제이다. 이 미사는 천주교 최대의 성찬의식으로 천주를 찬미하고 속죄를 원하며 은총을 기도하는 일종으로 제사라 할 수 있다.

천주교에서는 장례를 치른 날로부터 3일, 7일, 30일째 되는 날에 연미사를 드린다. 또 첫 기일이 되면 연미사를 드리며 온 가족이 다 같이 고해성사와 성체성사를 받도록 권한다. 추도 미사에 참례하는 사람들에게 간소한 음식을 대접하기도 한다. 천주교에서는 11월2일이 일종의 묘제에 해당되는 날인데 이는 연옥에 있는 모든 영혼을 위하여 올리는 미사로 추사이망첨례라 하여 교우들이 단체로 묘지를 찾아가고 고인의 영혼을 위하여 기도드리는 의식이다.

과거에 천주교회에서는 제사나 차례를 지내는 것이 조상숭배라 하여 금지시켰으나, 현재는 신앙의 본질을 준수하는 전제하에 전통적인 제사를 허용하고 있는데 다음의 점을 강조하고 있다.

– 조상의 영혼을 하느님과 같이 숭배 할 수는 없다.

– 길흉화복은 조상의 영혼이 주관하는 것이 아니다. 하느님의 자비하심에 죽은 이를 맡기고 바치는 것은 위령미사와 기도로 충분하지만 풍습상 가문에 따라 제사를 지내야 할 경우에는 아침에 성당에서 미사성제를 드리고, 저녁에 집에서 추도미사(제사)를 올린다.

– 제사를 올릴 때에는 목욕재개 후 정장을 하며 고백성사로 마음을 깨끗이 한다.

– 제사상 차림은 평소에 고인이 좋아하던 음식을 위주로 정성껏 차리되 형식을 고집하지 않는다.

– 촛불을 피우고 꽃을 놓으며 향을 피우는 것도 허용된다.

– 벽에는 십자가상을 걸고 그 밑에 고인의 사진을 모시거나 이름을 써서 붙인다.

– 절차는 다음과 같은 순서로 행한다.

1) 성호경

2) 성가 : 성가집에서 하나를 선택하거나 고인이 즐겨 불렀던 성가를 부른다.

3) 성서봉독

4) 가장의 말씀 : 고인의 역사, 인품, 유언 등을 간단하게 말하고, 그분의 후손으로서 부끄럽지 않게 살아갈 것을

이야기 한다.

5) 위령문 봉헌 : 생전에 자신들을 위해 애쓰신 노고에 대해, 돌아가신 후에 소홀한 자신들의 잘못에 대해서 말씀을 드린다.

6) 침묵의 기도 : 위령문의 내용을 생각하면서 각자 마음속으로 고인에게 말씀을 올린다.

7) 분향 : 가장이 대표로 하거나, 참여자가 적으면 모두가 한다.

8) 배례 : 고인에 대한 존경의 표시로 일동이 함께 큰절을 한다.

9) 위령 기도

10) 성가

11) 주기도문

12) 식사 : 고인과 유족간의 '일치의 식사'이다. 고인의 유지에 대해 대화를 나누면서 가족간의 화목과 유대를 도모한다.

13) 식사 후 기도

14) 성호경 (상차림, 분향, 배례는 생략할 수 있다.)

3. 불교식 추도

불교에서는 고인의 명복을 비는 재로 49재와 백일재가 있고, 소기와 대기를 맞이하거나 고인의 생일을 맞이하면 재를 올린다. 위패를 절에 모실 경우, 유가족이 어떤 사정에 의해서 참석하지 못해도 절에서 기일과 생일에 맞추어 재를 올려준다.

추도식의 절차는 주례 스님의 개식 선언 - 불법승 삼보에 귀의하는 의식 거행 - 반야심경 독송 - 고인 약력 소개와 추도문 낭독 - 주례 스님의 추도사 - 내빈 위로사 - 유족 분향과 참석자 분향 - 답사 - 폐식 순서로 진행한다.

불교에서는 소기(小基 : 장례 후 1년)와 대기(大基 : 장례 후 2년)를 맞거나 죽은 이의 생일날에 절을 찾아가 추도 의식을 갖는다.

1) 개식 -주례승의 개식 선언으로 추도식을 시작한다.

2) 삼귀의례(三歸儀禮) - 불, 법, 승의 삼보(三寶)에 귀의한다는 의식이다.

3) 독경(讀經) - 반야심경을 법주가 읽는다.

4) 묵도 - 참석자 일동이 입정(入定)하여 드린다.

5) 추도문 낭독 - 죽은 이의 약력보고를 함께 하기도 한다.

6) 추도사 - 법주가 하는 것으로 추도와 위안을 겸한다.

7) 감상(感想) - 내빈 중 대표자가 가족에 대한 위로의 말을 한다.

8) 분향 - 유족이 먼저 하고 다음에는 참가자가 분향한다.

9) 답사 - 내빈의 감사에 대한 답례로 제주가 한다.

10) 폐식 - 개식을 선언한 사회자가 한다.

4. 일반 추도식

제사는 원칙적으로 집안끼리 모여서 지내는 것이지만, 고인이 사회적으로 덕망이 높거나 공익에 이바지한 바가 클 때에는 고인을 위하여 친척, 친지, 고인을 평소에 따르던 사람, 단체 등에서 발기하여 추도식을 한다. 추도식에 참석한 사람은 각기 분향 배례한 다음 유가족에게 인사하고 자리로 물러간다. 모두 정중하고 엄숙하게 하며 옷차림도 검정색이 좋다. 장소는 보통 강당, 묘소 앞에서 하는데, 일반 제사와는 달리 제수는 차리지 않는다.

1) 개식 : 사회자의 선언으로 시작한다.

2) 묵념 : 고인에 대한 추모의 묵념을 한다. 묘소 앞일 때는 배례(拜禮)하기도 한다.

3) 약력보고 : 고인의 업적을 보고한다.

4) 추도사 : 고인을 추모하는 말씀으로 생전에 고인과 친분이 두터웠던 사람이 한다.

5) 분향 : 참례한 사람 모두 한다. 참례자가 많을 때는 줄을 지어 분향하고, 이때 악단은 주악(奏樂)을 연주한다.

6) 폐식 : 모든 참례자들이 분향을 끝낸 후 사회자의 선언으로 추도식을 마친다.

5. 합동 위령제

위령제는 죽은 이의 영혼을 위로하는 제사이다. 대체로 전쟁이나 천재지변 또는 사고로 인해 많은 생명이 희생되었을 때 합동으로 위령제를 지내는 경우도 있다. 최근에는 합동으로 추모하는 제사를 위령제라고 하는 경우가 많다. 이 합동 제단에는 고인들의 사진 또는 지방과 향로를 마련하고 있다. 위령제는 개회사 – 묵념 – 위령사 낭독 – 추도가 – 분향 – 폐식의 순으로 진행된다.

의식은 집전하는 측의 성분에 따라 위령제의 성향이 다소 달라질 수도 있다. 즉, 유교식이면 전을 차려야 하고, 기독교식이면 성경낭독과 찬송을 한다. 또한 천주교식이면 연미사를 올려야 하고, 불교식이면 스님 주도 아래 진행한다.

의식의 진행은 대개 비슷한데 이와 비슷한 의식으로 순국열사제전 의례가 있다. 이 의례는 문교부가 제정한 것이며, 의례는 제례 거행 선언 – 주악 – 일동경례 – 약력보고 – 추모사 – 분향헌작 – 일동 경례 – 주악 – 예필선언의 순서로 진행된다. 이 때의 신위는 사진, 영전 또는 신주, 지방으로 한다. 제사상은 서서 경례, 분향을 할 수 있도록 높게 마련한다. 제물은 건포를 원칙으로 하며, 복장은 집사 집례단 제복을 원칙으로 한다. 단, 도포, 유건을 할 수도 있다. 이 제식은 일반적인 제례양식이 유교식임에 비추어 어떠한 제례에도 공통적으로 사용할 수 있게 한 점이 특징이라고 할 수 있다.

그 밖에도 추넘제라는 것이 있는데, 그 절차와 의식은 추도식과 크게 다르지 않다. 단, 주안점이 고인의 행적을 회고하는 데 있다고 하겠다. 그러므로 이 추넘제 의식은 고인의 약력보고 및 추넘사에 가장 큰 비중을 두어야 한다. 위

령제나 추도식의 경우 분향, 헌작의 의식에서 상당한 혼란
을 일으키는 예가 가끔 있다. 혼잡을 피하기 위해서 분향,
헌작 의식은 꼭 필요한 연고자 외에는 될 수 있는 한 삼가
는 편이 좋다. 대표자 몇 정도로 제한하여 시간도 절약하는
게 좋다.

제5부.

기타

제1장

수연(壽宴)

　수연(壽宴)은 장수를 축하하는 잔치인데, 보통 환갑잔치를 가리킨다. 따라서 잔치라는 말 앞에 축(祝)이란 말이 들어가면 어색하다. 따라서 장수(長壽)하는 것을 축하할 때는 축수연(祝壽宴)이 아니라 축수(祝壽)라고 하는 것이 맞다.

　우리나라에는 수연(壽宴)이란 풍습이 있다. 부모의 육순(六旬, 만 60세), 진갑(進甲, 61세), 칠순(七旬, 70세), 팔순(八旬, 80세) 등의 생일날에 자식들은 친척과 친지들을 초대하여 잔치를 베푼다. 그리고 부모의 은혜를 기리고, 더욱 장수하길 바라는 의미에서 큰상을 차려드리면서 장남부터 친척들과 하객들의 순서대로 헌수(獻壽)를 한다.

　육순은 60년 만에 간지(干支)가 돌아온다는 뜻으로 환갑(還甲) 또는 회갑(回甲) 그리고 열 십(十)자가 여섯 번 들어 있다는 의미에서 화갑(華甲)이라고도 한다. 칠순은 고희(古稀), 희연(稀宴), 망팔(望八, 팔십을 바란다)이라고도 한다. 고희는 중국 당나라 시인 두보(杜甫)가 '곡강(曲江)'이라는 시에서 '예부터 사람은 일흔까지 살기 힘들다(人生七十古來稀)라는 구절에서 나왔다. 일부에서는 66세를 미수(美壽), 77세를 희수(喜壽), 88세를 미수(米壽), 99세를 백수(白壽)라고 칭한다. 이것은 일종의 파자(破字)로 '아름다울 미(美)'를 파자하면 '六＋六'이 되어 66세, '기쁠 희(喜)'를 초서로 쓰면 '七＋七'이 되어 77세, '쌀 미(米)'를 파자하면 '八＋八'이 되어 88세, '흰 백(白)'은 '일백 백

(百)'에서 '한 일(一)'을 빼면 99가 되어 99세로 각각 쓰는 것이다. 이것들 모두는 파자의 원리를 응용한 것으로서 장수를 좋아하는 일본식 조어를 그대로 들여와 쓰는 것이라고 하겠다.

육순, 칠순, 팔순 등의 생일날에 올리는 큰상 차림은 다식(흑임자, 송화, 녹말 등), 건과(대추, 호도, 은행 등), 생과(사과, 배, 밤, 감 등), 정과(청매, 연근, 모과, 생강, 유자 등), 유과(약과, 강정, 빈사과 등), 편(흰떡, 꿀떡, 찰떡 등), 당속(팔보당, 졸병, 옥춘당 등), 포(어포, 육포, 건적포 등), 적(쇠고기 적, 닭고기 적, 화양 적 등), 전(생선적, 갈납, 고기전), 초(전복초) 등을 다섯 치나 한 자 높이로 괸다. 그리고 별도로 곁상을 차려서 면, 신선로, 편육, 식혜, 나박김치, 초간장, 화채, 구이, 편청 등을 차례로 놓아둔다. 이러한 상차림은 집안의 형편과 가풍 그리고 지방에 따라 달라진다.

1. 회갑(回甲)

사람이 세상에 태어나 61세가 되는 해를 회갑년(回甲年)이라고 하며, 그해 생일을 '회갑(回甲)', '환갑(還甲)', 또는 '화갑(華甲)'이라고도 한다. 간지(干支)가 60년 만에 1바퀴를 돌아온다는 뜻에서 유래된 말로 이는 자기가 태어난 해로 돌아왔다는 뜻이다. 육순은 60년 만에 간지(干支)가 돌아온다는 뜻으로 환갑(還甲) 또는 회갑(回甲) 그리고 열

십(十)자가 여섯 번 들어 있다는 의미에서 화갑(華甲)이라고도 한다.

수연을 차리기 시작한 것은 조선조 후반기로 중국에서는 본래 회갑이니 환갑이니 하는 말조차 없었고, 다만 기로(耆老)니 기모니 하여 60~70세가 된 노인을 존경한 일밖에 없었다. 그러던 것이 우리나라에서는 임진, 병자 등의 난리를 겪은 뒤에 세상이 자못 태평해지자 언제부터인가 회갑 잔치가 성행하기 시작했는데 이것은 아마 숙경(肅景) 때 이후의 일로 추정된다.

회갑에는 회갑 잔치라 해서 자손들이 큰 잔치를 베푼다. 요즘에는 의학 등의 발달로 60대라 해도 고령으로 볼 수 없게 되었지만 과거에는 살아서 회갑을 맞는 것을 큰 복으로 여겼다. 때문에 회갑날부터는 남의 나이를 먹는다거나 세상을 두 번 산다고도 말하고, 회갑 잔치를 산〔生〕제사를 지낸다고 말하기도 하며, 제사상과 다름없는 많은 음식을 회갑상 위에 진설하고 축배를 드리고 즐겁게 해드린다.

회갑례는 먼저 장성한 자녀들이 큰 잔칫상을 차려놓고 부모님에게 폐백을 드린다. 이후 술 한 잔씩을 올리면서 절을 하고 부모님의 무병장수를 기원하는 과정으로 진행된다. 자녀들의 축수 과정이 끝나면 회갑 잔치에 모인 일가친척이나 이웃, 친구들도 역시 잔을 올리며 축하의 덕담을 주고받는다.

이 날에는 일가친척, 이웃, 친구들을 초청하여 잔치를 베푼다. 그러나 오늘날에는 평균 수명의 증가로 인해 회갑의 의미가 퇴색되어 잔치를 하는 대신에 효도 관광을 보내드리거나 가족끼리 조촐하게 식사를 하는 정도로 약화되었다. 저명한 인사의 경우에는 발기를 통해 기념 사업을 벌이기도 한다.

○ 회갑연 이외의 장수 잔치
육순(六旬) : 우리나라 나이로 60세가 되는 생일에 베푸는 잔치
진갑(進甲) : 회갑 이듬해 즉 62세에 베푸는 잔치
칠순(七旬) : 70세에 베푸는 잔치
희수(喜壽) : 77세에 베푸는 잔치
팔순(八旬) : 80세에 베푸는 잔치
미수(米壽) : 88세에 베푸는 잔치
백수(白壽) : 99세에 베푸는 잔치
회혼례(回婚禮) : 결혼 60주년에 베푸는 잔치
※ 현재 치러지는 장수 잔치의 종류이지만 이중 일부는 일본 문화의 잔재로 보인다.

○ 육순, 진갑, 회갑, 환갑, 古稀 등의 나이는?
육순(六旬) : 60세
환갑(還甲) : 61세(만 60세)되는 해 생일
진갑(進甲) : 환갑 다음 해인 62세 때의 생일
고희(古稀) : 70세
팔순(八旬) : 80세

구순(九旬) : 90세

망백(望白) : 91세

2. 헌수(獻壽)

환갑 등 잔치에서 술잔을 올리는 것으로 달리 상수(上壽), 칭상(稱觴)이라고도 한다. 생일잔치는 물론이지만 특히 환갑(還甲: 61세), 칠순(七旬: 70세), 미수(米壽: 88세), 백수(白壽: 99세) 등 특별한 장수(長壽)를 축하하는 잔치에서 더욱더 무병장수하기를 비는 뜻으로 당사자에게 술잔을 올리는 것을 말한다.

큰 상을 차리고 장남부터 차례로 술잔을 올리고 절을 한다. 그 다음으로 출가한 딸 내외, 친척, 손님들이 축배를 올리거나 축사를 한다. 만약 당사자의 부모가 생존해 계시면 먼저 부모에게 술잔을 올리고 절을 한 다음 자리에 앉아 절을 받고 헌수를 받는다. 큰 상을 차릴 형편이 되지 못한다면 한 자리에 모시고 먼저 술잔을 올린 다음 그 옆에 앉아 헌수를 받는다. 때로는 한자리에 같이 앉아 헌수를 받기도 한다.

헌수를 받는 잔치의 주인은 과거와 현대가 많이 달라졌는데 과거에는 사모관대, 나삼족두리 등을 착용하고 그의 부모나 조부모 중 생존하신 분에게는 색동옷을 해드렸으나 최근에는 모두 예복을 해 드리지만 과거와 비교해 소박한 색이다. 과거 잔치는 가택에서 하였으나 요즈음은 식장을 많이 사용하고 회관, 절, 교회 등도 사용이 가능하다.

○ 회갑 때나 제사 때 절은 몇 번 해야 되는지?
공히 남자는 再拜, 여자는 四拜를 한다. 즉 이 절의 횟수
는 음양의 이치에 의해 구별되는 것이다. 남자는 陽이기 때
문에 최소 陽數인 한 번, 여자는 陰이기 때문에 최소 두 번
이 기본 횟수인 것이다. 그러나 집안의 큰 의식행사인 관혼
상제 때, 수연례 때는 기본 횟수의 배를 하는 것이다. 그래
서 회갑 때나 제사 때 남자는 再拜, 여자는 四拜를 하는 것
이다.

3. 상 차리기

가정 형편에 맞게 차리는 것이 중요하다. 수연상의 높이
는 다섯 치나 한 자 정도로 높이를 조정하여 차리며 큰 상
옆에 작은 상을 따로 만들어 면이나 나박김치 식혜 등을 차
린다.

수연상을 차리는 법은 지방이나 가문에 따라 어느 정도
차이가 있으나, 맨 앞줄에 과실류와 과자를 놓는 것은 기본
이다. 고임상에는 높일 품목과 칫수를 고려한 후 숙수를 청
하여 고임을 맡긴다. 회갑상은 큰 교자상에 고임을 차릴 고
배상과 음식을 드실 수 있는 입맷상으로 차린다. 차리는 가
짓수는 11품, 13품, 15품 등 홀수로 하며 높이는 5촌, 7
촌, 9촌, 1척1촌, 1척3촌 등 형편에 맞춘다. 고인을 담는

접시는 직경 15cm 정도의 평접시로 하여 겉에만 여러 가지 음식으로 색을 맞추거나 글자를 집어넣으면서 층층이 고인다. 편 위에 화전, 주악, 단자로 장식하고 과일은 대꼬치를 끼워 쓰러지지 않게 쌓는다. 포는 어포, 육포, 문어오림을 돌려가며 담고 상이 차려지면 자손들이 차례차례 헌주를 올리고 절을 하여 축하를 드리고 연회를 베푼다. 차림은 교자상 앞에 봉주상을 놓고 부모님 앞에는 입맷상을 놓고 고임은 교자상의 앞쪽으로 진 음식을, 가운데에 포, 편을, 맨 뒤에는 조과, 생과류를 놓는다.

○ 회갑상의 기본 음식
1) 건과 : 대추, 밤, 은행, 호도
2) 생과 : 사과, 배, 감, 귤
3) 다식 : 송화다식, 쌀다식, 녹말다식, 흑임자다식
4) 유과 : 약과, 강정, 매자과, 빈사과
5) 당속 : 팔보당, 졸병, 옥춘당, 꿀병
6) 편 : 백편, 꿀편, 찰편, 주악, 승검초떡, 팥시루떡
7) 포 : 어포, 육포, 건문어
8) 정과 : 청매정과, 연근정과, 산사정과, 생강정과, 유자정과
9) 적 : 쇠고기적, 닭적, 화양적
10) 전 : 생선전, 갈납, 고기전
11) 초 : 홍합초, 전복초
교자상에는 깨끗한 천이나 식탁보, 종이를 깔고 중앙에

는 꼿꼿이 장식이 좋다. 주식은 수연을 받는 자의 앞에, 후식은 멀리 놓고 상이 놓으면 후식을 내려놓는다. 영양과 풍미, 좋아하는 음식을 고려하여 차리고 과일은 나중에 차리며 고임접시는 날 곡식으로 채워 괴고 은행은 까서 볶고 대추는 쪄서 실백을 박고 실에 꿰어 쌓는다. 과일은 위아래를 칼로 따 쌓고 과자류는 백지를 붙여 쌓고 그릇의 수는 홀수로 하고 높이도 세 치, 다섯 치, 일곱 치 등으로 한다.

○ 회갑상의 곁상 음식

편육, 신선로, 식혜, 화채, 면, 나박김치, 구이, 초간장, 편청(꿀)

4. 초대

수연(壽宴)은 부모님께 해드리는 자식들의 효도잔치로써 60세에는 회갑잔치, 70세에는 고희 잔치, 80세에는 팔순 잔치를 해드린다. 수연에 초대하는 청첩은 주로 자식들의 이름으로 낸다. 사회적으로 명망이 있는 사람의 경우에는 제자와 후배 등이 발기인이 되어 초대장을 내기도 하고 축하연을 갖기도 한다.

초대장의 서식은 비교적 간단한 것이 좋으며 상대의 안부를 묻고 초대하는 사연, 장소, 날짜, 시간을 명기한다. 때로 약도를 넣기도 한다. 웃어른에게는 직접 찾아가 문안을 드리고 초청을 하는 것이 옳다.

○ 수연 청첩장 1

000선생님

삼가 아뢰옵니다.

선생님과 가내 여러분의 안녕을 기원드립니다.

다름 아니오라 이번에 저희 자식들이 아버님(어머님)의 환갑을 맞이하게 되었습니다. 그동안 저희들을 길러 주심에 많은 고생을 하셨는데, 평소 불효하였던 자식들이 죄를 용서해 주십사하고 조그마한 잔치를 열게 되었습니다.

여러 가지 바쁘실거라 짐작하오나 선생님을 반드시 모시고자 하오니, 부디 왕림해 주신다면 저희들이 잊지 못할 영광으로 생각하겠습니다.

년   월   일

아들 000

딸 000

때 : 0월 00일 오전(오후) 00 시

곳 : 00시 00동 00번지 (000 회관)

○ 수연 청첩장 2

000님께

삼가 아룁니다.

가내 두루 안녕하시고 건강하신지요?

이달 00일은 저의 아버님(어머님)의 회갑이옵기로 자식된 기쁨을 만분의 일이라도 나타내고자 하와 변변치 못하나 자리를 마련하였사오니 00일(요일) 오잔(오후) 00시까지 아버님 댁으로 왕림해 주시면 영광이겠습니다.

년   월   일

000 올림

○ 수연 청첩장 3

謹啓 時下 000(時候文句)에 高堂의 萬福하심을 頌祝하나이다. 就悚 來0月 0日은 家親(또는 慈親)의 就悚이오기로 子息된 기쁨을 萬分之一이라도 表 할까 하와 壽宴을 略說하옵고 貴下를 招請하오니 掃萬하시와 當日 上(下)午 00時에 鄙家로 枉臨하여 주신다면 다시 없는 榮光으로 생각하겠습니다.

년   월   일

000 兩拜

○ 수연 청첩장(4)

000貴下 아뢰올 말씀은 다름이 아니오라 오는 0월 00일이 000 선생님의 회갑일이온데 이날을 기념하기 위하여 저희 제자들이 소규모의 축연을 갖기로 하여 조촐하게 준비를 하였습니다. 아모쪼록 왕 림하여 주시기를 바라나이다. 　년　월　일 　000 　000 올림 때, 00월 00일 오전(오후) 00시 곳, 000호텔

5. 축하

수연이란 장수함을 축하하는 잔치를 말한다. 이를 보통 환갑 또는 회갑 잔치라고도 한다. 환갑이란 만 60세에 맞이하는 생일인데 이는 육갑(六甲)의 간지가 60년에 제자리로 돌아오는 데서 기인한 것이다.

환갑을 맞으면 슬하의 자녀들이 부모님에 대한 효행의 하나로서 일가친척들과 친지들을 초청하여 잔치를 베푸는 것이다.

수연을 축하하기 위해 돈으로 부조(扶助)하거나 기념이 될 만한 것을 선물하는데 보낼 때는 단자의 서식으로 써서 봉투에 넣어 보낸다.

단자를 쓴 종이를 접을 때는 문구와 상대방의 이름이 쓰여진 곳이 접히지 않도록 신경을 쓴다.

○ 단자 서식 1(자녀에게 보냄)

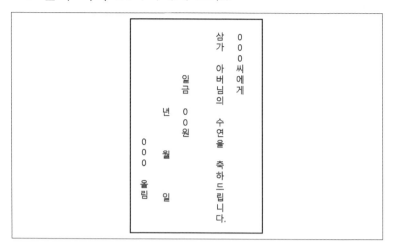

○ 단자 서식 2(자녀에게 보냄)

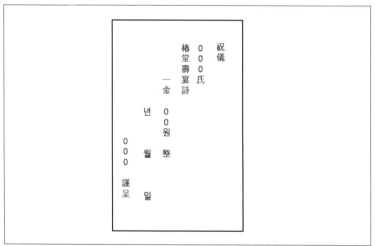

*춘당(椿堂)은 "당신의 어른"이라는 의미로 사용되는 바 상대의 부친을 존대하는 것이며, 자당(慈堂)은 상대의 어머니를 존대하는 말이다.

○ 단자 서식 3(당사자에게 보냄)

祝 壽宴

1. 00000원 혹은 物目

년   월   일

000 謹呈

000氏 尊下

○ 단자 서식 4(당사자에게 보냄)

000 선생님께

삼가 수연을 축하하나이다.

1. 00000원 혹은 物目

년   월   일

000 올림

○ 수연 축의 봉투 서식

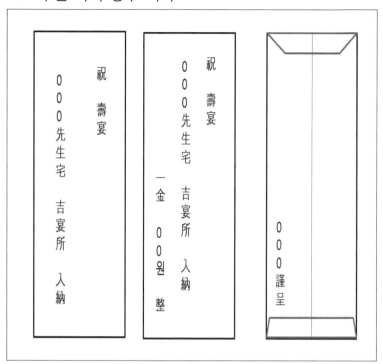

○ 수연 인사말

공사다망 바쁘신 와중에서도 이렇게 왕림하여 장인어른 회갑연을
빛내주심을 마음깊이 감사 드립니다. 워낙 자손들이 철이 없어 준
비하는둥 마는둥 조촐하게나마 대접하고자 하니 서운타 생각 되시
더라도 자손들의 허물로 여기시고 많이 많이 드시고 즐거운 시간
되시길 바랍니다.
송구한 마음을 대신하여 제가 술 한잔씩 올리겠으니 금준미주(金遵
美酒:금술잔의 아름다운 술)로 여기시어 기쁜 마음으로 드시면 고
맙겠습니다. 여기오신 모든 분께 감사의 큰절 올리겠습니다. 회갑
을 축하드립니다.

○ 수연 부조 봉투

환갑을 축하하나이다.
삼가 수연을 축하하오며 만수무강을 기원드립니다.
만수무강 하시기를 비옵니다.
수의(壽儀)
축 수연(祝 壽宴)
축연(祝宴)
축의(祝儀)
하의(賀儀)
경의(慶儀)
수의(壽儀)
축 희연(祝 禧宴)
축 환갑(祝 還甲)
축 수연(祝 壽筵)
축 회갑(축 回甲)

○ 수연 식순

1) 개식

2) 헌화 또는 예물 증정

3) 식사(式辭, 생략 가능)

4) 약력

5) 헌수와 풍악

6) 하사(賀詞)

7) 축사(생략 가능)

8) 축가

9) 송시(생략 가능)

10) 영창(詠唱)

11) 예사(禮詞)

12) 폐식

○ 수연 축사(예문)

오늘 저희 아버님(어머님)의 회갑연을 맞아 기쁜 마음 한량없으
며 여러 어르신들 앞에서 작으나마 잔치를 베풀게 되니 영광스럽
기 그지없습니다. 이렇게 기쁜 날 기뻐하지 않으면 언제 기뻐하
겠습니까?
예전에는 인생 육십이면 인명을 다한 것 같이 생각해 왔지만 저
희 아버님께서 회갑연을 맞았으니 이 어찌 하늘이 내리신 복이라
하지 않을 수 있겠습니까?
슬하에 000의 자녀와 000의 손주들 앞에서 기쁨의 잔치를 치르게
되니 더욱 기쁘기 그지없으며 아버님께서 건강하시고 가족 평화
스러우니 그 또한 하늘의 축복이라 생각합니다
부디 남은 여생동안 더욱 아름다운 모습을 저희 자손들에게 보여
주셔서 저희들이 본을 받아 귀감이 되어주실 것을 믿으며 참석하
여주신 어르신들에게 진심으로 감사의 말씀을 올리며 말을 마치
겠습니다

감사합니다

○ 축하장 서식

000형께
벌써 형의 부친께서 60년이란 긴 세월을 넘기시고 수연을 받으시
게 되었음을 진심으로 경축하고 마음 깊이 축하를 드립니다. 사랑
스러운 손자들에게 둘러 싸이셔서 예전과 같이 다시 동심으로 돌
아가 기뻐하시는 모습을 눈앞에서 뵙는 것과 같이 마음이 흐뭇합
니다.
이번에 꼭 참례하고 헌수를 드리는 것이 도리인줄 알고 있습니다
만, 부득이한 사정이 있사와 결례를 범하게 되었사오니 너그러운
마음으로 용서해 주시기를 부탁드립니다. 여기 경축의 뜻을 담아
소액을 동봉하오니 받아주시기 바라면서 이만 총총입니다.
　00년 00월 00일
000 드림

　먼 곳에 산다거나 부득이하게 참가하지 못할 때, 혹은 수
연의 초대를 받았음에도 참가하지 못할 때에는 미리 축하
의 편지를 보내기도 한다. 축하장은 당사자나 그 자녀에게

보내기도 하는데 만약 축하장을 보내오면 답례로 사례장을 보내는 것이 예의다.

○ 감사 인사

여러모로 부족한 사람의 개인적인 일에 이토록 신경 써 주심에 감사를 드립니다.
그저 앞을 바라보고 부지런히 달려오기는 했습니다만, 지나온 세월을 돌아보면 정작 할 일을 제대로 하지 못했다는 느낌만 들어 부끄러울 따름입니다.
이와 같음에도 불구하고 오늘 이렇게 많은 분들이 참석하시어서 분에 넘치는 칭찬과 축하를 해 주시니 그저 고맙고 감격스러울 따름입니다. 앞으로도 건강과 여건이 허락하는 대로 제 가족의 행복과 지역사회의 발전을 위해 헌신하고 여러 친우들과 친척들을 위해 일생을 바칠까 합니다. 앞으로도 변함없는 돌봄과 성원을 바랍니다.
공사다망하신 가운데 이렇게 찾아주시고 축하해 주셔서 정말 감사합니다.
고맙습니다.

제2장

기타
장수잔치

사람의 일생을 통틀어 경사스러운 날에 잔치를 벌이는 것이다. 자손들은 평소의 생일보다 크고 화려하게 잔치를 벌여 효도를 보인다.

1. 육순(六旬)

부모가 만 59세가 되면 육순이라 하여 예를 차리고, 만 60세가 되면 회갑(환갑)이라 하여 성대한 연회를 차려 드린다. 즉 회갑을 맞기 한 해 전의 생일 잔치를 육순잔치라고 한다. 평소의 생일잔치보다 상을 조금 더 크게 차려 혼례처럼 고배상, 망상(高排床, 望床)을 차리고 자손들은 헌주하고, 손님들에게 국수장국을 대접한다. 친구, 친지, 마을 사람, 이웃을 초대하여 부모를 즐겁게 해 드린다.

이때는 부모가 다 같이 임매상을 따로 받고 고배상을 차려 놓은 앞에서 절을 받게 된다. 음식은 음복한다 하여 헐어서 모두에게 나누어 싸준다. 차리는 음식으로는 다음과 같은 것을 괸다.

① 유밀과(油蜜果) : 약과, 만두과, 매작과, 다식과 등
② 강정 : 깨강정, 세반강정, 매화강정, 실백강정 등
③ 다식(茶食) : 흑임자다식, 송화다식, 밤다식, 녹말다식, 콩다식 등
④ 당속(糖屬) : 옥춘, 팔보당, 온당 등

⑤ 생실과(生實果) : 사과, 배, 감, 귤, 생률(밤) 등

⑥ 건과(乾果) : 대추, 호도, 은행, 실백, 곶감, 황률 등

⑦ 정과(正果) : 연근정과, 생강정과, 산사정과, 청매정과, 모과정과, 도라지정과

⑧ 편(片) : 백편, 꿀편, 승검초편, 단자, 주악, 화전 등

⑨ 어물(魚物) : 문어오림, 어포, 육포, 전복 등

⑩ 편육(片肉) : 양지머리편육, 제육, 족편 등

⑪ 초(炒) : 홍합초, 전복초 등

⑫ 적(炙) : 육적, 어적, 봉적(닭고기로 한 것)

2. 진갑

진갑은 만 60세를 넘기고 다시 한 살을 맞이했다는 것으로 만 61세를 의미한다. 옛날에는 명(命)이 짧아 60세를 넘기기가 힘들었다. 회갑을 치른 이듬해의 생일을 진갑이라 하는데 환갑처럼 성대한 잔치는 하지 않고 육순 때처럼 차린다. 진갑을 넘기면 70까지 무난하게 산다는 속설이 있었다.

3. 칠순(七旬)

고희(古稀)는 당나라 시인 두보(杜甫)의 시에 나오는 '인생 칠십 고래희(人生七十 古來稀)'라는 문구에서 유래하는 말로써, 옛날에는 70세가 되도록 사는 예가 그만큼 드물었

다. 그래서 자손들이 그 해의 생일에 잔치를 베풀고 장수를 축하했다. 이 칠순잔치를 희연(稀筵), 또는 망팔(望八)이라고도 한다. 잔치는 간략하게 하는데 최근에는 과거와 비교해 장수가 늘었고 환갑은 대부분 지나치므로 환갑을 차리는 경우가 드물어졌다. 환갑을 차리지 않으면 칠순을 차리는 경우가 많으며 최근에는 칠순도 잔치보다 여행으로 대신하는 경우도 있다.

4. 희수(喜壽)

77세가 되는 생일에 간단한 잔치를 하는데 이를 희수연(喜壽筵)이라 한다. 77세를 희수라 하는 까닭은 '喜'자를 초서(草書)로 써서 파자(破字)할 경우 '七十七' 되기 때문이다. 일본의 영향이 녹아있는 잔치라고 할 수 있다.

5. 팔순(八旬)

80세가 되는 생일에 간단한 잔치를 베푼다. 이를 팔순잔치라 한다.

6. 미수(米壽)

88세가 되는 생일에는 미수연(米壽宴)을 차리고 축수한다. '米'자를 파자할 경우 '八十八'이 되기 때문이다. 이 역시 일본의 영향이 녹아있는 잔치라고 할 수 있다.

7. 백수(白壽)

99세가 되는 생일에는 백수연(白壽延)을 차린다. '百'자에서 '一'을 제거하면 '白'자가 되는 까닭이다. 역시 일본의 영향으로 만들어진 의식이라는 주장이 있다.

8. 회혼례(回婚禮)

결혼 60주년을 맞은 부부가 자손들 앞에서 혼례복을 입고 60년 전과 같은 혼례식을 올리면서 '해로 60년'을 기념하는 의례이다. 친척 친지들을 초대하여 성대한 잔치를 베풀고 부모의 회혼(回婚)을 축하한다.

○ 헌수(獻壽) 절차

수연례는 자손들이 어른에게 술을 올리는 헌수 절차, 즉 가족 행사와 외부 손님을 대접하는 연회 절차로 나뉘어서 행한다. 가족의 헌수 절차를 다음과 같이 진행한다.

1) 남녀자손들이 성장하고 정한 자리에 북향해 선다.
2) 수연 당사자에게 웃어른이 계시면 아들들이 남자 웃어른을 인도해 동쪽의 자리에 서향해 앉게 하고, 며느리들이 여자 웃어른을 인도해 서쪽의 자리에 동향해 앉으시게

한다.

3) 큰아들과 큰며느리가 수연 당사자 내외를 인도해 큰상 앞으로 와서 남자어른은 동쪽에서 서향해 서고 여자어른은 서쪽에서 동향 해 마주선다.

4) 남자어른과 여자어른이 평절로 한 번 맞절을 한다. 〔만일 주악이 있으면 이때부터 울린다. 회혼례에서는 여자는 4배, 남자는 재배의 큰절을 하는데 자손들이 부축한다.〕

5) 남녀어른은 큰아들 내외의 인도를 받아 동쪽의 남자웃어른 앞으로 가서 술을 한 잔씩 올리고 절을 한다. 답배해야 할 경우 웃어른은 답배한다.

6) 다시 서쪽으로 가서 여자웃어른에게도 그렇게 한다.

7) 남자어른은 큰아들의 인도를 받아 큰상의 동쪽으로 여자어른은 큰며느리의 인도를 받아 큰상의 서쪽으로 돌아 각기 정한 자리에 앉는다.

8) 큰아들과 큰며느리는 물러나 정한 자리에 선다.

9) 모든 자손이 남자는 재배, 여자는 4배의 큰절을 한다.

10) 큰아들과 큰며느리가 술상 앞으로 나아가 아들은 동쪽, 며느리는 서쪽에 북향해 꿇어앉는다.

11) 여자어린이가 잔반을 들어주면 큰아들 내외가 받고, 남자어린이가 큰아들 잔과 큰며느리 잔에 술을 따른다.

12) 큰아들은 일어나서 술잔을 받들어 남자어른에게 올리고, 큰며느리는 일어나서 여자어른에게 올린 다음, 공수하고 서 있다.

13) 어른이 술을 마시고 잔을 주시면 받아서 술상 위에 놓고 큰아들은 재배, 큰며느리는 4배한다.

14) 큰아들 내외는 꿇어앉고, 큰아들이 축수(祝壽)한다.

"아버지 어머니, 만수무강하시옵시고, 오복을 누리시며, 저희들을 보살펴 주옵소서."

15) 남녀어른이 대답한다.

"오냐, 고맙다. 너희들의 효성이 지극해 우리가 즐겁구나!"

– 만일 헌수할 자손이 많으면 큰아들 내외가 헌수할 때 큰아들의 자손들은 그 뒤에 늘어서서 함께 절한다. 이어서 작은아들 딸 동생 조카 기타의 순으로 부부가 나가서 큰아들 내외가 하듯이 헌수한다.

16) 헌수가 끝나면 어른이 일하는 사람에게 명한다.

"아이들에게 마실 것을 주어라."

17) 일하는 사람들이 음료와 안주가 담긴 쟁반이나 작은 상을 날라다 자손마다 한 상씩 준다. 〔자손이 많으면 아들 며느리 딸 사위에게만 주어도 된다.〕 자손들은 두 손으로 주안상을 받아 바닥에 놓고, 모든 남자는 재배, 여자는 4배한다.

18) 모두 앉아서 음료를 마신다.

19) 남녀어른이 교훈이나 소감을 말한다.

20) 남녀어른이 자손에게 말하다.

"이제 나아가서 오신 손님을 정성껏 대접하라."

21) 남녀자손이 일어나서 남자는 재배, 여자는 4배하고

각기 상을 들고 나간다.

○ 연회 절차

사회자가 진행한다.

1) 개회선언

"지금부터 000 선생님(여사님)의 00회 생신 수연회를 시작하겠습니다. 여러분께서는 자리에서 일어나 주시기 바랍니다."

－ 남자자손은 큰상의 동쪽, 여자자손은 큰상의 서쪽에서 차례대로 남향해 선다.

－ 당사자와 웃어른도 일어선다.

2) 일동경례

"모두 인사를 나누시겠습니다. 선 자리에서 앞을 향해 경례하시겠습니다. 경례! 바로!"

－ 어른과 손님께서는 자리에 앉으십시오.

－ 자손을 제외한 다른 사람은 앉는다.

3) 약력소개

"000씨가 000선생님〔여사님〕의 약력을 말씀드리겠습니다.

－ 제자나 후배 중에서 미리 정한 사람이 사회석으로 나가 약력을 소개한다.

4) 모시는 말씀

"000선생님〔여사님〕의 큰아드님 00씨가 손님을 모시는 인사말씀을 하겠습니다."

- 자손의 대표가 정중한 인사말을 한다.

5) 축사와 송사

"000선생께서 축사를 하시겠습니다."

- 큰아들 내외가 축사할 손님을 정중히 맞이한다.

- 축시, 송사, 축전 등을 차례대로 소개한다.

6) 기념품과 선물증정

사회자가 소개하는 대로 준비된 기념물이나 선물을 증정한다. 자손들이 먼저하고 손님이 다음에 한다.

7) 답사

"000선생님〔여사님〕께서 감사하는 답사를 하시겠습니다."

- 수연 당사자가 인사한다.

8) 송수건배(頌壽乾杯)

"000선생님의 선창으로 건배하시겠습니다."

- 미리 정한 손님이 앞으로 나와 잔을 높이 든다.

-모두 잔을 높이 든다.

"000선생님 내외분의 만수무강을 위하여 건배하겠습니다. 만수무강!"〔선창〕

"지화자!"〔합창〕

9) 여흥

"이어서 여흥이 있겠습니다. 감사합니다."

- 음식을 먹으며 즐긴다.

○ 나이에 따른 호칭 및 생신 명칭

설명	나이	설명
해제(孩提)	2~3세	어린 아이(兒提)
지학(志學)	15세	15세가 되어야 학문에 뜻을 둔다는 뜻
약관(弱冠)	20세	남자는 스무살에 관례(冠禮)를 치러 성인이 된다는 뜻
이립(而立)	30세	서른살 쯤에 가정과 사회에 모든 기반을 닦는다는 뜻
불혹(不惑)	40세	공자가 40세가 되어서야 세상일에 미혹함이 없었다고 한데서 나온 말
지천명(知天命)	50세	쉰살에 드디어 천명을 알게 된다는 뜻
이순, 육순 (耳順, 六旬)	60세	이순은 논어에서 나온 말로 나이 예순에는 생각하는 모든 것이 원만하여 무슨 일이든 들으면 곧 이해가 된다는 뜻이다. 60세 때의 생신인 육순(六旬)이란 열(旬)이 여섯(六)이란 말이고, 육십갑자(干支六甲)를 모두 누리는 마지막 나이이다.
환갑, 회갑 (還甲, 回甲)	61세	61세 때의 생신으로 60갑자를 다 지내고 다시 낳은 해의 간지가 돌아왔다는 의미
진갑 (陳·進甲)	62세	62세 때의 생신으로 다시 60갑자가 펼쳐져 진행한다는 의미
미수(美壽)	66세	66세 때의 생신이다. 현대 직장의 거개가 만 65세를 정년으로 하기 때문에 66세는 모든 사회활동이 성취되어 은퇴하는 나이이면서도 아직은 여력이 있으니 참으로 아름다운 나이이므로 '美 壽'라 하고, '美'자는 六十六을 뒤집어 쓰고 바로 쓴 자이어서 그렇게 이름 붙였다.
고희, 칠순, 종심(古稀, 七旬, 從心)	70세	70세 때의 생신이다. 두보(杜甫)의 곡강(曲江) 시에 "술 빚은 보통 가는 곳마다 있으니 결국 인생은 기껏 살아 본들 70세는 옛 날로부터 드물다(酒債尋常行處有하니 人生七十古來稀라.)"란 승구 중 고(古)자와 희(稀) 자만을 써서 '고희(古稀)'란 단어를 만들어 70세로 대신 쓴 것이다. 또한 뜻대로 행하여도 도(道)

		에 어긋나지 않았다고 한데서 종심이라 하였다.
희수(喜壽)	77세	77세 때의 생신이다. 오래 살아 기쁘다는 뜻. 희(喜)자를 약자로 쓰면 七十七이 되는 데서 유래되었다.
팔순, 산수 (八旬, 傘壽)	80세	80세 때의 생신이다. 산(傘)자의 약자가 팔(八)을 위에 쓰고 십(十)을 밑에 쓰는 것에서 유래
미수(米壽)	88세	88세 때의 생신이다. 미(米)자를 풀면 팔십팔(八十八)이 되는 것에서 유래
졸수(卒壽)	90세)	90세 때의 생신이다. 졸(卒)의 속자(俗字)가 아홉구(九)자 밑에 열십(十)자를 사용하는데 서 유래
망백(望百)	91세	91세가 되면 100살까지 살 것을 바라본다하여 망백
백수(白壽)	99세	99세 때의 생신이다. 백(百, 100)에서 일(一)을 빼면(99세) 즉, 백자(白字)가 됨
상수(上壽)	100세	사람의 수명 중 최상의 수명이란 뜻. 左傳에는 120세를 상수로 봄
천수(天壽)		병없이 늙어서 죽음을 맞이하면 하늘이 내려 준 나이를 다 살았다는 뜻으로 천수라 한다.

제3장

백일

예부터 백일을 맞이한 아기는 남아(男兒)와 여아(女兒)의 구분이 없이 무사히 자란 것을 대견하게 여기며 잔치를 벌여 이를 축하해주던 것이 우리의 풍습이다. 그 유래는 의술이 발달하지 못했던 옛날에 이 기간 중 유아의 사망률이 높아 비롯된 것이다.

오늘날에는 이와 상관없이 전래의 풍습으로 이어지고 있다. 백일잔치는 먼저 아침에 삼신상(三神床)을 차리는 것에서부터 시작된다. 삼신상에는 미역국과 흰밥이 차려지며, 산모(産母)나 아기의 할머니는 삼신상 앞에 단정히 앉아 아기의 건강과 수명과 복을 빈다. 비는 것이 끝나면 삼신상에 차린 음식은 산모가 먹는다.

기본적인 아기 백일상은 백설기를 큰 덩어리로 쟁반에 담고 제철에 나는 과일은 복숭아만 빼고 무엇이든지 괜찮다. 먼저 삼신(三神) 또는 산신(産神)을 모시고 감사하는 뜻으로 쌀밥 세 사발, 소미역국 세 탕기, 정화수(井華水), 즉 냉수 세 대접을 한 상에 나란히 차려서 안방 아랫목에 놓아둔다. 손님 상에도 쌀밥과 미역국, 김구이, 너비아니(쇠고기 군 것), 삼색나물(흰나물, 푸른나물, 누런나물) 등을 갖추어 놓고 또 부침개를 소담스럽게 차려서 대접하면 충분하다.

예전 백일상에는 여러 종류의 떡과 과일 및 음식이 풍성하게 차려지며, 아기의 장수와 복을 비는 뜻으로 흰 실타래와 쌀이 놓여진다. 백일떡은 무병장수와 관련 있는 떡을 한다. 그 외의 경단이나 차지고 단단하게 자라라는 뜻의 인절미 같은 떡은 선택사항이다.

속이 빈 송편은 근심걱정이 없으라고, 속 찬 송편은 지혜가 꽉 차라는 의미로 놓았다. 그런데 오색일 필요는 없으며 무지개떡이면 충분하다. 무병장수를 기원하는 백설기와 수수팥떡, 수수경단이면 충분하다.

복숭아는 귀신을 쫓는다고 하여 상에 올리지 않지만 털 때문에도 올리지 않는다. 백일상에는 흰밥, 미역국, 복숭아를 제외한 홀수의 제철 과일과 백설기, 수수경단, 오색송편, 인절미 등을 올리고 백 사람에게 나누어 주어야만 아이의 명이 길다고 하는 백일떡은 깊은 뜻을 지니고 있다.

백설기는 정결(淨潔)과 흰머리가 될 때까지 장수(長壽)하라는 의미를, 수수팥떡은 부정(不淨)한 기운을 막는 주술적인 뜻을 담겨 있고, 인절미는 찹쌀로 만들어 단단하라는 축복을 담고 있다.

삼신상은 당일 새벽 5시 해뜨기 전 나물 3가지 간 안하고 그냥 볶고 갓지은 밥에 미역국, 정화수 세 개씩 놓고 북쪽으로 "밝크게 해주게요" 하면서 절하면 삼신이 오래오래 건강하게 살게 해준다.

잔치 뒤에는 백일 떡을 이웃에 돌려 함께 나누어 먹는데, 백일 떡을 받은 집에서는 돈이나 흰 실타래를 떡을 담아온 그릇에 담아서 답례한다. 아이 하나를 키우는 데는 한 마을 사람들이 모두 필요하다는 말이 있다. 아이가 자라는 데는 부모의 사랑과 관심이 가장 중요하지만 주변 여러 사람들의 사랑과 관심도 자라는데 중요하다.

지방에 따라서는 백일 떡을 많은 사람이 먹을수록 아기의 명이 길어지고 복을 받게 된다 하여 길 가는 사람들에게도 떡을 나누어주기도 한다. 요즘 백일잔치는 집에서 가족끼리 오붓하게 치르거나 레스토랑, 혹은 아기들을 위한 예식장이 있어 가족끼리 축하하는 것이 대세가 되어 이러한 풍습도 사라져가고 있다.

백일에는 가까운 곳에 사는 일가친척은 물론 먼 곳에 사는 일가친척도 찾아와서 축하를 하게 된다. 축하객에는 주로 중년 이후의 부인들이 많으며 특별한 경우를 제외하고는 남자 축하객은 거의 없는 것이 보통이다.

축하품으로는 돈, 흰실, 국수 등이 주종을 이루며, 외할머니는 포대기, 수저, 밥그릇 등을 선물한다. 아기에게는 그전에 주로 입혔던 흰옷을 벗기고 빛깔 있는 옷을 처음으로 입힌다. 또한 머리숱이 많아지고 검게 잘 자라라고 배냇머리의 일부를 깎아주기도 한다.

이 때 머리는 고모가 깎아주면 좋다고 하는 속신이 있다. 아기가 병이 났을 경우에는 백일잔치를 하지 않게 된다. 그것은 병이 들었는데도 백일잔치를 하면 아이에게 해롭다고 믿었기 때문이다. 한편 백일잔치는 생활이 넉넉한 집에서는 크게 벌이지만 그렇지 않은 집에서는 평일 날과 다름없이 보내기도 한다.

제4장

돌 잔치

돌은 아이가 태어난 지 1년이 되는 첫 생일로, 아이가 무사히 첫 생일을 맞이한 것을 기념하고 장차 잘 자라기를 바라는 뜻에서 잔치를 베풀었다. 돌잔치의 '돌'은 열두 달을 한 바퀴 돌았다는 뜻이다. 대한민국에서는 한동안 생일(生日)의 뜻으로는 '돌'을 쓰고 주기(週期)의 뜻으로는 '돐'을 썼으나, 이러한 구분이 인위적이고 불필요한 세분화라는 지적이 잇따르자 현행 표준어 맞춤법에서는 모두 "돌"을 쓰는 것으로 통일하였다.

돌상에는 아이의 장수를 기원하는 백설기와 실타래 이외에 '돌잡이' 물건을 놓고 아이의 장래를 점쳤다. 남자 아이가 돈이나 곡식을 잡으면 부자, 책이나 붓을 잡으면 문관, 활과 화살을 잡으면 장군이 되고, 여자 아이가 실패나 가위를 잡으면 바느질을 잘할 것으로 여겼다. 요즈음은 나무 망치도 놓아 이를 잘 잡으면 법관이 될 거라고 여긴다. 붓도 연필로 바뀌었고 다양한 놀이도 부모의 희망에 따라 놓여지는 추세다. 또한 현대의 직업의 다양화에 따라 여러 새로운 종류의 물건을 돌잡이 때에 놓아두기도 한다.

돌이라는 말은 아이의 나이를 표시하는 말로도 쓰여서 '한 돌을 맞았다.', '두 돌을 잡혔다.', '세 돌이 된다.' 할 때에는 아이의 나이를 표시하는 말이 된다. 그러나 그냥 돌이라고 할 때에는 아이의 첫돌을 일컫는 말로 간주된다.

한자로는 돌을 초도일(初度日), 수(晬), 수일(晬日) 등으로 표기한다. 이와 같이 아이가 출생하여 꼭 1년이 되는 첫 생일날을 돌이라 하여 빈부귀천이나 경향(京鄕)의 지역적 차이 없이 누구나 아이를 위한 돌잔치를 지내준다.

돌날 아침에 삼신상을 차려 아이의 명복(命福)을 빌고, 가족이나 일동이 미역국과 쌀밥으로 조반을 마친 다음 돌잔치를 시작한다. 돌맞이하는 아이는 돌 옷을 예쁘게 차려 입고 준비된 돌상 앞에 앉는다. 사내아이는 저고리와 바지에 조끼, 마고자, 두루마기를 입히고, 그 위에 남색 쾌자를 입힌다.

머리에는 복건을 씌우고 발에는 수를 놓은 타래버선을 신긴다. 가슴에는 돌띠를 두르고 허리에는 돌 주머니를 채워준다. 여자아이에게는 색동저고리와 다홍의 긴 치마를 입히는데, 당의를 덧입히기도 한다. 머리에는 조바위나 굴레를 씌우고 발에는 타래버선을 신긴다. 가슴에는 역시 돌띠를 매주고 치마말기에 돌 주머니를 채워준다.

돌상은 안방이나 대청에 차리는데 각종의 떡과 과일을 풍부히 올려놓고 그밖에 강정, 약과, 약밥, 고기, 생선, 전 등도 많이 차려 놓는다. 특히 돌 음식으로는 국수, 백설기, 수수팥떡 등 장수와 무병, 부정을 막는 의미의 음식이 차려진다. 돌상의 주격인 음식은 백설기와 수수팥떡이다. 백설기는 신성한 백색무구한 음식이고, 수수팥떡은 붉은 팥고물을 묻힌 차수수 경단으로, 빨간색이 액(厄)을 물리친다는 토속적인 믿음에서 비롯한 풍습이다. 아기 생일에 수수팥떡을 해주어야 자라면서 액을 면할 수 있다고 믿는 생각은 한국 전역에 걸친 것으로 아기가 10세가 될 때까지 생일마다 수수팥떡을 해준다.

돌맞이 할 아이는 병풍을 쳐놓은 곳을 뒤로 하고 돌상을 향하여 앉게 된다. 앉을 자리에는 흰 무명 한 필을 접어서 방석같이 해놓는다. 아이의 전면에는 부모와 형제자매, 일가친척, 하객들이 모여서 아이를 바라본다. 돌상 아래 바닥에는 여러 가지 물건을 질서 없이 놓아둔다.

남자아이의 경우에는 쌀, 돈, 책, 붓, 먹, 두루마리, 활, 장도, 흰실타래, 대추, 국수, 떡 등을, 여자아이의 경우에는 쌀, 돈, 책, 붓, 먹, 두루마리, 바늘, 인두, 가위, 잣대, 흰실타래, 대추, 국수, 떡 등을 놓아둔다.

아이는 이것들을 집는데, 첫 번째와 두 번째에 집는 것으로써 그 아이의 성격, 재질, 수명, 재복, 장래성을 점쳐본다. 이러한 행사를 돌잡히기라고 한다. 책, 먹, 붓, 두루마리를 먼저 집으면 학문에 힘써 과거에 등과하여 벼슬을 할 것이라고 보고, 쌀, 돈을 먼저 집으면 부자가 될 것이라고 보았다.

활, 장도를 먼저 집으면 무관이 될 것이라 하고, 실과 국수를 먼저 집으면 장수하리라고 본다. 대추를 먼저 집으면 자손이 많으리라고 보고, 떡을 먼저 집으면 미련하리라고 보고, 바늘, 가위, 자, 인두를 먼저 집으면 바느질을 잘할 것이라고 본다.

부모와 가족들은 아이가 잘 살기를 바라서 쌀과 돈을, 공부 잘하기를 바라서 책, 붓 등을, 명이 길기를 원해서 실과 국수를, 바느질을 잘하게 하기 위해서 바늘, 인두 등을 가까운 데 놓아두기도 한다. 그러나 부모가 바라는 대로 물건을 집지 않는 수가 많다.

돌날에는 떡을 쟁반이나 대접에 담아 이웃집에 보낸다. 이것을 '돌떡 돌린다'고 한다. 돌떡을 받은 집에서는 떡을 가져온 그릇에 돈, 쌀, 실타래 등을 넣어 답례한다. 돌날에는 일가친척이며 친지들이 많이 와서 축하를 하고 주식과 떡을 대접받는다.

이 때 축하객들은 돈, 쌀, 실, 수저, 밥그릇, 밥상 등의 축하품을 가지고 온다. 외할머니나 고모 같은 근친자는 옷, 반지, 수저, 포대기, 돈 등 다른 축하객보다 값이 나가는 선물을 한다. 오래도록 이어오던 돌잔치도 최근에는 양극화가 되어 호텔이나 돌잔치 전용 예식장에서 성대하게 치르는 경우와 돌잔치에 의미를 두지 않고 지나가는 경우로 나누어지고 있는 양상이다.

○ 돌잔치 옷차림

남자	여자
연두색 저고리 보라색 바지 남색 조끼 연두색 마고자 분홍색 두루마기 남색 쾌자(금박이) 검은색 복건 다홍 띠 (쾌자용) 수놓은 누비 버선 수 주머니	노랑색 단속곳 다홍, 진분홍 치마 노랑색동 반회장 저고리(앞자락은 여러 가지의 원색 조각으로 색을 맞추고 잘게 모아 붙인 감으로 만들고 깃, 고름, 끝동, 겨드랑이는 다홍으로 회장을 대고 동은 색동을 단다 연두색 마고자, 쾌자(겨울용)

오복주머니	수놓은 버선 수놓은 작은 염낭과 갖은 노리개 괴불 금박 조바위 오복 주머니

○ 돌잡히기 상

제5장

고사

우리나라는 예부터 토속적인 행사를 중요하게 생각해 왔다. 토속적인 행사는 일부 무속적인 행사로 오인되거나 여겨지기도 하는 측면이 있지만 사람이 살아오며 자연에 적응하고 주변의 무수한 위험이나 강한 자연 현상에 기도하고 이해하며, 추앙하는 일련의 행위나 보이지 않는 존재에 대한 경외감을 나타내는 행사는 단순히 이 땅에 살아온 사람들만의 행사나 특징은 아니다.

어찌되었든 이러한 풍습은 종교가 정립되고 현대화된 산업사회 기초에서도 사라지지 않고 계속되고 있는데 지금까지도 집들이나 안전을 기원하는 기원제, 고사 등 많은 형태로 이어져 오고 있다.

고사라고 불리는 원제는 하늘과 땅을 주제하는 우주섭리에 비하여 너무나 미미한 존재인 사람들이 일반적인 삶이나 전쟁, 역사, 혼인, 이상, 이전, 성축, 농사, 기타 여러 가지의 대사업을 앞두고 한결같이 무사와 만사형통을 기원하는 염원을 담은 뜻있는 행사이다. 동서고금, 민족별, 국가별, 종교 여부를 떠나서 하늘과 땅을 주제한다고 믿는 천지신명과 보이지 않는 근엄하고 강한 만물 속 존재에게 정성을 담아 장중하고 엄숙하게 정해진 순서에 따라 봉행하는 제례의 일부라고 할 수 있다.

1. 고사준비

주최 측에서는 고사 준비에 앞서 길일을 택한다. 택일에는 전래로부터 전해진 ≪천기대요≫의 생기복덕과 황도를 기준으로 하는 택일법을 사용한다. 그 근원조차 알쏭달쏭한 9, 10일과 같은 손 없는 날은 사용하지 않으며, 손 없는 날이라 해도 역시 ≪천기대요≫를 기준으로 택일에 들면 사용한다. 택일이 이루어지면 제수로 쓰일 음식을 선정, 마련하고 제례를 올릴 장소를 정결히 정리한다. 예전에는 황토를 깔고 제례 장소를 금줄로 표시해 놓았으며 불결한 자가 드나들지 못하도록 철저하게 통제하고 제관도 불결하거나 불경하면 제를 지낼 수 없었다.

2. 음식준비

음식은 그 제례의 성격에 따라 다를 수 있지만 시루떡, 돼지머리, 통북어, 타래실, 소지종이가 약방에 감초같이 반드시 제사상에 오르는 것들이다. 물론 어느 대상을 위한, 어느 대상에게 하는 고사인가에 따라 달라지는 것도 있다. 예를 들어 산에 지내는 산신제라면 삶지 않은 돼지고기를 사용하는 것과 같은 것이다. 이밖에 과일로서 사과, 배, 감, 대추, 밤이나 전, 적류, 나물류 등을 올렸다. 음양의 이치에 따라 과일을 비롯한 모든 제물들은 홀수로 준비하는 것이 원칙이다.

3. 고사상 차리기

과일류는 홀수로 사용하며 위를 칼로 쳐내고 가지런히 올려놓는다. 대추처럼 작고 많은 양을 쌓을 때는 마지막 하나만 위를 쳐낸다. 전은 양이 많으면 꼬지 등을 이용해 집어주는 형식으로 서로 지탱하도록 쌓는다. 잔 과일의 경우에도 수량이 많으면 쌓기가 곤란해지므로 적당한 양을 사용하는데 때로는 높이 괴는 방법을 사용하기도 한다. 이 경우 대추는 실로 꿰는 방법도 있다. 시루떡은 보통 손을 대지 않고, 자르거나 칼집을 내지 않고 시루 째로 올리게 되는데, 떡 위에는 타래실을 감은 북어를 올려놓는다.

4. 고사 진행순서

1) 봉주취위- 고사 진행자(집례, 집사)가 신위를 올리고 촛대에 불을 밝힌다.

2) 분향강신- 초헌관(대표자)이 분향을 한 뒤 재배를 한다. 향은 3개 정도를 가지런히 한 후 양초불로 불을 붙인다.

3) 초헌 - 첫술잔을 올린다. 도와주는 이가 옆에서 술을 따라주면 초헌관이 술잔을 상에 올린 뒤 절을 두 번한다.

4) 독축 - 축문을 낭독하는데 정해진 사람이 없으면 진행자가 축을 낭독한다.

5) 아헌 - 아헌관이 술잔을 올린 후 절을 두 번한다.

6) 종헌 - 종헌관이 술잔을 올린 후 절을 두 번한다.

7) 망요 - 종헌이 끝난 뒤 사회자가 지방과 축문을 불살

라 올리며 무사기원을 빔으로써 고사가 종료된다.

8) 음복 – 고사상의 음식들을 나누어 먹음으로써 음복한다.

5. 고사의 유례와 의미

고사란 인간의 능력이 아무리 발달한다고 하여도 한계가 있으므로 하늘과 땅을 주재하는 우주 섭리에 비해 너무나 미미한 존재이기에 보이지 않는 자연과 우주를 지배하는 알 수 없는 존재, 혹은 자연의 여러 만물에 깃들여 있는 신이 있다고 여기고 그 수많은 존재들에게 기원하는 의식이다.

고사는 흔히 천지신명이라고 지칭되는 존재에게 복을 빌고 어려움을 해결하고자 하는 의식이다. 천지신명이란 다양한 신과 존재를 의미하는데 천신, 지신, 곡신, 가신을 포함한다. 집안에도 예전에는 단순하게 당주신, 조왕신, 업처럼 가지가지 신이 있었다. 근본적으로 고사라는 것은 인간에게 다가오는 나쁜 기운인 액을 막고 복을 비는 의식인데, 어느 종교에 기초한 것은 아니며 다양한 민간신앙에 바탕을 두고 계승, 발전되어서인지 형식이 한층 자유롭고 주술적 성격이 강하다.

고사의 유래는 분명하지 않지만 그 역사가 밝혀지지 않을 정도로 오래된 것임은 두말할 나위가 없다. 어느 정도의 세월이 흐른 다음에 역사가 시작되며 고사의 형태도 그 틀을 잡은 것으로 보이는데 "상달고사"라는 의례가 현재 우리에게 전해지고 있는 고사, 기원제의 원형으로 추측된다.

상달 고사란 음력 10월에 집안의 안녕을 위하여 가신(家神)들에게 올리는 의례를 말한다. 으뜸달이라는 뜻으로 음력 10월을 달리 부르는 말로 상월(上月)이라고도 한다. 이 시기는 1년 농사가 마무리되고 햇곡식과 햇과일을 수확하여 하늘과 조상께 감사의 예를 올리는 기간으로 옛 사람들은 이 달을 열두 달 가운데 으뜸가는 달로 생각하였다. 음력으로 시월을 상달이라고 부르고 있는 것은 1년 중 제일 높은 달이라는 뜻인데, 상달을 10월로 정한 것은 우리나라를 세운 개천절이 있기 때문이 아닌가 생각해본다. 또 이 달에는 모든 국민들이 하늘에 소원을 비는 고사를 지냈는데, 이를 상달 고사라고 하였다. 상달 고사를 지내는 목적은 집안의 안녕을 위하여, 성주신, 조상신, 터주신, 조왕신, 삼신 등 모시는 가신(家神)들이 만들어 주신 풍년에 대한 감사의 표시를 하는 것이었다.

세시풍속 상에서는 고사라는 말 이외에도 안택(安宅)이라는 말이 고사와 비슷한 의미로 쓰였다. 그러나 고사는 주로 상달 고사를 말하며 추수에 대한 감사의 의미가 강하고, 안택은 주로 정월에 행해지며 연초의 액막이 및 행운 기원의 의미가 강하다는 점에서 양자는 차이를 보이고 있다. 상달은 굿으로 발달하지 않았지만 안택은 안택굿이라는 굿의 형태로 달라진 것 또한 다르다.

6. 전례 고사 풍습

고사를 지낼 때는 손 없는 좋은 날을 가려서 택일을 하였는데 점쟁이나 무당에게 의뢰하는 경우가 있었고 글을 읽은 선비에게 택일을 의뢰 하였다. 특히 조선의 선비들은 ≪천기대요≫라는 택일법을 공부하고 학습하였기 때문에 무당이 잡는 날짜와는 달리 체계적이고 음양의 우주이론을 바탕으로 하고 있었다.

택일이 되면 고사에 이르러 금줄을 치고 황토를 깔아서 집안으로 부정이 들지 않도록 금기를 지키고, 제물로는 시루떡과 술을 준비하였다. 금줄의 양식은 지방마다 조금씩 차이가 있으나 금줄은 새끼줄에 숯과 솔가지, 그리고 고추를 걸었다. 떡은 보통 붉은 시루떡으로 하나 산신(産神)인 안방의 제석신에게 바칠 때는 백설기로 하였다.

제물은 안방을 비롯하여 사랑방, 머슴방, 나락가리, 쌀뒤주, 장광 등 집안의 곳곳에 조금씩 차려 놓는다. 사방에 흩어 놓음으로써 많은 신들을 안정시킨다. 의례는 대개 주부가 담당하는데, 제물을 차린 후 배례를 하고 손을 모아서 빌거나 축원을 하며 기원한다. 기도하는 과정에 손동작도 정해져 있어 밖으로 비는 것이 아니라 밖에서 안으로 말아들이는 방식으로 기도를 하였다.

가택 고사의 경우에는 가문의 안녕과 자손의 무탈, 혹은 집안이 평온하기를 바라기 때문에 기원하는 대상신은 집안의 풍요와 안녕을 지켜준다고 믿는 가신(家神)들이다. 가신은 우리의 민속이 보여주듯 다양하게 나타나는데, 주로 우리의 삶에 영향을 미치는 건물터, 건물, 기구, 농기구, 혹은 먹고 사는 문제에 결부된 장소에 관련되어 있다. 이와 같아 중요한 가신들로서 터주신, 성주신, 제석신, 조왕신, 우물신, 혹은 업이라고 불리는 대상 등에는 배례와 축원을 하고, 이 밖에 칠성신, 측신, 마당신, 장독대의 신, 문신 등에는 제물만 놓는다.

고사는 개인 뿐 아니라 마을에도 영향을 미친다. 가신이 아닌 마을 수호신에도 제물을 차려 배례와 축원을 하는 경우가 있으나 대개 제물만 차려 놓는다. 이 제물을 차리는 곳이 당숲이라고 부르는 곳이며 때로 이곳에서 굿을 하거나 석탑을 쌓고 망부석을 세우며 솟대를 같이 세우는 곳이기도 하다. 이 때는 떡을 집으로 가져오지 않고 아이들에게 나누어주는 것이 상례이다. 또한 고사를 지낸 떡은 당숲에 놓아두기도 하는데, 길손이나 거지와 같은 배고픈 자에게 적선한다는 의미도 있었다.

우환이 있거나 경사가 있거나, 혹은 재수굿의 변형된 형태로써 고사를 조금 크게 행하고자 할 때는 무당이나 중을 청하여 행한다. 무당을 청하여 고사를 행할 경우는 사양악기의 심벌스와 비슷한 모양을 지닌 제금만을 울리면서 축원을 하여 집안의 무사태평을 기원한다. 스님을 청하여 고사를 행할 경우는 떡을 하지 않고 간단히 고사반(告祀盤)을 만들어 놓고 스님이 염불을 왼다.

고사반은 그릇에 쌀을 수북이 담아놓고, 실타래를 감은 숟가락을 세워 꽂아 놓은 것을 말한다. 실타래는 수명 장수를 의미하는 것으로 주로 어린이의 장수, 건강을 비는 뜻이

강하다. 이때 부르는 염불을 또한 고사반이라고 하는데, 대표적인 고사반으로는 잘 알려진 것처럼 '회심곡'이 있다.

고사와 더불어 가신들의 신체인 단지에 햇곡식을 갈아 넣는 풍속이 있다. 일부 지역에서는 이를 업이라고 부르거나 업단지라고도 부른다. 이러한 단지는 지방마다 부르는 명칭과 모시는 장소, 시기 등이 다소 차이를 보이고 있다. 그런데 이러한 이름은 상당히 혼란스럽게 되어 일관성이 떨어지기는 한다. 예컨대 중부지방에서는 '터주'라고 하여 뒤꼍의 장독대 옆에 짚주저리를 씌운 단지 안에 곡식을 넣고 집터의 터신으로 섬기고 있으며, 호남 지방에서는 이것을 '철륭단지'라고 부른다. 예전에는 농사를 지으며 살았기에 누구나 하는 행위였지만 최근에는 무속인이 하는 것으로 알고 있는데 이는 애초의 의식과는 달라진 것으로 보인다. 지금도 일부 가정이나 사업자들 중에 이러한 행위를 이어가는 경우가 있다. 아직 사라지지 않은 우리의 풍습이다.

또한 가택의 수호신으로서 '성주'가 있는데, 이것은 대들보나 대공에 한지를 접어서 신체로 삼는 경우도 있고, 마루 한구석에 큰 독을 놓고 그 안에 철따라 보리와 벼를 갈아 담아 두기도 한다. 일반적으로 새로 지은 집에 한지를 접어 거는 풍습이 아직도 남아있는 것이 이 흔적이다.

영남이나 호남 지방에는 대개 한지보다 성주독을 모시는 경우가 많다. 전북 지방에서는 안방의 윗목 시렁 위에 조상 단지를 모시고 있는데, 상달에 단지의 곡식을 갈아 담아서 조상숭배의 상징으로 삼고 있다.

조상단지라는 말은 중부 지방에 많이 분포해 있는데, 영남에서는 세존단지, 호남 지방에서는 제석오가리 등으로 부르고 있다. 이 단지에 햅쌀을 갈아 넣을 때, 단지 내에 있던 묵은 쌀은 남을 안주고 식구들끼리만 밥을 지어 나누어 먹는다. 묵은 쌀을 꺼낼 때, 그것이 곰팡이가 슬거나 썩거나 하면 집안의 흉조이고, 깨끗하면 집안의 길조로 여겼다. 그래서 신곡으로 갈아 담을 때는 쌀을 잘 말리고 정성을 다한다.

7. 전통고사

1) 상달고사

보통 고사는 가족의 평안과 다가올지도 모르는 재앙 퇴치를 빌고 풍년과 가호를 기원하여 음력 시월 상달에 가신(家神)에게 지낸다. 이러한 시기적 상황으로 볼 때, 이는 추수가 끝난 시점이며 풍족한 시기이므로 곡식이 주된 대상이 변한 것이 아닌가 여겨진다. 이때 제주(祭主)는 주부가 되며, 미리 몸을 깨끗이 하고 고삿날에는 다른 사람의 출입을 금하며, 문에 소나무 가지를 꽂아 새끼를 치고 문 앞에 붉은 색이 감도는 황토흙을 뿌린다.

주로 시루떡을 사용하여 제물을 차리는데, 어김없이 6시루를 찌는데 가문의 뿌리인 조상신, 집터를 관장하는 지신(地神)인 터주신, 집을 짓고 지키며 집안의 모든 일이 잘되도록 관장하는 집안의 최고 신인 성주신, 먹고 사는 문제와 밀접한 관계가 있는 조왕신(부뚜막신), 옥황상제의 명을 받아 인간 세상에서 출산을 돕고, 산모와 갓난아기를 보호하며, 자식 갖기를 원하는 부인에게 아기를 점지하는 삼신신, 서열에 따른 신 계통에서 가장 아래의 신인 계면, 걸립, 말명, 객귀, 잡귀 등을 일컫는 잡신 등 6신을 위한 것이다.

상차림도 떡시루, 정화수, 나물, 과일 등으로 여섯 상을 차린다. 조상신의 상은 집 주인이 거처하는 방에, 터주신의 상은 마당 한복판에, 성주신의 상은 대청에, 조왕신의 상은 부엌에, 삼신신의 상은 주부가 거처하는 방에 각각 차린다.

주부가 비는 것이 상례이나 무당을 부르기도 한다. 주부는 목욕재계 후에 옷을 깨끗이 입고 절을 4배(拜)씩 하며, 두 손을 머리 위에 모아 손바닥을 비비며 소원을 빈다. 손바닥은 반드시 안으로 감아 들이는 방식으로 하며 고사를 지낸 뒤에는 신령에게 올린 술, 떡, 과일 등을 가족, 친지나 주위 사람들과 나누어 먹고 덕담과 행운을 비는 말을 교환한다.

지방에 따라 차이는 있으나, 호남 일대에서는 햇곡식이 익으면 쌀 1되 가량 될 만큼 벼를 베어 짚째로 실로 매어 방문 앞에 달아 놓고 절을 하기도 하며, 음식을 마련해서 고사를 지내기도 한다. 또 햇벼를 베어다가 선영에 제사를 지내고 쪄 말려서, 샘, 당산, 마당, 곡간 등에 받쳐 놓기도 하는데 이것을 '올개심리(올이심리)'라고 한다. 이와 같은 의제로 보아 고사는 농사를 짓는 사람들의 행사이며 먹고 사는 문제에 관련된 것임을 미루어 짐작할 수 있다.

2) 기타 기원제

(1) 풍년제 : 한해 농사의 잘됨을 기원 하는 기원제의 일종이다.

(2) 풍어제 : 어부들이 바다에서 무사함과 풍어를 기원하며 지내는 기원제로 지금도 어촌 마을마다 지내는 곳이 많다.

(3) 동제 : 마을의 안녕과 화목을 기원하며 지내는 제사로 보통 사당이나 큰 나무 등 동네에서 신성시하는 곳에서 지내게 된다.

(4) 액막이제: 집안과 가정의 액을 물리치고 가족의 무병장수를 기원, 무당이 굿을 하는 것을 액막이제라 할 수 있다.

3) 현대의 고사

현대의 고사는 주술적 의미보다는 일의 시작과 끝을 주변에 알리는 형태의 하나로 자리 잡았다. 물론 현대라고 액을 막고 복을 부르고자 하는 마음은 과거나 현재나 다를 바가 없다 하겠으나 사회생활의 변화로 인해 현대에 와서는 고사의 의미나 내용도 변하고 있다는 것이다.

현대의 고사나 기원제는 본래의 신앙적, 주술적 성격이 약해진 반면, 어떤 일을 시작함에 있어서 널리 주위 사람에게 알리어 비즈니스의 활성화를 도모하고, 직원간에 새롭게 마음을 합쳐 심기일전 하는 내용이 중심이 되고 있으며, 전통문화와 현대생활의 접목이란 점에서 일종의 이벤트성

행사로서 고사와 기원제가 치러지고 있다.

- 재수고사

가정의 잘됨과 운수의 통함을 기원하는 고사이다.

- 이전, 증축고사

집 혹은 사무실 이전 및 확장에 따른 고사를 지낸다. 대부분 큰집으로 이사하거나 큰 사무실로 갈 때 지내므로 자기 선전 효과가 크다.

- 개업고사

사업을 주위에 알리고 직원간의 화합을 다져서 사업의 융성을 꾀함

- 안전기원제

사업장의 안전의식을 고취하고 무사를 기원

- 기공, 준공 기원제

대규모 사업의 원만한 진행과 안전을 염원

- 상량식 기원제

건물 공사의 상량을 올릴 때 공사의 순탄함을 기원

- 지방 축제

지역별 지역민 축제 성격 등 현대의 고사나 기원제는 다양하게 변모되고 있다. 〔건축의례 예〕집을 지으면서 한 가지 일을 매듭짓고 다음 일로 넘어가는 고비에서 잠깐 숨을 돌리는 휴식의 뜻과, 앞으로 해나갈 일을 다지는 뜻이 들어있는 건축의례에는 날받이, 텃고사〔土神祭〕, 개공(開工)고사, 모탕고사, 성주운보기, 상량고사, 집들이고사, 성주고사 따위가 있으며, 이 가운데 손꼽히는 것은 상량고사와 성

주고사이다.

상량고사는 기둥 위에 보를 얹고 그 위에 건물의 중심가인 마룻대를 걸 때 올리는 고사다. 이로써 집의 외형이 갖추어진 셈이므로 목수는 손을 떼고 앞으로는 토역꾼이 맡아서 벽을 치고 마루를 까는 등의 과정으로 들어간다. 따라서 이 고사는 집을 짓는 가장 중요한 고비를 넘긴 일을 자축하는 뜻이 포함되며, 건축의례 가운데 가장 성대히 지내는 것도 이 때문이다. 마룻대를 올릴 때는 떡, 술, 돼지머리, 북어, 백지 등을 마련하여 주인, 목수, 토역꾼 등이 새로 짓는 건물에 재난이 없도록 지신(地神)과 택신(宅神)에게 제사지내고, 상량문을 써서 올려놓은 다음 모두 모여 축연을 베푼다.

4) 음식준비

시루떡, 돼지머리 웃는 상, 통 북어, 타래실, 소지종이는 꼭 준비하고 여기다 제사상처럼 사과, 배, 감, 대추, 밤 등 과일과 전적류, 나물류 등을 올린다. 물론 이때 제물들은 홀수로 준비한다. 시루떡은 보통 시루 째 올리게 되는데, 떡 위에는 타래실을 감은 북어를 올려놓으면 된다. 상량문은 머리에 '용(龍)'자, 밑에는 '귀(龜)'자를 쓰고, 가운데 모년 모월 모일 입주상량(立柱上樑)이라 쓴 다음 밑에 2줄로 '응천상지오광(應天上之五光)　비지상지오복(備地上之五福)' 등 축원의 글귀를 쓴다. 마룻대는 목수가 올리는데 대개 광목으로 끈을 하고 양쪽에서 잡아 올린다. 이때 건물주는 돈을 놓기도 하며, 마룻대에는 백지로 북어와 떡을 묶어 놓는데, 이것은 나중에 목수들이 떼어 먹으며 상량날에는 대개 공사를 쉬고 이웃에 술과 떡을 대접한다.

성주고사는 앞으로 집을 지켜줄 성주신을 모시는 의례로써 주인의 나이가 7의 수가 되는 해 10월 상달에 날을 받아 지내며 무당이 주관하는 것이 보통이다.

고사를 지내기 위하여는 우선 택일을 하여야 한다. 택일을 할 때는 흔히 손 없는 날로 정하거나 회사일 경우는 회사 사정을 봐서 하기도 한다. 일단 택일이 되었으면 고사 당일까지는 몸과 마음을 정결하게하고 모든 면에서 조심하고 근신하여야 한다. 이렇듯 고사란 정성스런 몸과 마음을 가지고 지내야 하는 것이다.

택일시 손 없는 길일을 선택하고, 고사에 참여할 자들은 목욕재계하여 몸을 정결히 하며 다투거나 큰소리를 지르지 않는다. 가능한 험한 것은 보지 않도록 하며 問喪(문상)을 할 때도 屍身(시신)이나 下官(하관) 하는 것 등을 보지 않도록 한다.

고사 음식은 정성을 다하여 준비하고 제사 장소를 정결히 정돈 정리하며 (원래는 황토를 깔고 금줄로 표시) 제물을 진설하기 전을 씻고 양치질 하며 제사 지내는 사람들은 맑은 물에 손을 씻는다.

① 제주

제주는 곡주(穀酒)로서 즉 쌀로 만든 막걸리나 동동주, 약주나, 청주를 사용한다. 술은 원래 신들의 음료로서 즐겨

먹던 것이었으나 지금에 와서는 인간들이 마신다고 한다.

② 돼지머리

꿈에 돼지가 나타나도 좋은 징조라 생각하듯이 돼지는 다산 다복을 의미하므로 고사에 돼지머리를 사용한다. 돼지머리는 웃음을 띠고. 이마나 얼굴에 상처나 흉터가 없는 인상이 좋은 것으로 준비한다.

③ 시루떡

고사에는 일반적으로 붉은 팥 시루떡이 사용되며. 산신 제용으로는 백설기가 좋다. 시루떡은 고사를 마칠 때까지 칼을 댈 수 없으므로 시루 째 고사상에 올려 놓는다.

④ 과일

가능한 한 햇과일이나 새로 나온 과일을 사용하며 형편에 따라 성의껏 준비한다. 씨없는 과일은 준비하지 않는다. 음양오행에서 양(陽)을 대표하는 대추, 음(陰)을 대표하는 밤, 감(곶감), 배, 사과 등은 깨끗이 씻어서 홀수로 놓는다. 이 때 과일의 종류도 홀수여야 하며 각 과일의 개수도 홀수여야 한다.

⑤ 포

포는 북어로 하되 통북어로 한다. 경우에 따라서 문어포를 쓰던지 생문어를 간혹 사용하기도 한다. 이 때는 말린 것이나 생문어 또는 다리만 준비해도 된다.

⑥ 전

전은 과거에는 고사 장소에서 직접 만들어 사용했는데, 요즘은 미리 적당량을 준비하면 된다. 동태전, 육원전, 고

기산적, 꼬치전, 두부전 등 일반적으로 제사상에 오르는 전을 사용한다.

⑦ 나물

나물은 三色으로 하되 시금치, 도라지, 고사리 정도 준비하면 된다.

⑧ 생선

조기를 놓는다. 조기는 서쪽에 놓는다.

⑨ 정화수

물은 정화수로 사용할 것, 도시에서는 생수로 해도 무방하다. 물은 모든 생명의 근원이라는 뜻이 있음.

⑩ 쌀

쌀은 될 수 있으면 햅쌀로 하는 것이 좋고 한 그릇을 준비한다.

⑪ 북어와 실타래

실은 굵은 실타래로 준비하며 이는 길게 뻗어 나간다는 영속적인 뜻을 지니고 있다. 북어는 실타래로 감아서 시루떡 중앙에 꼬리 부분이 약간 묻히게 하고 머리는 북쪽으로 눕게 한다.

⑫ 향

초향과 초를 적당량 준비한다.

5) 축문 준비하기

고사 축문은 일정한 형식이 있는 것은 아니다. 마음에서 기원하고자 하는 말을 아래 예문을 보고 고쳐 쓰도록 하며,

고사 후 태워 날려 보내니 한지에 사용하도록 한다.

○ 분묘산불고유문

어허 굽어살피소서 00대조 0자 0자 할아버지 00대조모 00 0씨
할머니 00손 00는 무덤을 잘 지키지 못하여 산에 불이 나 놀
라시게 하와 삼가 잔을 올리며 용서를 비나이다.
공원 0000년 00월 00일

○ 안전고유문

어허 굽어 살피소서 천지 신명이시여 주식회사 대표 000는
중장비 000를 운용 하고자 잔을 올리오니 안전과 번영을 한
결같이 보살펴 주소서 공원 2001 년 00월 00일 어허 굽어 살
피소서 천지 신명이시여 주식회사 대표 000는 00 다리를 건
설하고자 잔을 올리오니 무사와 안전을 한결같이 보살펴 주
소서.
공원 0000년 00월 00일

○ 개통축(도로, 고속도로, 다리)

어허 굽어 살피소서 천지 신명이시여 00의 대표(000장관)은
00선 00도로(철로) 개통에 즈음하여 삼사 잔을 올리오니 만인
이 안전 쾌적 유익하게 이용되도록 한결같이 보살펴 주소서.
공원 2001년 00월 00일

○ 고사/기원제의 진행

아마도 고사를 한두 번 지내지 않은 사람은 없을 것이다.
제사보다 고사는 절차 면에서 한층 자유롭고 그냥 떠들썩
하게 축제분위기에서 지내면 되긴 하나, 그래도 조금은 아
래와 같은 순서로 전통 제례예법을 지낸다면 그리 어려운
일도 아니면서 의미가 깊을 것 같다.

6) 고사 순서

① 봉주취위(奉主就位)

진행자는: 큰소리로 봉주취위 ……하면서 차례대로 진행하도록 한다, 고사의 시작을 알리는 첫 순서이다. 진행자는 관세대(물을 담은 대야)에서 손을 씻은 후 상견례 후 참관 인원에 예를 드린다. 다음엔 교의에 신위를 올리고 촉대에 촛불을 밝힌다.

② 분향강신(焚香降神)

초헌자(제주)가 향을 세번 집어(삼상향) 향불을 피워 올려 신을 부르는 의식(강신)을 행한다. 진행자가 초헌자의 술잔에 술을 따르면 초헌자는 술을 모사기에 세 번에 걸쳐 붓는다. 모사기에 술을 붓는 의식은 땅에 있는 신을 부르는 의식이다. 초헌자는 두번 절하고 앉는다.

③ 참신(參神)

이 순서는 하늘과 땅에 계신 신명이 강림하셨으므로 다 같이 절하는 순서이다. 초헌자가 재배할 때 참가인원 모두 재배하여야 하나 장소가 불편하고 인원이 많으면 정중하게 허리를 깊숙이 굽혀 경례를 두 번 한다.

④ 초헌(初獻)

처음으로 초헌자가 술을 올리는 순서이다. 초헌자는 술잔을 머리높이로 올려 신위전에 올린 후 재배하고 앉는다.

⑤ 독축(讀祝)

축문을 낭독하는 순서로 축문은 흔히 기원문의 형식을 띠고 있으며 신명께 안전과 무사를 기원하는 글이다. 독축

자가 낭독을 한 뒤 축문을 신위전에 올려 놓으며, 고사가 끝나면 지방과 함께 불사른다.

⑥ 아헌례(亞獻禮)

두 번째 술을 올리는 순서이다. 아헌자는 보통 대표자 다음 서열이나 등이 맡으며, 초헌과 같은 방식으로 재배를 한다. 상량식 때는 공사 책임자가 한다.

⑦ 종헌례(終獻禮)

마지막 술잔을 올리는 순서로, 미리 정해진 순서에 따라 관계사 임원 및 협력업체 내빈 중의 대표가 술을 올리고 다 함께 재배하며 초헌, 종헌과 같은 방식으로 진행한다.

⑧ 망요례(望燎禮)

마지막 순서로 신위전의 지방과 축문을 불살라 올리는 의식이다.

지방과 축문에 불을 붙여 하늘로 높이 던져 올리며 연기가 오를 때 참석자 내빈, 박수와 함성으로 만사형통을 기원한다.

⑨ 음복례

초헌자가 신위전에 있는 술을 음복하고 여타 참사자는 별도 마련된 상에서 음복한다.